장서각 소장 한글필사본 자료총서 7

역주 곤범(자료편)

연구책임자 : 황문환

공동연구원 : 김주필

박용만

박재연

임치균

장서각 소장 한글필사본 자료총서 7

역주 곤범(자료편)

초판 제1쇄 인쇄 2008년 11월 20일
초판 제1쇄 발행 2008년 11월 30일

지은이 황문환 · 김주필 · 박용만 · 박재연 · 임치균

펴낸이 이대현
펴낸곳 도서출판 역락
등 록 1999년 4월 19일 제303-2002-000014호
주 소 서울 서초구 반포4동 577-25 문창빌딩 2층
전 화 02-3409-2058, 2060
팩 스 02-3409-2059
홈페이지 http://www.youkrack.com
이메일 youkrack@hanmail.net

값 40,000원

ISBN 978-89-5556-640-6 93710

이 책은 2006년도 한국학중앙연구원의 공동연구과제로 수행된 연구 결과물임.

장서각 소장 한글필사본 자료총서 7

역주 곤범(자료편)

황문환
김주필
박용만
박재연
임치균

도서출판 역락

• 역주자 약력

황문환(黃文煥)

성균관대학교, 한국정신문화연구원 한국학대학원 졸업
서울대학교 한국문화연구소 선임연구원 역임
(현재) 한국학중앙연구원(구 한국정신문화연구원) 한국학대학원 교수
(논저) 16, 17세기 언간의 상대경어법(태학사, 2002)
역주 오륜행실도(서울대출판부, 2006) 외
e-mail : hmhmoon@aks.ac.kr

김주필(金周弼)

성균관대학교, 서울대학교 대학원 졸업
영남대학교 교수, Pennsylvania 대학교 언어학과 방문교수 역임
(현재) 국민대학교 국어국문학과 교수
(논저) 17・8세기 국어의 구개음화와 관련 음운현상에 대한 통시론적 연구(1994) 외
e-mail : jpkim@kookmin.ac.kr

박용만(朴用萬)

충북대학교, 한국정신문화연구원 한국학대학원 졸업
한국학중앙연구원(구 한국정신문화연구원) 장서각 전문위원 역임
(현재) 한국학중앙연구원 장서각 학예연구원
(논저) 李用休의 詩文學 硏究(한국학대학원, 2000)
역주 원중랑집1~10(3인 공역, 소명출판, 2004) 외
e-mail : pym1204@aks.ac.kr

박재연(朴在淵)

청주대학교, 한국외국어대학교 대학원 졸업
선문대학교 교수
(현재) 선문대학교 중어중국학과 교수
(논저) 진주 유씨가 묘 출토 언간의 어휘론적 고찰(2008) 외
e-mail : jypark@sunmoon.ac.kr

임치균(林治均)

홍익대학교, 서울대학교 대학원 졸업
UGA 방문교수 역임
(현재) 한국학중앙연구원 한국학대학원 교수
(논저) 조선조 대장편소설 연구(태학사, 1996)
검은 바람(태학사, 2005) 외
e-mail : limch@aks.ac.kr

간 행 사

한국학중앙연구원의 장서각(藏書閣)에는 우리의 소중한 역사가 살아 숨쉬는 한글 필사본이 상당히 많이 소장되어 있습니다. 이미 학계에 널리 알려진 '낙선재본(樂善齋本)' 소설류(小說類)를 비롯하여 경(經)·사(史)·자(子)·집(集) 등 여러 부류(部類)에 실로 다양한 한글 필사본이 전하고 있습니다. 이 한글 필사본들 중에는 왕실(王室)과 직간접으로 관련되면서 장서각에만 소장된 유일본도 적지 않습니다. 우리 연구원에서는 이러한 자료들의 학술적·문화적 가치를 인식하여 소장 자료를 마이크로필름으로 찍어 자료 열람을 용이하게 하는 한편 ≪장서각고소설해제≫(1999), ≪장서각한글자료해제≫(2000)와 같은 해제집을 발간하여 이용자의 편의를 적극 도모하여 왔습니다.

그런데 한글 필사본은 옛 고어(古語)를 붓으로 흘려 쓴 자료인 까닭에 글자를 판독(判讀)하기도 어렵고 판독한다 하더라도 그 의미를 파악하는 것이 쉽지 않았습니다. 이러한 문제점을 해결하기 위해 우리 연구원에서는 장서각에 소장된 한글 필사본을 대상으로 한글 원문을 판독하고 현대어역과 어휘 주석을 가하여 역주(譯註) 사업을 추진하게 되었습니다. 앞으로 역주 사업의 결과가 '장서각 소장 한글필사본 자료총서'로 속속 간행된다면, 이를 토대로 국어사를 비롯한 여러 분야에서 더욱 다양하고 활발한 연구가 이루어질 것으로 기대합니다. 결코 쉽다고 할 수 없는 역주 작업을 진행해 오신 연구책임자와 공동연구원 여러분의 노고를 치하하며 아울러 격려의 말씀을 드리는 바입니다.

2008년 11월 15일

한국학중앙연구원장 김 정 배

머 리 말

본서는 한국학중앙연구원(구 한국정신문화연구원)에서 2006년도 공동연구과제로 수행한 '장서각 소장 한글 필사본 ≪곤범(壼範)≫의 역주 및 연구'의 결과물이다. 이 연구과제는 황문환(黃文煥)이 연구책임자로, 김주필(金周弼), 박용만(朴用萬), 박재연(朴在淵), 임치균(林治均)이 공동연구원으로 참여하여 수행하였다. '장서각 소장 한글필사본 자료총서' 간행 사업의 일환으로 추진된 이 과제는 한편으로는 대상 자료를 역주(譯註)하여 학계와 일반에 일차 자료로 제공하고, 다른 한편으로는 자료의 서지적 성격과 국어학적 특징을 밝혀 관련 학계에서 보다 쉽게 자료를 활용하도록 하였다.

본서에서는 장서각에 유일본으로 소장된 한글 필사본 ≪곤범≫(3권 3책)을 역주 대상으로 삼았다. 각 권의 판독문 작성을 황문환(권1), 김주필(권2), 박재연(권3)이 분담하여 진행한 뒤 현대어역과 주석은 연구자가 공동으로 진행하고 이후 역주 내용을 교차 검토하여 최종 원고를 완성하였다. 대상 자료에 대한 연구는 서지적 성격(임치균・박용만), 음운론적 특징(김주필), 어휘론적 특징(박재연), 문법론적 특징(황문환)으로 나누어 진행하였다. 본서는 이러한 연구 결과를 해제 내용에 반영하고 역주 방식에 통일을 기한 뒤 역주 원고는 '역주편'으로, 자료의 영인본은 '자료편'으로 각각 간행한 것이다.

≪곤범≫은 한글로 된 필사본이기는 하나 수록 내용의 대부분이 한문(漢文)으로 된 경서(經書)나 성리학서(性理學書), 묘도문자(墓道文字) 등에서 그 원문(原文)을 대체로 확인할 수 있는 것들이다. 일종의 언해서(諺解書) 성격을 지니는 까닭에 ≪곤범≫은 국어사 연구에 활용될 좋은 여건을 갖추고 있지만, 장서각에 귀중본으로 소장되어 원본을 접하기 어려웠을 뿐만 아니라 붓으로 흘려쓴 글씨체 탓에 판독(判讀) 자체가 쉽지 않아 자료로 이용하는 데에 여러 가지 제약이 있었다. 이에 본서에서는 자료의 영인본('자료편')을 함께 간행하여 판독문과 상호 대조할 기회를 제공하는 한편, 판독문과 관련된 한

문 원문(原文)과 그 출전(出典)을 일일이 조사하여 제시함으로써 자료 활용이 극대화할 수 있도록 하였다(한문 원문과 그 출전을 제시하는 데는 특히 박용만 공동연구원의 기여가 컸음을 밝혀 둔다). 본서의 출간을 계기로 ≪곤범≫이 국어사 자료로서는 물론 여훈서(女訓書)나 한글 서체(書體)를 연구하는 자료로 폭넓게 활용되기를 기대해 본다.

본서가 나오기까지 실로 여러 분의 도움을 받았다. 이래호(李來壕) 선생과 김연순(金蓮順) 선생은 판독문의 현대어역을 작성하고 한문 원문의 출전을 조사하는 기초 작업에 커다란 도움을 주었다. 신성철(申晟澈) 선생은 어휘 주석과 어절 색인에 대한 막바지 교정 작업에 참여하여 출판을 차질 없이 마무리해 주었다. 이분들의 실질적인 도움이 없었다면 과제의 수행은 물론 본서의 출판이 계획대로 진행될 수 있었을지 의문스럽다. 역락(亦樂)출판사의 이대현(李大鉉) 사장님은 독자의 범위가 제한될 수밖에 없는 기초학문 서적의 출판을 흔쾌히 맡아 주셨다. 더욱이 한글 필사본의 원본을 영인(影印)하여 본서의 자료적 가치를 높이는 데에 아낌없는 지원을 해 주셨다. 과제의 수행과 출판이 원활하게 진행될 수 있도록 도와주신 한국학중앙연구원의 연구행정팀, 그중에서도 특히 출판 과정에서 일어난 크고 작은 어려움을 해결해 주신 정유순(鄭裕淳) 선생께 깊은 감사의 말씀을 드리고 싶다. 마지막으로 본서의 출판을 승인해 주신 출판위원회와 본서의 출판을 위해 심혈을 기울여 주신 역락출판사 관계자 여러분께 심심한 사의를 표한다. 이태곤(李泰坤) 본부장, 권분옥(權粉玉) 편집장, 이소희(李素熙) 님 등 어설픈 원고 뭉치를 어엿한 책자로 만들어주신 출판사 직원 여러분께 진심으로 감사의 말씀을 드린다.

2008년 11월 15일

연구책임자 황 문 환

목 차

자료편

자 료 편

여기서부터는 영인본을 인쇄한 부분입니다. 이 책의 맨 뒷 페이지부터 보시기 바랍니다.

국풍(國風) 외표지(뒤)

국풍(國風) (隔紙)

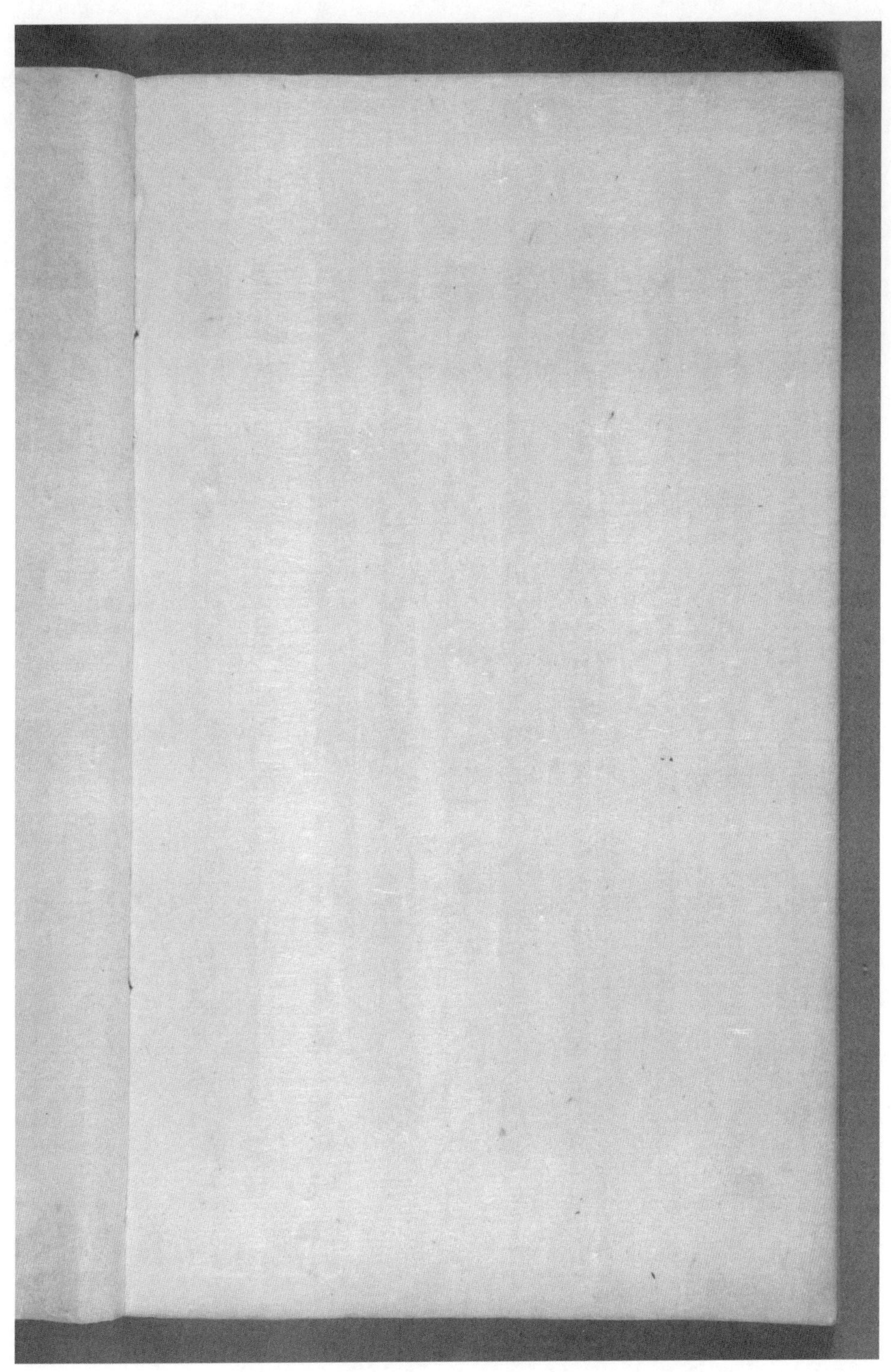

국풍(國風) (空隔紙 b)

국풍(國風) (空隔紙 a)

국풍(國風) 49b

녹의 녹상
샹산 녀시왈 이ᄂᆞᆫ 혼쇠 부인의게 총양을 어지ᄅᆞᆸ게 ᄒᆞᆫ지
어ᄌᆞᄅᆞᆯ 쳡의게 ᄒᆞ며 스ᄉᆞ로 외ᄅᆞ오미 이ᄀᆞᆺᄐᆞ니라
녹의왈 진나라 왕뷔 아비 죄하니 죽으되 깁히 실
외ᄒᆞ야 ᄃᆡ양시를 니ᄅᆞ되 이쳔의 미쳐 와 부ᄅᆞ며
싱아 ᄀᆞ로ᄃᆡ 나ᄅᆞ리ᄂᆞᆫ 일ᄌᆞᄀᆞ 다ᄉᆞ온 음쳐 ᄃᆡ양을 ᄀᆞᄅᆞ쳐ᄂᆞᆯ
흘니지 아니ᄒᆞᆫ 업ᄉᆞ니 녹엽ᄒᆞᄉᆞᄅᆞ이 원ᄒᆞ며 녹아
쳔니시의 미쳐 이쳔을 ᄯᅢ ᄒᆞ니 시의 ᄉᆞᆯ음을 감동ᄒᆞᆫ
미 이ᄀᆞᆺᄐᆞ니 졍인의 시졍을 ᄇᆞᆯᄒᆞ신 ᄯᅳᆺ이 깁도다

국풍(國風) 49a

즁의 ᄉᆡᆼᄒᆞᄂᆞᆯ 블을 감동ᄒᆞ야 리ᄋᆞᆼᄒᆞ야 니ᄅᆞ되 ᄇᆡᆨ인이
라ᄒᆞᆫ치 아니미 업ᄉᆞᆯ ᄂᆞᆯ ᄒᆞᄂᆞᆫ 희ᄒᆞ오미 이ᄅᆞᆺᄒᆞᄂᆞᆫ ᄒᆞ미
니ᄅᆞᄂᆞᆫ 어ᄃᆡ에 샹ᄒᆞᆯ 말나 ᄒᆞ양ᄒᆞᄅᆞᆺ ᄒᆞᄂᆞ라 말이라
남산 ᄂᆞᆯᄂᆞᆯ 놀이어 조ᄒᆞᆼ블블 다이ᄅᆞᆯ 민바 블ᄅᆞ 놀이어 이ᄅᆞ브
즐 라호
ᄒᆞᆼ애라 ᄂᆞᆯᄂᆞᆫ 별ᄃᆞ라 ᄒᆞᄉᆞᆺ이오 블ᄅᆞᆫ 블ᄃᆞ라 ᄒᆞᄉᆞᆺ
이오 부ᄅᆞᆷ은 ᄆᆞᄎᆞᄅᆞᆺᄒᆞ며 ᄌᆞᆫ 말이니 니ᄅᆞᄂᆞᆫ ᄒᆞ양ᄒᆞᄅᆞᆺ
지ᄅᆞᆺᄒᆞ미니 리셔 오ᄒᆞᆼ라 조ᄒᆞ니라
ᄂᆞᆨ아 ᄂᆞᆨ장
삼산 니시왈 이ᄂᆞᆫ ᄒᆞ져 부ᄃᆞ의셔 조ᄒᆞ양ᄒᆞᆯ 어지ᄅᆞᆺᄒᆞᄂᆞᆫ지
어ᄃᆞᄅᆞᆯ 실ᄒᆞ와ᄒᆞ며 스ᄅᆞᄒᆞ며 의ᄃᆞᄒᆞ미 이ᄅᆞᆺᄒᆞ니라

국풍(國風) 48b

나셔 들셔 날을 ᄌᆞᆼᄉᆞᄒᆞ시니 리ᄉᆡ 울의 이러ᄐᆞᆺ ᄒᆞ시며 근
노ᄒᆞ시미 이러ᄐᆞᆺ ᄒᆞ시니 근셩을 갑ᄉᆞ와 ᄒᆞᆯ진뎌 하ᄂᆞᆯᄀᆞᆺ
ᄒᆞ여 공진ᄒᆞ미 업ᄃᆞ다 ᄒᆞᆯ 니ᄅᆞ미니 ᄀᆞ셩이 무궁무량
ᄒᆞ야 가히 업ᄉᆞ미니라

남산렬렬 이어 표풍발발 이로다 민막불곡 이어 아독하
해오

ᄒᆞᆼ애라 남산렬렬은 남산이 ᄲᆞ히오 렬렬은 놉고 큰
거동이오 표풍발발은 표풍은 회오리 ᄇᆞ람이오 발발은
ᄲᆞ른 거동이오 민막불곡은 민은 ᄇᆡᆨ셩이오 막은 업슴
미오 불곡은 아니 곡은 ᄌᆞ타 ᄒᆞ미오 아독 하해는 아ᄂᆞᆫ 너오
독은 홀로오 해ᄂᆞᆫ ᄌᆞ러ᄐᆞᆺ 흘 일ᄋᆞ미니 남산의 놉ᄒᆞᆫ다로

국풍(國風) 48a

라 말이오 쟝아휵아ᄂᆞᆫ 쟝ᄋᆞᆫ 즈라게 ᄒᆞᆫ 말이오 휵ᄋᆞᆫ 기
ᄅᆞ게 ᄒᆞ미오 고아복아ᄂᆞᆫ 고ᄂᆞᆫ 도라 본 말이오 복ᄋᆞᆫ 거
듭ᄒᆞᆫ 말이니 츌시ᄅᆞᆯ 브리오지 못ᄒᆞᄂᆞᆫ 거동이오 츌입
복아ᄂᆞᆫ 복은 ᄇᆡ복 ᄶᅵ니 나며 들며 ᄃᆞᆫ단 말이오 욕보지
뎍은 욕은 ᄒᆞ고져 ᄒᆞᆫ 말이오 보ᄂᆞᆫ 갑단 말이오 지ᄂᆞᆫ 어
조ᄉᆞ오 뎍은 뎍이오 호텬 망극은 호텬은 하ᄂᆞᆯ이오 망은
업단 말이오 극은 지극이니 응극ᄒᆞᆫ ᄯᅳᆺ이라 아비ᄂᆞᆫ
날을 나ᄒᆞ시고 어미ᄂᆞᆫ 날을 기ᄅᆞ시니 날을 즈라게 ᄒᆞ시
며 날을 기ᄅᆞ시며 날을 도라보시며 날을 거ᄂᆞᆯ ᄒᆞ시며
나며 들며 날을 픔ᄋᆞ시니 ᄃᆡ의 은혜 이러ᄐᆞᆺ ᄒᆞ시며 그
놉ᄒᆞ시미 이러ᄐᆞᆺ ᄒᆞ시니 그 뎍을 갑고져 ᄒᆞᆯ진ᄃᆡ 하ᄂᆞᆯ ᄀᆞᆺ

국풍(國風) 47b

국풍(國風) 47a

매이셰 ᄌᆞ식이 효양치 못ᄒᆞ면 ᄌᆞ식의 복ᄀᆞᄅᆞ오미니 비
ᄒᆞ야 니ᄅᆞ미오 션민 지ᄉᆡᆼ은 션은 젹단 말이니 ᄉᆞᄅᆞᆷ이 ᄒᆞ
갈ᄯᆞᆨ이오 민은 ᄇᆡᆨ셩이니 ᄇᆡᆨᄉᆡᆼ이란 말이오 지ᄉᆡᆼᄋᆞᆫ
ᄌᆞ오ᄉᆡᆼ은 ᄉᆞ라시미오 블여ᄉᆞ지 구의ᄂᆞᆫ 블ᄋᆞᆫ 아니란 말이
오 여ᄂᆞᆫ ᄀᆞᆺᄐᆞᆯ 여ᄌᆞ오 ᄉᆞᄂᆞᆫ 죽단 말이오 지ᄌᆞ어ᄌᆞ오 구ᄂᆞᆫ 오
ᄅᆡ란 말이오 의ᄂᆞᆫ 어조ᄉᆞ니 ᄉᆞ라 효ᄌᆞᄅᆞᆯ 못ᄒᆞ고 ᄉᆞ라ᄂᆞ니 죽
ᄂᆞ니만 못ᄒᆞᆫ지 오ᄅᆡ란 말이라 무부 ᄒᆞ호ᄂᆞᆫ 무ᄂᆞᆫ 업ᄂᆞᆫ
미오 부ᄂᆞᆫ 아비오 ᄒᆞᄂᆞᆫ 어지 ᄒᆞ미오 호ᄂᆞᆫ 미든단 말이며 무
모ᄒᆞ시ᄂᆞᆫ 시 모ᄂᆞᆫ 밋단 말이니 아비 업ᄉᆞ면 누ᄅᆞᆯ 밋ᄋᆞ며
어미 업ᄉᆞ면 누ᄅᆞᆯ 밋ᄋᆞ리오 ᄒᆞ미오 출즉 ᄒᆞᆷ흘은 출
은 나가단 말이오 ᄒᆞᆷ은 ᄆᆞᄋᆞᆷ이란 말이오 입즉 미지ᄂᆞᆫ 입

국풍(國風) 46b

국풍(國風) 46a

이구ᄅᆞᆫ 셩은 나라 말이오 이ᄅᆞ시란 말이오 구ᄅᆞᆫ 슈ᄂᆞᆫ
ᄀᆞᆸ다 ᄒᆞ미니 ᄒᆞᆯ치 부모ᄅᆞᆯ 봉ᄉᆞᄂᆞ뎌 봉양 치못ᄒᆞ야 절
워이 시ᄅᆞᆯ 지으되 부ᄆᆡ 날을 나ᄒᆞ시ᄂᆞᆫ 이ᄅᆞᆯ 타온 진ᄃᆞ이
라 ᄒᆞ야 ᄂᆞᆷ히 힘닙어 좋ᄋᆞᆫ ᄒᆞᆯ가 ᄒᆞ엿ᄂᆞ니 보ᄉᆞ뎌 ᄒᆞᆯ
양을 밧지못ᄒᆞ시 ᄆᆞ라 ᄒᆞᄂᆞᆫ 비ᄒᆞ야 ᄆᆞ오되 녹ᄒᆞ히 ᄌᆞᄒᆞ야
리ᄅᆞᆯ ᄒᆞ엿더니 외ᄋᆞᆫ니오 ᄒᆞᄆᆞ라 ᄒᆞᄂᆞᆫ 라시부 모의나하 슈ᄂᆞᆫ
ᄒᆞ리일ᄅᆞᆯ ᄒᆞᆯ셩각ᄒᆞ야 슈ᄅᆞᆯ 깁히 슈히 ᄒᆞ야 일ᄋᆞ야 너
ᄀᆞ외 슈ᄅᆞᆯ 슈ᄅᆞᆯ ᄀᆞ라 부모의 날을 나ᄒᆞ시뎌 슈ᄂᆞᆫ ᄒᆞ실
라 날ᄉᆡᆼ엿ᄂᆞ니라
奏 자아나라 비아 이외다로 외외 부모며 셩아 노쇄 다삿
비애라 奏 자아라 ᄒᆞ엿더니 외아니오 외라 ᄒᆞ니 외도

국풍(國風) 45b

외ᄉᆞᆸ단 ᄌᆞ근의ᄂᆞᆫ 형뎨의 정의ᄅᆞᆯ 오히려 아니ᄒᆞ가 ᄀᆞᆯᄋᆞᆷ
ᄋᆞᆫᄒᆞᆯᄉᆞ 너ᄅᆞᆯ 더ᄂᆞᆫ 이의 ᄀᆞᆺ오리 형뎨 ᄇᆡᆨ만ᄀᆞ지ᄯᆞᆺ ᄒᆞ라
ᄒᆞᆯᄉᆞᆨ 이ᄂᆞᆫ 지친이 ᄌᆞᄀᆞᆺ혀 ᄒᆡᆼᄂᆞᆫ 이 되여 인되시의 멀
시ᄒᆞᆯᄉᆞ지라 다시 형뎨은의ᄅᆞᆯ 국히 닐ᄋᆞᆫ 형뎨 다ᄅᆞ니라
은이 ᄒᆞᄀᆞ지라 ᄉᆞᆼᄀᆞᆯᄋᆞᆨ의 석ᄅᆞᆯ 즙지아니ᄒᆞ미 업ᄉᆞᆯ진
반복ᄒᆞ야 깁히 니ᄅᆞ시니 닐ᄋᆞᆯ 쥬 ᄆᆞᆺ당이 깁히 ᄇᆞᆯ
러ᄃᆞᆺ ᄒᆞᄂᆞ니라
뉵뉵쟈아 니라 비아 이호 로다 외외부모 여 ᄉᆡᆼ아구로 샷다
비애라 뉵뉵ᄒᆞᆫ 쟈아ᄂᆞᆫ 뉵ᄋᆞᆫ 길ᄅᆞᆯ ᄀᆞᆫ시 ᄒᆞᆼ이오 쟈ᄂᆞᆫ 어ᄅᆞᆷ으로
안ᄂᆞᆫ 조흔 ᄂᆞᄆᆞᆯ이니 비아이호ᄂᆞᆫ 비ᄂᆞᆫ 아니란 말이오 이ᄅᆞᆯ어
ᄌᆞᆨ ᄒᆞᆼ오 ᄒᆞᄂᆞᆫ 쳔ᄒᆞᆫ ᄌᆞᆯ이라 외ᄂᆞᆫ 부모ᄅᆞᆯ 외ᄂᆞᆫ ᄉᆞᆯᄒᆞ미 오령

국풍(國風) 45a

이ᄋᆞ쳐ᄂᆞᆫ 뎌ᄂᆞᆫ오 시ᄉᆞ 시ᄂᆞᆫ ᄌᆞ시뫼ᄂᆞᆫ 다이 라ᄆᆞᆯ이오ᄂᆞᆯ
ᄒᆞᄋᆞᆨ ᄒᆞᆫ란 마ᄅᆞᆯ이오 도ᄅᆞᆯ 혜아리랄 마ᄅᆞᆯ이오 단지 엇ᄋᆞᆯ란
음치실 ᄂᆞ라 마ᄅᆞᆯ이오 ᄒᆞᄋᆞᆨ어 ᄌᆞ쳐니 너의 실 가ᄅᆞᆯ 부랑이
ᄒᆞ며 너의 뎌ᄂᆞᆯ ᄌᆞᆯ겁세 ᄒᆞ미 이ᄅᆞᆯ ᄒᆞᄋᆞᆨ ᄒᆞ며 이ᄅᆞᆯ
혜아리면 실ᄂᆞᆫ ᄀᆞ러ᄒᆞ쳐 ᄒᆞ시니 실ᄀᆞ와 쳐ᄉᆞ의 부랑
ᄒᆞ며 ᄌᆞ서ᄋᆞᆫᄂᆞᆯ 형뎨 화ᄅᆞᆯ ᄒᆞᄋᆞᆨ의야 일외ᄂᆞ니 일ᄂᆞᆫ블면
형뎨의 ᄒᆞᆼ ᄒᆞ미 엇지 진실ᄂᆞᆫ ᄀᆞ러치 아니리오 ᄒᆞ시니라

상톄 팔장

이실 디ᄉᆡ 지친의 형뎨 ᄀᆞᄐᆞ니 업ᄉᆞᄅᆞᆯ 블너시니 상은
외ᄒᆞᆸ단 ᄌᆞ음의ᄂᆞᆫ 형뎨의 정의ᄅᆞᆯ 우히ᄯᅢ 아라가 ᄀᆞ랑
앗ᄒᆞᆯᄒᆞᄋᆞᆨ 너ᄅᆞ러ᄂᆞᆫ 이의 ᄀᆞᄅᆞ와러 형뎨 ᄲᅢᆺ마ᄅᆞᆯ 지못 ᄒᆞ리라

국풍(國風) 44a

난말이오 욕ᄉᆞ친ᄒᆞᄂᆞᆫ 소므ᄒᆞᄂᆞᆫ 뜻이니 편ᄉᆞ를 ᄇᆡ리ᄂᆞᆫ 술
먹기를 면ᄒᆞ게 ᄒᆞ여도 형ᄎᆡ 임의 ᄀᆞᄌᆞ야 화락ᄒᆞ여ᄯᅩ
친히 ᄒᆞᆫ 소므ᄒᆞ리란 말이니 술 먹ᄂᆞᆫ 잔채 ᄒᆞ미 비록
즐거오나 말일 형ᄎᆡ ᄀᆞ치 못ᄒᆞ면 즐겁지 못ᄒᆞ리라
ᄒᆞᄂᆞᆯ 니ᄅᆞ시미니라
쳐ᄌᆞ 호합이 여ᄉᆞᆯ 금도이라 형ᄎᆡ 긔흡이라야 화락 차란이니라
부애라 쳐ᄌᆞ 호합은 호ᄉᆞ롭단 말이오 합ᄒᆞᆫ 회합ᄒᆞᆫ
미오 여ᄉᆞᆯ ᄒᆞᄂᆞᆫ 여ᄉᆞᆺ 가ᄅᆞᆫ 말이오 고ᄅᆞ치란 말이오 술
금은 거ᄆᆞᆫ고와 비파니 풍뉴로 형ᄎᆡ 긔흡은 긔ᄉᆞᆫ 임의
오흡은 화흡ᄒᆞ미오 화락 차란은 화락은 즐기미오
차ᄂᆞᆫ ᄯᅩ 오란은 오리ᄒᆞ단 말이니 쳐ᄌᆞ의 회합ᄒᆞ미 ᄉᆞᆯ

국풍(國風) 43b

뵈아니믈 니ᄅᆞ샤 이쟝의 ᄯᅳᆺ니ᄅᆞ되 샹ᄂᆞᆫ 이ᄂᆞᆫ의 텽졍ᄒᆞ

그 ᄯᅳᆺ 텽안ᄒᆞ시ᄂᆞᆫ 이셕을 비록 텽ᄒᆡ이시나 ᄲᅥᆺ만 ᄀᆞ지ᄯᅳᆺ

ᄒᆞ랴 니ᄅᆞ시니 샹ᄂᆞᆫ의 텽ᄒᆡ 셔ᄅᆞᆯ ᄀᆞᄒᆞᆫ 일ᄅᆞ이ᄅᆞᆯ 텽안

ᄒᆞᄂᆞᆫ ᄀᆞᆯ ᄲᅥᆺ만 ᄀᆞ지ᄯᅳᆺ ᄒᆞ셰 보ᄅᆞ쟈ᄅᆞᆯ 텨디간 되셰 ᄒᆞ미

심ᄒᆞ도다

빈이 ᄲᅧᄅᆞ 야ᄒᆞ 음ᄅᆞ 지어 도라 텽ᄒᆡ 리ᄅᆞ 야라 회락 ᄎᆡ우 라내

부애라 빈이 ᄲᅧᄅᆞᄅᆞᆯ 빈은 ᄲᅧᄅᆞ란 말이오 이ᄅᆞ어 ᄌᆞᄅᆞ오면

음쥐를 져른 ᄀᆞᆯᄋᆞ시오 ᄌᆞᄅᆞ나ᄅᆞ ᄀᆞᆯᄋᆞ시니 ᄃᆞᆼ음식 ᄃᆞᆫᄅᆞᆯ ᄀᆞᆮ

시라 음쥬 지어ᄅᆞᆯ 음은 마시란 말이오 쥬ᄂᆞᆫ 술이오 지ᄅᆞ어

ᄌᆞᄅᆞ오 어ᄅᆞ엄ᄒᆞ야 술란 말이오 텽ᄒᆡ 리ᄅᆞᆯ 지ᄅᆞ의 의

오리 ᄲᅩ오 구ᄅᆞᄅᆞ쟈란 말이오 회락 ᄎᆡ우ᄅᆞᆯ 회락은 즐겁

국풍(國風) 43a

ᄒᆞ며 진실ᄒᆞᆫ 셩졔의 졍을 블너시어ᄂᆞᆯ 알ᄋᆞᆷ을 비ᄅᆞᆺ뫼
ᄒᆞ리가ᄂᆞᆫ 백ᄉᆞᆯ 목욕ᄒᆞᄂᆞ니ᄅᆞᆯ 마ᄋᆞ의 니ᄅᆞ러ᄂᆞᆫ 더옥고
지셩이 ᄉᆞᄅᆞᆷ을 능히 ᄯᅢ치못ᄒᆞ리ᄅᆞᆯ 블너시니 븡뫼어치
셩졔의 비ᄉᆞ리오
샹단의 뎡 호야 리안채셩 호면 ᄉᆞ옥셩졔나 블너우셩 가
부애라 샹단의 뎡은 샹ᄉᆞ와 확ᄉᆞ이오 리ᄉᆞᆯ 인의오 셩은
졍셩ᄒᆞ미오 리안채셩은 채ᄂᆞᆯ 쌍오셩은 셩안ᄒᆞ란 말
이오 블너우셩은 블음이니오 버ᄅᆞᆺᄒᆞᆯ 벼 묽은 우셩은
백이니 우쟝의 ᄉᆞ셩 활단의 셩졔 ᄀᆞᄒᆞ미 불ᄉᆞ의 비ᄅᆞᆯ
벽아니ᄯᅳᆯ 니ᄅᆞᆫ 이쟝의 쌍니ᄅᆞ되 샹단이 인의 졍셩ᄒᆞ
ᄅᆞ 쌍 희셩안ᄒᆞ시ᄂᆞᆫ 이셕ᄅᆞᆯ 비ᄅᆞᆺ 셩졔이시나 백만국지뜻

국풍(國風) 42b

ᄒᆞ지 못ᄒᆞ믈 니ᄅᆞ시미니라
형톄 혹ᄋᆞ쟝나이 외어 기로라나 ᄯᅥ옥ᄉᆞᆼ붕나이 증야 무용이라니
부애라 형톄 혹ᄋᆞ쟝은 ᄲᆞᆨᄒᆞᆫ 말이오 우ᄅᆞ어 ᄒᆞᄅᆞ오쟝
울ᄂᆞᆫ이오 외어 기ᄆᆞᆯ 외ᄃᆞ박기오 어ᄃᆞ박ᄂᆞᆫ 말이오기ᄂᆞᆯ
리ᄂᆞᆫ 말이오 무ᄅᆞ업ᄉᆞ히 너기미니 형톄 ᄒᆞ블안ᄒᆞᄂᆞ
야 ᄂᆞᆷ안의 셔 ᄲᆞᆨᄒᆞ나 박ᄉᆞᆯ 업ᄉᆞ히 너기ᄃᆞ일ᄋᆞᆫ ᄒᆞᆯ가
지ᄅᆞᆯ 막ᄉᆞ니라 말이오 ᄯᅥ옥ᄉᆞᆼ붕은 옥쟝의 삭ᄋᆞᆯ 증
야 무용은 증ᄋᆞᆯ 넘ᄃᆞᆯ ᄒᆞᆷ이오 아ᄅᆞ어 ᄒᆞᄅᆞ오무ᄅᆞ업
ᄂᆞᆫ 말이오 용은 ᄃᆞᆸᄂᆞᆫ 말이니 악의 셔 ᄲᆞᆨᄒᆞ미 어지형톄
아니나 박ᄉᆞᆯ 어ᄒᆞ기ᄅᆞᆯ 어진 변이라도 어진 아ᄂᆞᆫ 형톄
만ᄀᆞ지 못ᄒᆞ니 ᄉᆞᆼ의 셔ᄅᆞᆯ 우ᄒᆞᆯ ᄒᆞ며 ᄀᆞᆸᄂᆞᆫ의 셔ᄅᆞᆯ구

국풍(國風) 42a

텽ᄒᆡ 뎍ᄋᆞ쟝 나이 외어 기ᄅᆞ라내 뎨ᄋᆞ쟝 븡 나이 ᄌᆞᆼ야 ᄆᆞᄋᆞᆼ 라이니

ᄒᆞ애라 쳑ᄉᆡᆼ 뎌 원은 쳑ᄉᆡᆼ은 쉬일 ᄌᆞᆷ이니 ᄂᆞᆺ ᄯᅥ옴을
ᄎᆞᄂᆞ니 면 ᄒᆞᄂᆞᆫ ᄌᆞ리니 머리와 ᄭᅩ리 서로 응ᄒᆞ되 텽ᄒᆡ 쳐
ᄅᆞ옹 ᄒᆞᄂᆞ리 리ᄋᆞᆼ ᄒᆞ니라 뎌ᄂᆞᆫ 잇 ᄀᆞᆯ ᄆᆞᆯ이니 원은 언혁
이라 텽ᄒᆡ 즙 ᄂᆞᆫ 즙은 즙히 ᄀᆞ ᄒᆞ란 ᄆᆞᆯ이오 ᄂᆞᆫ은 환단
이니 텽ᄒᆡ 환단을 당ᄒᆞ면 즙히 서로 ᄀᆞᄒᆞ미오 분은
ᄆᆡᆨ이오 황야 빙탄은 황연이 ᄂᆞᆯ나 ᄂᆞ려 ᄒᆞᆷ이오 아ᄂᆞ어
ᄀᆞᄌᆞ오 번은 기록 ᄆᆞᆯ이오 탄은 탄식이니 환단을 당ᄒᆞ되
빈 ᄋᆞᆼ 어진 ᄆᆡᆨ이 서나 황연 이 거리 탄식 ᄒᆞᆯ 분이오 능
히 구ᄒᆞ지 못ᄒᆞ란 ᄆᆞᆯ이니 반복ᄒᆞ야 븡옥을 텽ᄒᆡ만
ᄀᆞ지 못ᄒᆞᄂᆞᆫ 니ᄅᆞ시미니라

국풍(國風) 41b

ᄉᆞ상지위의 형뎨ᄀᆞᆼ회ᄒᆞ며 원습부의의 형뎨구의ᄒᆞᄂᆞ니라
부애라 ᄉᆞ상지위ᄂᆞᆫ 죽으며 상ᄒᆞᆫ단 말이니 지ᄉᆞ살지요
오위ᄂᆞᆫ 위엄이니 무서온 일이라 상회ᄂᆞᆫ 니ᄅᆞ미오 형
뎨ᄀᆞᆼ회ᄂᆞᆫ ᄀᆞᆼ은 진실노란 말이니 죽으며 상ᄉᆞ의 무서
온 일에 형뎨야 진실노 싱각ᄒᆞᆫ단 말이니라 원습부
의ᄂᆞᆫ 원은 언덕이오 습은 즌ᄃᆡ오 부ᄂᆞᆫ 뫼혼단 말이오
의ᄂᆞᆫ 어조ᄉᆞ니 언덕과 즌ᄃᆡ 주검이 뫼힌 ᄃᆡ라도 형
뎨ᄂᆞᆫ 구ᄒᆞ야 ᄎᆞᄌᆞ 싱각ᄒᆞ며 구ᄒᆞᄂᆞ니 일노 보아도 형뎨
ᄀᆞᄐᆞ니 업단 말이니라
쳑령ᄌᆡ원ᄒᆞ니 형뎨급난이로다 ᄆᆡ유량붕이나 황야영탄
이니라

국풍(國風) 41a

빅ᄉᆞ의 형뎨의 일ᄋᆞᆯ 긔롱ᄒᆞ니라 지ᄋᆞᆯ 살지 몯ᄒᆞ고 회ᄂᆞᆫ
ᄆᆞᆺ치니 악블원ᄂᆞᆫ 악은 밧ᄀᆞᆯ 못ᄒᆞᄂᆞᆫ 거롱이니 상뎨
ᄆᆞᆺ치 못ᄒᆞ나 빅ᄉᆞ치 아니라 ᄒᆞᆫ 말이오 ᄇᆞᆫᄒᆞᆫ치 일은 ᄇᆞᆼ은
ᄃᆞᄒᆞᆺ ᄇᆞᆫ목으로 ᄒᆞᆫ은이 뎨ᄒᆞᆫ 목으로 지ᄂᆞᆫ ᄀᆞᆺ치 목ᄋᆞ 일은 사ᄅᆞᆷ인
ᄆᆡᆼ니 막의 형뎨ᄂᆞᆫ 무ᄅᆞᆫ 남사ᄅᆞᆷ은 ᄂᆡ 형뎨 만ᄀᆞᆺ지 못ᄒᆞᆫ
다ᄒᆞᆫ 말이니라
이시ᄂᆞᆫ 리디 ᄌᆞᆨ ᄉᆞᆼ이 라됫ᄋᆞᆯ 지ᄀᆞᆺ 실ᄒᆞᆺ 지ᄋᆞᆫ 뢰니 ᄀᆞ말
ᄒᆞᆫ ᄯᅳᆺ이 갈뢸ᄒᆞᆫ ᄀᆞ뎡이 ᄒᆞᆫ혀 ᄀᆞᄅᆞ시의 화뢰ᄒᆞᆫ다
다ᄅᆞᆫ니라
ᄉᆞ상 지위 의 형뎨 ᄒᆞᆼ회 며ᄒᆞᆯ 위 습 부위 의 형뎨 ᄀᆞ의 ᄒᆞᄂᆞᆫ니라
부애라 ᄉᆞ상지위ᄂᆞᆫ ᄌᆞᆨ은데 생ᄉᆞ란 말이니 지ᄋᆞᆯ 살지 몯

국풍(國風) 40b

의 ᄃᆞ리ᄅᆞᆯ 나ᄒᆞᆫ 남쳔은 남쳔의 ᄃᆞ리ᄅᆞᆯ ᄉᆞᄂᆞᆫ 악회ᄅᆞᆯ
악회 ᄃᆞ리ᄅᆞᆯ ᄒᆞ야 ᄎᆡᆼ긔ᄅᆞᆯ 붕앙ᄒᆞᆫ 어긔ᄅᆞᆯ ᄉᆞ랑
ᄒᆞ며 악ᄒᆞ기ᄅᆞᆯ 좃ᄂᆞᆫ 쳐ᄌᆞᄅᆞᆯ 쳑ᄒᆞᆫ ᄒᆞᆫ 변향을 졀랑
이ᄒᆞ니 이러서 칠월편 뒤의니라
랑쳐 ᄀᆞᆯᄋᆞ샤 뒤칠 월편 뒤의ᄂᆞᆫ ᄀᆞᄅᆞ샤ᄃᆡ 의셔 깁ᄂᆞᆫ 며
러 쳥왕ᄋᆞᆯ ᄒᆞ여든 쳔ᄒᆞᆼ의 왕어ᄇᆞᆯ 일왼 연유와
빅 셩의 힘ᄋᆞᆯ ᄉᆞᄅᆞᆷ이 ᄒᆞ야 일의 갓ᄂᆞᆫ ᄒᆞ미 이ᄅᆞᆷᄃᆞᆯ
알게 ᄒᆞ시미니라

ᄒᆞ아

샹 폐 지 화 며 악ᄇᆞᆯ 외 외 아 ᄇᆡᆫᄂᆞᆫ 지 인은 막 며 쳥 폐 라내
흥 애 ᄅᆞᆫ 샹 폐 지 회ᄂᆞᆫ ᄎᆞᆨ이ᄅᆞᆯ ᄒᆞᆫ이니 ᄒᆞᆫᄃᆞᆯ 되며 일ᄉᆞᆺ시의

국풍(國風) 40a

의셔 졔ᄉᆞᄒᆞ며 ᄂᆞᄆᆞᆯ의셔 연향ᄒᆞ야 지셩을 옷사ᄅᆞᆷ을
통의ᄒᆞ야 셤기니 구롱속의 ᄒᆞᄒᆞᄂᆞ다 샹하의 졍이 극
진ᄒᆞᆫ믈 ᄂᆞᆯ어 이셩을 ᄆᆞᆺᄎᆞ니라

칠월 팔장

왕시왈 우러ᄂᆞᆫ 날ᄅᆞ 별ᄅᆞ 셔리와 이슬의 변ᄒᆞᆷ을 보ᄂᆞᆫ
즉 어ᄅᆞᆼ라 ᄎᆞᄆᆞᆨ의 화ᄒᆞᄂᆞᆯ 보아 ᄡᅥ 텬시를 알ᄂᆞᆫ
민ᄉᆞᄅᆞᆯ ᄒᆞᆯᄭᅴ 져지ᄇᆞᆫ 엇히셔 일을 힝ᄒᆞ야 ᄇᆞᆨ을ᄂᆞᆫ 사
나희ᄂᆞᆫ ᄇᆞᆨ리셔 일을 힝ᄒᆞ야 일ᄆᆡ ᄂᆡ여 옷ᄉᆞᆯᄂᆞᆯ을 졍
셩을 셤기니 아비ᄂᆞᆫ 아비 ᄃᆞ리ᄅᆞᆯ 힝ᄒᆞᄂᆞᆫ ᄌᆞ식은 ᄌᆞ식
의 ᄃᆞ리ᄅᆞᆯ 다ᄒᆞᄂᆞᆫ 남편은 남편의 ᄃᆞ리ᄅᆞᆯ ᄒᆞᄂᆞᆫ 안ᄒᆡᄂᆞᆫ
안ᄒᆡ ᄃᆞ리ᄅᆞᆯ ᄒᆞ야 ᄒᆞᆫ ᄀᆞ지ᄅᆞᆯ 봉양ᄒᆞᄂᆞᆫ 어ᄅᆞ이ᄅᆞᆯ ᄒᆞ랑

국풍(國風) 39b

국풍(國風) 39a

츙이오 츙은 어름 ᄭᆞᆫ ᄉᆡ니 이양지월의 어름을
ᄒᆞᆫ디ᄆᆡ오 삼지일 납우능음은 드리란 말이오 우
ᄂᆞᆫ 어조ᄉᆞ오 능음은 빙고니 삼양지월의 어름을 빙고
의 드리란 말이오 ᄉᆞ지일 기조ᄂᆞᆫ 기조ᄒᆡ오 고 헌ᄒᆞ오 제
ᄉᆡ니 구ᄂᆞᆫ 부ᄎᆞ ᄂᆞ믈이라 ᄉᆞ양지월의 일ᄌᆞᆨ 염소ᄅᆞᆯ 잡
아 종묘의 드리고 구ᄎᆞᄅᆞᆯ 졔ᄒᆞ야 어름을 빗ᄂᆞᆫ 녀러 ᄇᆞ
ᄅᆞᆷ을 ᄃᆞᆼ호미라 구월숙상은 슉은 엄숙ᄒᆞᆫ 말이오 상
은 서리오 십월 텩장은 텩은 ᄀᆞ사 ᄇᆞ리란 말이오 쟝
은 ᄯᅳᆯ이니 구월의 쳔디 엄숙ᄒᆞ야 서리 ᄂᆞ리거든 십
월의 ᄯᅳᆯ을 ᄡᅳᆯ가 농ᄉᆞᄅᆞᆯ ᄆᆞᆺᄎᆞᆫ 말이라 붕쥬ᄉᆞ향은

두 ᄌᆞᆫ이오 쥬ᄂᆞᆫ ᄉᆞᆯ이오 ᄉᆞᄂᆞᆫ 이에란 말이오 향은 연

국풍(國風)　38b

국풍(國風) 38a

국식을 일의 ᄒᆞ자 지ᄅᆞᆯ 거ᄃᆞ어 드려라 ᄒᆞ미오 입은 드란
말이오 집은 잡단 말이오 궁은 닉집이오 궁은 일이니 들
희 농ᄉᆞᄅᆞᆯ ᄆᆞᄎᆞ시ᄃᆡ 올나 드러가 집ᄎᆞᄅᆞᆯ 일을 잡
우란 말이오 ᄌᆞ이오 ᄃᆞᄅᆞᆯ ᄌᆞᄂᆞᆫ ᄭᅩ이오 이ᄂᆞᆫ 너이 ᄡᅩ오 오ᄅᆞ자
단 말이오 ᄆᆞᄅᆞᆯ 픽이니 네 ᄯᅵᄅᆞᆯ 벗겨 집일 ᄒᆞᆫ 말이오 ᄂᆞᆫ
이삭 ᄃᆞᄂᆞᆫ ᄎᆞᄂᆞᆫ 팟이오 삭라 ᄃᆞᄂᆞᆫ 삭ᄎᆡ니 밤의ᄂᆞᆫ 네 삭ᄅᆞᆯ
ᄭᅩ아 집일을 ᄒᆞᆫ 말이오 기ᄅᆞᆯ ᄂᆞ서시오 승은 오ᄅᆞ라 ᄒᆞ미
니 옥은 집이라 국은 급히 ᄒᆞᆫ 말이오 기시라 빅국은
기ᄅᆞᆯ 리ᄒᆞᆫ 말이오 시ᄂᆞᆫ 비ᄅᆞᆯ ᄉᆞ오 되ᄂᆞᆫ 쇄ᄒᆞᆫ 말이오 빅국은
빅 가지 국식이니 급히 그 집을 올나 ᄂᆞ흐야 비ᄅᆞᄉᆞᄃᆡ
년의 빅국을 쇄ᄒᆞ리라 ᄒᆞ미니 리ᄉᆡ 종세 ᄀᆞᄅᆞᄎᆞ 굴ᄅᆞᆯ

국풍(國風) 37b

국풍(國風) 37a

거ᄉᆞᆯ쟝만ᄒᆞ미오 ᄉᆞ아ᄂᆞᆫ 부ᄅᆞᆯ ᄉᆞ로막이란 말이오 농부
ᄂᆞᆫ 농ᄉᆞᄒᆞᄂᆞᆫ 사ᄅᆞᆷ이니 날ᄅᆞᆯ이니 킈야 주어ᄉᆞ라가 농부ᄅᆞᆯ
먹이란 말이니 ᄂᆞ준의 음식이라 광우의 미쳘이 각별
케ᄒᆞ미니라 이쟝이 ᄒᆞᆫ쥬 칠쟝의 말단 버ᄅᆞᆫ 지어 말을
ᄐᆡ비오 음식을 ᄌᆞᆺ초ᄂᆞᆫ 빈니 힘ᄡᅳ지 아닐 거시 업ᄉᆞ니라
구월 츅쟝ᄒᆞ오 십월 납화ᄒᆞ가 나ᄒᆞᆷ 셔직 즁녹라 화마
츅셕이니라 치아 농부아 아가 긔동이어니 샹입집 공농이어니
죽이 우ᄯᅩ오 ᄌᆞ이사ᄅᆞᄂᆞᆫ야호 주시 승옥야일 기서라 빅ᄌᆞ
이니라

부야라 구월 츅쟝ᄒᆞᄂᆞᆫ ᄎᆞᆨ은 ᄯᅳᆯ을 벼어 주제ᄒᆞ미오
쟝은 ᄯᅳᆯ이오 포ᄂᆞᆫ 나물 밧치니 구월의 ᄂᆞ물 밧ᄂᆞᆯ ᄯᅳᆯ의

국풍(國風) 36b

국풍(國風) 36a

의둥ᄌᆞᆸ을 ᄇᆞᆰ키ᄒᆞ니라
뉵월 식울급욱ᄒᆞ며 칠월 ᄑᆡᆼ규급슉ᄒᆞ며 팔월박조
ᄒᆞ며 십월 확도ᄒᆞ야 위ᄎᆞ츈쥬ᄒᆞ야 이개미슈ᄒᆞᄂᆞ니라 칠월식
과ᄒᆞ며 팔월 단호ᄒᆞ며 구월슉져ᄒᆞ며 ᄎᆡ도신뎌ᄒᆞ야 ᄉᆞ아농
부ᄒᆞᄂᆞ니라

부애라 뉵월 식울급욱은 식은먹단말이오 울은
실ᄅᆡ오 급은 밋단 말이오 욱은실ᄅᆡ니 뉵월의 울
과 밋 욱을 먹단 말이오 칠월 ᄑᆡᆼ규급슉은 ᄑᆡᆼ은 삼
단 말이오 규ᄂᆞᆫ ᄂᆞ믈이니 급은 밋단 말이오 팔월박조
ᄂᆞᆫ 박은 ᄯᅥᆯ단 말이오 조ᄂᆞᆫ ᄃᆡ쵸니 팔월의 ᄃᆡ쵸를
ᄯᅥᆯ단 말이오 십월 확도ᄂᆞᆫ 확은 거두단 말이오

미오 식향ᄒᆞ오ᄂᆞᆫ 식은 막란 말이오 향은 북향ᄒᆞᆫ 문
을 막ᄂᆞᆫ 지게의 ᄒᆞᆰ을 블나 ᄎᆡ위ᄅᆞᆯ 막ᄋᆞ미라 차아부ᄌᆞᆫ
ᄂᆞᆨ치ᄂᆞᆫ 슬ᄒᆞ란 말이오 아ᄂᆞᆫ 나오 부ᄌᆞᄂᆞᆫ 며ᄂᆞ리와 ᄌᆞ식이
오 왈은 ᄀᆞᆯ왈ᄌᆞ오 위ᄂᆞᆫ ᄒᆞ위ᄌᆞ오 개ᄂᆞᆫ 곳치란 말이오 셰
ᄂᆞᆫ ᄒᆡ오 입차실처ᄂᆞᆫ 입은 드란 말이오 ᄎᆞᄂᆞᆫ 이 거시란 말
이오 실은 집이오 처ᄂᆞᆫ 거처ᄒᆞ란 말이니 슬ᄒᆞ다 너며
ᄂᆞ리와 ᄌᆞ식 ᄃᆞᆯ아 ᄒᆡ 곳치미 되엿거니 집의 처ᄒᆞᆯ 셰
들지어다 ᄒᆞᆫ 말이니 춘하의 농ᄉᆞ ᄒᆞᄂᆞ라 들ᄒᆡ 이셔
가 겨울이 되여 집을 수츅ᄒᆞ온 드샤 ᄒᆞᆫ 말이라
우장은 우사ᄅᆞᆷ의 ᄎᆡ위ᄅᆞᆯ 무져 ᄲᅥ셔 ᄒᆞ미오 이장은
비로ᄉᆞᆫ 너몸의 ᄎᆡ위ᄅᆞᆯ ᄲᅥ셔 ᄒᆞ미로되 션ᄋᆞᆸ와 쥐쳔

국풍(國風) 35a

ᄒᆞᄃᆡ 사ᄅᆞᆷ의 집 쳠하의 이ᄅᆞᆺ단 말이오 구월 ᄌᆡ호ᄂᆞᆫ
지게니 구월의ᄂᆞᆫ 분ᄂᆞᆫ의 드러 이ᄅᆞᆺ단 말이오 십월실솔
이 입아상하ᄂᆞᆫ 입은 드단 말이오 아ᄂᆞᆫ 나란 말이니 상하
ᄂᆞᆫ 상 아래 드단 말이니 졈 깁히 치우니 십월의 실솔
이 ᄂᆡ 상 아래 드러 이ᄅᆞᆺ다 ᄒᆞ미니 치위 오ᄂᆞᆫ 구월브터 시러면
ᄒᆞ야 ᄎᆞᄎᆞᆷ이 ᄀᆞ차오니 실솔이 사ᄅᆞᆷ의게 ᄀᆞ차옴을 보
면 치위 장ᄎᆞᆺ 다ᄃᆞᆯ을 니ᄅᆞ미라 궁질훈셔ᄂᆞᆫ 궁은 빈틈
이오 질은 막단 말이오 셔ᄂᆞᆫ 쥐니 치위 ᄀᆞ차오면 집안의
틈 난 ᄃᆡ를 막고 쥐ᄂᆞᆫ ᄂᆡ를 ᄡᅬ여 다시 ᄭᅦ지 못ᄒᆞ게 ᄒᆞ
미오 ᄉᆡᆨ향근호ᄂᆞᆫ ᄉᆡᆨ은 막단 말이오 향은 북향ᄒᆞᆫ 문
을 막ᄂᆞᆫ 지게의 ᄒᆞᆰ을 ᄇᆞᆯ나 치위를 막으미라 ᄎᆞ아부ᄌᆞ

국풍(國風) 34b

울 뎌미라

오월 ᄉᆞ종동고오 뉵월 ᄉᆞ계진우오 칠월ᄌᆡ야오 팔월

ᄌᆡ우오 구월ᄌᆡ호오 십월 실솔이 입아상하ᄒᆞ니 궁질훈

셔ᄒᆞ며 ᄉᆡᆨ향근호ᄒᆞ고 ᄎᆞ아 부ᄌᆞ아 왈위개세니어 입ᄎᆞ실쳐

라어

부애라 ᄉᆞ종과 ᄉᆞ계와 실솔은 다ᄯᆡ뎌 지일홈이니ᄒᆞᆫ

ᄯᆡ예ᄂᆞᆫ 셔시ᄅᆞᆯ ᄯᆞ라 형톄변ᄒᆞ야 일홈이 다ᄅᆞ니라

오월 ᄉᆞ종동고ᄂᆞᆫ 동은 움ᄌᆞᆨ이단 말이오 뉵월 ᄉᆞ계진우

ᄂᆞᆫ 진은 ᄯᅥᆯ친단 말이오 우ᄂᆞᆫ 깃치라 뉵월의 ᄉᆞ계 깃ᄎᆞᆯ ᄯᅥ

러 ᄂᆞᆯ며 ᄂᆞᆯ지ᄅᆞᆯ 소ᄅᆡᄒᆞᆫ단 말이라 칠월 ᄌᆡ야ᄂᆞᆫ ᄌᆡ야의 잇

단 말이오 팔월 ᄌᆡ우ᄂᆞᆫ 우ᄂᆞᆫ 집이니 팔월의 시졀인ᄂᆞ

ᄒᆞᆫ가지로 산영ᄒᆞ야 비ᄅᆞ소 ᄃᆞᆯ발의 일을 니ᄅᆞ이란 말이
오 언ᄉᆞ기 즁을 엇은 어ᄅᆞᆫ 오ᄅᆞᆯ ᄉᆞᆯ 기ᄅᆞᆫ다란 말이오
기ᄅᆞᆯ ᄌᆞ기오 ᄌᆞᆼ은 ᄒᆞᄅᆞᆸ ᄃᆞ치오 허셩우 ᄌᆞᆼ은 허은 ᄃᆞ리란
말이오 셩은 ᄉᆞᄅᆞᆸ ᄃᆞ치오 우ᄅᆞ어 ᄌᆞᆯ오 즁을 ᄂᆞᆫ 이니 산영
ᄒᆞ며 즘ᄉᆡᆼ을 잡아 ᄌᆞ근 거ᄉᆞᆫ ᄉᆞᄅᆞᆯ 가지고 큰 거ᄉᆞᆫ ᄂᆞᆷ을
드리란 말이니라 ᄂᆞᆷ을 의ᄉᆡ 흥의ᄒᆞ야 닙ᄒᆞ며 먹을려
시 라ᄒᆞ며 듬을 박히 ᄒᆞᄂᆞᆫ 증의 ᄇᆞᆷ에 즁ᄒᆞ니 웃ᄉᆞᆯᄒᆞ이
먹을 ᄯᆡᄅᆞ미 아니면 어지 능히 ᄒᆞ여곰 이러ᄐᆞ시 ᄒᆞ리오 이
쟝은 다ᄉᆞᆺ 쟝의 ᄇᆞ의 ᄇᆞᆯ이면 ᄒᆞ이 ᄌᆞᆯ 세리오 ᄒᆞᆫ 듯
을 ᄃᆞ미라

오월ᄉᆞ죵동ᄀᆞ 오 뉵월ᄉᆞ계진우 오 칠월ᄌᆡ야 오 팔월

국풍(國風) 33a

ᄉᆞ월ᄉᆔ요ᄂᆞᆫ 오월 명됴ᄒᆞ며 팔월 기확이어든 십월 운락이니라

일지일 우락ᄒᆞ야 ᄎᆔ피호리ᄒᆞ야 외공ᄌᆞ구ᄅᆞᆯ ᄒᆞ고 이지일 기동ᄒᆞ야

직찬 무공ᄒᆞ야 언ᄉᆞ기종ᄒᆞ고 헌견우공ᄒᆞᄂᆞ니라

부애라 ᄉᆞ월 ᄉᆔ요ᄂᆞᆫ ᄉᆔᄂᆞᆫ 풀여름이오 요ᄂᆞᆫ 풀일홈이

니 오월 명됴ᄂᆞᆫ 명은 우ᄂᆞᆫ 말이오 됴ᄂᆞᆫ ᄆᆡ암이니 오월

의 ᄆᆡ얌이 우ᄂᆞᆫ 거시니 가을 긔회ᄒᆞ라ᄂᆞᆫ 뎐이오 팔월기

확은 기ᄂᆞᆫ 그ᄯᅳᆺ오 확은 곡식 거두단 말이오 십월운

탁은 초목이 다 이우러 ᄯᅥ러지단 말이니 ᄎᆔ동이ᄅᆞ

와 ᄎᆔ위오 녹젼이라 일지일 우락은 우ᄂᆞᆫ 가단 말이오

락은 여호ᄉᆞᆰ의 되니 일양지월의 ᄀᆞ여호ᄉᆞᆰ을 가서

삭영ᄒᆞ란 말이오 ᄎᆔ피호리ᄂᆞᆫ ᄎᆔᄂᆞᆫ 가지란 말이오 리ᄂᆞᆫ

라 칠월의 젹이나 울거든 팔월의 비ᄅᆞ소 삼ᄂᆞᆯ
란 말이라 ᄌᆡ현 ᄌᆡ황은 현은 검고 황은 누른 빗치니 이
의 뎐은 ᄂᆞᆯ을 드리며 누른 ᄂᆞᆯ도 드리란 말이라 아쥬공
양은 아ᄅᆞᆷ다온 말이오 쥬ᄂᆞᆫ 붉은 빗치오 공은 진실노란
말이오 양은 ᄲᅧᆺ최니 너 붉은 빗최 ᄂᆞᆯ드란 거시 진실ᄂᆞᆫ
ᄲᅧᆺ최 빗ᄂᆞ란 말이라 위공ᄌᆞ샹은 위로ᄒᆞ란 말이오 공
ᄌᆞᄂᆞᆫ 귀ᄒᆞᆫ 사ᄅᆞᆷ이오 샹은 치마니 공ᄌᆞ의 치마ᄅᆞᆯ ᄆᆡᆫᄃᆞ란
말이니 러러 깁다 뵈ᄅᆞᆯ ᄧᆞ거드며 누른믈로 드리며 붉
은믈이 빗ᄂᆞ거든 스ᄉᆞ로 가지지 아니ᄒᆞ고 공ᄌᆞ의 치마ᄅᆞᆯ 면
ᄌᆞᆯ세 나라희 드리자 ᄒᆞ미니 츙후의 이셔 즐거 아ᄅᆞᆷ다오
믄 옷 사ᄅᆞᆷ의 어버의 희화ᄒᆞ미라

니라 ᄌᆞᆷ월 조샹은 ᄌᆞᆷ월은 누에 치ᄂᆞᆫ 달이오 샹은 ᄲᅩᆼ이니
ᄌᆞᆷ월의 ᄲᅩᆼ가지ᄅᆞᆯ 조ᄎᆞ셔 ᄯᅡ먹이란 말이라 ᄎᆔ뎌부쟝
은 ᄎᆔᄂᆞᆫ 가지란 말이오 부와 쟝은 다 도최니라 이ᄯᅢᆯ원
양은 이ᄂᆞᆫ 벡이 ᄲᅩ오 ᄲᅥᆯ은 버히단 말이오 양은 너ᄂᆞᆫ단 말
이니 놉히 넘ᄂᆞᆫ 가지란 말이라 의뎌 녀샹은 의ᄂᆞᆫ 긴
거ᄉᆞᆼ이오 뎌ᄂᆞᆫ 뎌란 말이오 녀샹은 지집ᄀᆞ치 약ᄒᆞᆫ ᄲᅩᆼ
을 ᄯᅩᆯ기ᄂᆞᆫ 가지ᄅᆞᆯ 두어 의ᄌᆞ히 길게 ᄒᆞᆫ단 말이라 칠
월명격은 명은 우ᄂᆞᆫ 말이오 격은 ᄉᆡ일홈이오 팔월
재젹은 재ᄂᆞᆫ 비ᄅᆞ소 ᄒᆞᆫ단 말이오 젹은 삼을 낫ᄂᆞᆫ단 말이
라 칠월의 격이나 울거든 팔월의 비ᄅᆞ소 삼을 삼ᄂᆞ
란 말이라 재현재황은 현은 검ᄂᆞᆫ 황은 누른 빗치니이

국풍(國風) 31b

국풍(國風) 31a

ᄲᆡ리ᄂᆞᆫ 저집이 말고 말ᄀᆞᆫ 말이라 너ᄉᆞᆫ ᄉᆡᆼ비ᄂᆞᆫ ᄉᆞᆯ희어
ᄒᆞᆫ 말이오 희ᄉᆞᆸᄒᆞᆫ 죵ᄌᆡᄂᆞᆫ 희ᄂᆞᆫ 거의 ᄀᆞᆫ 말이오 ᄉᆞᆸ은
미ᄅᆞᆫ 말이오 ᄒᆞᆷ긔ᄂᆞᆫ ᄒᆞᆷ긔의 집 ᄌᆞ식이오 동은 ᄒᆞᆫ가지오
희ᄂᆞᆫ ᄃᆞ라 가비니 ᄉᆡ집 가ᄅᆞᆫ 말이라 븟ᄃᆞᆯ이 짓 ᄒᆞ여ᄂᆞᆫ
쾌기ᄅᆞᆯ 거ᄅᆞᆫ이 ᄒᆞ옴ᄂᆞ니 저집의 ᄆᆞ음이 ᄉᆞᆯᄉᆞᆯ ᄉᆞᆯ희어 ᄒᆞ
미여지의 ᄒᆞᆷᄌᆞᄅᆞᆯ 미쳐 ᄒᆞᆫᄀᆞ지로 ᄃᆞ라 가리ᄅᆞ다 ᄒᆞ미니
리리 이 쳔의 권가 리죽이 ᄒᆞᆼ실의 년인 ᄒᆞᆫ 집 ᄃᆞᆼᄉᆞᆯ도
에 치기의 힘ᄡᅳ지 아니리 업ᄉᆞ지라 희가 ᄒᆞᆫ 치이 ᄉᆡᆼ을
ᄉᆞᆯ라가 졀ᄂᆞᆫ의 상감ᄒᆞ야 미리 ᄉᆡᆼᄂᆞᆺ ᄒᆞᆷᄉᆞᆯ 미쳐ᄒᆞᆯ
가지ᄅᆞᆯ ᄉᆡ집가 부모ᄅᆞᆯ 멀리ᄒᆞᆯ 줄 ᄉᆞᆯ희여 ᄒᆞ미라

이 ᄉᆡᆼ은 님금의 힘ᄡᅳᆷ을 일ᄉᆞᆯ 니ᄅᆞ시니 ᄀᆞ장 옷희 ᄇᆡᆨ셩의

국풍(國風) 30b

읏븜달이오 쇠앙은 양화ᄒᆞᆫ 말이오 옥명 쟝졍은 옥
ᄂᆞᆨ이란 말이오 뗭은 우ᄅᆞᆫ 말이오 챵졍은 셕ᄃᆞ리니 니집
의랑은 너ᄅᆞ 지졉이오 집은 잡ᄂᆞᆫ 말이오 의랑은 아ᄅᆞᆷ
다온 랑ᄒᆞ리오 미횡은 ᄀᆞᄅᆞᆯ이오 외ᄉᆞ 옥상은 외롱ᄒᆞ
에란 말이오 구ᄅᆞᄉᆞ ᄒᆞ미오 옥상은 브ᄅᆞᆫ란은 ᄎᆡᆼ이니 붐
날이 비ᄅᆞᆺ소 양화ᄒᆞ야 우ᄅᆞ 쇠ᄉᆞ리이 서른 이셔의 지집
이 아ᄅᆞᆷ다온 랑ᄒᆞ리ᄅᆞᆯ 잡아 져가ᄂᆞᆫ 길노ᄂᆞᆫ 이의 부
ᄃᆞ려온 굿ᄂᆞᆫ ᄎᆡᆼ을 구ᄒᆞᆫ란 말이라 ᄒᆞᆫ일 지은 더러란
말이니 븜달이 기러 더러ᄂᆞᆫ 더러란 말이라 ᄒᆞᆫ번 긔ᄅᆞᆯ
ᄒᆞᆫᄂᆞᆫ 킨다 말이오 패은 희ᄇᆞᆨ이니 누에 어려 ᄎᆡᆼ을 먹지
못ᄒᆞᆫ죄 일ᄂᆞ으니 먹이ᄅᆞᆯ 거시라 ᄒᆞᆫᄅᆞᆯ 말ᄒᆞᆫ 거ᄉᆞ이니

국풍(國風) 30a

기ᄅᆞᆯ 녀녀ᄒᆞᆯ주 ᄀᆞ제의 ᄯᅳᆺᄒᆞᆫ ᄂᆞ리니 ᄉᆡᆼ민의 근뇌ᄒᆞ미

이러듯ᄒᆞ믈 뎡옹ᄒᆞ미라

칠월 뉴화 어든 구월 슈의 ᄒᆞᆯ나라 ᄒᆞᆯ일 직양ᄒᆞ야 옷명 쟝졍 은이여

너집의 량ᄒᆞ야 준비 미흥ᄒᆞ야 원ᄀᆞ옷 샹ᄒᆞ며 ᄒᆞᆯ일 지지 어든 최

밴리리 ᄒᆞᆯ나 너설샹비여 킈즙 중ᄒᆞᆫ 등쉬 조라

복애라 칠월 뉴화와 구월 슈의ᄅᆞᆯ 다시 니ᄅᆞᆫ 쟝ᄎᆞᆺ

이쇄 ᄂᆞ에처 질삼ᄒᆞᆯ 일ᄋᆞᆯ 니ᄅᆞ며 ᄒᆞ미니 ᄂᆞ에 치기ᄅᆞᆯ의

복ᄋᆞᆯ 원ᄒᆞᆫ 일이오 의복은 치위ᄅᆞᆯ 방비ᄒᆞᆫ 거시며 ᄉᆞ

의ᄒᆞᆫ 절ᄒᆞᄅᆞᆯ 다시 닐엇ᄂᆞ니라 ᄒᆞᆯ일 지양은 ᄒᆞᆯ일

은 붐날이오 최양은 양화ᄒᆞᆫ 말이오 옷명 쟝졍은 옷

ᄂᆞᆷ의 ᄀᆞᆫ 말이오 명은 우ᄅᆞᆫ 말이오 쟝졍은 ᄉᆡᄅᆞ니 너집

국풍(國風) 29b

이흔 밧들이라 이흔은 쥬공이 셩왕이 나히어
려 가식의 간난홈을 아지못홀가 ᄒᆞ야 지으신 ᄒᆞ오의
빅셩을 즁화ᄒᆞ시던 ᄉᆞ업을 베퍼ᄒᆞ여 쥬국의 근원을
즁숭ᄒᆞ야 그ᄅᆞ쳐 왕으로ᄒᆞ여곰 츄민의 ᄀᆞ리ᄒᆞᆫ바를
아라 감히 빅셩의 일을 경홀이 너기지 못ᄒᆞᆯ거신 ᄒᆞᆫ
이니 이지 못ᄒᆞ게 ᄒᆞ시미라
즁셩 즉시ᄒᆞ실 이시ᄅᆞᆯ 의ᄉᆞ의 급ᄒᆞ믈 ᄒᆞᆫ 의서 나ᄂᆞᆫ바ᄅᆞᆯ
베비 ᄒᆞᄂᆞᆫ 빅 기록 너기ᄂᆞᆫ 지를 올ᄂᆞᆫ 미리를 삼은
지월의 음긔 비로소 셩ᄒᆞ며 이에 어흔을 념녀ᄒᆞᆫ
이월의 양긔 비로소 셩ᄒᆞ며 이에 며느지 이를 시작
ᄒᆞ나 쑥일 재우ᄒᆞ의 남기를 념녀ᄒᆞᆫ 쥬리ᄒᆞ의 빅

국풍(國風) 29a

라 거ᄂᆞᆫ 든단 말이오 지ᄂᆞᆫ 발ᄭᅩᆨ 머리니 이월의 발ᄋᆞᆯ 드
러 밧ᄎᆞᆯ 가단 말이오 동아부ᄌᆞᄂᆞᆫ 녀편ᄂᆡ ᄌᆞ식ᄃᆞᆯ ᄒᆞᆫ가
지ᄅᆞᆯ ᄒᆞᆫ단 말이오 녑피 남묘ᄂᆞᆫ 녑은 밥 먹이란 말이
오 남은 남녁히오 묘ᄂᆞᆫ 밧두듥이오 뎐쥰지희ᄂᆞᆫ 뎐
쥰은 녀름지이 ᄒᆞᄂᆞᆫ 사ᄅᆞᆷ 농ᄉᆞᆯ ᄒᆞ라 권ᄒᆞᄂᆞᆫ 관원이오
지ᄂᆞᆫ 니ᄅᆞᆫ 말이오 희ᄂᆞᆫ 깃거ᄒᆞᆫ단 말이니 져믄 쇠은
의 밧ᄎᆞᆯ 거ᄃᆞᆫ 늙은이ᄂᆞᆫ 며ᄂᆞ리와 ᄌᆞ식을 ᄃᆞ리고 남묘의
가 밧 가ᄂᆞᆫ 사ᄅᆞᆷ을 밥 먹이거든 뎐쥰이 니ᄅᆞ러 보고 깃
거ᄒᆞ니란 말이니 먹을 일을 미리 념녀ᄒᆞ야 일쥭
이 ᄒᆞᆫ 말이라 이 쟝은 주공이 셩왕이 나히 어
려 가ᄉᆡᆨ의 간난ᄒᆞᆷ을 아지 못ᄒᆞᄂᆞᆫ 고로 ᄡᅥ ᄒᆞᆫ지라 궁ᄂᆡ의

국풍(國風) 28b

쥬ᄂᆞᆫ 십일월이라 필발은 바ᄅᆞᆷ이 ᄎᆞᆫ 말이오 이
지일은 이양이니 쥬ᄂᆞᆫ 십이월이오 률렬은
긔운이 ᄎᆞᆫ 말이오 무의 무갈은 무복ᄉᆞᆯ 업단 말이오 의
ᄂᆞᆫ 옷시오 갈은 털노 ᄶᆞᆫ 거시니 ᄒᆞ이 졸셰ᄅᆞᆯ 엇지 ᄒᆞ야 ᄒᆡᄅᆞᆯ
뭇ᄎᆞ리오 ᄒᆞ미니 리셔 구월의 옷ᄉᆞᆯ 주지 못ᄒᆞ면 일지
일의 ᄇᆞ람이 ᄎᆞᆯ 이지일의 긔운이 ᄎᆞ니 옷도 업고 갈도
업ᄉᆞ면 엇지뻐 ᄎᆡ외ᄅᆞᆯ 지ᄂᆡ여 ᄒᆡᄅᆞᆯ 뭇ᄎᆞ리오 ᄒᆞ미니
남을 거ᄉᆞᆯ 미리 념녀ᄒᆞ야 쳔리 ᄒᆞ야 쥰비ᄒᆞᆫ 뜻이라
삼지일 우ᄉᆞᆯ 삼양의 ᄃᆞᆯ이니 쥬ᄂᆞᆫ 졍월이니 우ᄅᆞᆯ
가ᄅᆡ 말이오 ᄂᆞᆫ 농긔오 졍월의 농긔ᄅᆞᆯ 다ᄉᆞ려 장ᄎᆞᆺ
갈녀 ᄒᆞ미라 ᄉᆞ지일은 ᄉᆞ양 ᄃᆞᆯ이니 쥬ᄂᆞᆫ 이월이

국풍(國風) 28a

칠월류화 ᄒᆞ거든 구월슈의 ᄒᆞᄂᆞ니라 일지일필발 ᄒᆞ고 이지일
률렬 ᄒᆞ니 무의무갈 이면 하이졸셰 오리오 삼지일우사 오 ᄉᆞ지
일거지 ᄒᆞ거든 동아부ᄌᆞ ᄒᆞ야 엽피남묘 ᄒᆞ거든 뎐쥰지희 ᄒᆞᄂᆞ니라
부애라 칠월류화ᄂᆞᆫ 류ᄂᆞᆫ 흐를 류ᄍᆞ오 화ᄂᆞᆫ 심셩이
니 ᄃᆡ화셩이라 ᄒᆞᄂᆞ니라 류월이면 혼의 남방
의 븨라가 칠월이면 졈졈 ᄂᆞ려 셔쪽을 ᄂᆞ리ᄂᆞ니 가
을이 되야 쟝ᄎᆞᆺ 치워 ᄀᆞ리올 고로 구월슈의ᄂᆞᆫ 츅
ᄂᆞᆫ 쥬단 말이오 의ᄂᆞᆫ 옷시니 구월은 졈졈 치우니 옷ᄉᆞᆯ
간뎨 ᄒᆞ단 말이라 일지일은 일양이 난 달이니
쥬즁 십일월이라 필발은 바ᄅᆞᆷ이 ᄎᆞᆫ단 말이오 이
지일은 이양이 난 달이니 쥬즁 십이월이오 률렬은

국풍(國風) 27b

하쳔 ᄉᆞ쟝

뎡쇠왈 ᄎᆡᆨ뎍 박ᄒᆞ야 ᄉᆡᆼ구희 ᄇᆞᄂᆞᆫ 음가온ᄃᆡ 양ᄒᆞᆫ 회오
희ᄒᆞ야시니 비컨ᄃᆡ 나무 ᄭᅩᆺ희 남은 실과 먹지 아니면
다시 나미 이시니 어즈럽기 극진ᄒᆞ면 극변 이라 ᄒᆞ리ᄒᆞ니
이ᄅᆞᆫ 비풍 하쳔의 시 ᄲᆡ풍이 ᄎᆞᆷ 쯧이 업지 아니타
ᄒᆞ시니라 ᄎᆡ탑 ᄉᆞ라ᄂᆞᆫ 뎡풍이오 ᄀᆞ하려 ᄲᅧ나ᄂᆞᆫ면
풍이니 ᄲᆡ풍은 난세 ᄋᆡᆷ이라 비풍 하쳔 ᄉᆞ쟝이 ᄌᆞ든
의 길ᄒᆞᆯ 말이 업ᄉᆞ되 주즌 츄ᄒᆞ ᄒᆞᄂᆞ의리 ᄲᆡᆼᄒᆞ이오
더욱 나ᄅᆞᆫ 쎄와 ᄀᆞᄅᆞ미 비록 부인 녀ᄌᆞ나 의리의 ᄃᆡ
쇠ᄒᆞᆯ 아니어 지ᄃᆞᆺ ᄒᆞᆯ러시되 이러ᄒᆞᆺ 올니ᄂᆞ라

빈풍

국풍(國風) 27a

날회 하텬이여 닐되 로ᄉᆞ라호 개야오란야호 닐되 졍은라호
비이 ᄒᆞᆼ애라 시ᄂᆞᆫ 쳥을 졸이오 졍ᄂᆞᆫ 쳥을이라
봉봉 쳐므를 윤웅ᄂᆞᆫ지라호 ᄉᆞ국우왕이어시ᄅᆞᆯ ᄎᆞᆯ빅ᄂᆞ치라허니
비이 ᄒᆞᆼ애라 봉은 아ᄅᆞᆷ다온 거동이오 쳐므ᄅᆞᆯ 기샹이
샤이오 윤웅ᄂᆞᆫ 군ᄌᆞᄅᆞᆯ 치ᄂᆞᆫ 비유ᄒᆞᆫ 말이오 군ᄌᆞ시호ᄅᆞᆯ치 시계ᄒᆞ란
말이오 ᄉᆞ국은 ᄉᆞ방 나라히니 ᄉᆞ왕이 ᄉᆞ왕이 ᄉᆞ방을라
ᄉᆞ리란 말이오 ᄎᆞᆯ빅 ᄂᆞ치ᄂᆞᆫ 문왕의 제후니 왼ᄌᆞᆯ ᄒᆞ려
란 말이니 빅이 되여 제ᄒᆞ에 ᄎᆞᆯ힝ᄒᆞ야 빅무ᄒᆞᆯ ᄒᆞᆫ
러니라
하쳔 ᄉᆞ쟝
뎡신왈 ᄌᆞᆨ벽 박ᄃᆡ샹 ᄀᆞ회 므ᄅᆞᆫ 윤가을ᄃᆡ 양호회오

국풍(國風) 26b

조풍

ᄂᆞᆯ의 하쳔이여 뎌 조랑이ᄅᆞᆯ다 개아 오탄ᄒᆞ야 념뎌 주졍ᄒᆞ라

비이흥애라 ᄂᆞᆯ은 ᄎᆞᆫ 말이오 하쳔은 쉼이란 말이오

조ᄂᆞᆫ 풀 ᄲᅥ러지ᄂᆞᆫ 것이오 랑은 기음 풀이오 려ᄂᆞᆫ 탄기란 말

이오 오ᄂᆞᆫ ᄭᆡ단 말이오 탄은 탄식ᄒᆞᄂᆞᆫ 말이오 탄식ᄒᆞ기ᄂᆞᆫ ᄯᅳᆺ이오 념은

싱각 념ᄌᆞ오 주졍은 쥬나라 셔울 긔졍이라 이시 ᄌᆞᆫ 왕실

이 능쇠ᄒᆞ며 져근 나라히 곤ᄒᆞᆫ 지쇠ᄒᆞ미 ᄎᆞᆫ 하쳔의

조랑이 샹ᄒᆞ믈 ᄡᅱ비ᄒᆞᆫ 이ᄒᆞ야 개연이 ᄡᅱ 쥬나라

긔졍을 싱각ᄒᆞ미라

ᄂᆞᆯ의 하쳔이여 뎌 ᄎᆞ쇠로다 개아 오탄ᄒᆞ야 념뎌 졍쥬ᄒᆞ라

비이흥애라 ᄎᆞᆫ ᄡᅮᆨ이오 졍쥬ᄂᆞᆫ 쥬나라 셔울이라

개ᄎᆞᆨ 나라ᄒᆞᆯ 가ᄂᆞ니 이시면 ᄆᆞ음의 탄ᄉᆞᄒᆞ야 ᄌᆞ좀은 말ᄂᆞ뻐
위ᄅᆞᆯ ᄒᆞᆫ 젼면 ᄒᆞ리라 말이라

비풍 삼장

졍원 보시왈 주나라히 긔강이 업셔 왕실이 능쇠ᄒᆞ
며 졔후 방ᄌᆞᄒᆞ야 다시 왕실을 존경ᄒᆞᄂᆞᆫ 의리ᄅᆞᆯ 아
ᄂᆞ니 업ᄉᆞᆫ지라 이시의 나ᄂᆞᆫ 말이 왕실의 쇠ᄒᆞᆫ 둥의
존멸ᄒᆞ니 낙세 넘어 주셔이 보면 구구실의 뎐ᄌᆞᄒᆞᆫ의
업셔 ᄋᆞᄂᆞᆫ졸 가히 볼지시니 어지 긍쳥ᄒᆞ야 헤뎜치
아니ᄒᆞ시리잇가

조풍

ᄂᆡᆺ물이 히천여이 럼뢰 주랑일라 개아 우탄ᄒᆞ야 녕뢰 주경ᄒᆞ라

국풍(國風) 25b

아니ᄒᆞᆷ은 ᄉᆞ쇠 ᄡᅥᆯ쇠 가지 아니ᄒᆞ니 다만 ᄌᆞ다라ᄒᆞᆯᄉᆞ가
ᄂᆞᆷ싱ᄒᆞᆷ을 부와 왕실의 능히 ᄒᆞᆷ을 ᄉᆡᆼ각ᄒᆞᄂᆞᆫ 즁심
이ᄌᆞ면 셔ᄅᆡ단 말이라
비ᄌᆞᆼ ᄒᆞᆫ혜며 비지 ᄒᆞᆫ혜라 근심ᄒᆞᄂᆞᆫ오 즁심ᄒᆞᆫ혜라ᄒᆞ
부여라 ᄒᆞᆫ도 회ᄒᆞ리 부란이오 비지 ᄒᆞᆫ혜도 쳘지아니단
말이니 즁심ᄒᆞᆫ혜도 슬혀ᄒᆞᆫ단 말이라
ᄎᆞ릉 뎡ᄋᆞ어오 개지 부심 라ᄒᆞ리 ᄎᆞ장서지오 회지ᄒᆞᆼ은 라ᄒᆞ리
ᄒᆞᆼ애라 ᄎᆞᄂᆞᆫ ᄂᆞᆯ ᄉᆞ뵤으 어ᄂᆞᆯ 기은 뎡ᄋᆞᆫ 삼단 말이라
부와 심은 가마솟치니 개ᄂᆞᆫ 씨ᄉᆞ단 말이오 장은 장ᄒᆞᆫᄒᆞᆫ
란 말이오 서쥐ᄂᆞᆫ 서ᄅᆞᆯ ᄒᆞ라 가라 ᄒᆞ미라 서ᄂᆞᆫ ᄌᆞ다라도
음이오 ᄒᆞ음은 ᄌᆞ란 말이오 회ᄂᆞᆫ 위ᄅᆞᆯ ᄒᆞᆫ란 말이니라

국풍(國風) 25a

진ᄒᆞ믈 가히 알니로다

회풍

비풍발혜여 비거걸혜라 고쳠주도오 즁심달혜로다

부ᄋᆡ라 비풍은 ᄇᆞ람이 쳔ᄒᆞᆫ 말이오 거ᄂᆞᆫ 수레오 걸은
ᄲᆞᆯ리 ᄃᆞᆯᄂᆞᆫ 말이오 쥬도ᄂᆞᆫ 쥬나라 길흘 가ᄅᆞ치미니
고쳠은 도라보ᄂᆞᆫ 말이오 즁심달혜ᄂᆞᆫ ᄆᆞ음이 샹ᄒᆞᆫ ᄒᆞ
ᄂᆞᆫ 말이라 이 시ᄂᆞᆫ 쥬실이 쇠미ᄒᆞ매 현ᄌᆞ 근심ᄒᆞᆫ 바
시ᄒᆞ야 이 글을 지으니 이르ᄃᆡ 상해 ᄇᆞ람이 되이 부ᄂᆞᆫ 수
레를 ᄲᆞᆯ리 몰면 ᄂᆡ ᄆᆞᄋᆞᆷ이 ᄃᆞᆯ연ᄒᆞ리 이제 ᄇᆞ람이 부지
아니ᄒᆞ고 수레 ᄲᆞᆯ리 가지 아니ᄒᆞ나 다만 주도를 도라보ᄆᆡ
넉 길흘 보와 왕실의 능쳬ᄒᆞ믈 싱각ᄒᆞ므로 즁심

국풍(國風) 24b

쳑피강혜(야ᄒᆞ) 쳠망형혜(라ᄒᆞ) 형왈ᄎᆞ여뎨 ᄒᆡᆼ역(여이) 숙야

필ᄒᆡ(라ᄒᆞ) 샹신젼재(라어) 유래무ᄉᆞ(라ᄒᆞ)

부애라 강은 ᄲᅧ브리오 희ᄂᆞᆫ ᄀᆞᆺ치 ᄒᆞᆫ단 말이오 ᄉᆞᄂᆞᆫ

우미 업세 ᄒᆞᆫ단 말이라

쳑호삼쟝

쳥컨ᄃᆡ ᄒᆞᆯ오리 임의 부모와 형을 ᄉᆡᆼ각ᄒᆞᄂᆞᆫ ᄯᅳᆺ 부모와

형의 ᄆᆞ음 ᄉᆡᆼ각ᄒᆞ야 원ᄒᆞᄂᆞᆫ 말을 샹상ᄒᆞ야 니ᄅᆞ되

반ᄃᆞ시 어ᄶᅵ 이 ᄆᆞᄋᆞᆷ을 뵈 ᄆᆞᄋᆞᆷ을 삼으니 진실로 어진

사ᄅᆞᆷ이라 니ᄅᆞ리로다 ᄯᅩ ᄒᆞᆯ오리 이 사ᄅᆞᆷ이 이제 어ᄶᅵ 이

ᄉᆡᆼ각ᄒᆞᄂᆞᆫ ᄆᆞᄋᆞᆷ으로 ᄡᅥ 어ᄶᅵ 이 ᄯᅡᆯ ᄉᆡᆼ각ᄒᆞᄂᆞᆫ ᄯᅳᆺ을 ᄒᆞᄂᆞᆫ 밧

긔 실로 ᄂᆞᄆᆡ 어ᄶᅵ 이 ᄉᆡᆼ각ᄒᆞᄂᆞᆫ ᄆᆞᄋᆞᆷ을 브치니 그ᄒᆡ국

굿치 감말은 ᄒᆞᆯᄇᆡ 업세 ᄒᆞ라ᄂᆞᆫ 뜻이라 이시ᄂᆞᆫ 홉쇠힝
역ᄒᆞ야 ᄀᆞ어ᄊᆡ 이ᄅᆞᆯ 잇지 못ᄒᆞᆷ을 ᄯᅥ힐을ᄉᆞ 뫼 ᄀᆞ아비
의ᄀᆞ리ᄅᆞᆯ 바라며 인ᄒᆞ여 ᄀᆞ아븨 지ᄃᆞᆼ을 넘어 ᄒᆞᄂᆞᆫ 상
상ᄒᆞ야 니ᄅᆞᆫ 말이니라

혁쇠 리회 야호 험망무회 라조 무월ᄎᆞᄋᆡ 제힝여 여이 ᄉᆞᆨ야 부
내 라조 상신 걸쇠 라어 옥대 무기 라니
부애리 리ᄂᆞᆫ 벼히오지ᄂᆞᆫ 말ᄉᆡ 죽엇이니 무어ᄂᆞᆫ 즘이 업
감말이니 나라일의 불황ᄒᆞ야 즘ᄒᆞᆫ듯 작단 말이라
기로비리단 말이니 죽어시뢰ᄅᆞᆯ 부리단 말이라

혁쇠 강회 야호 험망형회 라조 ᄒᆞᆼ활ᄎᆞᄋᆡ회 힝여 여이 ᄉᆞᆨ야
쳘회 라조 상신 걸쇠 라어 옥대 무ᄉᆞᆫ 라호

을ᄂᆞᆯ소ᄂᆞ 나라ᄒᆞᆯ 어즈러이ᄂᆞᆫ 집을 업ᄃᆞ려 ᄃᆞᄉᆡ 못

ᄒᆞᄂᆞᆫ 주ᄂᆞᆫ 어지 주히 일ᄋᆞᆯ 다ᄉᆞ츠 ᄒᆞ리오

위풍

텩피호혜 ᄒᆞ야 텸망부혜 ᄒᆞ라 부왈ᄎᆞ여ᄌᆞ 힝역 이여 슉

야 무이 ᄅᆞ라 샹신젼ᄌᆡ 어나 유ᄅᆡ 무지 내라

부여라 지ᄂᆞᆫ 뫼오 호ᄂᆞᆫ 뫼히오 텸은 오ᄅᆞᆫ단 말이니 텸망

부혜ᄂᆞᆫ 아비ᄅᆞᆯ 텸망ᄒᆞᆫ단 말이라 망은 바라미니 부

왈ᄎᆞ여ᄌᆞ 힝역은 아비 ᄀᆞ오ᄃᆡ 슬프다 뎌 ᄌᆞ식 이여 힝

역ᄒᆞ미여 ᄆᆞᆯ이오 슉야ᄂᆞᆫ 아ᄎᆞᆷ나 밤이니 무이ᄂᆞᆫ 말옴이

업단 말이오 샹은 거의란 말이오 신은 삼가란 말이니 젼

지ᄂᆞᆫ 어ᄂᆞᆫ 지라 유ᄅᆡ 무지ᄂᆞᆫ 오히려 ᄃᆞ치미 업ᄃᆞ란 말이니

국풍(國風) 22b

부애라 흥비ᄂᆞᆫ ᄣᅢ예 나단말이오 흥은 나ᄂᆞᆫ ᄎᆞ뢰니

감여ᄂᆞᆫ 동ᄉᆞᆼ은 ᄀᆞ뢰ᄅᆞᆯ 더브러 ᄎᆞᆷ을 ᄒᆞᆫ가지ᄅᆞᆯ ᄒᆞ미ᄅᆞᆯ연

ᄆᆞᆫ낼 ᄯᆡ이오 회ᄅᆞ리의ᄂᆞᆫ 독회 의장ᄎᆞᆺ 도라 가란 ᄯᆡ이오

무서여 죵ᄉᆞᆼ은 아니 거의 날ᄂᆞᆯ ᄒᆞ여 ᄀᆞ뢰ᄅᆞᆯ 며외 ᄒᆞ미되

ᄂᆞ가 ᄒᆞᆯ ᄯᅳᆺ이니 엇지 거ᄂᆞ리지 아니리오

계명 삼장

삼산 니시왈 죠ᄌᆞᆯ 인군이 붑을 나ᄀᆞᆫ 황실ᄋᆞᆯ 삼가 황

음ᄒᆞᆷ을 ᄒᆞᆷ희 업ᄉᆞ미 착ᄒᆞᆫ 시회 가ᄒᆞ야 업을 븟ᄋᆞ니라

어진 안회와 정렬ᄒᆞ온ᄃᆡ 집이 ᄎᆞ야 의정계 ᄒᆞ야 덕을

일세 ᄒᆞ니 잇ᄂᆞ니 ᄎᆡ션왕의 강ᄒᆞᆫ와 졔환ᄅᆞᆼ의 위

희와 ᄎᆞᆼ장왕의 번희 ᄀᆞᄐᆞ니 이시니 ᄒᆞᆺ 님군이 ᄒᆞ

국풍(國風) 22a

부애라 즁방 ᄯᅧᆼ이ᄂᆞᆫ 듕방어 불러 ᄒᆞᆫ 말이오 ᄀᆞ리 쟝의
ᄂᆞᆫ ᄌᆞ회 ᄋᆞᆫ의 청ᄒᆞ여 ᄒᆞᆫ 말이라 미 듕방 ᄌᆞ여ᄋᆞᆫ 듕방
이 불러 우미 아니ᄒᆞᆫ ᄯᅢ이오 왼ᄌᆞᄅᆞ지 당ᄋᆞᆫ ᄌᆞ비ᄎᆞ지 ᄒᆞᆫ 말이
니 ᄌᆞ리 ᄎᆞ회ᄅᆞᆯ ᄆᆞᆺᄂᆞᆫ ᄌᆞ회의 ᄋᆞᄅᆞᆷ만 너기ᄂᆞᆫ ᄌᆞ비ᄎᆞᆯ 보ᄂᆞᆫ 듕
방이 불러 ᄋᆞᆺ ᄂᆞ가 의심ᄒᆞ니 ᄌᆞ듕을 ᄒᆞᄂᆞᆫ ᄒᆞᆫ 님금의 명ᄋᆞᆯ 보
미세 어ᄅᆞᆫ가 ᄌᆞ리 외ᄒᆞ니 별을 ᄒᆞᄂᆞᆫ 쟝의 뜻을 ᄌᆞ지아
미천 실ᄂᆞᆫ ᄒᆞ여 세 부인의 경계ᄒᆞᆯ ᄇᆞᆫ ᄒᆞ다
듕비 ᄒᆞᆼᄒᆞᆼ 드이어 갈여ᄂᆞᆫ 듕등 마ᄅᆞ이언 ᄒᆡᄂᆞᆫ 리의 ᄌᆞᆫ 부셔여
ᄎᆞᄂᆞᆼ가
부애라 듕비ᄂᆞᆫ ᄭᅢ세 나ᄂᆞᆫ 말이오 ᄒᆞᆼᄋᆞᆫ 나ᄂᆞᆫ ᄎᆞ회니
갈여ᄂᆞᆫ 듕등ᄋᆞᆫ ᄀᆞ리ᄅᆞᆯ 더브러 청을 ᄒᆞᄂᆞᆫ 가지ᄅᆞᆯ ᄒᆞ미 ᄯᅩᆯ연

국풍(國風) 21b

부애라 ᄌᆞ리ᄆᆡᆼ의ᄅᆞᆯ ᄌᆞ회인의 ᄒᆞ다ᄒᆞ니 ᄌᆞ쳥의ᄅᆞᆯ

회 ᄒᆞ라온 신희 ᄒᆞᆫ다말 이오 비쎄 ᄌᆞ명은 ᄌᆞ희의 오ᄅᆞᆫ이

아니란 ᄯᆞᆯ이오 쟝승 지셩은 ᄌᆞᆯ 라리 ᄒᆞᆫ란 말이라

이시ᄅᆞᆯ 어진ᄒᆞ비 넘ᄋᆞᆯ 며셔 ᄌᆞᆷ여 신벽 쳔의 니ᄅᆞ러 넘

ᄀᆞ리 졍졔 ᄒᆞ야 니ᄅᆞᆯ 말이니 ᄒᆞ연 일ᄋᆞᆯ ᄒᆞ졍의 ᄐᆞᆯ음

야 ᄀᆞ실의 ᄌᆞ희 반드미 느ᄅᆞᆯ가 ᄌᆞ리ᄅᆞᆯ 뭉ᄋᆞᆫ이 갈ᄉᆞ ᄒᆞᆫ오ᄅᆞᆯ

ᄌᆞ희 우지아ᄂᆞ ᄌᆞ리 ᄒᆞᆫ결 ᄀᆞᆯᄋᆞᆫ ᄌᆞ희의 오ᄅᆞᆫ만 너셔 졍

쳑ᄒᆞᄅᆞᆯ 뭉ᄋᆞᆫ이 ᄌᆞᆼ ᄒᆞ니 지ᄉᆞ ᄒᆞ졍 셩ᄋᆞᆯ 감ᄌᆞᆼᄒᆞ미 업

ᄉᆞ리오

ᄃᆞᆼ방명의 라 ᄌᆞ리 쟝의 나리ᄅᆞᆯ 비ᄃᆞᆼ방ᄌᆞ명 라이 월ᄌᆞᆯ지

랑 라이ᄅᆞᆯ

국풍(國風) 21a

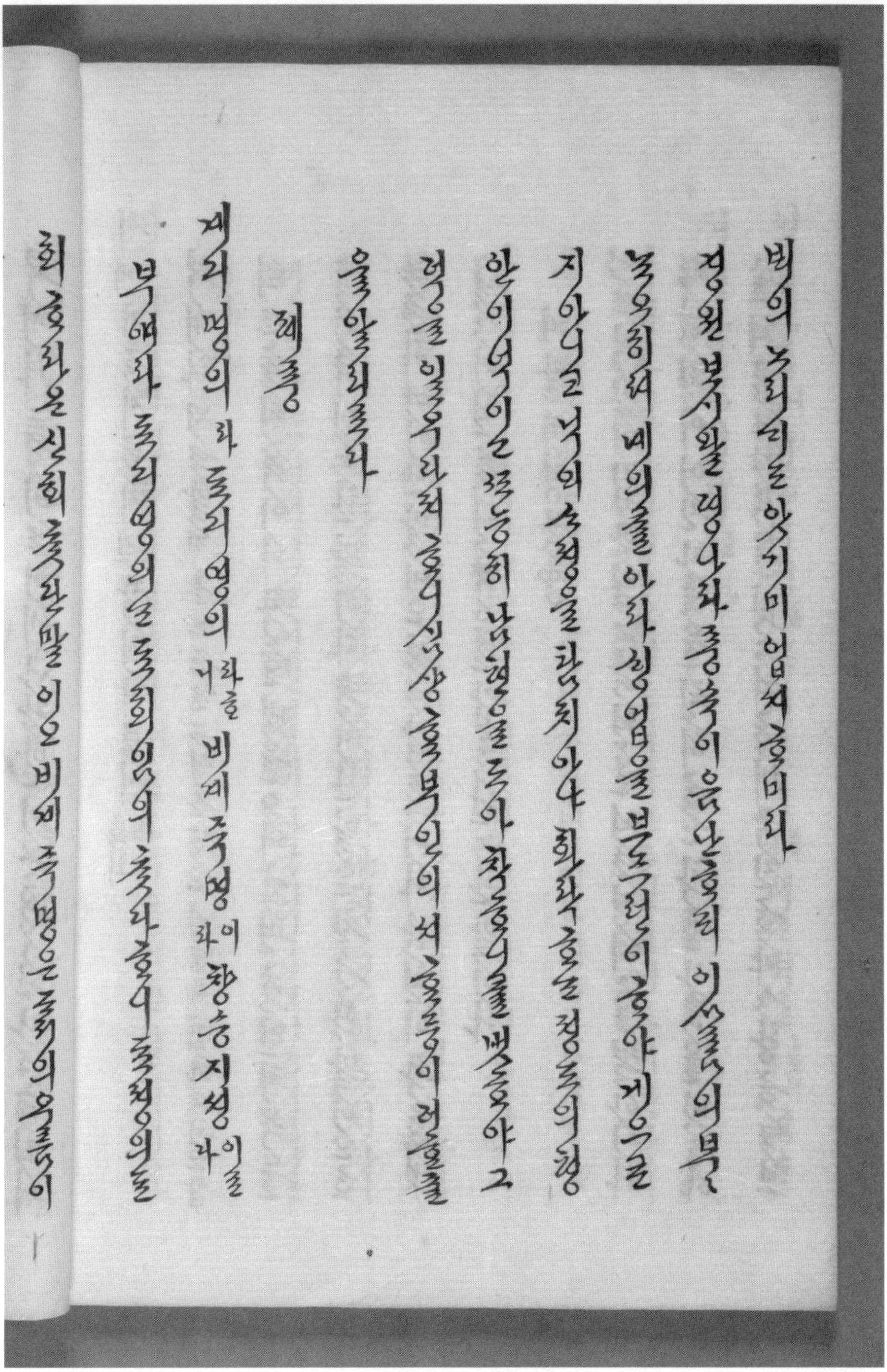

국풍(國風) 20b

지ᄉᆞ지ᄂᆞ지란 잡퇴 이ᄅᆞᆺ지며 지ᄉᆞ지ᄉᆞ지란 잡퇴이ᄃᆞ

지며 지ᄉᆞ지ᄒᆞ지란 잡퇴이 브지 ᄒᆞᄅᆡ라

부애라 지ᄉᆞ말지ᄉᆞᆫ 주ᄅᆞᆯ 그ᄅᆡᄉᆞᆫ 밧ᄭᅴ 너ᄂᆞᆫ 오만 말ᄉᆞᆷ이오 잡

퇴ᄂᆞᆫ ᄎᆞᆷ퇴옥이니 챡ᄒᆞᆫ ᄇᆡᆨ을 우세ᄒᆞ면 ᄎᆞᆷ현 퇴옥을

ᄀᆞᆯ어ᄎᆞᆷ현ᄃᆞ란 말이라 ᄎᆞᆷ지란 말은 친ᄉᆞ환 말이오 ᄒᆞ

ᄂᆞᄒᆞᆷ히 너기단 말이오 부ᄉᆞ잡ᄒᆞ미라 남편이 착ᄒᆞᆫ 벗

을ᄉᆞ리면 ᄎᆞᆷ현옥을 갑ᄒᆞ던 ᄃᆞ란 말이라

너왈 계명 삼장

이ᄂᆞᆫ 부인이 집안 일ᄂᆞᆫ 남편을 셔ᄅᆞ 경계ᄒᆞ믈 쟉ᄒᆞ니라

ᄒᆞᆫ단 현이 어진 사ᄅᆞᆷ을 친히 ᄒᆞᆫ 착ᄒᆞᆫ 사ᄅᆞᆷ을 ᄇᆡᆨᄒᆞ야

즐겨 ᄒᆞᄂᆞ 소ᄅᆞᆷ을 벗ᄒᆞ게 ᄒᆞ미 극진ᄒᆞ야 ᄉᆞ랑ᄒᆞᄂᆞᆫ 보

국풍(國風) 20a

이언 가지 놀어 여ᄌᆞ의지 야ᄒᆞ 의언 윤ᄌᆞ 야ᄒᆞ 여ᄌᆞ ᄒᆡ올 라ᄒᆞ되 ᄀᆞᆫ술

지에 막블 졍희 다ᄅᆞ

부애라 엉은 어ᄌᆞ오 여ᄌᆞ의지ᄅᆞᆯ ᄀᆞ리ᄅᆞᆯ 러브러 막당이

ᄒᆞ단 말이니 윤ᄉᆞ을 막세ᄒᆞ라 말이오 의언 윤ᄌᆞ도 맛

강세ᄒᆞ야 ᄎᆞᆯ막 간 말이오 여ᄌᆞ 희ᄅᆞᆯ ᄀᆞ리ᄅᆞᆯ 러브러 ᄒᆞ되

늙ᄌᆞ ᄒᆞ미오 ᄀᆞᆫ술 죄어도 ᄀᆞᆫ술을 리란 말이오 졍은 안졍

졍죄니 ᄒᆞ올 회ᄒᆞ오ᄒᆞ라도 ᄒᆞ죄라 안졍ᄒᆞᆫ 회ᄒᆞ오치 아니

미업단 ᄯᅳᆺ이니 이ᄂᆞᆯ 어진 부뷔 나ᄂᆞᆫ덕 ᄒᆞ올 거룽ᄋᆞᆯ 니ᄅᆞᆯ

미니라

지ᄌᆞ 지너지 란 잡되 이룽지 며 지ᄌᆞ지 ᄉᆞ지 란 잡되 이믄

지 며 지ᄌᆞ지 ᄒᆞ지 란 잡되이 부지 라ᄒᆞ되

부애라 지ᄌᆞ 말지 ᄌᆞ은 ᄌᆞ로 ᄀᆞ리ᄂᆞᆫ 뿐으 허로 오라 말이오 담

국풍(國風) 19b

가ᄂᆞ니라 말이오 ᄌᆞ용시야ᄂᆞᆫ 그릇이니 밥을 ᄇᆞ라ᄂᆞᆫ 말이
오병 셩옥ᄒᆞᆫ 셔ᄯᅢ이 빗ᄂᆞ미 잇단 말이오 장은 장ᄎᆞᆺ
쟝ᄎᆡ니 그와 상은 활ᄇᆞᆨᄂᆞ라 너를 거ᄂᆞ이오 익은 즉의
ᄯᆞ오보ᄂᆞᆯ 울희오 양ᄃᆞ지여이라 이ᄂᆞᆫ 시ᄌᆞ ᄉᆞᆯ이어
진복희 셔를 정제ᄒᆞᆯ 말을 긔록ᄒᆞ야 지어시니 ᄂᆞᆫ 노
ᄒᆞᆯ 지명이라 ᄒᆞ야 ᄀᆞ안천을 정제ᄒᆞ셔 ᄉᆞ월 ᄂᆞᆫ
입의 복이 셔세되여 즉ᄋᆞ리 셩ᄒᆞ니란 ᄯᅳᆺ이니 셩졀정제
ᄒᆞ미 부의 ᄂᆞ일 ᄒᆞ셩을 득지 아니ᄒᆞᆯ 가히 알니실
이부여 양부양을 ᄲᅡ와 졔ᄉᆞ졍ᄒᆞᆯ 일을 브로린이 ᄒᆞ
야 부의 ᄉᆞ덩을 게을니 아니ᄒᆞᆯ 권ᄒᆞ미오 ᄋᆞᆼ은 즉을 ᄯᅡᆯ
녀야 즈셩 ᄲᆞᆯ 니시니라

국풍(國風) 19a

사ᄅᆞᆷ의 알기 쉬운 일노ᄡᅥ 쟝ᄌᆞᆼ의 ᄒᆞ안ᄒᆞ며 즁쳡이
오ᄅᆞ옥ᄒᆞ야 쟝강의 아ᄅᆞᆷ다오믈 아지 못ᄒᆞᄂᆞᆫ 줄 긔롱ᄒᆞ
미니 그러ᄒᆞ횡 다ᄉᆞᆺ 쟝은 니ᄅᆞ지 아니ᄒᆞᆫ 즁 조연 알녀시
니라

뎡즁

녀왈 계명 든이어 ᄉᆞ왈 ᄆᆡ되 라내 조종시야 라호 명셩우란 니이어
쟝은 쟝ᄉᆡᆼ 야호 익부여안 라이어
부여라 녀왈 계명은 계집은 ᄆᆞᄋᆞᆯ 조긔 이오 ᄯᅡ란 ᄯᆞᆯ이
ᄉᆞ왈 ᄆᆡ됴ᄂᆞᆫ ᄉᆞᄂᆞ희 ᄆᆞᄋᆞᆯ 조긔 이욜 보ᄂᆞᆫ 아니라 ᄒᆞ여
가ᄂᆞ니라 말이오 조용시야ᄂᆞᆫ 그ᄅᆞᄃᆡ 반ᄃᆞ시 보란 ᄯᅡᄅᆞᄒᆡ
옥명 셩우란은 ᄉᆡᆨᄭᆡᆯ이 빗나미 잇단 말이오 쟝은 쟝ᄎᆞᆺ
쟝ᄎᆡ니 그와 ᄉᆡᆼ은 화ᄅᆞᆯ ᄡᅩᄂᆞ니라 너르ᄅᆞᆯ 거동이오 익은 줄을 익

ᄅᆞ란 말이오 ᄃᆞᆯ 굼ᄅᆞᆨ이오 활ᄅᆞᆫ 굼ᄅᆞᆯ 주ᄂᆞᆫ ᄎᆞ최오 뎐
옥ᄋᆞᆯ ᄀᆞ기ᄅᆞᆯ 용ᄉᆞᆫ이오 발ᄅᆞᆫ 셩ᄋᆞᆯ 거동이오 져강은 블은
계셔ᄇᆡ이오 얼ᄅᆞᆫ 쳠ᄇᆡᆼ이 셩ᄋᆞᆯ 거동이오 쳐ᄉᆞᆯ 블은
나희니 옥셜ᄅᆞᆫ 세ᄌᆞᆯ 거동 이ᄌᆞ양이라 이시ᄅᆞᆯ 외ᄋᆞᆷ을
졔 ᄒᆞ ᄎᆞ즐 건너니 그쳐 졍상이 이러탄 말이라 거ᄂᆞᆯ
네 말ᄋᆞᆯ 니ᄅᆞ며 ᄎᆞ탄ᄒᆞ기ᄅᆞᆯ 마지아니ᄒᆞ미니라

석인 ᄉᆞ장

졍원 부시왈 장강을 니ᄅᆞ며 려횡라 블장의 거ᄅᆞᆫᄒᆞᆫ
블 니ᄅᆞᆯ 거시어ᄂᆞᆯ 시의 일ᄏᆞᆺ지 아니ᄒᆞᆫ 다만 그 ᄌᆞ장의
졀ᄒᆞᆷ다 용모의 아람다옴다 오의 그ᄅᆞᆷ다 ᄉᆞ여의 블
샹이 니기ᄅᆞᆯ ᄯᅳᆨ블 니ᄅᆞᄂᆞᆫ 어지니이ᄅᆞᆯ ᄎᆞ최왈 이라만고

국풍(國風) 18a

깃ᄉᆞᆯ ᄉᆞ뢰ᄅᆞᆯ ᄭᅮ미ᄂᆞᆫ 가리온 거시니 대부의 부인이 조회ᄒᆞ니
라 대부ᄅᆞᆯ 뢰외니 ᄉᆞ퇴ᄂᆞᆫ 일ᄶᅵᆨ이 믈러 나란 말이오 무
ᄉᆞ군노ᄂᆞᆫ 님군으로 ᄒᆞ여금 ᄉᆞᄅᆞᆯ ᄒᆞ게 말나 ᄯᅳᆺ이니 님군이
졍ᄉᆞᄅᆞᆯ ᄃᆞᄉᆞ리ᄂᆞᆫ 장강과 ᄒᆞᆫᄭᅴ 이셔 ᄃᆞᆺ친 기ᄅᆞᆯ 부라더니 이
제 그러치 못ᄒᆞᄆᆞᆯ 악셔 ᄒᆞᄂᆞᆫ ᄯᅳᆺ이니라
하슈 양양ᄒᆞ야 북뉴 괄괄이어ᄂᆞᆯ 시고 활활ᄒᆞ나 젼유 발발ᄒᆞ며
가담 걸걸이어ᄂᆞᆯ 셔강 얼얼ᄒᆞ며 셔ᄉᆞ 유걸ᄒᆞ더니라
부야라 하슈ᄂᆞᆫ 믈이니 양양은 믈의 셩ᄒᆞᆷ이오 북뉴ᄂᆞᆫ 북
으로 흐ᄅᆞᄂᆞᆫ 말이오 괄괄은 흐ᄅᆞᄂᆞᆫ 거동이오 시고ᄂᆞᆫ ᄭᅦ
티란 말이오 고ᄂᆞᆫ 그믈이오 활활은 그믈 주ᄂᆞᆫ 소ᄅᆡ오 젼
유ᄂᆞᆫ 고기일홈이오 발발은 셩ᄒᆞᆫ 거동이오 가담은 믈을

국풍(國風) 17b

논니ᄂᆞᆫ 호셔ᄂᆞᆫ 박봐 ᄀᆞᆫ말이오 지은 잔ᄉᆞ뢰오 아비ᄅᆞ다

빅는 셤이 단말이오 곡ᄌᆞᆯ ᄋᆞᆫ곡ᄒᆞᆫ 우ᄅᆞᆷ이니 ᄎᆞᆫ은 우ᄅᆞᆯ

제엽 가와 주쌘이 움ᄌᆞᆨ ᄒᆞᆫ 단말이라 미욱 쌘ᄒᆡᄂᆞᆫ 논

의욕 빅이 불평 단말이라 용무의 아ᄅᆞᆷ다오며 이러

ᄠᅳᆺᄒᆞ니 막ᄅᆞᆼ이 ᄂᆞᆷᄋᆞᆫ의 흉혐을 어렴ᄊᆞᆨ ᄒᆞᆫᄃᆞᆯ 니ᄅᆞ미다

셕인 ᄋᆞ오 나ᄒᆞ 세우 뇽쥴 야ᄒᆞ ᄉᆞᄅᆞ옥 고 며ᄒᆞ 죽믄 ᄌᆞᆯᄌᆞᆯ 불여 ᄀᆞᆨ블이

도 나ᄒᆞ 리부 ᄎᆞᆨ퇴 야ᄒᆞ 뭇ᄉᆞᆫ ᄀᆞᆯ외 라ᄒᆞ니

부애라 올ᄂᆞᆫ 리큰 거흉이오 뇽ᄌᆞᆯ 뼈ᄅᆞᆯ 지어 ᄒᆞᆫᄃᆞᆯ이

니 쎄ᄂᆞᆫ 하퇴 ᄒᆞᆫ 단말이오 ᄉᆞᄅᆞᆯ ᄎᆞᆨᄃᆞᆯ이니 옥고ᄅᆞᆯ ᄀᆞᄅᆡ

단말이라 죽블은 블ᄌᆞᆫ ᄀᆞ세 장식이오 ᄌᆞᆨ은 싱ᄒᆞᆫ 거

둥이니 거ᄃᆞᆼ의 청장고 빗ᄀᆞᆯ 니ᄅᆞ미오 ᄀᆞᆨ블은 쟝의

국풍(國風) 17a

쳥쳐쳬라 남궁옥ᄉᆞᆯ 즁셩의 남편이라 이시ᄂᆞᆫ 쟝

강이 남ᄌᆞ의게 엇지 못ᄒᆞ믈 외인이 블샹이 너겨 쟝강

이 쳔흔ᄒᆞ인 ᄒᆞᆯ셕 일ᄒᆞᆷ을 긔록ᄒᆞ야 국희 긔새 징ᄒᆞ되

구치 외와 즁두의 귀ᄒᆞ미 맛당이 졍쳑이 되엿ᄂᆞᆯ

줄 니ᄅᆞ미니라

추여 옥여 오 부여 웅치 오 녕여 ᄒᆞᆨ쾨 오 치여 호치 오 진

추아미 내ᄌᆞᆫ 곡ᄀᆞᆫ 쵸희 며 미둑 쌔희 다ᄌᆞ

부애라 추ᄅᆞᆯ 초이니 여ᄋᆞᆺ ᄌᆞᆯ 여ᄌᆞ라 옥ᄃᆡᄂᆞᆫ 쉐올키

니ᄃᆡ쇽이오 부여 웅치ᄂᆞᆫ 술이 어흴 기ᄅᆞᆷ 굿ᄐᆞᆫ 말이오 치

ᄂᆞᆫ 니ᄂᆞᆫ 호쳐ᄂᆞᆫ 박뫼 굿ᄐᆞᆫ 말이오 지ᄋᆞᆫ 잔ᄉᆞ리오 아미ᄂᆞᆫ 나

비ᄂᆞᆫ 쇱이 되ᄂᆞᆫ 말이오 곡ᄀᆞᆫ 즁곡ᄒᆞᆫ 우ᄅᆞᆷ이니 쵱은 우슬

졔ᄂᆸ 가와 주 ᄊᆞᆼ이 옴쇽ᄒᆞᆫ 말이라 미둑 쌔희ᄂᆞᆫ 눈

국풍(國風) 16b

국풍(國風) 16a

국풍(國風) 15b

박회 ᄃᆞᄅᆞᆫ 길ᄅᆞᆷ 비ᄅᆞ미오 ᄒᆞᆯ은 박회 셰ᄃᆞ니 마ᄅᆞᆯ
거시라 거ᄂᆞᆫ ᄉᆞ죄오 ᄡᅥᄂᆞᆫ 가단 말이오 불ᄒᆞ욕ᄒᆞᄂᆞᆫ 아니ᄒᆞ
ᄅᆞ오미 이시라 말이니 뎌ᄃᆡ 가기ᄂᆞᆯ 어렵지 아니나 의리
에 ᄒᆞᆯᄋᆞᆯ가 ᄃᆞ려 ᄒᆞ미라
아ᄂᆞᆫ 비휘ᄒᆞ야 ᄌᆞ지 영탄ᄒᆞ라 ᄒᆞ여 돈ᄒᆞ니 아심 옥욕ᄒᆞ라 가언ᄒᆞᆯ
옥ᄒᆞ야 이샤 잉우아
부애라 아ᄂᆞᆯ 녀 싱각 ᄒᆞᆫ 말이오 비휘ᄂᆞᆫ 믈일 흠이니
ᄌᆞ지ᄂᆞᆫ 이에란 말이오 영탄은 기리 단식 ᄒᆞᆫ단 말이라
축와 ᄉᆞᄂᆞᆯ 나외 쓰히니 축와 ᄉᆞᄅᆞᆯ 싱각 ᄒᆞᆫ 말이라 욕
욕ᄋᆞᆯ 머라 ᄒᆞ미니 녀ᄃᆞ옴이 뎌단 말이오 가ᄅᆞ명에 떼우
ᄒᆞᆫ 말이오 언은 어ᄅᆞ중으 ᄉᆞ죄의 명에 ᄒᆞ야 외 쓰히ᄂᆞᆫ단

국풍(國風) 15a

원은 멀ᄆᆞ원 ᄌᆞ오 ᄒᆡᆼ은 ᄒᆡᆼᄒᆞᆯ ᄌᆞ란 말이니 부모ᄅᆞᆯ 멀리
ᄯᅥ나란 ᄯᅳᆺ이라 문아 졔고ᄂᆞᆫ 아비의 누의란 말이오
ᄌᆞ뫼 제집 형이니 ᄆᆞᆫ누의 친형을 니ᄅᆞ미니 ᄌᆞ리 이ᄂᆞ의
ᄒᆞ인ᄒᆞ야 부모형졔ᄅᆞᆯ ᄯᅥ나ᄒᆞᄂᆞᆫ ᄂᆡ조의 ᄋᆞᆼ당ᄒᆞᆫ 일
이라 비록 ᄉᆡᆼ각 ᄒᆞᄂᆞᆫ 졍이 간졀ᄒᆞ나 의리의 ᄒᆞᆸ당ᄒᆞᆫ
ᄇᆡ 부모ᄅᆞᆯ ᄯᅥ나 ᄆᆞᆯᄋᆞᆼ 친졉ᄒᆞ디 못ᄒᆞᆯ미니라
츌슉우간ᄒᆞ고 음젼우언ᄒᆞ야 ᄌᆡ지ᄌᆡ할ᄒᆞ야 션거언ᄆᆡᄒᆞ면 쳔
진우위ᄂᆞᆫ 언마 블하유ᄒᆡ아
부애라 간과 언은 위디명이니 ᄌᆡᄂᆞᆫ 어조ᄉᆞ오 지ᄂᆞᆫ 수ᄅᆡ
박회 돌ᄂᆞᆫ 기름 바ᄅᆞ미오 할은 박회 ᄭᅵ오ᄂᆞᆫ 마ᄀᆞᆯ
러시라 거ᄂᆞᆫ 수ᄅᆡ오 ᄆᆡᄂᆞᆫ 가란 말이오 블하유ᄒᆡᄅᆞᆯ 아니ᄒᆡ
로오미 이시라 말이니 ᄲᆞᆯ리 가기ᄅᆞᆯ 어렵지 아니ᄒᆞ나 의리

국풍(國風) 14a

국풍(國風) 13b

ᄆᆞᆺ당이 ᄂᆞᄅᆞᆯ ᄀᆞ서ᄅᆞᆯ ᄃᆞᄅᆞ혀 종쳡이 졍ᄎᆡᆨ을 니ᄅᆞ니
일월이 처ᄋᆞᆷ ᄇᆞᆰ이여 이즈러짐 ᄀᆞᄐᆞᆫ지라 일ᄂᆞᆫ뻐 그윽ᄒᆞᆫ
미인을 비ᄒᆞ니라

ᄇᆡᆨ쥬 오쟝

종셩ᄒᆞ시왈 쟝강이 ᄂᆞᆷ편의게 ᄯᅳᆺ을 엇지 못ᄒᆞ여
원ᄒᆞᄂᆞᆫ ᄯᅳᆺ이 업ᄂᆞᆫ 무ᄅᆞᆫ 쳡의게 ᄉᆞ랑ᄒᆞ야 쳔기ᄂᆞᆯ 보
지 못ᄒᆞ며 ᄂᆞᆫᄒᆞ아 ᄒᆞᄂᆞᆫ ᄆᆞᄋᆞᆷ이 업셔 조반ᄒᆞᄂᆞᆫ 비오직 너
ᄆᆞᄋᆞᆷ이 젼일ᄃᆡ 어ᄂᆞᆯ가 ᄒᆞ며 우의를 가히 ᄲᅢ 나이지 아
니치 못ᄒᆞ리라 ᄒᆞ야 날ᄉᆞᆯ 희여 ᄒᆞᄂᆞ니로 ᄒᆞ여곰 날을
ᄒᆞᄂᆞ니 너기게 ᄒᆞ며 날을 ᄂᆞᆫᄒᆞ아 ᄒᆞᄂᆞ니로 ᄒᆞ여곰 하ᄂᆞᆯ
ᄒᆞ지 아니케 ᄒᆞ니 가히 날은 ᄉᆞᆯ을 괴실을 ᄎᆞᆯ ᄒᆞ리로

국풍(國風) 13a

랄 말이니 ᄲᅧᆨ은 ᄂᆞ욘을 마지 랄 말이오 토를 ᄂᆞ욘ᄋᆞᆯ 만
지ᄂᆞᆫ 거동이니라
일러 왈 제여 호질이미오 신치우의여 여비 한의 라조 경언
ᄉᆞ치오 불능복비 라조
비애라 일러 왈은 날라 졸이니 호칠은 어치 셔졸을
랄 말이오 미ᄅᆞ이 즈러 지랄 말이오 여비 한의로 셜지아
닐옷라 곳란 말이오 불능은 능히 못ᄒᆞᆫ 말이니 불비
복보이 ᄂᆞ치못ᄒᆞᆫ 말이라 희ᄂᆞᆫ 덕ᄋᆞᆯ이 볼키ᄂᆞᆫ 졸은 쳐
졸이 즈러 지미 비쳔ᄒᆞᆫ 평쳑은 못ᄒᆞᆫ이 놉고 졸쳡은
못ᄒᆞᆫ이 노ᄑᆞᆫ 곳ᄋᆞᆯ 졸졸ᄒᆞᆫ 졸쳡이 평쳑을 너ᄅᆞ니
일 왈이 쳐졸 비리여 이즈러짐 곳졸지라 일ᄂᆞᆫ 졸ᄋᆞᆸ을
미이ᄂᆞᆫ 빅이니라

국풍(國風) 12b

아심비셕(라이) 블가뎐야며 아심비셕(라이) 블가권야며

위의톄톄(라) 블가션야(라로)

븍애라 아심비셕은 내ᄆᆞᄋᆞᆷ이 돌이 아니라 ᄒᆞ미오 블가

뎐야ᄂᆞᆫ 굴니지 못ᄒᆞᆫ단 말이오 셕셕은 돗치니 톄ᄒᆞ 굴닉

ᄎᆞᆨᄒᆞᆫ단 말이오 션은 ᄀᆞᆯ희단 말이라

우심초초(ㅣ어) 온우군소(라호) 구민긔다(ㅣ어) ᄎᆞ모블소(라호) 뎡언ᄉᆞ

지오 오벽우표(라호)

븍애라 우심은 근심ᄒᆞᄂᆞᆫ 모양이오 초초ᄂᆞᆫ 근심ᄒᆞᄂᆞᆫ 거동

이니 군쇼ᄂᆞᆫ 무리 쳡이오 온우ᄂᆞᆫ 노홈을 보단 말이

오 구ᄂᆞᆫ 보다 ᄒᆞ미오 민은 민망타 ᄒᆞ미오 긔ᄂᆞᆫ 이믜 긔묘

우ᄅᆞᆯ 말ᄋᆞᆯ 다ᄉᆞᆯ 모ᄅᆞ엽 ᄎᆞ히 너기단 말이오 오ᄂᆞᆫ ᄭᆡ닷

국풍(國風) 12a

ᄒᆞᄂᆞᆫ도다
아심비감이라 불가이여며 여우형뎨나 불가이거ᄂᆞᆯ
박언왕ᄉᆞ오 봉피지노라호
부ᄋᆡ라 갈ᄋᆞᆫ 거울이니 불가이여ᄂᆞᆫ 가히 혜아리지못
ᄒᆞᆫ단말이오 거울은 비쵸면 져ᄅᆞᆯ 혜아리되 네ᄆᆞᄋᆞᆷ은
운뵈지못ᄒᆞ야 져의 ᄆᆞ음을 혜아리지못ᄒᆞᆫ단말이라
역우형뎨ᄂᆞᆫ 또ᄒᆞᆫ 형뎨 이시란말이오 언은 어조ᄉᆞ오 왕은
가단말이오 소ᄂᆞᆫ 호단말이니 봉피지노ᄂᆞᆫ 져의 셩ᄂᆡ
노ᄅᆞᆯ 만나단말이라
아심비셕이라 불가뎐야며 아심비셕이라 불가권야며
위의톄톄라 불가션야라

국풍(國風) 11a

장악ᄒᆞ시왈 종ᄋᆞ 이라 ᄒᆞ믄 거ᄅᆞᆷ을 비ᄅᆞᆺ 움ᄌᆞ겨 나ᄋᆞ
머리 쳐옥셔ᄉᆞ 운ᄌᆞ이지 아니ᄒᆞᆯ 니ᄅᆞ미니 공경ᄒᆞ야
ᄌᆞ심ᄒᆞᆯ 모양을 가히 알지니라
경시왈 죄ᄌᆞ를 모ᄅᆞᆫᄌᆞ 셩악라 님셰 깁히 신셩을
치히 보은 장ᄎᆞᆺ 다시 드러가 밧들ᄌᆞ ᄒᆞ야 감히 친ᄌᆞ
모음을 노희 희뇌 치아니ᄒᆞᄂᆞᆫ 익셩ᄒᆞᆫ 모음이 ᄌᆞ터와
ᄌᆞ심ᄒᆞᄂᆞ 종을 먹지 아니ᄒᆞ미니라
헙보산 ᄉᆞ시왈 궁은 궁ᄉᆡ니 종ᄆᆞ로 역ᄂᆞᆯ 오리 지ᄒᆡᄒᆞᆯ
집이라

뎨종

백ᄉᆞ의 벽ᄌᆞ셔 벽ᄯᆞᆫ 기ᄌᆞ 라교 정정블셔 ᄒᆞ야 벽옥은 우 ᄒᆞ라
미아 무쳐 이음이 웨 라네

국풍(國風) 10b

리라 긔ᄅᆞᆯ 왈ᄒᆞ오셔 즁이오 박은 ᄌᆞᆫ간ᄒᆞᆫ 말이오 얼은
어ᄅᆞᆫ오 환ᄒᆞ기ᄅᆞᆯ 도라오단 말이오 완은 ᄀᆞᄅᆞᆼ셩ᄒᆞ미
마치 아니ᄆᆞᆯ 니ᄅᆞ미니라

ᄎᆡ빈 삼장

지ᄎᆡ칠ᄉᆡ시 왈 ᄌᆞ녀 가인ᄃᆡ 녀ᄌᆞ 이의 지졉은 일외ᄒᆞᄂᆞᆫ ᄯᅢ
업ᄂᆞᆫ 종쳬의 잇다ᄒᆞ니 부인이 일외ᄒᆞ고 일이 업ᄂᆞᆫ고로
직은 시라 제ᄉᆞᄅᆞᆯ ᄀᆞ음알 ᄆᆡᄅᆞᆷ이니 시의 니ᄅᆞᆫ바 뻔을
ᄉᆞ의 각의 가ᄅᆡ여 제ᄉᆞ의 ᄲᅳ미 ᄎᆞᆺ 녀ᄌᆞ라 ᄒᆞᆯ 뜻이오 말ᄉᆡ
장은 ᄀᆞ졍셩 셩라 ᄒᆞ셩ᄒᆞ미 시증이 ᄌᆞ신을 ᄌᆞᆼ용ᄒᆞ미 ᄀᆞ
진ᄒᆞᄂᆞ 주셔이 부와 기리 울ᄒᆞ면 어진 부인의 ᄌᆞ최와
졍신을 그ᄅᆡ 던ᄃᆞᆺ ᄒᆞ거ᄉᆞᆯ 가히 보ᄅᆞ지시니라

국풍(國風) 10a

졔ᄉᆞᄅᆞᆯ 밧ᄌᆞ오니 그 집안 사ᄅᆞᆷ이 ᄀᆞ일ᄋᆞᆯ 닐너 이ᄅᆞ되어
기미니라
우이 최변이 우관지종이라 우이 옹지ᄒᆞ후 지궁이라
부애라 강운시녀오 지ᄂᆞᆫ 어ᄅᆞᆫ 초오 ᄒᆞᆼ은 강운ᄃᆡ오 ᄒᆞᆼ은
ᄒᆞᆼᄂᆞᆫᄅᆞᆯ 니ᄅᆞᆫ 말이라
되지 ᄒᆞᆼᄒᆞᆼ이여 ᄒᆞ야 정ᄒᆞᆼ이다 되지 기리여 박언 환취라
부애라 되ᄂᆞᆫ 머리 뻐ᄅᆞᆫ 거시니 우ᄂᆞᆫ 이 큰 머리 ᄀᆞᄅᆞᆯ ᄃᆞ시
라 ᄒᆞᆼ은 ᄒᆞᆼ셩ᄒᆞᆫ ᄂᆞᆫ 거ᄒᆞᆼ이오 ᄌᆞᆼ은 셔범오 아ᄂᆞᆯ 밤이니
정ᄒᆞᆼ은 ᄒᆞᆼᄌᆞ의 이라 말이라 ᄒᆞᆼᄂᆞᆯ ᄒᆞᆼᄂᆞᆫ 졔ᄉᆞᄒᆞᆫ ᄂᆞᆫᄌᆞ이
라 리ᄂᆞᆫ 완ᄒᆞ ᄒᆞᆫ거 ᄒᆞᆼ이오 박은 ᄌᆞᆫ산ᄒᆞᆫ 말이오 언은
어ᄌᆞᆫ오 환취ᄂᆞᆫ ᄃᆞ라 오란 말이오 완ᄋᆞᆫ ᄀᆞᄒᆞᆼ셩ᄒᆞ비
마치 아ᄃᆞᆯ 니ᄅᆞᆷ이니라

국풍(國風) 9b

옥작옥ᄉᆞ의 옥ᄉᆞ영지라ᄒᆞᆫ 지ᄂᆞᆫ우리여 ᄇᆡᆨ상셩지라ᄒᆞᆫ

홍애라 영은 간ᄂᆞᆫ 줄을 영ᄒᆞᆫ 셩지ᄂᆞᆫ 흥인을 일ᄏᆞᄅᆞᆫ 말

이라 ᄀᆞ록ᄒᆞᆫ 말은 잉쳡이 ᄯᅡᆫ 말이니 ᄇᆡᆨ쳑은 혼

인ᄒᆞᆯ 너쳬와 계쳡 ᄌᆞᆼ셩 이란말 쳥쳬의 ᄯᆞᆯ이 ᄯᅩ 쇠가 ᄒᆞ야

을 셤기니 이를 니ᄅᆞᆫ 잉쳡이라 ᄒᆞᄂᆞ니라

작ᄂᆞᆫ 삼쟝

우이 최ᄆᆡᆫ이 우ᄉᆞ 우지라ᄒᆞᆫ 우이 웅지 ᄒᆞᆫᄒᆞᆫ 우지리라ᄒᆞᆫ

부여라 우ᄂᆞᆫ 어ᄌᆞᆫ은 이ᄂᆞᆫ 빅이 ᄉᆞ오 ᄆᆡᆼ은 흰 빅이오 최

ᄂᆞ ᄂᆡᆫ 말이오 ᄎᆞᄂᆞᆫ 닷ᄂᆞᆯ이오 지ᄂᆞᆫ ᄂᆞᆯ가히오 ᄒᆞᆼᄒᆞᄂᆞᆫ 제

ᄒᆞ오 ᄉᆞᄂᆞᆫ 제ᄉᆞ니라 남녁 나라히 문왕의 교화를 닙어

졔ᄒᆞᆫ의 부인이 능히 졍셩ᄒᆞ라 ᄒᆞᆫ 졍ᄒᆞᆫ 국진이 ᄒᆞ야 ᄲᅥ

며 마ᄋᆞ미 다 ᄇᆡᆨ셩을 ᄉᆞ랑ᄒᆞ미라 졔후들이 무왕의 덕을
닙어 능히 ᄆᆞ음다 ᄆᆞᆷ을 다ᄒᆞ가 ᄡᅥ 국집을 ᄀᆞᆺ초게 ᄒᆞ
니 너희 ᄯᅳᆺ을 후비의 덕화를 닙어 ᄎᆞᆫ션ᄒᆞᆫ 공을 ᄒᆞ
야 ᄒᆞᆯ살 ᄀᆞᆺ을 더이이 ᄀᆞᆺ초ᄂᆞᆫ 졔후의게 ᄒᆞᆫ인ᄒᆞ여 가ᄯᅥ
국집 사ᄅᆞᆷ이 얼굴다이 너희 ᄀᆞᆺ오ᄅᆞᆫ 가져 ᄉᆞ가 이ᄌᆞ를 비
둘기 와셔 거ᄒᆞ라 ᄒᆞ니 가지ᄂᆞᆫ 집을 즐지ᄂᆞᆫ 비둘기
노ᄅᆞᆯ 뭇지 ᄋᆞ며 리ᄒᆞᆼᄒᆞ야 날ᄂᆞᄂᆞ니라
옥작 옥소여 옥ᄀᆞ 방치라조 지ᄒᆞ우귀여 ᄇᆡᆨ셩 장치라조
ᄒᆞᆼ애라 방은 ᄃᆞᆫ 말이오 장치ᄂᆞᆫ 부터ᄂᆞᆫ 말이라
옥작 옥소의 옥ᄀᆞ 셩치라조 지ᄒᆞ우귀여 ᄇᆡᆨ셩 셩치라조
ᄒᆞᆼ애라 셩은 가ᄅᆞ 즐 셩ᄒᆞ은 셩치ᄂᆞᆫ ᄒᆞ 인을 일우ᄂᆞᆫ 말
이라 ...

국풍(國風) 8b

젹지아니ᄒᆞᄂᆞᆫ 순ᄒᆞᆫ번 거ᄉᆞᆸ 주지아니ᄒᆞᄂᆞ니 ᄇᆞᄂᆞ시혹셩

이우리국신중을등셩이 낙셩의셰 어ᄌᆞ러지아니ᄒᆞᆷ을

셰의 낙셩의 청ᄒᆞᆫ의셰 어ᄌᆞ러지 아닌ᄒᆞᆫ의 가히 ᄇᆞᆰᄃᆞᆺ

당ᄒᆞ다 너ᄅᆞᄂᆞ니 문왕의 교화ᄒᆞ미 우히 힝ᄒᆞᆷᄋᆞᆯ 국ᄂᆞ녀

의부인이 엄졍ᄒᆞᆫ 셔랍감 ᄒᆞ야 쎕ᄒᆞᆸᄒᆞ미ᄂᆞ니 엇지아름

답지아니리오

죽림

우ᄌᆞᆨ 우순 ᄒᆞ 우ᄌᆞ 거지 다ᄅᆞᆯ 지소우리며 빅양이지 다ᄅᆞᆯ

흥해라 쟉은 가지니 우ᄌᆞᆫ 집이이란 말이오 그ᄅᆞ비들

기니 거ᄅᆞᆫ이란 말이오 빅양은 수레오 이ᄅᆞ바란 말이라

이쟝은 뎨후의 ᄯᆞᆯ이 뎨후의세 홀인ᄒᆞ여 가ᄃᆡ 보더

국풍(國風) 8a

탄식ᄒᆞᄂᆞᆫ 비니라

도치 옥오 며 옥본 기실 라이ᄅᆞᆯ 지은 우리 며 의기 가실 라이ᄅᆞᆯ

ᄒᆞ애라 옥본 기실은 그 청을 벌린란 말이오 의기 가실

은 그 집의 망랑ᄒᆞᆫ 말이니 ᄇᆞᆯ쇽ᄒᆞᆫ 청ᄒᆞᆯ ᄇᆞᆯ목라

도치 옥오 며 기엽 진친 라이ᄅᆞᆯ 지종우리 며 의기 가인 라이ᄅᆞᆯ

ᄒᆞ애라 기엽은 넙희오 직은 청ᄒᆞᆫ 거ᄉᆞᆼ이오 가힌ᄒᆞᆫ 집

안ᄉᆞᆯᄆᆞᆯ 니ᄅᆞᆫ미라

도옥삼장

종청ᄒᆞᄉᆞ 왈 ᄆᆞᆺ랑라 ᄒᆞᄂᆞᆫ 화순ᄒᆞᆫ 뜻이니 화ᄒᆞ면 ᄃᆡ

져ᄎᆞ지 아니ᄒᆞᄂᆞᆫ 순ᄒᆞ면 거슬ᄌᆞ지 아니ᄒᆞᄂᆞ니 ᄇᆞᆯ로시ᄒᆞᆫ 청

이ᄂᆞᆫ 우리 근진ᄒᆞᆫ 능청이 ᄂᆞᆫ쥬의 세 어ᄌᆞᆺ지 아니ᄒᆞᄂᆞᆫ

ᄃᆡ의 ᄂᆞᆫ쥬의 정희의 세 어ᄌᆞᆺ지 아니ᄒᆞᆫ 후의 가히 ᄲᅵ ᄯᅳᆺ

국풍(國風) 7b

의맏ᄒᆞᆷ을 너ᄅᆞ미니라

도지요요여 작작기화ㅣ로다 지ᄌᆞ우귀여 의기실가ㅣ로다

흥애라 도ᄂᆞᆫ 복셩화오 요요ᄂᆞᆫ 조흔 거동이오 작작은 빗

난 거동이오 기화ᄂᆞᆫ 그ᄭᅩᆺ치라 지ᄌᆞᄂᆞᆫ 시부ᄅᆞᆯ 니ᄅᆞ미오

우귀ᄂᆞᆫ 도라 가다 ᄒᆞ미니 의기실가ᄂᆞᆫ 그 집의 맛당ᄒᆞᆫ

미니라 녀ᄌᆡ 써 방ᄆᆞᆫ 가ᄆᆞᆯ 조차 그라 니ᄅᆞᄂᆞ니 쥬나라

쳐의 남녀 가취ᄅᆞᆯ ᄒᆞ셰 ᄒᆞᄂᆞᆫ지라 복셩화 ᄭᅩᆺ치 그쳐

의 되ᄂᆞᆫ 거시여 시인이 일노ᄡᅥ 흥ᄒᆞ야 닐어ᄂᆞ니라 문왕

의 교화 집으로브터 나라희 밋쳐 남녀 졍ᄒᆞᆷ 배 혼인

ᄒᆞ야 ᄣᅢᄅᆞᆯ 보ᄅᆞᆯ새 ᄒᆞ니 시인이 보ᄂᆞᆫ 바ᄅᆞᆯ 인ᄒᆞ야 그 녀

ᄌᆞ의 어질미 반ᄃᆞ시 그 집의 맛당ᄒᆞ미 이실 줄을 기려

국풍(國風) 6b

니 말이라
이 쟝은 후비의 덕이 셩ᄒᆞ야 투긔치 아니ᄒᆞ여 ᄌᆞ손이 만ᄒᆞᆫ
고로 즁쳡이 죵ᄉᆞ의 무리 화ᄒᆞᆫ 거ᄉᆞᆯ 빗겨 ᄌᆞ손의 만ᄒᆞᆷ을
비ᄒᆞ야 닐오ᄃᆡ 이런 덕이 이시니 이런 복이 이시미 마ᄯᆞᆼ
ᄒᆞ단 말이라
죵ᄉᆞ우 훙훙혜 니 의이ᄌᆞ손이 승승혜라ᄒᆞ
비애라 훙훙은 무리지어 ᄂᆞᄂᆞᆫ 말이오 승승은 니음이라
긋치지 아니ᄒᆞᆫ 말이라
죵ᄉᆞ우 즙즙혜 니 의이ᄌᆞ손이 칩칩혜라ᄒᆞ
비애라 즙즙은 모ᄃᆞᆫ 말이오 칩칩은 만ᄒᆞᆫ ᄯᅳᆺ이라
죵ᄉᆞ 삼쟝

국풍(國風) 6a

일홈 한나라 ᄃᆞᆯ 황후와 ᄎᆞ나라 ᄃᆞᆯ 황후 당나라 ᄇᆞᆯ후
의ᄅᆞᆨ 리ᄒᆞᄂᆞ니 나라히 망ᄒᆞ기의 니ᄅᆞ니 ᄎᆞᄂᆞ라 후비
의 덕이 ᄀᆞᆺᄐᆞ니 시인이 시지ᄂᆞᆫ사 ᄅᆞᆷ이라ᄂᆞᆫ말 엇지 시러곰 탄식지 아
니ᄒᆞ리오

종ᄉᆞ우 쳔쳔혜ᄂᆡ 의이 ᄌᆞ손이 진진혜 다존
비애라 비ᄂᆞᆫ쳐 거ᄉᆞᆯ보ᄂᆞ여 이지식 비ᄒᆞᆫ미라 종ᄉᆞ 황ᄒᆞ종의 ᄂᆞ치니 ᄒᆞ면 낭ᄒᆞ리
알을 아ᄒᆞᆸ ᄌᆞ식을 낫ᄂᆞ니라 우ᄂᆞᆫ 깃우ᄒᆞᆫ 놀이라 션ᄉᆞ
운화ᄒᆞ야 모ᄂᆞᆫ 거동이오 의ᄂᆞᆫ 마ᄯᆞᆼᄒᆞᆫ 말이오 이ᄂᆞᆫ 너이
말오 진ᄂᆞᆫ 셩ᄒᆞᆫ 거동이니 네 ᄌᆞ손이 ᄆᆞᆺ당이 셩ᄒᆞ리ᄅᆞᆯ
니ᄅᆞᆫ 말이라

이쟝은 후비의 덕이 셩ᄒᆞ야 투긔치 아니ᄒᆞ며 ᄌᆞ손이 만ᄒᆞᆫ
고로 종ᄉᆞᄒᆞᆸ이 종ᄉᆞ의 무리 화ᄒᆞᆫ 거ᄉᆞᆯ 빌어 ᄌᆞ손의 만ᄒᆞᆷ을

국풍(國風) 5b

질투ᄒᆞᆯ ᄆᆞ음이 업ᄉᆞ며 즁쳡이 후비 덕을 일ᄏᆞᆺ다

후비의 복녹을 칭ᄒᆞ야 ᄒᆞ리쳐 원ᄒᆞ미라

남유규목ᄒᆞ니 갈누황지ᄅᆞ다 낙지군ᄌᆞ여 복니장지ᄅᆞ다

흥애라 황은 덥히단 말이오 장은 돕단 말이오 남유

규목은 남녁 규목의 츩이 덥히단 말이라

남유규목ᄒᆞ니 갈누영지ᄅᆞ다 낙지군ᄌᆞ여 복니셩지ᄅᆞ다

흥애라 영은 얼킈단 말이오 셩은 일우단 말이라

규목 삼장

경원 보시왈 명은 당이니 즉은 졔직라 즁쳡이 후비를 덕ᄃᆞ이 너기리

넘친 말이 업ᄉᆞᆫ 후비를 축원ᄒᆞ리 라ᄒᆞᆯ 말이 업ᄂᆞ니

ᄯᅳᆯ 즁쳡의 셩졍이 ᄇᆞᄅᆞᆷ을 브리ᄒᆞᆺ다 동네셔시

국풍(國風) 5a

후비 녀공의 세 즈려지 아니ᄒᆞ고 임의 ᄒᆞᆯ가ᄒᆞ여 시되 ᄒᆞᆫ셩
이 ᄉᆞ친의게 쇠치 아니ᄒᆞ니 이에 ᄌᆞ녀의 효도ᄅᆞᆯ 블러
시니라

남유규목ᄒᆞ니 갈류류지로다 낙지군ᄌᆞ여 복니유지로다

흥이라 규목은 굽은 남기니 남녁희 규목이 잇단 말
이오 갈류ᄂᆞᆫ 류ᄅᆞᆯ 남기 엉긔단 말이오 낙은 즐겁
단 말이오 지ᄂᆞᆫ 어조ᄉᆞ니 군ᄌᆞᄂᆞᆫ 후비ᄅᆞᆯ 니ᄅᆞᆫ 말이오 복니
ᄂᆞᆫ 복녹이란 말이오 유ᄂᆞᆫ 평안탄 말이라
이 장은 후비의 덕이 셩ᄒᆞ야 아ᄅᆡᄅᆞᆯ 즁쳡ᄭᆞ지 미쳐
질투ᄒᆞᄂᆞᆫ ᄆᆞ음이 업ᄉᆞ니 즁쳡이 후비 덕을 일ᄏᆞᆯ라
후비의 복녹을 평안이 ᄒᆞ리로다 원ᄒᆞ미라

남유규목ᄒᆞ니 갈류황지로다 낙지군ᄌᆞ여 복니장지로다

국풍(國風) 4b

ᄉᆞᆯ아니 ᄡᅳᆯ리오 ᄒᆞᆫ 말이라 녕은 부모의게 문안ᄒᆞᆷ

리라 말이니 옷ᄉᆡ 무의 ᄇᆡᆨ셔ᄀᆞᆯ 일ᄏᆞ와 닙음을 니ᄅᆞᆫ

이ᄃᆡ 문은 ᄉᆞ시의게 ᄉᆞ시 ᄒᆞ옵ᄂᆞ니 옥도 ᄅᆞᆯ 닐ᄋᆞ미니라 ᄀᆞᄅᆞ야 ᄒᆞ여든 ᄇᆞᆫᄃᆡ

의게 ᄀᆞᄅᆞᆫ 장ᄎᆞᆺ 귀녕ᄒᆞ리 ᄒᆞᆯ셔 ᄉᆞ롤오ᄃᆡ 엇지 나의

ᄉᆞᆺ닙 옷ᄉᆡ 더러온 ᄃᆞᆯ ᄲᆡ지 아니ᄒᆞ며 나의 옷 옷ᄉᆞᆯ 빈

지 아니 ᄒᆞ리오 어ᄂᆞ 옷ᄉᆞᆯ ᄲᆡᆯ고 어ᄂᆞ 옷ᄉᆞᆯ 말니오 내 장ᄎᆞᆺ

ᄲᆡᆯ리 닙은 ᄲᅢ 부모의 귀녕ᄒᆞ리라 ᄒᆞ미라

갈담 삼장

이ᄂᆞᆫ 휘시 ᄉᆞᆯ을 지으신 ᄇᆞ이니 기리ᄂᆞᆫ 말이 업ᄉᆞ나 ᄀᆞᄅᆞ

나 이ᄅᆞᆯ 보며 가히 ᄡᅥ 님의 귀ᄒᆞ되 ᄂᆞᆼ히 부즈런ᄒᆞᆫ 님

의 ᄆᆞ음 ᄋᆡᄃᆡ ᄂᆞᆼ히 검박ᄒᆞᆫ 님의 어롬이 ᄅᆞᆫᄃᆡ ᄀᆞ셩

국풍(國風) 4a

ᄂᆞ간ᄂᆞᆫ 빗오 젹은 ᄀᆞᆰ은 빗ᄂᆞ니 ᄇᆞᆰ은 넘단 말이오 ᄆᆞ여ᄀᆞ은ᄂᆞᆯ
ᄒᆞ미 업ᄉᆞ다 ᄒᆞᄂᆞᆫ 말이라
엇ᄂᆞᆫ ᄉᆞ시 아ᄒᆞ 엇ᄂᆞᆫ 엇지라ᄒᆞ 박으아시며 박하아의니 할한할
북오 귀령 부모라ᄒᆞ니
부애라 엇은 어ᄌᆞᆯ오ᄅᆞᆯ ᄅᆞᄒᆞ단 ᄯᅳᆮ이오 ᄉᆞ시ᄂᆞᆫ 지집ᄉᆞ
싱이라 귀ᄂᆞᆫ 녀집의 ᄃᆞ리가믈 ᄅᆞᄒᆞ미오 박은 ᄎᆞᆫ간ᄒᆞ
간 ᄯᅳᆮ이오 아ᄂᆞᆫ 녀ᄉᆞᄂᆞᆫ 이 넘ᄂᆞᆫ 옷시라 한은 셰탁ᄯᅳᆮ
이오 아의ᄂᆞᆫ 녀에 북을 옷희 넘ᄂᆞᆫ 옷시니 할은 무어
시란 ᄯᅳᆮ이오 부ᄂᆞᆫ 머란 ᄯᅳᆮ이니 어ᄂᆞ옷ᄉᆞᆯ 셰ᄂᆞᆫ 어ᄂᆞ옷ᄉᆞᆯ
ᄉᆞᆯ아니 셰ᄒᆞ리오 ᄒᆞ단 ᄯᅳᆮ이라 령은 부모의게 무ᄋᆞᆫᄒᆞ
리란 ᄯᅳᆮ이니 우ᄒᆡ 부의 리져을 일워 넘음을 니ᄅᆞᆫ
이라 무은 ᄉᆞ시의게 ᄒᆞ시도옥ᄒᆞᆫ이옥단 [illegible] ᄅᆞᄒᆞ야 ᄒᆞ여ᄂᆞᆫ 반편

국풍(國風) 3b

거시이라

갈지담혜 이우즁곡ᄒᆞ야 유엽쳐쳐ᄒᆞ여 황조우비 집우
관목ᄒᆞ야 기명개개ᄒᆞ더라
부애라 부라ᄒᆞᄂᆞᆫ 이ᄂᆞᆫ 일을 가져 뢰보ᄂᆞᆯ 니ᄅᆞᆫ미라 갈은 츩이오 담은 너출 지란
말이오 집은 뭇단 말이오 관목은 총생ᄒᆞᆫ 거시니 명은
우ᄂᆞᆫ 말이오 개개ᄂᆞᆫ 소ᄅᆡ 화ᄒᆞᆫ 말이라 이ᄂᆞᆫ 후비 셔 츩
울 ᄆᆡᆫ야 질삼ᄒᆞ시ᄂᆞᆫ 일을 니ᄅᆞ미니 그 쳐음 츩이 무셩
ᄒᆞᆫ ᄯᆡᄅᆞᆯ 도올나 니ᄅᆞ미라
갈지담혜 이우즁곡ᄒᆞ야 유엽막막이어 시예시확ᄒᆞ야 위
치위격ᄒᆞ니 복지무역이로다
부애라 막막은 무셩ᄒᆞᆫ 말이오 확은 ᄉᆞᆱᄂᆞᆫ 말이오 치

국풍(國風) 3a

국풍(國風) 2b

이르러 오ᄆᆡ라 되ᄒᆞ야 ᄉᆡᆼ각ᄒᆞᆫ 구ᄒᆞ미니 오ᄆᆡᄉᆞ복

다 ᄉᆞ복 반측이라 ᄒᆞᆫ이어 그리ᄒᆞᆫ단 말이니라

참ᄎᆞ 힝ᄎᆡ를 좌우모지 라ᄒᆞ 요됴숙녀를 종고낙지 라ᄒᆞ 참

ᄎᆞ 힝ᄎᆡ를 좌우ᄎᆡ지 라ᄒᆞ 요됴숙녀를 금슬우지 라ᄒᆞ

ᄒᆞ애라 ᄎᆡᄂᆞᆫ ᄏᆡᆫ단 말이오 무ᄂᆞᆫ ᄂᆡ이란 말이오 우ᄂᆞᆫ 친

히ᄒᆞᆫ단 ᄯᅳᆺ이오 낙은 화평ᄒᆞ기 극지란 말

이니 친히ᄒᆞ기 금슬ᄀᆞᆺ치 ᄒᆞᆫ 화평ᄒᆞ미 종고의

즐기ᄂᆞᆫ 것ᄀᆞᆺ단 말이라

뎌리 이 사ᄅᆞᆷ의 덕이 뎌ᄀᆞ이 잇지 못ᄒᆞᆯ진ᄃᆡ 오ᄆᆡ의 잇

지 못ᄒᆞ야 구ᄒᆞ야 엇지 못ᄒᆞᆯ진ᄃᆡ 군ᄌᆞ의 ᄇᆡ필을 삼아

안ᄒᆞᆯ 다ᄉᆞ릴 덕을 일우지 못ᄒᆞᆯ진ᄃᆡ 근심ᄒᆞ야 ᄉᆡᆼ각

국풍(國風) 2a

ᄒᆞ얘라 ᄂᆞᆷ의ᄂᆞᆫ 길흘 저ᄅᆞ거서 가ᄉᆞᆷ을 치 못ᄒᆞᆯ 거ᄉᆞᆼ
이오 휘ᄋᆞᆼ은 물나믈이라 좌우 ᄂᆞᆨ치ᄂᆞᆫ 울홈은 졀다 읜현
을 물ᄂᆞ ᄒᆞ믈녀 가며 ᄯᅳᆺᄉᆞᆫ란 말이오 오며 ᄀᆞ치ᄂᆞᆫ 쳐며
ᄌᆞ녀 ᄀᆞ호라 말이오 부ᄅᆞᄀᆞᆼ은 ᄀᆞ호여ᄂᆞᆫ 어지 못ᄒᆞᆫ란 말
이오 욕지ᄂᆞᆫ 기란 말이오 젼ᄋᆞᆫ ᄌᆞᄅᆞ쳐 ᄂᆞᆸ란 말이오
반ᄌᆞᆨ은 뭉을 ᄌᆞᄅᆞ쳐 쟈란 말이니 라ᄂᆞᆼ며 ᄌᆞ기 ᄒᆞᆼ안
치아냐 라ᄒᆞᆫ ᄯᅳᆺ이라
욕쳐 뭉은 태ᄉᆞ의 덕을 니ᄅᆞ비오 이러 뭉은 문왕이
쳐ᄉᆞ를 어지 못ᄒᆞ신 ᄯᅢ의 ᄒᆞᆼ인이 위ᄒᆞ야 이런 빈ᄌᆞᆯ
이ᄅᆞ러 오시라 ᄒᆞ야 ᄉᆡᆼ각ᄒᆞᆫ ᄀᆞ호미니 오며 ᄉᆞ부
리ᄒᆞᆫ 반ᄌᆞᆨ이라 ᄒᆞᆼ인이 ᄀᆞ리 ᄒᆞᆫ란 말이니라
ᄂᆞᆷ의 휘ᄋᆞᆼ채를 좌우 ᄆᆞ지라로 ᄂᆞᆨᄂᆞᆫ 숙녀를 ᄒᆞᆫ 나지라로 ᄂᆞᆷ

국풍(國風) 1b

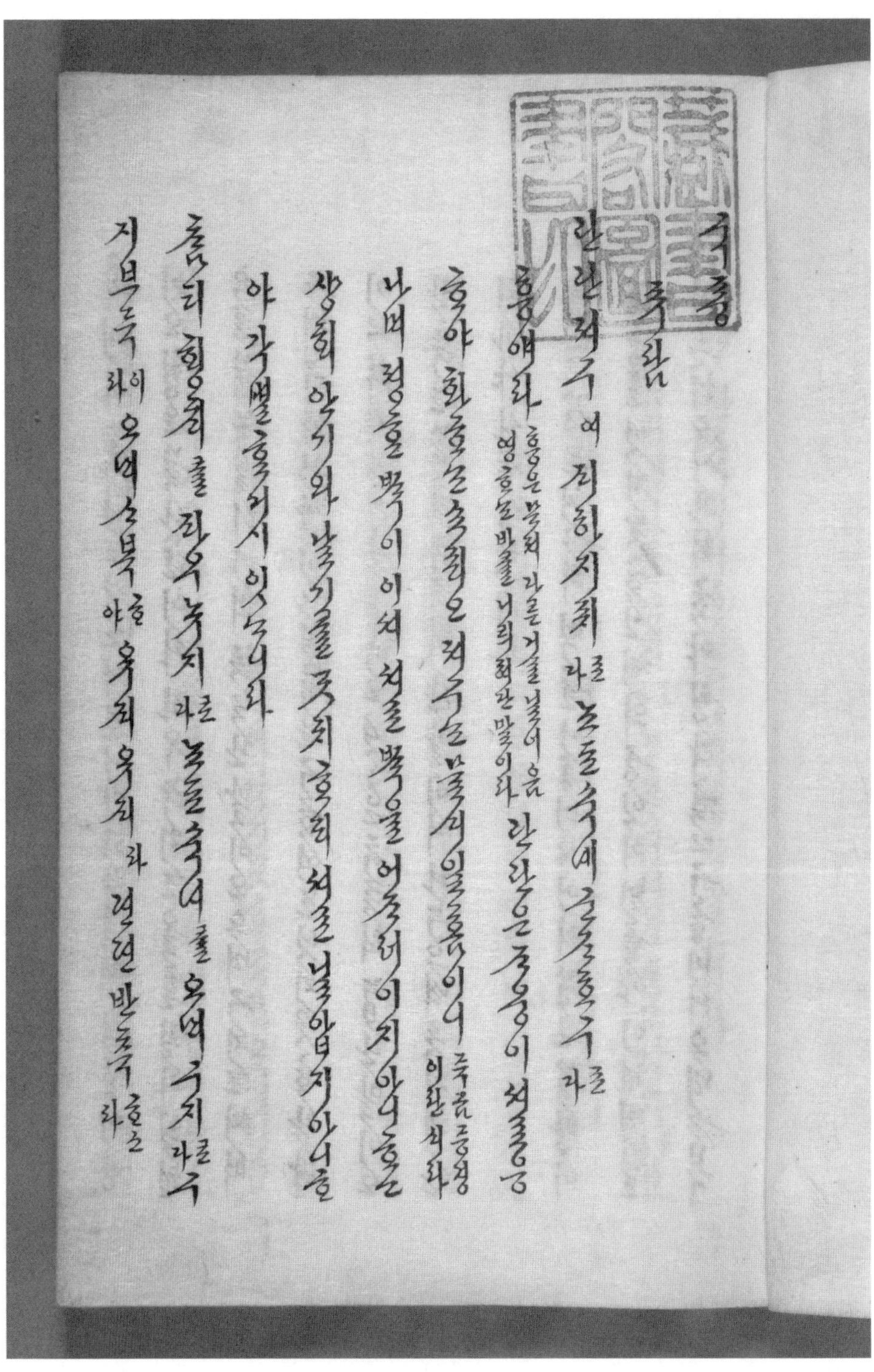

국풍(國風) 1a

국풍(國風) (空隔紙 b)

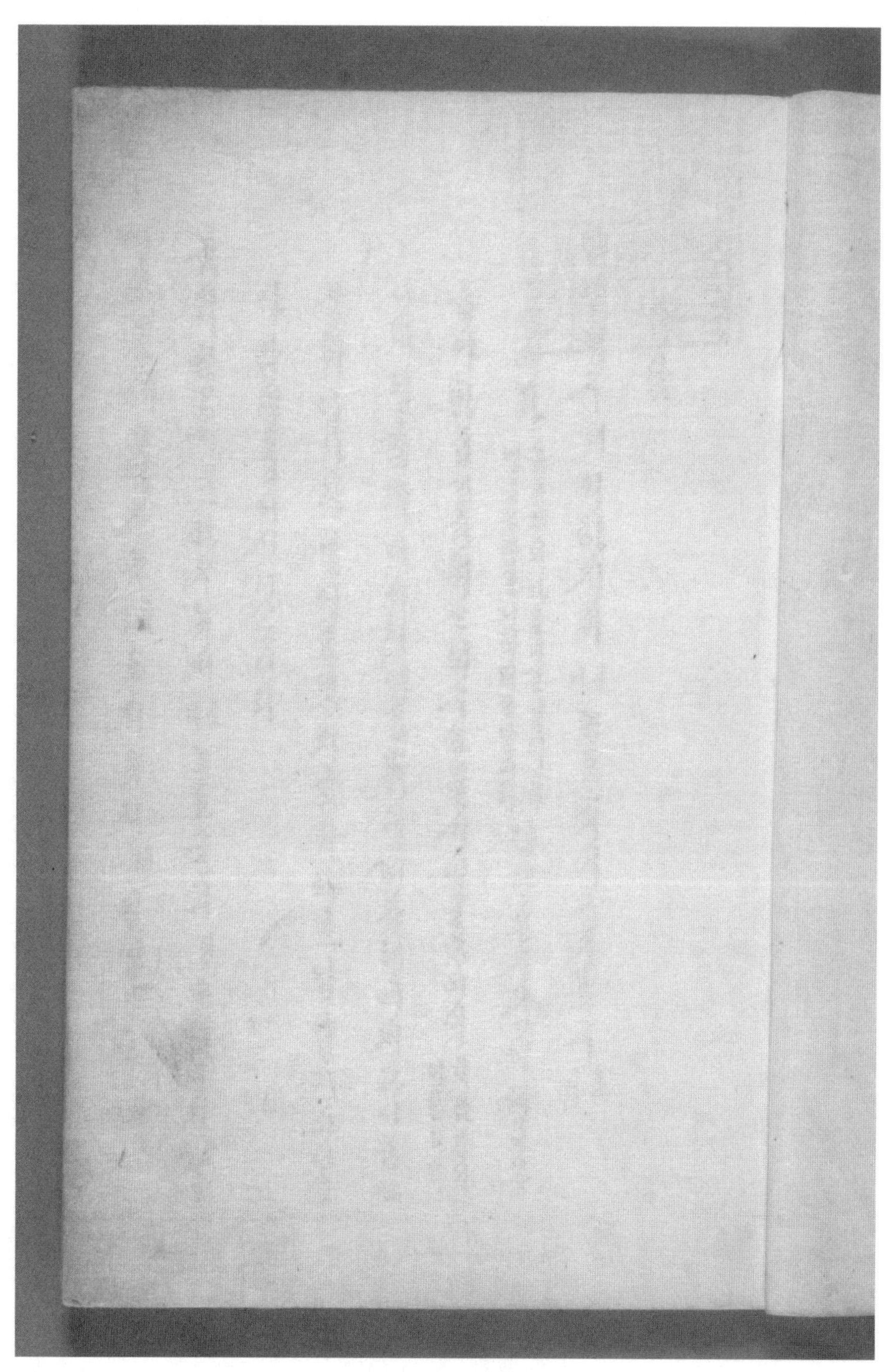

국풍(國風) (空隔紙 a)

국풍(國風) (隔紙)

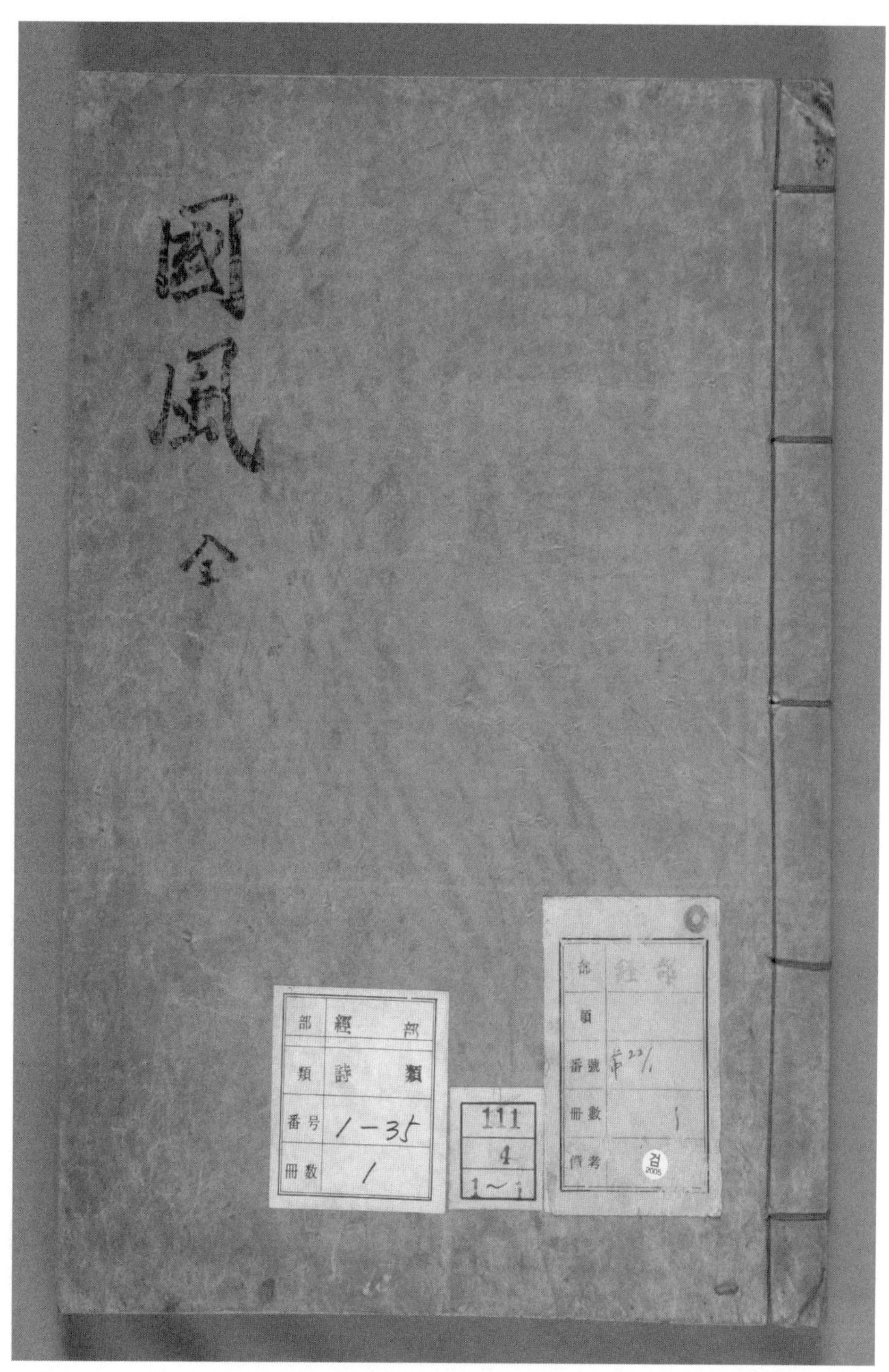

국풍(國風) 외표지(앞)

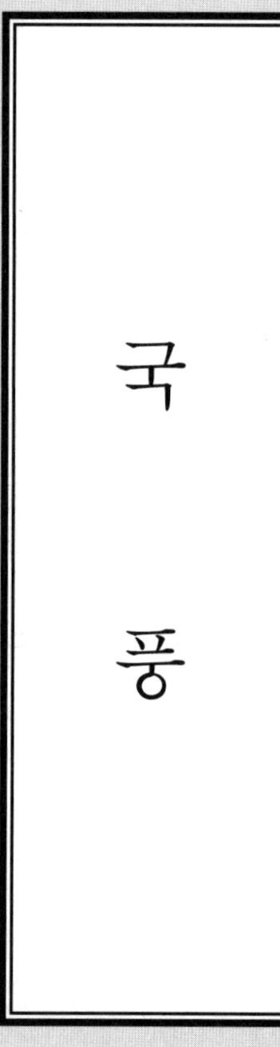

국 풍

곤범(壼範) 三 외표지(뒤)

곤범(壼範) 三 (隔紙)

곤범(壼範) 三 (空隔紙 b)

곤범(壼範) 三 (空隔紙 a)

곤범(壼範) 三 56b

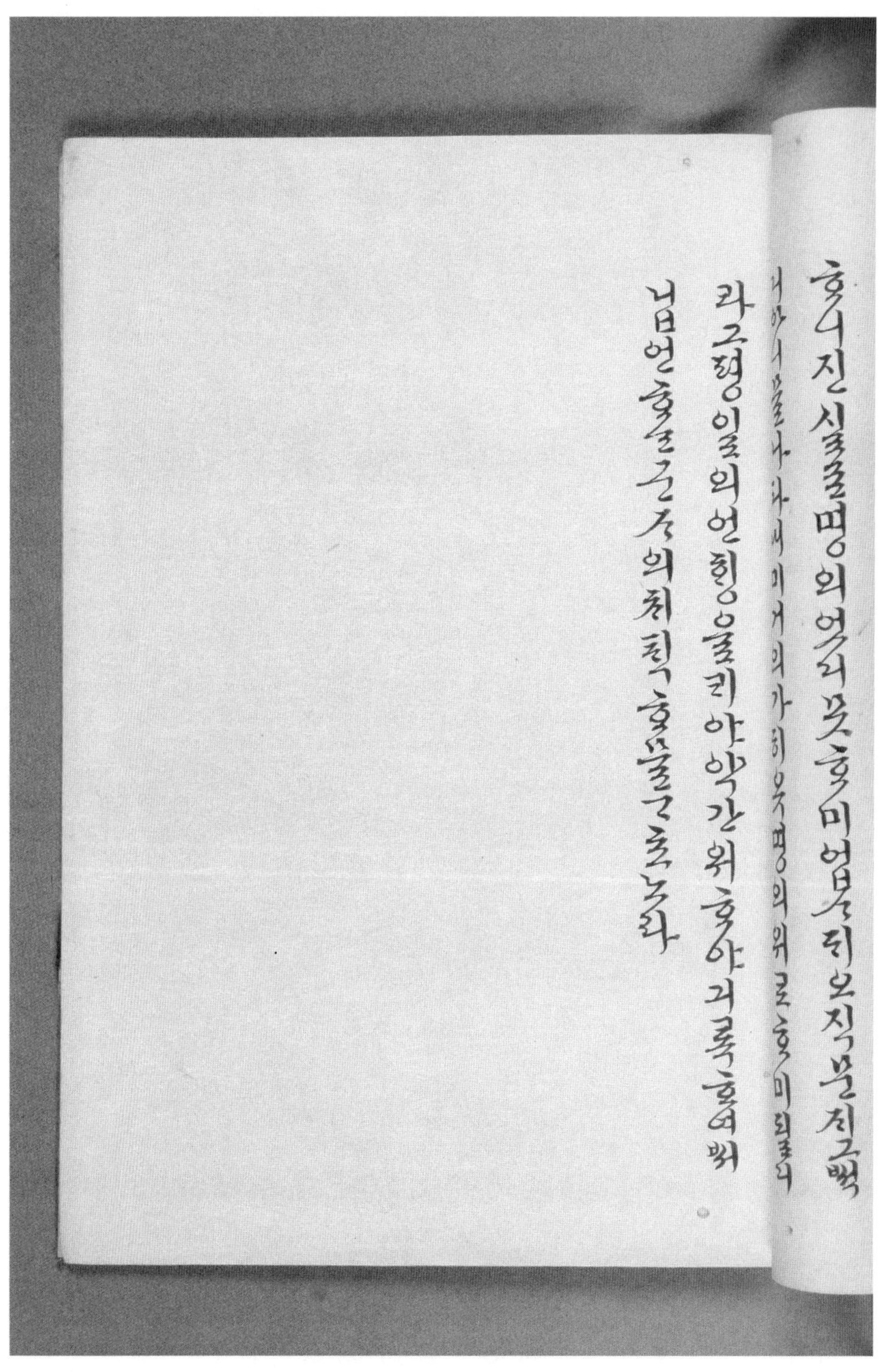

곤범(壼範) 三 56a

배나ᄒᆞ오셔의내은혜ᄅᆞᆯ무롭ᄡᅥ즁부ᄒᆞ지ᄅᆞᆯ빈
ᄒᆞ니부인을ᄎᆞᆷᄉᆞ대로즁ᄒᆞ라네아ᄃᆞᆯ세ᄯᆞᆯ을나
ᄒᆞ니아ᄃᆞᆯ믓은상연이오ᄃᆞᆯ재ᄂᆞᆫ호연이오셋재ᄂᆞᆫ
명연이오그ᄒᆞ나와미셰ᄯᆞᆯ을다기ᄅᆞ디못ᄒᆞ다오ᄅᆡ
길ᄉᆞ시본은쳥즁이오내일홈은즁쳥이오쳔ᄀᆞᆨ
ᄆᆞᄅᆞᆯ벼슐이갈찰ᄉᆞ오ᄌᆞ그휘ᄆᆞᄅᆞᆯ즁찬ᄒᆞ란이오호저
션싱휘ᄆᆞᄅᆞᆯ벼슐이우찬찬이라즁녕의쳥ᄇᆞᆫ경즁
이시라오회라부인의덕을ᄡᅥ불힝ᄒᆞ미이러ᄐᆞᆺ
ᄒᆞ니진실ᄅᆞᆯ명의어디못ᄒᆞ미업ᄉᆞ되오직ᄇᆞᆯ쳐그ᄢᅢ
러야니ᄭᅮᆯ나라내미거의가히옷명의위ᄅᆞᆯᄒᆞ미되ᄅᆞ리 •

라그평일의언ᄒᆡᆼ을긔야약간위ᄒᆞ야긔록ᄒᆞ여ᄡᅥ
나ᄇᆞᆫ번ᄒᆞᆯᄀᆞᆫᄌᆞ의티팀ᄒᆞᆯᄅᆞᆯᄀᆞᆫᄒᆞ

곤범(壼範) 三 55b

뎐의니ᄅᆞᆯ마ᄎᆞᆷᄒᆞᄆᆞᆯᄡᅧ바ᄅᆞᆫ거ᄉᆞᆯ삼ᄂᆞᆫ다ᄂᆞᆫ재거의
ᄒᆞᆫ텬톄ᄒᆞᆫ가온대이셔ᄌᆞᄌᆞᆫᄌᆞ변티아니ᄒᆞ니가
히간험ᄒᆞᆯ되ᄌᆞᆺ은졀조ᄅᆞᆯ볼거시오그능히국근
의덕이ᄀᆞ쵸티도라보건대하ᄂᆞᆯ의ᄡᅧ보시ᄒᆞᄂᆞᆫ바쟨
즉그복을주디아니ᄒᆞᆯ쏘ᄅᆞ차그나ᄒᆞᆯ저혹ᄒᆞᄂᆞᆫ
어딘ᄂᆞᆯ어디나의궁ᄒᆞᆫ명이ᄡᅧ복인이누되미이셔
그러ᄒᆞ나쏘ᄒᆞᆫ사ᄅᆞᆷ이말이시되혹심만ᄒᆞᆫ재숙
ᄒᆞᆫ복식어보ᄂᆞᆯ재오ᄒᆞᆫ다ᄒᆞ나복인이보화ᄒᆞ야
치미ᄒᆞ여사ᄅᆞᆷ의ᄒᆞᆫ가지ᄅᆞᆯᄒᆞᆫ쳔ᄒᆞᆫ자의박연이ᄒᆞᆫ
나로ᄒᆞ여곰ᄒᆞ이너기미어ᄇᆞᆯ노와의도ᄅᆞᆯ일죽이ᄒᆞᆼᄒᆞᆷ의
지어일의뵈미어ᄇᆞᆫ니ᄉᆞᆯ조차이ᄡᅧ오ᄒᆞᄂᆞᆫ법이되난

곤범(壼範) 三　55a

기미일ᄉᆞᆷ을공경ᄒᆞ며ᄌᆞ리위ᄒᆞ시게얼나아ᄒᆞ
오지우며방척ᄒᆞ미잇ᄂᆞ의나오민속ᄒᆞ쇠ᄂᆞᄂᆞᆫ뢰기
ᄅᆞᆯ무롱ᄒᆞᆫᄃᆞ리너기더라쳐며셔가명을조차경뎐
의큰의뢰ᄅᆞᆯ약간셔ᄇᆡ녀ᄇᆡᄒᆞᆯ오ᄂᆞᆫ의시ᄉᆞᄅᆞᆯ겻ᄒᆞ
ᄅᆞᆯ롱담ᄒᆞ야ᄯᅢ혹그상ᄌᆞ속의잔편을엿보ᄂᆞᆫ시
허ᄒᆞ야그나ᄆᆞᆫ거ᄉᆞᆯᄌᆞ츠죡시ᄒᆞ히ᄀᆞᆺ초아ᄒᆞᆯᄌᆞᄂᆞᆫ
ᄅᆞᆨ술ᄒᆞ시ᄒᆞᆯ셩각이위여셔나니아니ᄒᆞ며일을쳔
ᄌᆞᄒᆞ미업서겨ᄂᆞ비ᄒᆞᆯ순욕ᄒᆞ야ᄲᅥ그ᄆᆞᆷ을보ᄂᆞ니
뎐의니ᄅᆞᆫ바ᄎᆞᆫᄒᆞᆫᄃᆞᆯᄲᅧ바ᄅᆞᆫ거ᄉᆞᆯ삼ᄂᆞᆫ다님재거의
갓감ᄒᆞ라그러나그ᄆᆞᆷ가지기ᄅᆞᆯ엄히ᄒᆞ미비록즙ᄅᆞᆫ •
ᄒᆞ오쳔죄ᄒᆞᆯ가온대이셔도ᄌᆞᆷᄭᆞᆫ도변티아니ᄒᆞ니가 •

곤범(壼範) 三 54b

ᄒᆞ며오ᄉᆞᄒᆞ여ᄎᆡᆨ을본믈이ᄌᆞᄌᆞ이ᄂᆞ리더니그모ᄒᆞ의
ᄂᆞᆷ만ᄒᆞ야시ᄒᆡᄉᆡᄒᆞ니법이맛당이보호ᄒᆞᆯ거시
ᄅᆞᆨ취힘ᄡᅵ이굴ᄒᆞ야능히못ᄒᆞᆯ너옥강의번을ᄡᅥ산
뎡을ᄆᆞᆺᄎᆞᆫ말ᄆᆡ굴쳥ᄒᆞ야ᄌᆞ라와보니희산을져
오ᄒᆞᆫ매러오이업ᄉᆞᆫᄒᆞ리내장ᄎᆞᆺ증ᄌᆞ의가리키ᄒᆞ야
ᄌᆞᆼ을지ᄎᆞᆨᄒᆞ야ᄌᆞᆨ을ᄇᆞᆨ이더니ᄒᆞᆯ연이급ᄒᆞᆫ증
이셔드리여구티못ᄒᆞ니녹월십오일이라긔ᄉᆡᆼ긔
희예니매나히겨오마ᄒᆞᆫᄒᆞ니희니오ᄌᆞᆨ비뷔라내부
인니굴보니쳥ᄌᆞᆨ이조ᄒᆞᆫ재뎐벽되여죄ᄒᆞᆯ믈면
티못ᄒᆞᆯ뎌ᄌᆞᆫ만ᄒᆞᆫ재ᄌᆞ긍ᄒᆞ여방ᄉᆞᄒᆞ기의니ᄅᆞ기쉬
오리오직부인은화ᄎᆞᆯᄒᆞ며온즁ᄒᆞ덕이뎐ᄌᆞᆨ의어
더라기ᄅᆞᆯ비러야니ᄒᆞᆯᄌᆞᆨ랑을빗ᄂᆞᆯ며군ᄌᆞ를셤

곤범(壼範) 三 54a

그ᄯᅳᆺ이 내 벼ᄉᆞᆯ이 ᄀᆞᆺ치 ᄀᆞ쟈 ᄒᆞ미라 놉ᄒᆞᆫ 견식이라 면녕
셰영ᄂᆡ의 셜ᄉᆞ ᄒᆞ되 아니ᄒᆞ미 이런 ᄭᅴ 만ᄒᆞ리라 ᄂᆞᆺ게야 ᄃᆞ어야
ᄌᆞ올 기ᄅᆞᄂᆡ 비록 심히 ᄉᆞ랑ᄒᆞ나 보직ᄒᆞᆯ디 블곱
히 너겨 미양 ᄀᆞᄅᆞ치디 블엄히 아니ᄒᆞᆫ 날을 탓ᄉᆞᆯ
더라 깁흔 ᄉᆞ랑이 부모의게 밋ᄂᆞᆫ디라 집이 ᄐᆡ쳥의
이실 제 사ᄅᆞᆷ을 보ᄂᆡ여 문후ᄒᆞ기ᄅᆞᆯ ᄌᆞᄌᆞᆯ ᄒᆞᄋᆞᆯ
ᄌᆞᆷ블안 졀이ᄋᆞ 시믈ᄒᆞᄅᆞ면 져역이 못ᄒᆞᄅᆞᆨ 능히 차
ᄌᆞᆯ 못ᄒᆞ더니 미ᄎᆞ 그호 협ᄋᆞᆯ 진실ᄒᆞ야 가ᄆᆡ 평망
ᄒᆞ며 오ᄉᆞ ᄒᆞ여 쳬ᄌᆞᄂᆞᆫ 물이 ᄌᆞᆼᄋᆞ이 ᄂᆞ리더니 거ᄆᆞᆫ 하의
님만 ᄒᆞ야 심히 ᄯᅢ ᄒᆞ니 법이 맛당이 보호ᄒᆞᆯ 거시 •
ᄅᆞ퇴 힘ᄇᆞ이 ᄀᆞᆺ ᄒᆞ야 능히 못ᄒᆞᄂᆞᆫ 바 옥강의 번ᄋᆞᆯ 쳐산

ᄃᆞᄂᆞ당ᄃᆡ졉ᄃᆡᄒᆞ매네쉬공ᄎᆞᆫᄒᆞᆯ졍의근지ᄒᆞ며
ᄒᆞ며ᄆᆞ심ᄒᆞᆯ죄ᄂᆞᆫ비록크나반ᄃᆞ시원셔ᄒᆞ니이러
믈ᄢᅥ상하니외예다즐기ᄂᆞᆫᄆᆞᄋᆞᆷ을엇더라ᄋᆞᆯ휘예
녕남의ᄀᆞ을ᄒᆞ니며ᄉᆞᆯ이츌희가사오나와월을
ᄂᆞᆫᄒᆞ미심히박낙ᄒᆞ되ᄉᆞᄉᆞ로이ᄒᆞ가지ᄀᆞᆯ간쳥ᄃᆡ
아녀ᄀᆞᆯ오ᄃᆡ집보라가ᄂᆞᆫ임의만ᄒᆞ니부ᄌᆞ의ᄂᆞᄀᆞᆯ
업게ᄒᆞ리라ᄒᆞ더라내ᄌᆞ골노셔와라거ᄀᆞᆯᄒᆞ야벼
ᄉᆞᆯ이금화의ᄆᆞ쳠ᄒᆞ니사ᄅᆞᆷ이ᄒᆞᆨ복인을위ᄒᆞ야
영화로이너기되복인이빗치ᄀᆞᄅᆞ여기서거ᄒᆞᆯ일ᄒᆡ
업ᄂᆞᆫ밤등잔의셔ᄅᆞ취ᄒᆞ야말ᄅᆞᆯ이시졀거쳥의미ᄌᆞ
면ᄀᆡ연이태식ᄒᆞ야ᄉᆞᆷ을거ᄀᆞ졍이이ᄀᆞᆯ츳ᄉᆞᄒᆞ니ᄯᅢ개

곤범(壼範) 三 53a

이러ᄒᆞ기ᄅᆞᆯ ᄎᆞᆷᄒᆞᆯ ᄯᆞᄅᆞ리 ᄒᆞ야 일ᄌᆞ이 ᄀᆞᄅᆞ샤ᄃᆡ ᄒᆞᆫ 얼골

로 내게 뵈디 아니ᄒᆞ니 내 혹 근심ᄒᆞ야 ᄭᅮ지ᄌᆞᆯ ᄌᆞ비

옥ᄒᆞ야 ᄀᆞᆯ오ᄃᆡ 평안ᄒᆞ며 쳥ᄒᆞ기ᄂᆞᆫ 명이라 ᄆᆞᆺᄎᆞ니

지로 ᄯᆞᆯ와 평안이 너길거시니 어이 젹ᄀᆞ ᄒᆞ야 ᄒᆞ리오 내

ᄶᅩᆨ ᄒᆞᆫ 힘ᄡᅥ 남어 ᄉᆞᄅᆞᆷ 단위ᄒᆞ니 졍히 ᄭᅴ 완ᄂᆞᆼ의 ᄂᆞᆯ 마

내 안해 의이ᄅᆞᆫ ᄒᆞᆯ을 보매 근심ᄒᆞᄂᆞᆯ 니ᄌᆞ라 ᄒᆞᆫᄃᆞᆺ ᄒᆞ라 가ᄉᆞ

가 박ᄉᆞ ᄒᆞ리시온 울 맛ᄭᅧ 평안이 너기ᄂᆞᆫ 사ᄅᆞᆷ이 굽

난 ᄒᆞ일ᄅᆞᆯ 이ᄉᆞ시면 져ᄅᆞᆨ ᄒᆞ엿던 거ᄉᆞᆯ 다 내여 그ᄎᆡᄒᆞ

ᄃᆞ니 당ᄒᆡ 졉ᄒᆞᆫ ᄒᆞ매 네 ᄭᅫ궁 ᄎᆞᆫᄒᆞᆯ 졍의 ᄀᆞᆫ지 ᄒᆞ며

비복을 어거ᄒᆞ리과 ᄒᆞᆫ울 진념ᄒᆞᆯ ᄌᆞᆨ ᄃᆞᄅᆞᆯ ᄂᆞ리ᄂᆞ니

ᄒᆞ며 ᄭᅮ시ᄃᆡ ᄒᆞᆯ 죄ᄂᆞᆫ 비록 크나 반ᄃᆞ시 원쳐ᄒᆞ니 이러

ᄋᆞᄣᅵ동지ᄌᆞ용ᄒᆞᆫ화ᄎᆞᆯᄒᆞ야ᄆᆞᆺ즈셤기ᄆᆞᆯ어긔미
엄ᄒᆞ리고블ᄅᆞᆯ가ᄒᆞᆯ바ᄅᆞᆯ보면ᄉᆞᄎᆞᆫᄒᆞᆯ빗스라ᄒᆞᆫ변ᄒᆞᆯ
말ᄅᆞ뫼ᄌᆞ간ᄒᆞ야말이만ᄒᆞ시니예마ᄌᆞ니내위ᄒᆞ야
리복ᄒᆞᆯ쳔ᄌᆞ비강부인이셩이강엄ᄒᆞ사집샹ᄋᆞᆯ
이ᄯᅳᆺ의마ᄌᆞ재쳑ᄒᆞ고셔ᄂᆞᆫ져본ᄃᆡ의방ᄋᆞᆯᄅᆞᆯᄅᆞ리시매
엄ᄒᆞ시ᄃᆡ나마ᄂᆞᆼ이너겨ᄀᆞᆯ오샤ᄃᆡ내착ᄒᆞᆫ며ᄂᆞ리라
ᄒᆞ시니그ᄒᆞᆯ도ᄅᆞᆯ더욱즁경ᄒᆞ믈가히알거시라셔미
거미뒤셤기리못ᄒᆞᆷ을ᄲᅥ지ᄌᆞᆨᄒᆞᆫ셜ᄋᆞ우믈샹ᄒᆞ야제
ᄉᆞ날을맛ᄂᆞ면외고ᄒᆞ미ᄌᆞ졀ᄒᆞ야빈조의쳘ᄒᆞᆫᄇᆞ
ᄅᆞᆯ뫼반ᄌᆞ시셩경을다ᄒᆞ믈힘ᄉᆞᆯ이ᄒᆞᄅᆞᆯ샹ᄋᆞᄅᆞᆯ변
ᄒᆞ야맛ᄂᆞ그내ᄯᅳᆺ병드러죽기의ᄀᆞᄒᆞ여여러ᄒᆡ부ᄃᆡ
ᄒᆞ니가난험인ᄂᆞᆨᄒᆞ미ᄌᆞ못견ᄃᆡ되못ᄒᆞᆯ배이시ᄃᆡ부인

곤범(壼範) 三　52a

겸의휘오녕의쳥휘완라평은군휘셩하와쳔찬
쳔직앙쳔셩명은경이니부인의삼ᄌᆡ비ᄂᆞᆫ츅부
인과평옹을시니창츅즁란셔명은네오참란즁란
셔경의손이라내즁ᄌᆞ혹져쳔셩이현셕박쳔셩과
츅ᄒᆞ혹ᄒᆞ시ᄃᆞ직앙쳔셩은현옹의퇴상이오즁ᄌᆞ
의ᄯᆞᆯ인이라날로ᄡᅥ즁ᄌᆞ의손ᄌᆞ라ᄒᆞ야ᄯᆞᆯ로ᄡᅥ집을
허ᄒᆞ니부인이십팔의내게ᄌᆞ라오니얼굴이단졍
ᄒᆞ며장엄ᄒᆞ고온이ᄀᆞᆺ고온화ᄒᆞ며행거의언에젹
우며동지조용ᄒᆞ고화순ᄒᆞ야복ᄌᆞ셤기ᄆᆞᆯ어긔미
업ᄉᆞ되그부ᄅᆞᆯ가ᄒᆞᆯ바ᄅᆞᆯ보면손츈ᄒᆞᆯ빗ᄎᆞ라완연ᄒᆞᆯ
말로ᄡᅥ주간ᄒᆞ야말이반ᄌᆞ시니예마ᄌᆞ니내위ᄒᆞ야
더복ᄒᆞᆯ변ᄌᆞ비강부인이병이강엄ᄒᆞ야십팔ᄅᆞᆯ

곤범(壼範) 三　51b

미옥믈의니 엇디미오ᄅᆞᆯᄉᆞ업ᄉᆞ

식의가인ᄒᆞᆫ이 이ᄅᆞᆯ지ᄇᆡ사ᄅᆞᆷ의게마ᄌᆞᆼᄒᆞᄂᆞ니라

긔목기옥오리 엇디그말ᄆᆡ아ᄆᆞᆫ배어ᄇᆞ리오

여쳔옥원이라 심이그원이ᄀᆞ심ᄀᆞᆺᄒᆞ니라

이옥기인내ᄒᆞᆫ 임의그어딘믈ᄂᆞᆨᄀᆞ이ᄒᆞ야시니

호란기년고 엇디ᄀᆞᄉᆞ히자ᄅᆞᆯ

불양기휘멸ᄒᆞᆫ 그아ᄅᆞᆷ다온믈나타내디아니면

ᄌᆞᆷ덕ᄎᆞᆺ지오 그만ᄒᆞᆫ덕을뉘아ᄅᆞ리오

옥차기인은 ᄎᆞᆯᄒᆞ라ᄒᆞᆫ의사ᄅᆞᆷ은

식아락ᄉᆞ라ᄒᆞᆫ 나의샥인말을부라

증뎡경복인신시횡장 ᄀᆞ암옥ᄌᆞᆼ찬

복인은신시니뎡산사ᄅᆞᆷ이라ᄀᆞᆯ뢰ᄐᆡᄉᆞ장쳘ᄌᆞᆼ휘ᄉᆞᆼ

곤범(壼範) 三 51a

션ᄉᆡᆼ왈호 ᄃᆞ호 션ᄉᆡᆼ이 ᄀᆞᆯᄋᆞ샤ᄃᆡ 호ᄌᆞ롭다 ᄒᆞᆯ

죠ᄃᆞ왈숄 라이 죠ᄃᆞ ᄀᆞᆯᄋᆞ샤ᄃᆡ 숄ᄒᆞ다

부ᄌᆞ왈시 라 부쳐 ᄀᆞᆯᄋᆞ샤ᄃᆡ 이

ᄌᆞᆷ아ᄎᆞ근 라이 낫ᄎᆞᆯ ᄌᆞᆷ게 ᄒᆞ고 ᄎᆞᆷ삼가 ᄂᆞᆫ도다

ᄌᆞ왈ᄌᆞ혜 여 아ᄒᆞᆯ은 ᄀᆞᆯᄋᆞ샤ᄃᆡ ᄌᆞ시여

됴아의방 다이삿 날로ᄒᆞᆫ ᄃᆡ ᄯᅳᆯ을 ᄒᆞᆫ ᄃᆞ리 ᄌᆞᆯ ᄒᆞ시도다

복왈ᄎᆞᆨ혜 여 ᄒᆞᆼ은 ᄀᆞᆯᄋᆞ샤ᄃᆡ ᄎᆞᆨ인 ᄂᆞᆫ이여

은아약약 다이삿 ᄂᆡ게 은혜 ᄅᆞᆸ기 어미 ᄀᆞᆺᄒᆞ시도다

미옥불의 나홀 이ᄋᆞᄂᆞ 마ᄃᆞᆼᄒᆞᆫ 뢰 업ᄉᆞ니

식의가인 라이 일ᄉᆞᆯ 집사ᄅᆞᆷ의게 마ᄃᆞᆼᄒᆞ니라

긔모기옥 오리 이 어ᄂᆡ 그 말ᄇᆡ 아ᄅᆞᆷ 배어ᄇᆞ리오

곤범(壼範) 三 50b

오ᄅᆡ너부인의ᄉᆞ힝은ᄌᆞ구리ᄎᆞ셔히알ᄂᆞ니업ᄉᆞᄂᆞ니치
ᄀᆞ로ᄃᆡ병옥의안해굴위ᄒᆞ야발괴ᄒᆞ라니보ᄅᆞ라
걸ᄯᅢ그사ᄅᆞᆷ이아니ᄅᆞ리ᄂᆞᆼ히ᄆᆞᄎᆞᆷ내ᄉᆞ양티못ᄒᆞ엿
더니이제진ᄉᆞ굴이천의로ᄲᅧ혀니이상가ᄲᅮ기이ᄀᆞ티
ᄒᆞ리ᄂᆞᆫ독ᄌᆞ혀ᄒᆞᆫᄉᆞ이간찰ᄌᆞᆼ이ᄯᅩᄒᆞᆫ믄득뎐ᄒᆞᆫ사ᄅᆞᆷ
이된니라굴이비록일워시나굴ᄅᆞ러브러상확ᄒᆞᆫ
ᄅᆡ오더옥부앙ᄒᆞ야ᄎᆞ죡ᄒᆞᄂᆞᆫ물욕이거니못ᄒᆞᄂᆞ라

명왈

덕ᄎᆞᆫ힝비 니ᄒᆞ 덕이출텬ᄒᆞᆫ힝실이ᄀᆞᄌᆞ니
녀ᄉᆞ지현 이라 녀ᄉᆞ의착ᄒᆞ미로다
ᄎᆞ우지출 노 ᄎᆞ의개얇다밤을
시례지믄 이라 시례의믄의ᄒᆞ얏도다

과ᄒᆞᆯ고거미ᄒᆞᆫ솔빗치업ᄉᆞᆯ분아니라쳐엄의이런일
이업ᄂᆞᆫ듯시너기니비앙리사ᄒᆞ노라ᄒᆞ던말을생각
ᄒᆞ니믈의장안희시ᄀᆞᆯ재실ᄒᆞᆯ덕다실ᄒᆞᆯ힝실
이아닌거시업ᄉᆞ리라진실로번거ᄒᆞ되ᄌᆞ리니못ᄒᆞᆯ
이ᄅᆞᆯᄯᅩᄒᆞᆫ감히과롭디아니리못ᄒᆞ믄진실로특별
이ᄡᅳ기에부ᄭᅳ러오미업ᄉᆞ미라더즁ᄒᆞᆷ거ᄃᆡᄒᆞᆫ번ᄀᆞ거
의니ᄅᆞᆨ니란찰궁이져오부인ᄃᆡ상을리시고망ᄒᆞ
기ᄅᆞᆯ더옥깁히ᄒᆞ야지믈을ᄲᅢ내게브락ᄒᆞ야ᄀᆞᆯ
옷ᄎᆡ내부인의ᄉᆞ힝을ᄌᆞ리ᄌᆞ셔히아ᄅᆞ니업ᄉᆞ니지
그ᄌᆞᆯ겨쳥옷의안해ᄀᆞᆯ위ᄒᆞ야발휘ᄒᆞ라내ᄆᆞᆺ츠리
걷ᄯᅴ그사ᄅᆞᆷ이아니ᄅᆞ되능히ᄆᆞᄌᆞᆷ내ᄉᆞ양티못ᄒᆞ엿

곤범(壼範) 三 49b

도ᄒᆞᆯ제ᄉᆞ의 공경ᄒᆞ며 부ᄌᆞ 쳔ᄉᆞ가 ᄒᆞᆫ대 ᄒᆞ니

본래 회임실이라 그 아ᄎᆞᆷ 조각의 뇌법이 시ᄒᆡ 명ᄌᆞ어마

님금을 쏠오ᄉᆞ온 인의 샤치 ᄎᆞᆷ상ᄒᆞ믄 부인이 더옥 심ᄒᆞ

ᄃᆡ 그 말이 능히 이러ᄐᆞᆺ ᄒᆞ니 이 진실로 쳔ᄇᆡᆨ ᄆᆞ리의

ᄯᅱ여나 쳔성의 착ᄒᆞᆯ며 ᄂᆞ리 된ᄃᆡ 나ᄂᆞᆯ 단찰ᄌᆞᆼ의 ᄉᆞ십

년 벗ᄋᆞᆯ 빗ᄂᆞ온 아ᄅᆡ 빈 긱이 날 ᄀᆞ라오라 나 업ᄉᆞᆫ 디라

미 양의 ᄉᆞ치와 개울ᄂᆞ 믈 ᄀᆞ티 쳐ᄒᆞᆯ ᄌᆡ 임의 그치

ᄀᆞᆯ알ᄅᆞ 부인의 ᄯᅳᆯ이 ᄯᅩ 내집 ᄒᆞᆼ부가 되니 ᄒᆞᆼ가ᄒᆞᆯ

결 ᄇᆞᆫ이 ᄌᆞ쳐리 아니 미 업더니 미ᄉᆞ신 군경이 횡장치

운거 ᄉᆞᆯ부니 거의라 귀에 나ᄋᆞᆫ 말이라 가히 그라 ᄒᆞ미

업ᄉᆞ 믈 미ᄉᆞ부ᄅᆞ 궁이 상ᄒᆡ니 ᄌᆡ ᄃᆡ ᄇᆡᆨ 된 성ᄎᆡᆨ의

크게 ᄭᅢ되 남배시 쳡의 ᄃᆡ ᄒᆞ미 업ᄉᆞᄃᆡ 내니 ᄌᆞᄉᆞᆫ 평일여

곤범(壼範) 三 49a

의장ᄉᆞᄒᆞᆫ후의 릉의 ᄌᆞᆼ을 ᄯᆞ라 도종ᄒᆞ다 도아ᄅᆞᆯ
ᄒᆞᆯ ᄯᅳᆺ을 나ᄒᆞ니 못은 종경은 진ᄉᆞ니 일족이 블휭
이 잇ᄀᆞᆫ 됴ᄒᆞᆯ 재 종직이 오올 싱위 그 사회라 춘구아 무근
ᄌᆞᄌᆞᆯ ᄒᆞ니 궁의 거ᄒᆞᄅᆞᆯ ᄲᅢ 종참란ᄒᆞᆫ 후 저휘ᄂᆞ고
니 도혹을 ᄲᅢ ᄉᆞ릿의 스승이 되고 벼ᄉᆞᆯ을 ᄎᆞᆺ찬이라
부인이 ᄯᅳᆺ이 화혹ᄒᆞᆯ과 광이 홍란ᄒᆞ야 부인을 셕
ᄒᆞ리 아니ᄒᆞ되 쳔ᄌᆞᆯ ᄌᆞᆯ ᄡᅥ 경계ᄒᆞ야 리혼이 궁ᄒᆞ되 욕
기리 아니ᄒᆞᆫ 힝실 블오미 간졍ᄒᆞᆫ 상가ᄅᆞ 구ᄅᆡ ᄒᆞᆯ
도ᄒᆞᆫ 졔ᄉᆞ의 긍경ᄒᆞᆫ 때 부ᄌᆞ 쳐ᄉᆞ기 ᄀᆞᆯ뎨로 ᄡᅧ ᄒᆞ니다
쳔비 힝실이라 그 아ᄃᆞᆯ 구ᄅᆡ ᄂᆞᆫ 법이 ᄉᆡᆼ히 뎡ᄌᆞ어마
님ᄭᅴ ᄯᅳᆯ 홈인의 샤치 ᄉᆞᆼ상ᄒᆞᆫ 부인이 더옥 싱ᄉᆞᄒᆞ

곤범(壼範) 三 48b

경ᄉᆞᄅᆞᆯ 약간 셥녑ᄒᆞ야 ᄌᆡ의 ᄀᆞᆯᄒᆞᆼᄒᆞᆯ ᄆᆞᄃᆞᆫ아ᄅᆞᆯ
지위ᄒᆞ샤 시와 ᄉᆞ셔만 히부인 지위ᄒᆞᆯ ᄉᆞ이로 이젼말
라 빗횡실을 닐러 홍옥ᄒᆞ여 외옥간 ᄅᆡ여 인도ᄒᆞ
야 미앙힘 뻐니ᄅᆞ기 ᄀᆞᆯ더ᄒᆞᆯ 시즙의 니ᄅᆞ러 그ᄯᅳᆺ의
경영ᄒᆞᆫ 믓보ᄒᆡ 상ᄌᆞ혹의 ᄃᆞᆯ넌 도회 신ᄒᆞᆨ의 발
ᄒᆞᆯ족 ᄀᆞᆼ이 ᄯᅩᄒᆞᆯ 비ᄅᆞᆯ 소보ᄅᆞᆯ 국히 그ᄎᆔ와 말ᄉᆞᆷ이 평
아ᄒᆞᆫ물 탄식ᄒᆞ니 그ᄅᆞᆷ ᄎᆞᆯᄂᆡ다 아니ᄒᆞ미 ᄯᅩ가히 착
ᄒᆞᆯ 횡실의 일간을 보리ᄅᆞᆯ라 계ᄒᆞᆨ 삼월의 복이
병이 곱ᄒᆞ니 중이 ᄃᆞ려가 볼서 중이 보아 ᄒᆞᆯᄉᆞᆼᄌᆞᆼ상
을 가져ᄉᆞ년리라 부인이 ᄀᆞᆯ오ᄃᆡ 네 예상인이 ᄒᆞᆼ문의ᄃᆞ
러 아ᄉᆞᆺ나나 만홍을 병을 ᄆᆞᆨ미 맛당타 ᄒᆞ더라
그ᄅᆞᆯ 모일ᄅᆞ 뼈물ᄒᆞ니 ᄎᆔ ᄉᆞ십삼이라 ᄇᆡᆨ은 산셔현

곤범(壼範) 三 48a

곤범(壼範) 三 47b

보리못ᄒᆞ니허물이ᄀᆞ신죽ᄃᆞᆫᄒᆞ야매ᄅᆞᆯ밋리고뻐ᄒᆞ

이ᄌᆞ식이ᄀᆞᄅᆞ치지못ᄒᆞ미어미가히허물을ᄀᆞᆷ초아아비로

ᄒᆞ여곰아디못ᄒᆞ게ᄒᆞ믈말미암ᄋᆞᆷ이라ᄒᆞ더라ᄉᆞ나

희ᄌᆞ식이계오네설이되면ᄀᆞᆺ밧고ᄂᆡ여보ᄂᆡ여ᄀᆞᆯᄋᆞ치

ᄉᆞ나희ᄂᆞᆫ맛당이날로부형ᄉᆞ우ᄅᆞᆯ친히ᄒᆞ야뻐강

ᄒᆞ며닉이기ᄅᆞᆯ주리ᄒᆞᆯ디니미엿ᄌᆞ의비쳬ᄒᆞᆯ일은

맛당이이ᄶᅩᆨ의갓가이ᄒᆞᆯ거시아니라ᄒᆞᆫ고로녀ᄌᆞᄅᆞᆯ

의집보ᄂᆡ매중이거ᄒᆞᆯ회ᄅᆞᆯ쉬주장이심히질박ᄒᆞ

ᄀᆞ검ᄉᆞᄒᆞ니사ᄅᆞᆷ이ᄀᆞ쳐말을ᄒᆞᆯ죽ᄀᆞᆯ오ᄃᆡ혼가의

샤치ᄒᆞᆯ버ᄅᆞᆺ소비ᄅᆞᆯ부귀ᄒᆞᆫ사ᄅᆞᆷ이라ᄯᅩ기ᄅᆞᆯ쳔ᄒᆞᆫ일

이아니어든ᄒᆞᄆᆞᆯ며내쳔빈검ᄉᆞᄒᆞᆫ집이ᄂᆞᆫ청족이

평이ᄒᆞᆯ옹쳐ᄅᆞᆯ잘ᄒᆞ야사ᄅᆞᆷ의허물을보면오ᄅᆡ

곤범(壼範) 三 47a

노라 공이 양친을 위ᄒᆞ야 ᄌᆞ번 갓가온 ᄃᆡ올을 ᄒᆞᄂᆞ니
ᄯᅢ의 혹 저 공양ᄒᆞᆯ 부인이 ᄎᆞᆷ 제ᄅᆞᆯ 위ᄒᆞ야 집의 이
시니 공이 월음을 난호리 ᄒᆞᆯ 졔의 겨옥 나ᄉᆞ 말이니
그ᄅᆞᆫ 되ᄇᆞᆸ ᄒᆞᄂᆡ ᄀᆞᄅᆞᆯ 가히 ᄒᆞᆯ 거시ᄅᆞᆯ 되 일ᄅᆞᆯ ᄌᆞᆨᄒᆞᆯ 말ᄅᆞᆯ 그
ᄒᆞ미 업ᄉᆞᄂᆞ니 공이 미양 란식ᄒᆞ야 ᄀᆞᆯ오ᄃᆡ 내 거란ᄒᆞ
매 쳐ᄃᆞ 되미 업ᄉᆞ뭇 부인의 졍녕이 도우미라 ᄒᆞ더라 공
이 ᄯᅳᆺ을 아 조ᄅᆞᆯ을 엄히 라 ᄎᆡᆨᄒᆞ야 허 ᄭᅳᆯ이ᄀᆞ시면 ᄯᅳᆫ득
ᄎᆞ 달을 더 ᄒᆞ야 ᄯᅥ 나기의 니ᄅᆞ니 부인이 위ᄒᆞ야 ᄎᆞᆺ야
보리 못ᄒᆞᄂᆞ 허 ᄭᅳᆯ이ᄀᆞ 신 ᄌᆞᆨ근ᄒᆞ야 매 ᄀᆞᆯ 맛리고 ᄲᅡᆯ ᄒᆞ
리 ᄌᆞ식의 ᄀᆞᆺ 니 못ᄒᆞ미 어미 가히 허 ᄭᅳᆯ을 ᄀᆞᆫᄎᆞ아 아비로
ᄒᆞ여 금 아ᄅᆞ니 못ᄒᆞ게 ᄒᆞᆷ ᄭᅳᆯ 말ᄅᆞᆷ 미 아ᄂᆞᆯ나 ᄒᆞ더라 ᄉᆞ나

로버려우되 세 안해 중ᄎᆞ이 밧ᄌᆞᆯ 본변ᄒᆞ미 업ᄉᆞ니 ᄎᆞᆨᄒᆞ
다 ᄒᆞ더라 부인이 증셤기ᄅᆞᆯ 오라되 증경ᄒᆞ야 비록 질
병이 셔로 중의게 거경ᄒᆞ기ᄅᆞᆯ 놉흔 손ᄀᆞ티 ᄒᆞᆯ 엇
이ᄂᆞᆫ 셔ᄅᆡ의 조용이 말ᄒᆞ매 ᄌᆞ간 ᄒᆞᆯ ᄌᆞᆫ경ᄒᆞ미 만고
집이 심히 가난ᄒᆞ야 조강을 니으디 못ᄒᆞᆯ 비치 마가
청ᄒᆞᆯ거시 업ᄉᆞ되 이연ᄒᆞ야 염ᄂᆞᄒᆞᄂᆞᆫ 빗치 업ᄉᆞ니 상해
닐오ᄃᆡ 궁ᄒᆞᆫ 사ᄅᆞᆷ이 ᄯᅳᆺ을 구ᄒᆞ라 ᄒᆞ믈 ᄆᆡ 맛당이 넉
여셔 빈ᄇᆡᆨ비나 ᄒᆞᆯ 거시니 구ᄐᆡ여 아니ᄒᆞ면 친ᄒᆞ야 이
에 남ᄒᆞ리라 ᄒᆞ더라 중의 벼ᄉᆞᆯ을 ᄒᆞ라 셔울 오ᄉᆞ니 사
ᄅᆞᆷ이 궤옥ᄒᆞᆯ 재 이시면 ᄇᆞ족ᄒᆞᆯ 니러 ᄀᆞᆯ오ᄃᆡ 부인이
ᄉᆞᆯ 궤옥ᄅᆞᆯ 밧ᄋᆞ면 의 아니라 저컨ᄃᆡ 부ᄌᆞ과 뉘 되ᄅᆞᆯ 가ᄒᆞ

곤범(壼範) 三 46a

침ᄂᆞᆷ받고셔고거ᄅᆞᆯᄃᆞᆯ믈다차ᄅᆞᆯ반ᄃᆞ시친히받ᄌᆞ워
의경ᄒᆞᆫ졍셩이옥완ᄒᆞᆫ빗ᄎᆡ발ᄒᆞ니ᄒᆞ젼무륵
강잉ᄒᆞ야나와ᄀᆞᆯ오ᄃᆡ가히ᄒᆞᆫ부의ᄯᅳᆺ즐와고이ᄭᅩᆺ
ᄒᆞ리라ᄒᆞ더라즁ᄂᆞᆫ부인이몬뎌엄ᄒᆞ여ᄃᆡ이기여셔
온니라ᄯᅳᆺ의불가ᄒᆞ미이시면ᄲᅮᆨ지저ᄀᆞᄅᆞ치기ᄅᆞᆯᄌᆞ음
ᄌᆞ옹ᄒᆡᄅᆞᆯ아니ᄒᆞ시부인이고경고홈ᄒᆞ야안셕다
말ᄉᆞᆷ이더옥온화ᄒᆞ여ᄎᆞᆺ로최고ᄲᅧ남의ᄌᆞ라보시매
그부인이반ᄃᆞ시ᄯᅳᆺ이풀니여일ᄌᆞ즁ᄌᆞ려ᄂᆞᆺ러굴
옥ᄒᆡ녀쳥이즙ᄒᆞ야만히사ᄅᆞᆷ의감당티못ᄒᆞᆯ바
로ᄲᅧ더으ᄃᆡ네안해즁ᄉᆞᆫ이발ᄋᆞᆯ보ᄇᆡ변ᄒᆞ미업ᄉᆞ니착ᄒᆞᆫ
다ᄒᆞ더라부인이즁셤기ᄅᆞᆯ오라ᄃᆡ즁경ᄒᆞ야비록질
병이ᄯᅥ셔도즁의게고경ᄒᆞ기ᄅᆞᆯ노ᄒᆞᆫ순ᄀᆞ리ᄒᆞᆯ업

곤범(壼範) 三 45b

ᄒᆡᄇᆡᆺ소ᄒᆞᆫ라기친ᄌᆞ로ᄆᆞᆯ복ᄉᆞᆷᄒᆞ야집의이시ᄆᆞᆯ세
브터임의즁강랑ᄂᆞ와쳑ᄅᆞ이착ᄒᆞᆷ을기리미되고
미ᄉᆞᆺ십ᄇᆞᆯ의간찰ᄌᆞᆼ의게ᄒᆞ라오니ᄌᆞᆼ의왕복ᄒᆞ져
쳔셩이심히맛당이너겨ᄆᆡ양글오ᄎᆡ내집착ᄒᆞᆯ
며날회라ᄒᆞ더라부인이세쥰인을니어셤기되ᄀᆞᆯᄋᆞᆯ
츙효ᄒᆞᆷ을극진이ᄒᆞ야신혼뎡셩을ᄒᆞᆯ굴ᄀᆞ티니ᄒᆞᆫ
울졍ᄒᆡᆼᄒᆞᆯ몸소ᄃᆞ셕ᄀᆞᆼ양ᄒᆞᆯ거ᄉᆞᆯ잡ᄋᆞᆯ더옥
쳬ᄉᆞ지졀의공경을닐위여ᄆᆡ양ᄌᆞᄉᆞ리미ᄌᆞ셤기
니못ᄒᆞᆷ을ᄎᆞᆼ신의셜우믈삼아니일을말ᄒᆞᄆᆡ변
ᄃᆞᆨ굴진히ᄒᆞ야반ᄃᆞ시쳥신ᄒᆞᆯ후져만년의병환
이침독ᄒᆞ니부인이심ᄒᆞᆯ치워와더워비라ᄃᆞ미양

곤범(壼範) 三 45a

숑조오달셩위아됴경ᄎᆞ의아됴부ᄉᆞ즁란셔졍
니그ᄅᆞ라부인이뎐당이큰나라나되로일홈난뎍이
ᄀᆞ시니부혹궁의빈신부인을찬ᄉᆞ란갑의녜라ᄒᆞ며
이졍졔ᄒᆞ야착ᄒᆞᆫ소문이밧고나라나고셔시의외왕
모신시난숑지웅주의녜오란셔시발의빈라셔ᄉᆞ쥴
알ᄅᆞᆯ의리ᄅᆞᆯ고종날ᄒᆞ야옥알숭문졍궁이륙별
이됴의빠시령신옥취츅궁ᄒᆞᆯ겸신ᄒᆞ야구민
ᄒᆞᆯ더ᄀᆞ이츅졀이ᄀᆞ즈니부인과나녀외증조모라봉인
이이졀빗치비ᄒᆞ야ᄌᆞ질이임의츅온ᄒᆞᆯ쟝능
히배ᄉᆞ고훈라기친ᄌᆞ모ᄅᆞᆯ복습ᄒᆞ야집의이실쾨
브러임의종랑랑ᄂᆞ와취ᄃᆞ이착ᄒᆞ옴ᄋᆞᆯ기리미되고

곤범(壼範) 三 44b

티못ᄒᆞᆯ디라 일곡ᄲᅡ져ᄂᆞ니ᄒᆞ

ᄌᆞ쥬ᄒᆞᄂᆞ니 ᄒᆞᆯ조나 부인은 부녀의 ᄉᆞ셩이라 셰상의 옷

중졍이 업ᄉᆞ니 뉘 능히 쳑셔의 올녀 ᄲᅡ 부궁ᄒᆞᆯ리 ᄇᆞᆰ

이뵈리오

직암 신공 찬

뎡경부인 니시 ᄯᅳ지명

군ᄌᆞ 경상도관찰ᄉᆞ 김공ᄯᅳ의 착ᄒᆞᆫ 빈필이 이시니

이 뎡경부인 니시라 오리 　중뎡왕 별ᄌᆞ ᄒᆞᆫ평대군

보의 ᄌᆞ라 대ᄉᆞ헌 즁녕의 졍휘 믁이 사계션ᄉᆡᆼ의 비

화 　인묘조 명신이 되고 부제ᄒᆞᆨ 즁란셔 휘 지ᄒᆞᆫ다

현감 휘 ᄒᆞᆼ거와 군수 휘 국츅 부인의 네ᄃᆡ라 군쉬

달셩 셔시ᄅᆞᆯ 취ᄒᆞ니 관쳐 중녕의 졍 악봉 셩의

곤범(壼範) 三 　44a

을존힝ᄒᆞ야ᄇᆞᆷ의낙곤재크게ᄒᆞ니그젹은믈죠쳬의
어김다거가의ᄇᆞ즈런ᄒᆞ미ᄒᆞ녀ᄌᆞ의밋ᄒᆞᆯ배아니오그
크믈며ᄂᆞ뫼되매ᄒᆞ도록부어미되매어딜미ᄯᅥ녜ᄒᆞ
이거의ᄒᆞᆯ니라그아ᄅᆞᆷ다온법도와착ᄒᆞᆫ힝실이맛
당이복경을누려그감ᄒᆞᆫ믈바ᄃᆞᆯ줏ᄒᆞ리뎡ᄋᆞᆫ일
의겨ᄀᆞᆫ비난일절이ᄀᆞ에상반ᄒᆞ니뎐니ᄅᆞᆯ뉘알니
오경은감ᄉᆞ중다더부러일족이번댱의조본을의
탁ᄒᆞ엿ᄉᆞᆫ니라이졔녕ᄒᆞᆫ이지믄을쳥ᄒᆞ매의예ᄉᆞ양
티못ᄒᆞᆯ니라일로ᄡᅥᄒᆞᆷ남ᄒᆞᆫ믈췌니아니ᄒᆞᆯ상가긔
록ᄒᆞᄂᆞ니ᄉᆞᆯ조다부인은부녀의스성이라셰상의웃
죵쳥이업ᄉᆞ니뉘능히칙셔의올녀ᄡᅥ부궁ᄒᆞ리벍

곤범(壼範) 三 43b

린아ᄒᆞᆯ을간신이길러ᄡᅳ연의현양ᄒᆞ야벼ᄉᆞᆯ이놉
의니ᄅᆞᆯ큰녜ᄅᆞᆯ밧ᄌᆞ러영쾌현도의밋ᄎᆞ부인이ᄯᅩ
차단조ᄅᆞᆯ밧ᄌᆞ니사ᄅᆞᆷ이보야ᄒᆞᆯ만션의영화로
ᄲᅧ부인과하례ᄒᆞ더니ᄉᆞ치믄국란ᄎᆞ의쳐리ᄲᅮᆯᄒᆞ
너부인이외로이ᄋᆞ읍ᄒᆞ야ᄃᆞ쥐여셩쳬의ᄯᅳᆺ이업
서ᄡᅮ진십일월이십팔일의병환을ᄲᅧ상서나
너ᄎᆞᆨ칠십ᄌᆞ라기친줄이쳐ᄒᆞ인ᄋᆞᆯ경계ᄒᆞ니다
지국ᄒᆞᆫ말이러라참판공과부장ᄒᆞ라부인이ᄌᆞᆷ질
이ᄌᆞᆯ관장ᄒᆞᆯ덕쳥이ᄀᆞᆺ조ᄌᆞᄒᆞ여하ᄂᆞᆯ괴어든배
임의울쳔ᄒᆞᆯ삼가법도ᄅᆞᆯ긱희며용ᄎᆞᆨ이매의ᄌᆞᆨ

곤범(壼範) 三 43a

라매ᄉᆞᆯᄒᆞᆫ일로ᄒᆞᆫ도ᄒᆞ더니미ᄉᆞ간란을셔말ᄒᆞᆯ면
니거향가매오히려그바로ᄒᆞ리로내리이블깃거ᄒᆞᆯ
먼니쳐나블ᄲᅧᄉᆞᆯ허이니ᄒᆞ야ᄀᆞᆯ오ᄃᆡ네명이어되
니족ᄒᆞ니내라시므어ᄉᆞᆯᄒᆞᆯᄒᆞ되오뎐지ᄒᆞᆯ주어봉ᄋᆞᆯ
잡보식을먼니ᄒᆞ기ᄒᆞᆯ졍계ᄒᆞ더라ᄒᆞᆯ로집안일의
ᄃᆡᄒᆞᆫ업시반ᄌᆞ시고ᄒᆞ야날러ᄉᆞᄉᆞᆯ쳔ᄌᆞᄒᆞᆯ배업고
혹ᄒᆞᆯ고져ᄒᆞ되일이불가ᄒᆞ야다시ᄒᆞᆷ이ᄒᆞᆯ배이시
면밀을ᄒᆞᆯ고ᄒᆞᆨ매즉시ᄀᆞᆺ되니이ᄯᅳᆺ을복ᄒᆞ야ᄀᆞᆫᄒᆞᆯᄒᆞ
미봉ᄒᆞ되즈미그러ᄒᆞ더라일즉이궁편지통을맛ᄂᆞ
ᄃᆞ종간의가난을겻고궁외ᄀᆞᄒᆞ미ᄀᆞ초극진ᄒᆞ되어
린아ᄒᆞᆯ을간신이길러ᄯᅩ연의혈양ᄒᆞ야벼ᄉᆞᆯ이ᄀᆞᄒᆞᆷ

곤범(壼範) 三 42b

곤범(壼範) 三 42a

일ᄌᆞ니러ᄇᆞᆷ소쇄뎐을잡아션ᄉᆡᆼ겨실ᄯᅢ와ᄀᆞ티ᄒᆞ
ᄀᆞ호도곡밋위여우인ᄒᆞ며ᄎᆞᄅᆞ니시부뒤졉ᄒᆞ기
곡을인곡국진이ᄒᆞ야이우셔거ᄒᆞ미ᄉᆞ십년의
ᄇᆞᆫ연이간언이업ᄉᆞᆫ가지기ᄅᆞᆯ실히업히ᄒᆞ야
의옹울졍쾌히ᄒᆞᆯ언ᄎᆞᆯ적게ᄒᆞ며ᄀᆞ옷히일
실의쳐ᄒᆞ야날이못ᄌᆞᆨ묵연ᄒᆞᆫ사ᄅᆞᆷ의비우
다ᄒᆞᆷᄀᆞ샤ᄃᆞᆨᄒᆞᆫ거ᄉᆞᆯ보면ᄇᆞᆷ의더러이일도시너기ᄀᆞ가
인이허믈이ᄋᆞ시매업ᄉᆞᆫ졀이혹지커ᄎᆞᆷ도가챠ᄅᆞᆯ
아여듯노재ᄉᆞᆯᄌᆞᆨᄒᆞ나ᄀᆞ러나뒤인졉ᄇᆞᆯ의인ᄌᆞᄒᆞ
ᄇᆞᆯ휘ᄲᅧ즉ᄒᆞ여ᄀᆞᄅᆞᆯ죡랑라장획이아니귀실ᄒᆞᆫ
리업ᄂᆞᆯ베러죽기ᄅᆞᆯ조하ᄒᆞ야길ᄒᆞᆼ의ᄌᆞ리ᄒᆞ여ᄯᅩ으
미친쳑라년인의라미ᄉᆞᆯ리산ᄒᆞ미법이ᄀᆞ셔ᄃᆞᆯ러

곤범(壼範) 三 41b

맛ᄀᆞᆺ게ᄒᆞᆯ편당다이오셔홈인장ᄉᆞ의쳔ᄉᆡᆼ이ᄌᆞ고져
ᄒᆞᆯᄯᅢ이신ᄎᆞᆨᄒᆞᆫ연이응보ᄒᆞ야업ᄉᆞ믈ᄭᅢ닷ᄂᆞᆯᄒᆞᆯ
일이업ᄉᆞ니ᄯᅳᆺ다ᄆᆞᆷ을맛ᄃᆞᆯ미이에ᄒᆞ야국진ᄒᆞ려
라쳔ᄉᆡᆼ이ᄂᆞᆺ게야병환이겨시매부인이지셩을ᄃᆞ
심ᄒᆞ야보션바닥을곱히거러부억의ᄎᆞᆯ입ᄒᆞ야
ᄌᆞᆨ솔ᄲᅵᆺᄂᆞᆫ마솔ᄌᆞᆨ매반ᄌᆞ시손ᄌᆞ친히ᄒᆞᆯ그잡ᄉᆞ오매
만ᄒᆞ며젹음물ᄃᆞ시ᄂᆞ다기ᄉᆞᆺ븐물상ᄂᆞᆫ그물ᄭᆞᆺ오매다
게밧ᄌᆞ셔ᄃᆞ리믈기ᄌᆞ리ᄂᆞᆫ밤이기ᄐᆞ혀넉이ᄌᆞᆷᄃᆞᆯ신
ᄒᆞᆨ쉬여ᄎᆞᆷ미라ᄎᆞᆺ희예ᄂᆞ쇠ᄒᆞᆫ미지극ᄒᆞᆫ나히녹
십이넘ᄂᆞ어칠십의니ᄅᆞ되조금도ᄎᆞ로ᄃᆞ라보ᄂᆞᆫ
일이업더니밋ᄯᅢᄃᆞᆯ맛나매흰거솔ᄃᆞ리올뢰
복을부ᄃᆞ려외ᄆᆞᄒᆞᆫ믈게얼니아니ᄒᆞᆯᄂᆞᆺ게야자ᄂᆞᆫ

곤범(壼範) 三　41a

ᄒᆞᆷ아인겨ᄅᆞᆯ되못ᄒᆞ싀의회ᄒᆞ기ᄅᆞᆯ놀ᄂᆞ이여셔러ᄒᆞ야
한셔의거됴ᄅᆞᆯ밧ᄌᆞ리아니ᄒᆞᆯ상졔ᄅᆞᆯ못ᄎᆞ되오히
펴쳐꾸ᄃᆞᆫ오셔의젹ᄒᆞᆯ얼굴을옥ᄉᆞ매니ᄅᆞᆯ뵈니아
니ᄒᆞ기ᄅᆞᆯ붑이못ᄃᆞ록ᄒᆞᆯᄅᆞᆯ못더라쳔싱쳐ᄒᆞ기ᄅᆞᆯ
지극ᄒᆞᆫᄃᆞ록ᄒᆞ야온궁ᄒᆞ며외군ᄒᆞᆯ힝ᄒᆞᆷ을다ᄒᆞ야
야밧ᄌᆞ려쳐ᄒᆞ겨감ᄒᆞ지ᄅᆞᆯ일ᄌᆞᆨ이ᄌᆞ려니미업ᄉᆞᆯ슐방쳘
빈ᄃᆞᆯ이날로쳔싱의부하의보히매미쇠양식라읍
식울ᄀᆞ초아명을밧ᄌᆞ려공졔ᄒᆞ기ᄅᆞᆯ각각평분의
맛갓게ᄒᆞᆯ젼강라이옥셔ᄒᆞᆫ인장ᄉᆞ의쳔싱이죽ᄀᆞ져
ᄒᆞᆯ배이신즉ᄒᆞᆫ연이응복ᄒᆞ야업ᄉᆞᆯ믈ᄲᅢ달ᄒᆞᆯ
일이업ᄉᆞ니뜻라믈을맛ᄃᆞᆯ미이에ᄒᆞ야극진ᄒᆞ며
나변힝이ᄀᆞ세야병환이ᄯᅥ시매부인이시병을ᄒᆞ고

곤범(壼範) 三 40b

오호기인 다일 술ᄒ다ᄀ어길미곡다

뎡경부인진산강시묘지

부인의셩은강시오셰계진산의셔나시니 극초진현

단니뎨혹휘희빈다 셩종됴좌리공신진산군

휘희맹이실로그먼조상이오그조휘날셕경이니브

라도스중조승지오중조휘난진창이니중호조참판

이오조휘난뎌혹니동동혹평양군이오그휘난

셔하니동몽조란이오비난젼의나시니도스셩젼의

녜라부인이숭뎡경술오월녹일의나뎡묘의

중참판김중휘묘의게도라와호지셕셩휘묘의

동부되니쳔셩이그셩힝을아름다이너져의동

호러니참판공이상셔나니부인이스즈굴그련호야

곤범(壼範) 三 40a

셔뵉시쟝흡을명ᄒᆞ야지으라ᄒᆞ매명의ᄀᆞᆯ오ᄃᆡ

반남지박 이 반남의박시

옥ᄎᆞ셕인 이로다 이큰사ᄅᆞᆷ이잇ᄃᆞ다

거옥아김 ᄒᆞ니 우리김의게ᄂᆞ리와

이덕지모 이라 덕을ᄡᅥ모ᄅᆞᆯ잡앗ᄃᆞ다

옥락여인 ᄒᆞ야 근심ᄒᆞ며즐거옴을사ᄅᆞᆷ과ᄒᆞᆫ가지로ᄒᆞᆫ

불옥기신 이라 그몸의보ᄋᆞᆫ아니ᄒᆞᆯᄃᆞ다

납명휘야 ᄒᆞ니 명을지어깁ᄒᆞᆫ듸ᄂᆡᄒᆞ니

오호기인 이로다 슬ᄒᆞ다그어딜미ᄃᆞ다

뎡경부인진산강시묘지

부인의셩은강시오셰계진산의셔나시니 국초진현

의ᄌᆞ옥ᄒᆞ니 궁욱이 뵈오니 ᄎᆞ믜 너ᄅᆞ고 크셔 ᄐᆞᆫ ᄒᆞ
머세의 이실 배 아니라 ᄌᆞ인ᄒᆞᆫ 후 ᄒᆞᆫ 덕이 나온 의론 중ᄒᆞᆷ
ᄌᆞ옥여 집상하의 매이여 ᄎᆞᆨ히 상셔ᄅᆞᆯ 인도ᄒᆞᆯ 복을
봉ᄒᆞᆯ 뜻ᄒᆞ니 거록ᄒᆞ며 셩ᄒᆞᆯ셔 오회 깁시 안ᄌᆞᆼ지
셩이니 ᄌᆞ회 태ᄉᆞ휘 션텽ᄋᆞᆯ시 ᄌᆞᄅᆞᆯ 삼ᄋᆞ니 션ᄌᆞ휘
ᄉᆞ홍이니 벼ᄉᆞᆯ이 녕의졍이오 션비ᄂᆞᆫ 안녕 나시오니
시ᄂᆞᆫ 일ᄒᆞᆫ 윤창 집이니 벼ᄉᆞᆯ이 좌의졍이니 봉와
ᄂᆞᆫ 그 벼ᄅᆞᆯ ᄒᆞ라 나ᄒᆞᆫ 남대 만히 기ᄉᆞ리 ᄆᆞᆺᄒᆞᆯ ᄉᆞ아 ᄌᆞᆯ라ᄉᆞ
ᄉᆞᆯ이 당셩ᄒᆞ니 남은 졔 경이니 진ᄉᆞᄒᆞ야 벼ᄉᆞᆯ이 쳠
졍이오 ᄒᆞᆨ의 곰ᄃᆡ ᄒᆞ야 참의 ᄀᆞ리ᄒᆞ니라 ᄉᆞᆫ희 겨ᄒᆞ이니 ᄌᆞᆼᄉᆞ 챵ᄉᆞ의 휘되
ᄀᆞ현 감 민 쳬ᄉᆞ와 참 봉민 챵ᄉᆞᄂᆞᆫ 사회오 쳬 겨ᄒᆞ의 아
ᄃᆞᆯ이라 ᄉᆞ시러라 경옥이 월 십 칠일 ᄌᆞ의 장ᄉᆞᆺ 영장ᄒᆞᆯ

못ᄒᆞ미 이시믈 보면 더옥 시그럿ᄒᆞᆫ 일을 덥블 못ᄒᆞᆯ
일을 조아 녹셩이 (풍와 상궁이 녹형 뎨의 녹졍은 여ᄎᆞ 통셔ᄅᆞᆯ 나ᄅᆞ미니라) 못다 뵌 적이
업ᄉᆞ되 그셔ᄅᆞᆯ 뽑을 완ᄒᆞᆯ 곰ᄒᆞ야 거미 주ᄅᆞᆨ디 아니ᄒᆞ되
ᄒᆞᆯ ᄭᆞ지 ᄒᆞ더라 초용ᄒᆞ야 민연이 미ᄉᆞᆺ 빠다 독에 의셔 어ᄒᆞ
미 업서 니외 친당의 미ᄎᆡ 몽ᄋᆞᆯ 라ᄒᆞᆯ 줄기ᄆᆞᆯ 갈진
이아 낫ᄂᆞᆨ히 업서 며와 나와 다 시ᄅᆞ리 인배 업게 ᄒᆞᆯ 상
해 졍녕이 니ᄅᆞ되 가ᄅᆞᆨ ᄒᆞ야 ᄉᆡ국ᄒᆞ야 막히ᄀᆞ 가국ᄒᆞᆯ
일을 ᄒᆞ되 아니ᄒᆞᆯ 비복을 ᄒᆞ여금 사ᄅᆞᆷ마다 제ᄇᆞᆯ을
의주독ᄒᆞ니 공욕이 뵈오니 국의 너ᄅᆞ고 크셔 탄탕ᄒᆞ야
ᄉᆡ체의 이실배 아니라 그 인ᄌᆞᄒᆞᆫ 덕이 거운의 ᄒᆞᆫ 중ᄒᆞᆯ
조ᄅᆞ셔 시ᄇᆞᆸ 상하 의매 이셔 ᄒᆞᄅᆞᆨ히 상셔ᄅᆞᆯ 인도ᄒᆞᆯ 복을

곤범(壼範) 三 38b

의복ᄋᆞᆯ ᄒᆞ미 친졀ᄒᆞ샤 주샹의 농ᄉᆞᄅᆞᆯ 브리나 ᄆᆞᆺ네 일을
을 거록ᄒᆞ며 ᄉᆞ리의 ᄇᆞᆰ으며 찰〻ᄒᆞ니 여신ᄒᆞ야 가지
〻 사ᄅᆞᆷ의게 ᄎᆔ여 나ᄅᆞᄒᆞᆯ 일의 얽ᄭᅴ여 사ᄅᆞᆷ이 ᄯᅢ되
머믓거려 변명티 못ᄒᆞ니 부인이 ᄃᆞᆺ면 ᄆᆞ득ᄒᆞ시샤
이의 ᄉᆞ리ᄅᆞᆯ 분셕ᄒᆞ야 ᄌᆞ리의 분명ᄒᆞ미 ᄯᅢᄅᆞᆯ ᄭᆡ리
ᄯᅥ블을 허노흠구리 ᄒᆞᆯ 주샹이 ᄒᆞ고져 ᄒᆞ신 바의 말
이 난죽죽 시시 힝ᄒᆞ야 쳬ᄅᆞᆯ ᄭᅮ리 아냐 시힝ᄒᆞᆯ 줄
ᄅᆞᄅᆞᄒᆞ니 졀비샹ᄒᆡ 이러 블을 크게 다히 너기시니 만일
이ᄀᆞᆺᄐᆞᆫ 진 즁을 ᄇᆡᆨ 사ᄅᆞᆷ이 논화 조족히 ᄲᅥ 부녀 통용
걸이 되ᄂᆞ니라 그러나 일죽 나의 댱쳐 ᄀᆞᄅᆞ ᄲᅥ 남을 막디몰
러 아니ᄒᆞᆫ 주ᄉᆞᆯ 더브러 통농ᄒᆞ와 일을 ᄒᆞ여 미리

곤범(壼範) 三 38a

니아니ᄒᆞ믈쵀ᄌᆞᄌᆞ나혹ᄆᆡᆼ녕이업숩ᄒᆞ야ᄌᆞ죽을
더욱쇠ᄧᅩᄒᆞᆫ빗가지ᄅᆞᆯᄲᅧᄒᆞᆫ일을슐히ᄒᆞ야ᄉᆞ셕의뫼
니아니ᄒᆞ더라ᄡᅵ양쳔ᄌᆞ의친의ᄒᆞ시믈감녀ᄒᆞ야ᄌᆞᆼ
신ᄌᆞ로ᄀᆞ록의ᄭᅬ마니아니ᄒᆞ믈상해닐오ᄃᆡ쳔ᄀᆞ러ᄭᅬ셔
밥ᄇᆡ먹으매쳔거ᄌᆞᆯ기ᄂᆞᆫ바ᄅᆞᆯ아ᄅᆞ샤ᄀᆞ옥을ᄌᆞ시더라
ᄒᆞ로오ᄋᆡᆯ을ᄒᆞ야ᄒᆡ옵ᄋᆞᆯ아닐적이업더라쳔리ᄒᆡᆼᄌᆞ의
이실적영결ᄒᆞᆯ젼지ᄅᆞᆯ붓리니샹가혀보ᄉᆞ의ᄀᆞᆷ
츠앗더니밋님졀ᄒᆞ매명ᄒᆞ야몸의너ᄒᆞ라ᄒᆞ니
라ᄒᆞᆯ호다부인의덕이아ᄅᆞᆷ다오미이러ᄐᆞᆺᄒᆞᆯ지예
의넉넉ᄒᆞ미칠쳔라죽당의농ᄒᆞᆫ물브터다ᄭᅳᆺ네일
울니록ᄒᆞ며ᄉᆞ리의부ᄅᆞ으며치ᄌᆞᄌᆞᄒᆞ니여신ᄒᆞ야가지

곤범(壼範) 三 37a

울ᄒᆞ혀길가ᄂᆞᆫ사ᄅᆞᆷᄀᆞᆺ더라이에병신이월초ᄉᆞ일의
뎡낭의셔ᄌᆞ졸ᄒᆞ니ᄎᆔ칠십일이라부인이쳔거ᄒᆞᆯ
ᄆᆞᆷ이오큰얼굴이오독눈이거울ᄀᆞᆺ고거ᄉᆞ라ᄉᆞᆨ이ᄋᆞᆼ연
이얼러ᄆᆞᆷ이고얼굴ᄀᆞᆺ고큰ᄃᆞ량이며사ᄅᆞᆷ을너비ᄉᆞ
랑ᄒᆞ시ᄉᆞ이ᄃᆞ리아니ᄒᆞᆯ상해구졔ᄒᆞᆷ을너비ᄒᆞ시
ᄯᅳᆺ의향ᄒᆞᆯ배이시면비록ᄲᅡᄒᆞᆫ거ᄉᆞᆯ라ᄒᆞ야ᄃᆞ앗기
ᄂᆞᆫ배업ᄉᆞ시일ᄒᆞᆫᄀᆞᆯ위ᄒᆞ야호말도앗기ᄂᆞᆫ배업ᄂᆞᆫ거
리ᄭᅵᄂᆞᆯ배업더라사ᄅᆞᆷ의혼인다상ᄉᆞ의급ᄒᆞ니ᄅᆞᆯ
구ᄒᆞ시고갈구ᄒᆞᄂᆞ니ᄒᆞᆯ젼ᄒᆞᆨ의힘닙어ᄲᅵ일을
일은재비록심히만ᄒᆞ나구ᄒᆞ나ᄒᆞ니ᄅᆞᆯ자랑티
아니ᄒᆞ야ᄒᆞ니ᄅᆞᆯ죽시니ᄌᆞ니고덕낭이ᄀᆞᆺ더라구ᄅᆞᆯ

곤범(壼範) 三 36b

십ᄇᆡᆨ쳑의오뢰기ᄉᆞ시의ᄎᆞ라오나ᄉᆞ며기이ᄉᆞ의ᄀᆞᆺᄂᆞ니라
뉵친이하례ᄒᆞᆯ션ᄃᆡ(문ᄌᆞᆨ상ᄌᆞᆼ이라)간언ᄒᆞ샤장ᄉᆞᆼᄒᆞ야사
ᄅᆞᆷ허가ᄒᆞᆫ미어ᄇᆞᆯ션비어ᄉᆞᄒᆞᆯ찰ᄅᆞᆯᄒᆞ야ᄌᆞ이기어려
오뢰ᄆᆞᄎᆞᆷ나부인을맛당타ᄒᆞ더라션비젹년상
쳑의겨샤ᄆᆞ여러보ᄂᆞᆫ날이젹ᄋᆞ니라ᄲᅧᄃᆡᄒᆞ야ᄌᆞᆼ졔
ᄅᆞᆯ다ᄉᆞ려ᄌᆞᆼ부의직칙이더옥ᄌᆞᆼᄒᆞᆯ미ᄎᆞᄃᆡ화ᄅᆞᆯ
(거ᄉᆞ션의문ᄌᆞ화님은말이라)만나ᄆᆞᆯ브터오매어려온일을이긔여ᄂᆞᆯ다
못ᄒᆞᆯ배ᄀᆞ되견디나부인의심녁이ᄀᆞ에갈진ᄒᆞ나ᄯᅢ
개건ᄀᆞᆫᄒᆞ야(건ᄀᆞᆫ은ᄌᆞᆨ지ᄌᆞᄒᆞ다말이라)몸을쉐디못ᄒᆞ야기ᄉᆞ시의거ᄎᆔᄅᆞᆯ
다ᄒᆞᆯᄉᆞ며ᄂᆞ리되연ᄃᆞ오시ᄇᆡᆨ년의병이이ᄉᆞ의외되ᄒᆞᆫ리라
반ᄒᆞᆷ이며ᄂᆞ습졔ᄀᆞᄅᆞᆯ도ᄅᆞᆯ혀언연이ᄎᆞ어ᄒᆞ야황장

곤범(壼範) 三 36a

시니(받ᄌᆞ온나 죽별ᄒᆞ라) 셰상의일곳ᄂᆞᆫ바받ᄌᆞᆸ션셩휘상ᄒᆞᆫ통이
그쳔죄라그즁조휘ᄒᆞᆫ통언은ᄉᆞ복란셔니즁니조찬ᄒᆞᆫ란
이오증조휘ᄂᆞᆫ황이니ᄉᆞ헌부ᄯᅢᄉᆞ헌이오그휘셰ᄌᆞᆼ이
니즁니조참ᄒᆞᆫ란이라비ᄂᆞᆫ뎐ᄌᆞᆨ니시니지아ᄂᆞᆫ등휘ᄒᆞᆼ진
의ᄯᆞᆯ이오복병ᄉᆞ즁녕의졍쳥강둥휘쳬신의현
손이니부인이츙뎡병오ᄉᆞ월의난니라오셰예부친
이죽으니라외가의길니이니지아ᄂᆞᆫ등이상해ᄆᆞ곱히
죽그사ᄅᆞᆷ죽ᄂᆞᆫ니ᄅᆞᆯ려굴오ᄃᆡ이아희거이ᄒᆞᆫ상이ᄅᆞ시니ᄒᆞᆫ
여ᄌᆞᆫᄉᆞ니희면반ᄃᆞ시녕의졍도원취되리라ᄒᆞ더라
십ᄉᆞ복의우리긴시의죽라오니ᄉᆞ덕이이ᄂᆞᆫ의ᄀᆞ졀니라
복친이하례ᄒᆞᆯ쳔니(부ᄌᆞ상 즁이라)간언ᄒᆞᆫ사징ᄒᆞ야사

이ᄅᆡ어의 ᄀᆞ로 더옥 익ᄉᆞᄒᆞ야 져ᄅᆞ리 ᄂᆞᆯᄌᆞ라

ᄉᆞ경이칙 ᄒᆞ니 ᄉᆞ경을 ᄲᅧ직ᄒᆞ니

종ᄉᆞ원 일다 종셔원이ᄌᆞ라

ᄒᆞᆫ블빅년 을 여러빅년을 ᄒᆞ야

이영ᄭᅳᆷ ᄒᆞ야 ᄲᅧ기리 ᄃᆞᆯ녀

명쉐녜ᄎᆞᆨ ᄒᆞ야 쉐상의일 ᄒᆞᆷ나 종ᄎᆞᆨ을 ᄀᆞᄅᆞ ᄎᆞ게 ᄒᆞ야

ᄎᆞᆨ간칙 ㄹ 간칙의 ᄃᆞ리 오리 아니 ᄒᆞᆯ

식이쳔의 라 진실로 이쳔 이쳔셜 셩이라

ᄎᆞᆨ잇ᄂᆞᆫ칙 ㄹ 뉘이 ᄎᆞᆨ잇ᄂᆞᆫ을 맛ᄃᆞᆯ

뎡경부인 박시 ᄭᅩ지 상연짓온 찬이라

우리 빅시의 쳥ᄌᆞᆼ빈 뎡경부인 박시 쇄졔반 낭의나

곤범(壼範) 三 34b

곤범(壼範) 三 34a

범식견의 밋ᄎᆞᆯ 배 아니로라 옹이 일ᄌᆞᆨ 벼ᄉᆞᆯ의 부임
ᄒᆞᆯ셔 숙인이 비가 온ᄃᆡ 쳐졍졀의 ᄌᆞᆼᄒᆞᆫ이ᄅᆞ 귀ᄅᆞᆯ
외와 옹을 ᄌᆞᆼ옥ᄒᆞ야 ᄂᆞ로니 ᄃᆡ개 옹을 ᄒᆞ야곰 알
죡이 ᄌᆞ라 오라 져ᄒᆞᆯ ᄯᅳᆺ이라 상해 실온의 녜 잇던
쳬ᄅᆞᆯ 오ᄅᆡ예 싱각ᄒᆞ야 옹을 더브러 노긔ᄅᆞᆯ 미러
동ᄌᆞᄅᆞᆯ 나가 뵈여 볼 ᄯᅳᆺ을 뭇기ᄅᆞᆯ 비기더니 숙인이 임
의병ᄃᆞᆫ니라 이 쳘쳔셩이 상해 일ᄌᆞᆨ 명ᄌᆞ의 ᄒᆞ여
ᄅᆞᆯ 일ᄀᆞᄅᆞ시되 ᄌᆞᆼ젹이 ᄎᆞ쇄ᄒᆞᆫ즉 향이 ᄀᆞ결ᄒᆞ
시니 숙인이 거외 이ᄀᆞᆺᄒᆞ여 ᄀᆞ러나 장엄ᄒᆞ여 진즁ᄒᆞ
ᄀᆞᄅᆞᆷ희ᄒᆞ야 놉ᄒᆞᆫ 소견라 동랄ᄒᆞᆯ 지식이 잇시매 사
ᄅᆞᆷ을 ᄒᆞ여 ᄀᆞᆷ알게 아니ᄒᆞ니 오회라 이 ᄲᅧ 옹의게 빈
질ᄒᆞ야 노쳔셩력 뷔되 민더 고ᄌᆞᆨᄋᆞ미 뎡모 이월 삽

곤범(壼範) 三 33b

곤범(壼範) 三　33a

번니러우매세번단식ᄒᆞ다ᄒᆞ리ᄅᆞ다ᄒᆞᆫ인이나매영오
ᄒᆞᆯ어러셔녀ᄌᆞᆫ을비화잇ᄂᆞᆫ외ᄌᆞ라우매거이ᄉᆞᆯ리엄
ᄉᆞ매일ᄅᆞᆯ셜워ᄒᆞ야어ᄅᆞᆫ의게공경ᄒᆞ며ᄒᆞᆯ조ᄒᆞ야
미록여노쳔셩국리(노쳔셩은 텽용이라)밋ᄎᆞ니노쳔셩이심히평안
이너기시더라쳬ᄉᆞ의극히졍셩을ᄒᆞ야갑ᄂᆞᆫᄌᆞᆼᄒᆞᆯ
괴이ᄒᆞ미잇ᄂᆞᆫᄌᆞᆼ년을말ᄉᆞ니농장의곡식을다거
ᄒᆞᆯ러사ᄅᆞᆷᄃᆞᆯ을구제ᄒᆞ더진실ᄅᆞᆯ벽ᄌᆞ의ᄃᆞᆫᄉᆞ와(병불 명공)
(ᄌᆞᆼ언의아ᄃᆞᆯᄌᆞᆼ쳔공ᄒᆞᆫ인이쳑만졍을만나녀러상ᄉᆞᄅᆞᆯ맛ᄂᆞᆫ장ᄉᆞᄅᆞᆯ못
리ᄉᆞ여졍셔블샹ᄒᆞᆯᄎᆞᆯ블보리ᄋᆞᆸ쳑을온비제ᄎᆞᆫ옥ᄉᆞ몬평ᄌᆞᆼ이깃거
살ᄒᆞ라 ᄒᆞ여라)굿ᄎᆞ니옹이더옥깃거ᄒᆞ더라옹을ᄡᅥᆨ라여ᄉᆞᄅᆞᆯ
의가뒤블항을어ᄂᆞ히ᄒᆞ야니외젼연이ᄒᆞ더라을뫼이ᄅᆞ
의옹이쳬상의의셔업셔ᄒᆞᆫ쳔실온의ᄃᆞ러가(비라)쳐
곤ᄃᆞᆯᄒᆞᆫ우ᄅᆞᆯ(취중은노믈믈회오ᄃᆞᆯ)[illegible]ᄒᆞᆫ변이셔ᄅᆞ취ᄒᆞ야ᄅᆞᆯ오

곤범(壼範) 三 32b

곤범(壼範) 三 32a

츅인조시뎐지 옥암션셩 찬이라

셰샹의 쳘ᄌᆞ츅쟝집이ᄅᆞ시니 쳘ᄌᆞᄂᆞᆫ 소위 옥당캐게 잡혀가 북히샹의 잇던 ᄯᆡ 진니 인ᄌᆞ

셩튝혹의 쳥음깃샹 혀ᄃᆞ라 회국조참 찬한 영이 ᄒᆞᆯ가지로 옥당캐게 잡혀 심양이 실제ᄒᆞᆯ가지로 츅쟝ᄒᆞᆫ 글을 츅ᄒᆞ쎄 일홈ᄒᆞ야 쳘ᄌᆞ츅쟝집이라 ᄒᆞ니라

실로 쳔고의 거이ᄒᆞᆫ 일이라 내 일즉 외람이 글을 지어

글을 일어ᄂᆞ니 그 회국쳘을 셜셩의 광ᄉᆞᆫ 쳥음션셩이라 국은

옹의 국은은 김 츅즁별호 츅인이라 츅인이 츅옹매옹이 ᄉᆞᆫ조 횡쟝

지ᄉᆞᆯ 즁주쟝혀ᄇᆡ이 농암일홈이라 죄 ᄇᆞᆫ이ᄅᆞ시니 그 횡의 놉히 등

ᄉᆞ의 즁ᄉᆞᄂᆞᆫ 여뎡쇼 말ᄒᆞᆫ ᄉᆞ리라 날온바의 날ᄇᆞᆫ 아니라 시인의 날온바계

명다미 ᄌᆞ의 시뎐뎐 명이라 ᄒᆞᆫ가지로 ᄌᆞ라 갈니라 녜ᄉᆞ 글ᄒᆞᆷ이

닐오ᄃᆡ 부귀 글 즁ᄒᆞᆷᄆᆞᆫ ᄒᆞ미 부인이 더시ᄆᆞ ᄒᆞ다 ᄒᆞ니 츅

인은 본ᄃᆡ 이런ᄃᆡ 쳥ᄒᆞᆷ이 라박ᄒᆞᆯ 리라 잇ᄀᆞᆸ디 셰샹

곤범(壼範) 三 31b

녀ᄉᆞ라의 라 녀ᄉᆞ를니ᄅᆡ기를만히ᄒᆞ엿ᄂᆞ니라

미악부인 의 부인의

식명황의 라 식견이붉디아니ᄒᆞ나ᄀᆞ디못ᄒᆞᄂᆞ니라

의복시웅 야ᄒᆞ 마ᄋᆞᆷ이복이웅ᄒᆞ야

국ᄃᆡ이옥 라ᄅᆞ 능히가쳐벼평안ᄒᆞᆯ배ᄅᆞ디

옥불만덕 니ᄒᆞ 옥히ᄯᅥ더의ᄒᆞᄂᆞ니못ᄒᆞᄂᆞ니

식자之의 라ᄅᆞ 식자의의식ᄒᆞᆯ배ᄅᆞ라

금양지서 ᄂᆞᆫ 금양셔녀은

미인조획 라이 미인의무친ᄃᆡᄅᆞ라

총여노부 니ᄒᆞ 총기를노라부랑ᄒᆞᆯ베와ᄀᆞ리ᄒᆞᄂᆞ니

옥체현억 다일 오직히혼오억이ᄅᆞ라

곤범(壼範) 三 31a

알기ᄅᆞᆯ맛당이ᄌᆞ셔ᄒᆞᆯᄃᆞᆯ고일ᄀᆞᆺ기ᄅᆞᆯ당ᄋᆞ이더옥
쳥히ᄒᆞᆯ배로되라미쥐못ᄒᆞᆯ디라이제참의날로
ᄡᅥ외람이일죽통졍ᄉᆞ봉ᄋᆞ항녈의일라ᄒᆞᄂᆞ
ᄃᆞ릐여ᄡᅥ내게맛기니통졍ᄉᆞ이상해날로ᄒᆞᆯ가지
로문원ᄉᆞ쳔싱울쳐ᄒᆞ기다ᄒᆞ야상혜날울아올
아ᄂᆞᆫᄌᆞᆯ내부인보믈실로혀ᄋᆞ구리ᄒᆞᆯ죡부인의ᄉᆞ
젹이비록내ᄌᆞᆯ의뵈ᄂᆞ사ᄅᆞᆷ이혹ᄡᅥ밋당리아니라
아니리라ᄆᆡᆼ의ᄅᆞᆯ오되
여ᄂᆡᄅᆞᄉᆞ 여ᄂᆡᄅᆞᄉᆞ의
녀ᄉᆞ라의 라 녀ᄉᆞᄅᆞᆯ니ᄅᆞ기ᄅᆞᆯ만히ᄒᆞ여ᄉᆞᄂᆞ니
미약부인 의 부인의

곤범(壼範) 三 30b

사ᄅᆞᆷ의 지식이 ᄇᆞᆰ던 ᄌᆞᆯ 아더라 부인이 덕이 그ᄅᆞᆯ ᄀᆞᆯ
공이 심히 공경ᄒᆞᄆᆞᆯ 듕히 너기되 부인이 더옥 ᄉᆞᄅᆞᆯ 삼
가ᄆᆞᆯ지 주의 쳐찰이 오매 공이 의리 아니ᄒᆞ면 감히 ᄯᅳᆫ
쳐 히디 아니ᄒᆞ고 공이 나가 ᄌᆞ라 오리 못ᄒᆞ면 비록 밤이
깁ᄒᆞ나 반ᄃᆞ시 블을 ᄇᆞᆰ히고 단정히 안자 ᄭᅮ쳐 침
셕의 나아가디 아니ᄒᆞ더라 부인이 ᄎᆞᆼ명경인의 ᄌᆞ
어비로소니 시쳔산의 영장ᄒᆞ엿더니 후의 공을 어
부러 검쳔 삼쳑산의 합장ᄒᆞ니라 당남ᄌᆞ난 현
녕이오 ᄎᆞᆺ쇠 쳔이니 니조 참의오 쳐난 기셕ᄒᆞ니 병조 판
셔라 (쳔은 니조 판셔 ᄒᆞᆫ 김셕ᄒᆞᆫ ᄌᆞ난 후의 형ᄉᆞᆼ ᄒᆞᆫ 졍셩부원 되니라) 쳔이 일ᄌᆞᆨ ᄆᆞᆺ지 ᄆᆞᆺ 부경 ᄉᆞᆼ
신ᄒᆞ져 집다 미ᄎᆞᆺ ᄃᆞᆼᄒᆞᆫ ᄉᆞᆼ궁ᄒᆞᆫ 길의 게 졍ᄒᆞ니 신지
냥ᄎᆞᆷ판 공형이오 ᄃᆞᆼᄒᆞᆫ 은 그 ᄃᆞᆼᄒᆞᆫ 졔라 (이 형ᄌᆞ ᄒᆞᆫ 이라) ᄀᆞᆸ 부인이

곤범(壼範) 三 30a

ᄌᆞ의허믈을덥디아니ᄒᆞ야경계ᄒᆞᄂᆞᆫ말이ᄒᆞᆫ부인의
블합ᄒᆞᆫ더라그사ᄅᆞᆷ의ᄌᆞ흠믈ᄌᆞᄒᆞ매앗기ᄂᆞᆫ배업ᄉᆞ며
부ᄅᆞᆨ의이ᄅᆞᆯ일졀이블니러그비복을블러ᄃᆡ죽히
ᄌᆞᆼ경ᄒᆞ야엄ᄒᆞ게ᄒᆞ되온혜ᄅᆞᆯ극진이ᄒᆞ되비ᄅᆞᆨ
죄ᄅᆞᆯ죄디ᄅᆞᆯᄌᆞᄂᆞ사오나온말ᄅᆞᆯ쑥지디아니ᄒᆞ더라부
인이일죽부ᄌᆞᄅᆞᆯ빈ᄒᆞᆫ이ᄅᆞᆯ이업ᄉᆞ나능히ᄒᆞᄅᆞᆯ의
리ᄅᆞᆯ롱ᄒᆞ되ᄯᅩᄒᆞᆯ죡어내디아니ᄒᆞ리라ᄯᅢ지ᄂᆞᆫ셩의
게강ᄂᆞᆫᄒᆞᆫ매ᄒᆞᆨ일ᄅᆞᆯᄒᆞ되내모친의말이ᄀᆞᆺ더라ᄒᆞᆯ후
사ᄅᆞᆷ의지식이볼러던ᄌᆞᆯ아더라부인이덕이ᄀᆞᆺᄌᆞᆯᄌᆞᆯ
ᄌᆞᆼ이심히ᄌᆞᆼ경ᄒᆞᆯᄌᆞᆼ히너기되부인이더옥ᄒᆞᆯ삼
가블지ᄂᆞ의ᄎᆞ질이오매ᄌᆞᆼ이이르되이니ᄒᆞ면가히ᄒᆞᆫ

곤범(壼範) 三　29b

받자ᄂᆞᆫ 너의 ᄯᅳ친을 힘ᄡᅳᆷ이라 ᄒᆞ더라 증이 홍년의
임의 ᄒᆞᆨ퇴ᄒᆞ믈 ᄭᅮᆺ이ᄉᆞ 쳐상헤 단식ᄒᆞ야 ᄌᆞᆯ오ᄃᆡ 엇디시
러 ᄀᆞᆷ각건을(각건은 한가ᄒᆞᆫ 사ᄅᆞᆷ 쁘ᄂᆞᆫ 거시라) 한가ᄒᆞᆯᄃᆡ 나아가 좌우의 도셔로
ᄲᅧ남은 회ᄅᆞᆯ 보실ᄉᆞ 복인이 ᄃᆞ믈 ᄃᆞ혼 연이 옷ᄉᆞ로 권
ᄒᆞ야 ᄌᆞ로ᄃᆡ 졍히 내 ᄯᅳᆺ이라 졍낭 쳬제예 나고와 물의 ᄌᆞ
뢰ᄒᆞᆯ 거ᄉᆞᆯ 네 능히 잘 죽ᄒᆞ야 증의 ᄌᆞ심ᄒᆞ미 되니 아니ᄒᆞ
리라 ᄒᆞ니 그 아ᄋᆞ 란처 증익희 총명 영발ᄒᆞ야 ᄂᆞᆷ의 저ᄅᆞᆨ
리ᄂᆞᆫ 사ᄅᆞᆷ이 업ᄉᆞ되 미양의 심ᄒᆞ믈 일ᄋᆞᆯ이ᄉᆞ 시매 만히 복
인 거ᄂᆞ려 졀란ᄒᆞ더라 본친라 죽당 ᄀᆞ개 심히 만ᄒᆞᆯ
복인이 ᄉᆞ랑ᄒᆞᆯ 쳡기ᄃᆡ(ᄉᆞᆯ옷 중쳡이라) 치어마님 쳡기ᄅᆞᆯ 리ᄒᆞ며 ᄀᆞ닥
우니ᄂᆞᆫ ᄶᅩᆫ ᄒᆞᆯ ᄃᆡ 쳡ᄋᆞᆯ 베고 ᄒᆞ야 극히 화ᄒᆞ여 시ᄃᆡ ᄶᅩᆫ 쵀

곤범(壼範) 三 29a

와뎐퇴을부인을주되말이업ᄂᆞ니라부인이ᄉᆞ
양ᄒᆞ야밧ᄃᆞ니아니ᄒᆞ니부뷘궁이깃거기리ᄅᆞᆯ말니아니
ᄒᆞ니그ᄌᆞ졸ᄒᆞ지뢰그빈약ᄒᆞᆫ채로부터그러ᄒᆞᄃᆞ라뢰
가ᄒᆞ미극히통쇠이쇠통정궁이벼술ᄒᆞᆷᄅᆞᆯ브터가
ᄉᆞ의옥ᄇᆞᄅᆞᆯ브러아니ᄒᆞ싀그쳠의극식다상ᄌᆞ의ᄎᆞ
빅다ᄉᆞᆷ다장ᄆᆞᄅᆞᆯ안ᄒᆞᆯ셜ᄌᆞ〻ᄒᆞᆯ것다원당이며가
샤며마ᄀᆞ며ᄆᆞᆯᄀᆞᆺᄅᆞᆯ밧ᄀᆞᆯ간ᄉᆞᄒᆞᆯ되니ᄅᆞᆺ히경거리아
니미업ᄉᆞ니통정궁이ᄇᆞ돈즉계ᄒᆞ뢰니ᄅᆞ러ᄀᆞᆯ오되내
시러금ᄌᆞᆯᄒᆞᆯ부인을보젼ᄒᆞ야봉ᄒᆞᆷ의거리ᄭᅵ미업ᄉᆞᆯ
밧자ᄂᆞᆫ너의ᄆᆞ친을힘닙ᄉᆞ미라ᄒᆞ더라궁이통뎐의
이ᄉᆞ의ᄒᆞᆺ퇴ᄒᆞᆯᄠᅳᆺ이〻쇠상혜관식ᄒᆞ야ᄀᆞᆯ오되엇지시

곤범(壼範) 三　28a

미ᄂᆞ이제ᄀᆞᆷ을혜아려보건대죽ᄂᆞᆫ의뼈귀ᄒᆞ미뉘
부인을상날ᄒᆞ리오부인이네법대가의셩랑ᄒᆞ
야귀예ᄃᆞᆯ며ᄂᆞᆫ의보미거셧의일이아니미업ᄂᆞᆫ셩
이ᄯᅩ영혜ᄒᆞ믈그ᄅᆞᆺ되믈바ᄅᆞ매민텹ᄒᆞ믈ᄌᆞᆨ실ᄒᆞ
미범부인의각별ᄒᆞᆯ너라임의우귀ᄒᆞ매그ᄅᆞᆯ낭계
부원군황궁뎡옥의쳐ᄅᆞᆯ이오완산궁ᄉᆞᆨ부충은션
싱의건이오히려부양ᄒᆞᆯ너라(부양은사ᄅᆞᆷ다말이라)부인이ᄆᆞ돈존ᄉᆞᆨ
외쳠기되네경이국진ᄒᆞ나종은궁이미양일ᄅᆞᆯ되
현부라ᄒᆞ더라뎐계계희의 인조대왕이반졍ᄒᆞ시
니종뎡궁이쳑ᄒᆞᆫᄒᆞ야샹국의옹ᄂᆞᆺ니부인이보야호
로ᄉᆞᆷ을네히러더옥보ᄉᆞᆯ니ᄒᆞ물어ᄅᆞ싱을보ᄅᆡ는ᄌᆞᆨᄒᆞᆯ쓰
이ᄀᆞ벼(조심ᄒᆞ라 말ᄉᆞᆷ이라)밋궁이너의예벼ᄉᆞᆯ을리ᄂᆡ여아경의니ᄅᆞ

곤범(壼範) 三 27b

뎡경부인김시묘지 (오양쳔셩 찬이라)

오의졍완남부원군시호경공오졍니공휘ᄒᆞᆫ원

의부인김시ᄂᆞᆫ니조참판증녕의졍휘반의ᄯᆞᆯ이오

문원공사계션싱휘댱싱의손녀오대ᄉᆞ헌휘쇄휘

증손이니부인이나히십칠의츙졍공의게가ᄒᆞ녕

의졍완산부원군휘욱의계비되니 (계부ᄅᆞᆯ드ᄅᆞᆯ 재미나리라) 그시조ᄂᆞᆫ

태조강헌대왕별ᄌᆞ (님군의ᄃᆞᆯ재아ᄃᆞᆯ브터나별ᄌᆞ라ᄒᆞᄂᆞ니라) 무안군이니무안군은

신덕왕후께일ᄌᆞ라무안이졀ᄉᆞᄒᆞ매 셰조대왕이

그아ᄃᆞᆯ광평대군을후ᄉᆞ삼으시니네시잇어 (시뎐지은사ᄅᆞᆷ이라)

녀덕을칭미ᄒᆞ매반ᄃᆞ시몬져족녹의귀ᄒᆞ믈니ᄅᆞᄂᆞ

니족뵈거ᄒᆞ면녜의ᄀᆞᆯ녜의ᄀᆞᄌᆞ면힝실이온젼ᄒᆞ

녕ᄃᆞ이상회온배엽ᄉᆞ니네망일조시ᄂᆞᄒᆞ면여러이에니
곡뢰오ᄒᆞ니부인의말이심히뎡ᄯᅩ와ᄀᆞᆺ다그ᄌᆞ식이
되여곡ᄃᆞ리미밧ᄂᆞᆫ배고로ᄎᆞᆯ알니곡다ᄯᅧᆼ의ᄎᆞᆯ오래
차ᄀᆞ부인이여부ᄭᅴ거히너기며조광이 조광이구ᄅᆞ라 깃거ᄒᆞ
믄덕의넉ᄀᆞᄒᆞ미오ᄉᆞ니뒤영화ᄅᆞᆯ밧ᄀᆞᆫᄌᆞ식의ᄯᆞᆯ독
을먹으믄갑ᄃᆞ미ᄒᆞ오ᄒᆞ미오 넉이넉ᄀᆞᄒᆞᆷ을하ᄂᆞᆯ의보응이ᄀᆞᆺ가옴이라 복이온
젼ᄒᆞᆯ뒤ᄉᆞᄒᆞᆯ이만디못ᄒᆞᆯ자ᄂᆞᆫ괴은이ᄯᅥᆯ리ᄀᆞᄉᆞ의국
ᄒᆞ미오그ᄯᅳᆺ의ᄯᅧᆼᄒᆞ뒤브ᄉᆞᄅᆞᆯᄎᆞ라히ᄒᆞᆯ자ᄂᆞᆫ횡의
글찬송ᄒᆞᆫ때만히ᄒᆞ니능히처ᄅᆞ아닐리라.

뎡경부인김시ᄯᅩ지 오양현ᄉᆞᆼ찬이라

오의졍화ᄂᆞᆫ부왼공시홍경주오져니궁휘ᄒᆞ왼
의부인김시ᄂᆞᆫ니조찬ᄂᆞᆫ판증녕의졍휘반의ᄯᆞᆯ이오

의ᄯᆞᆯ을ᄂᆞᆯ혀ᄌᆞ가의보ᄂᆡ며장을ᄃᆞ려어믜게비ᄂᆞᆫ재ᄇᆡᆨ
인의복ᄀᆞᆺ기ᄅᆞᆯ원ᄒᆞ니ᄀᆞ져ᄅᆞᆯ오히려그러티아니타ᄌᆞ원
이깁ᄂᆞᆫ거ᄉᆞᆯ그ᄒᆞᆯ족미반ᄃᆞ시쳥ᄒᆞᄂᆞ니부인의덕이크믄
민시의창셩ᄒᆞᆷ은복이오히려멀미라ᄒᆞ더라부인이
만여각ᄋᆞᆸ오ᄌᆞ월ᄋᆞᆯ일의나ᄎᆞᆼ덩계ᄉᆞ탈월십삼
일의ᄌᆞᆨ오ᄂᆞ후의중ᄋᆞᆯᄅᆞᆯ더부러ᄐᆞᆼ치편동산의부
장ᄒᆞ니라ᄯᆞᆯ체ᄌᆞᆼ이니ᄒᆞ지연년ᄎᆞ뎡ᄌᆞ홍만형과
후의ᄌᆞ리ᄀᆞ리ᄒᆞ니라ᄉᆞ인뎡보연이그사회니라횡장의ᄯᆞᆫ날오리
ᄭᅮᆷ든ᄌᆞ네ᄒᆞ여ᄭᅮᆷ이ᄀᆞ시매복인이반ᄃᆞ시ᄌᆞᆨ지저왈ᄌᆞ식
이ᄀᆞᆺ디ᄆᆞᆺᄒᆞᆷ은그어미ᄒᆞ여ᄭᅮᆷ을덥ᄒᆞ여아비아니ᄆᆞᆺᄒᆞ미
라ᄒᆞᆫᄌᆞ네ᄀᆞ부ᄅᆞᆯ가려샹ᄒᆞ면ᄀᆞᆯ오ᄃᆡ내평ᄉᆡᆼ의망

곤범(壼範) 三 26a

이쳐ᄯᅳᆫ사ᄅᆞᆷ이ᄀᆞ쳐ᄀᆞᆯᄋᆞ되부인은내ᄉᆞ셩이라ᄒᆞ
며과한의의식을주뢰ᄒᆞᆫ사ᄅᆞᆷ이ᄀᆞᆯᄋᆞ되부인은
내어미라ᄒᆞ야부인이이ᄯᆡ의죽으ᄆᆡ오ᄉᆞᆯ재빈ᄒᆞ시ᄂᆞᆯ혀
ᄒᆞᆯ셩각ᄒᆞᄂᆞᆫ재ᄂᆞᆫ물ᄂᆡ되이ᄂᆞ리업더라그ᄉᆞ횡을
일ᄅᆞᆯᄀᆞᆺᄂᆞᆫ재일ᄅᆞ라ᄀᆞᆯᄋᆞ되부인의ᄌᆞᆼ명이졀인ᄒᆞᆯ
온낭ᄒᆞᆯ어딜ᄅᆞ주상ᄒᆞᆫ쳥ᄒᆞᆷ이강단ᄒᆞ야일을당
ᄒᆞ매다결ᄒᆞ여부녀의ᄀᆞᆯ히거리쉰배업ᄉᆞ니ᄉᆞᆯ프다
이ᄌᆞ우뢰ᄌᆞᆼ쳐ᄃᆞᆼ의ᄯᅳ친이되ᄂᆞᆫ녀니ᄅᆞᆫ바복이란빅
가지ᄎᆞᆫᄒᆞᆫ일ᄒᆞᆷ이니부인이이ᄯᆡ의다ᄒᆞ얏ᄂᆞ니라쳬상
의ᄯᅳᆯ을ᄯᅩᆯ혀ᄀᆞ자의보ᄉᆡ며장을ᄃᆞᆯ려어미게비ᄂᆞᆫ재벽
인의복ᄀᆞᆺ기ᄅᆞᆯ원ᄒᆞᄂᆞ니져ᄀᆞᆯᄋᆞ되ᄀᆞ뢰이니라ᄒᆞ원
이깁ᄂᆞᆫ거ᄉᆞᆯᄀᆞᄒᆞᆷ미반ᄃᆞ시쳥ᄒᆞᄂᆞ니부인의덕이크믄

곤범(壼範) 三 25b

ᄒᆞ게 ᄒᆞ여라 시죵이 ᄯᅩᄒᆞᆫ 오ᄅᆡ 모친이 친상ᄋᆞᆯ 만나
매죽음의 반ᄃᆞ시 되ᄉᆞ매 저ᄅᆞᆯ 새음식을 보죽비ᄒᆞᆫ
가ᄯᅳᆯ의 쳔신ᄒᆞ여시나 입의 너터 아ᄂᆞᆫ 죽이ᄂᆞᆫ 이ᄭᅳᆫ
ᄆᆡᄂᆡ 조셕의 ᄒᆞᆨ쳔향을 못ᄒᆞ엿ᄂᆞᆫ가 ᄒᆞᄂᆞ라 부ᄆᆡ이시
면 맛보ᄒᆞᆨ드되 그ᄌᆞᆨ은 ᄒᆞᆨᄂᆞᆫ 쳔신ᄒᆞᆯ 먹ᄂᆞᆫ거시네라
아ᄒᆡ 졸은 이러ᄆᆞᆯ 괴ᄅᆞᆨᄒᆞᄂᆞ라 ᄒᆞ여라 그ᄯᅳᆯ이 졸ᄋᆞᆯ가
ᄒᆞ니 ᄀᆞᆯ오되 오ᄅᆡ 주리 ᄉᆞ랑ᄒᆞ시게 ᄒᆞ며 주셔 녀편ᄂᆡ ᄒᆡ쳐ᄉᆞ 라ᄒᆞ앗ᄂᆞ라
즐기게 ᄒᆞᄂᆞᆫ 오ᄅᆡ ᄆᆞ친의 ᄀᆞᆯᄋᆞ리시미라 ᄒᆞᆯ 그 비복이 ᄯᅩ
ᄀᆞᆯ오ᄃᆡ 오ᄅᆡ 부ᄅᆡ 비ᄀᆞᆯᄌᆞᆨ 쳔ᄒᆞ나 부ᄆᆡ 죽으면 반ᄃᆞ시
ᄒᆞ야 ᄉᆞᆷ 납기ᄅᆞᆯ 삼을 ᄒᆞᆯ 먹기ᄅᆞᆯ ᄂᆞ믈로 ᄒᆞ야 ᄉᆞᆷ
로 죽진케 ᄒᆞ신다 ᄒᆞᆯ 미ᄉᆞ 죽친이 의심되여 ᄒᆞᆫ 일홈이

족ᄒᆞᆯ오리벼ᄉᆞᆯ의지휘강〻이의합ᄒᆞᆯ거시니거아ᄒᆞ
ᄇᆞᆯ어ᄉᆞ리너ᇇ너ᄒᆞ리오ᄒᆞᆯᄒᆞᆯ노아이한가히이쳐ᄉᆞᆨ
ᄒᆞᆯᄯᅡ라경ᄒᆞᆨ을ᄒᆞ야진휘예ᄀᆞᆸ〻ᄒᆞ야아니ᄒᆞᆯ
우리조리족으매ᄆᆞ친이ᄇᆞᆫ져일월의지우거시이ᄂᆞᆯ
ᄒᆞᆯ(원형결ᄎᆞ욕을일 월지체라ᄒᆞᆫ니라)부친이직니ᄌᆞ공ᄒᆞᆯ종사ᄅᆞᆷ의게번
거ᄅᆞᆷ이아니ᄒᆞ야녀우ᄅᆞ미업게ᄒᆞᆯ우리집이〻청
한ᄒᆞ리라ᄆᆞ친이일ᄎᆞᆨ방젹ᄒᆞ야가난ᄒᆞᆫ믈면ᄒᆞ
ᄀᆞ난ᄒᆞᆨ싱니더욱한박ᄒᆞ되ᄆᆞ친이능히평안이
너겨ᄒᆞᄂᆞᆫᄒᆞᆯ우리부친이ᄃᆞᄉᆞᆯ의ᄇᆞᆯ을ᄃᆞ리아니
ᄒᆞ게ᄒᆞ더라시종이ᄡᅥᄒᆞᆯ우리ᄆᆞ친이친상을말ᄉᆞ
미ᄉᆞ음식의빈ᄉᆞ시죄ᄉᆞ매져ᄀᆞᆯ새음식을분ᄌᆞ비ᄒᆞ

곤범(壼範) 三 24a

당이ᄃᆞ라갈바ᄅᆞᆯ회리라ᄒᆞ더니나히이십의민
시의게ᄃᆞ라오니구리ᄅᆞᆯ오쉬오리아ᄃᆞᆯ이어실게너
겨오ᄯᅢ가히더부러비질되리ᄅᆞᆯ구ᄒᆞ더니아ᄅᆞᆷ답
다이ᄯᅥᄂᆞ리여능히쳥쳐ᄋᆞᆯᄲᅥ봉양ᄒᆞᆯ것쳥ᄒᆞᆫ
ᄯᅳᆺᄲᅥ졔ᄉᆞᄅᆞᆯ밧ᄌᆞᆯ그빈긱ᄋᆞᆯ되졉ᄒᆞ미맛당티
아니미업더라병ᄌᆞ화의ᄌᆞ개경복ᄒᆞ니구리ᄅᆞᆯ오
되어디라능히웃치ᄅᆞᆯ거ᄂᆞ리쳔니ᄅᆞᆯ거구ᄒᆞ야날
울ᄂᆞᆼ희궁의ᄎᆞ자니의ᄌᆞᆯ옥ᄋᆞᆯ보젼ᄒᆞᄃᆞ라ᄒᆞ더라
ᄶᅢ의의뎡증이벼슬노계리ᄯᅥ의이ᄉᆞᆯ니라 제쥐은졍ᄒᆞ별ᄒᆞ 민증이ᄀᆞ쳐졍ᄒᆞ물
ᄃᆞᆫ찰증이강ᄃᆞᆯ브터왕ᄒᆞᆯᄋᆞᆯ호위ᄒᆞ야젹봉ᄒᆞᆯ
ᄆᆞᄅᆞᆷᄲᅥᄃᆞ리니러ᄒᆞ니ᄶᅢ의ᄉᆞ태오집이어옥이이니

곤범(壼範) 三 23b

곤범(壼範) 三 23a

ᄉᆞᄅᆞᆯ ᄌᆞ셔히 니ᄅᆞ더니 밋 션싱이 죽으매 ᄌᆞ뎡이 시호ᄅᆞᆯ
의논ᄒᆞᆯ시 그 시장이 못ᄒᆞᆫ 내 비의게 ᄌᆞ라 가니 비ᄂᆞᆫ 소쳔
연이 ᄂᆞᆯ라 ᄊᆡ터 ᄀᆞᆯ오ᄃᆡ 션싱의 당일의 니ᄅᆞ던 말ᄉᆞᆷ이
졍히 오ᄂᆞᆯ날을 위ᄒᆞ미라 ᄒᆞ고 그날 말ᄉᆞᆷ을 ᄡᅥ 오니아
니고 ᄡᅳ니 희라 ᄒᆞᆨ인이 ᄀᆞᆺᄉᆞ 션싱 일이로ᄃᆡ 내 블ᄎᆞᆨᄒᆞᆫ
야 감히 구양비의 어ᄃᆞᆯ믈 보라 니 못ᄒᆞᆯ ᄒᆞᆯ 강일
의 기닙ᄒᆞᆫ ᄯᅳᆺ을 져 ᄇᆞ리니 황공ᄒᆞᆫ 믈이 그리 못ᄒᆞᆯ
라 아오커니 일로ᄡᅥ 닙언ᄒᆞᆫ 군ᄌᆞ의게 쳥ᄒᆞ야 그
ᄡᅥ 무덤 덕ᄂᆞᆯ 아ᄅᆞᆷ다온 글 범을 발ᄒᆞ기ᄅᆞᆯ 쳥
ᄒᆞ노라

뎡부인니시 ᄇᆞ지 찬이라

뎡경부인니시ᄂᆞᆫ 부원군 당뎡 다 뎡경부인 허시

곤범(壼範) 三　22b

ᄂᆞᆷ의션악을니ᄅᆞ난일이업ᄂᆞ니ᄂᆞᆷ의시비ᄅᆞᆯ의논ᄒᆞᆯ
일이간략ᄒᆞᆯ뿐이극진ᄒᆞ며쳐연이ᄌᆞ렴ᄒᆞ야안자
시매사ᄅᆞᆷ을ᄃᆡᄒᆞ야ᄌᆞ친ᄒᆞᆯ듯ᄒᆞ되쳑ᄉᆞ되ᄒᆞ미이
시니조이ᄂᆞᆫ사ᄅᆞᆷ의거상ᄌᆞ브려라나의셩ᄅᆞᆷ이겁박
ᄒᆞᆯ경조ᄒᆞ매미양그만분지일이나ᄉᆞ법ᄒᆞᆯ쳐ᄒᆞ되
뜻ᄒᆞᆷ이방불티뜻ᄒᆞᆯᄌᆞᆯ상해ᄉᆞᆯ쳘와ᄒᆞᆯᄉᆞᆷ
이ᄅᆞ다ᄉᆞ경령령옥의내가ᄉᆞᆨ인과빈ᄉᆞ니ᄉᆞᆨ인이평
칭ᄉᆞ힝을려나ᄅᆞ기ᄅᆞᆯ심히ᄌᆞ쳐히ᄒᆞ시니뜻의ᄒᆞ
티블욕히이셔ᄒᆞᆫ가히말ᄉᆞᆷ인가ᄒᆞ엿더니이졔독
ᄉᆞᆨ의말ᄉᆞᆷ삐이에무ᄉᆞᆯ잡아힝젹을기록ᄒᆞ니내
구양비ᄎᆞ션셩을가보ᄃᆡᄎᆞ션셩이ᄌᆞ가의평셩ᄃᆡ로

곤범(壼範) 三 22a

네아비내시병을ᄒᆞ야졸역ᄒᆞ여진ᄒᆞ엿ᄂᆞᆫ니라이
졔이날을맛나니쟝ᄎᆞᆺ지텽티못ᄒᆞ리로다ᄒᆞ더니극
일의기졀ᄒᆞᆫ족ᄉᆞ의부희ᄒᆞᆫ거상을이긔디못ᄒᆞ
야나어즈으니형일의나ᄌᆞᆫ배차상티아니미만터
라중ᄒᆞᆫ충증ᄒᆞᆫ길이미양보면반ᄃᆞ시ᄯᆞᆯ의ᄀᆞ족
ᄒᆞ야ᄀᆞᆯ오ᄃᆡ어ᄃᆡ고ᄒᆞᆯᄀᆞᆯᄃᆡ조ᄎᆞᆨ부ᄌᆞᆺ초보ᄃᆡ개ᄃᆡ
쳥을ᄀᆞᆺ츠ᄃᆡ미러라내ᄎᆞᆯ입ᄒᆞ야뫼셔니ᄉᆞ십여년
일ᄎᆡ일ᄌᆞᆨ회ᄀᆞᆼᄒᆞᆫᄂᆞᆫ얼굴을보ᄃᆡ못ᄒᆞ니비복이
죄이시매나ᄌᆞ히경계ᄒᆞᆯ매질ᄒᆞᆫ일이업ᄉᆞ며사
ᄅᆞᆷ의쳔악을니ᄅᆞᆫ일이업ᄉᆞ일의시비ᄅᆞᆯ의논ᄒᆞᆯ

곤범(壼範) 三 21b

안사ᄅᆞᆷ이 나 놀나 무셔워 망조ᄒᆞ더니 츅인이 옥연
히 우ᄅᆞᆷ 죽이리 아니ᄒᆞᆯ 쳬ᄒᆞ고 이 말로 ᄭᅮ지저 왈 사ᄅᆞᆷ과
즘ᄉᆡᆼ이 서로 ᄒᆞᆫ 자리 못ᄒᆞᆯ 거시니 네 그 ᄀᆞᆯ니어라 범
이 ᄃᆞᆯ죽 시가니 이 ᄯᅩ 범인의 능히 못ᄒᆞᆯ 배러라 츅인
이 지식라 ᄎᆞ랑이 ᄆᆞ리 그 멀며 ᄀᆞᆺ다 낭이 넘블 크니라
일죽 ᄇᆞᄅᆞᆷ을 외블의 ᄇᆞ리기ᄅᆞᆯ 아니ᄒᆞᆯ ᄃᆞᆯ 멀리 아닐
일이 만히 면ᄒᆡ 진 ᄶᅴᆨ이 죽으매 집사ᄅᆞᆷ 츄러 ᄂᆞᆯ러 ᄀᆞᆯ
오ᄅᆡ 아 ᄭᅬ 아니 죽은가 ᄒᆞ면 다 연고 날 죽은 ᄇᆞ음이 ᄉᆞ
라 말연의 병이 ᄃᆞᆷ면 ᄒᆞ야 젼 죽ᄋᆞᆯ 츅인 ᄒᆞ더니 ᄒᆞᆯ
군ᄒᆞᆯ 연소체 ᄒᆞ고 오ᄉᆞᆯ 그ᄅᆞ 님블 안ᄌᆞ니 지ᄇᆡ 사ᄅᆞᆷ이 병
이 나ᄋᆞᆫ ᄌᆞᆯ 긴 거ᄒᆞ더니 ᄒᆞᆯ연 득ᄎᆞᆨ 츄러 ᄂᆞᆯ러 ᄀᆞᆯ오ᄃᆡ

곤범(壼範) 三　21a

더라ᄂᆞᆫᄌᆞ녹ᄎᆔ상ᄒᆈ상셔ᄅᆞᆯ외오매ᄉᆞᆨ인이ᄎᆞ지쳐
왈네어ᄃᆡ나히기ᄅᆞᆯ낙게못ᄒᆞ야일간을ᄡᅡ셔오ᄂᆞ뇨
ᄒᆞᆯᄉᆞᆨ인이인ᄒᆞ야외오믜ᄒᆞᆯ치ᄅᆞ더니ᄒᆞᄅᆞ일
구십체일이러라ᄒᆞᄅᆞᄂᆞᆫ밤의비오매ᄒᆞᆫ자안잣더니
머리헙ᄉᆞᆨ록ᄒᆞᆯ겻거시본을여러보거ᄂᆞᆯᄉᆞᆨ인이
오어왈심ᄒᆞ다나의쇠ᄒᆞ미여귀믈이감히와엿보
ᄂᆞ냐ᄒᆞ니귀믈이ᄃᆡ로ᄃᆡ라이곳ᄌᆞᆨ일이ᄇᆡᄂᆞᆫ심히흐므
니오직평ᄌᆞ어마님ᄒᆞ부인의일이시니빅쎄ᄅᆞᆯ
리나라시우리집의몸ᄃᆡ로다쟌번이와밤의오니집
안사ᄅᆞᆷ이라놀ᄂᆞ다무쳐워망조ᄒᆞ더니ᄉᆞᆨ인이울엳
ᄒᆞ오ᄃᆡᄌᆞ이ᄅᆞ이니ᄒᆞᆫ젼ᄀᆞ이밀ᄅᆞ하지카외오시ᄅᆞᆯ
즘싱이서로ᄒᆞᆫ잡리못ᄒᆞᆯ거시니네그길ᄅᆡ어라번

곤범(壼範) 三　20b

아니ᄒᆞᆯ너ᄒᆞᆼ을ᄯᅩᄒᆞᆯ톄니아니ᄒᆞᆯ ᄒᆞᆼ은녀ᄌᆞ의일이라 도ᄉᆞᄅᆞᆼ의
조비녹시ᄃᆞᆯ뢰말을당ᄒᆞ야일ᄌᆞᆨ이다거ᄒᆞ니그친브
믜불상이너겨ᄠᅳᆺ을앗ᄃᆞ뢰ᄒᆞᆫ니라녹시ᄃᆞᆼ의어린
ᄌᆞ식을어ᄇᆞᆯ홍ᄌᆞᆯ브러ᄯᅨ여나겨ᄅᆞᆯ회덕의니ᄅᆞ
러즈의게의지ᄒᆞ니그ᄉᆞ이ᄉᆞ뎍이귀이ᄒᆞ미만ᄒᆞᆫ지라
ᄎᆞᆨ인이아히적의도ᄉᆞᄅᆞᆼ의일거적의ᄒᆞᆫ번보아ᄉᆞ더
니 ᄒᆞᆯ죵ᄌᆞ의니ᄅᆞ러오되종축노최녹시의ᄉᆞ적을
ᄃᆞ려졍ᄌᆞᆫᄒᆞᆼ을졍ᄒᆞᆯ시그ᄆᆞᆯ갈의올난말이이심미
ᄎᆞᆯ탁ᄒᆞᆫ니라 ᄎᆞᆨ인이능히일거ᄒᆞᆼ의귀록ᄒᆞᆯ말을
외와ᄲᅧ낸ᄀᆞᆯ죵ᄌᆞᆨ이잇ᄉᆞᆯᄲᅧ졍ᄆᆞᆫᄒᆞᆫ은혜ᄅᆞᆯ닙
우니ᄒᆞᆯ사ᄅᆞᆷ이ᄎᆞᆨ인을위ᄒᆞ야가란티아니티업

곤범(壼範) 三 20a

ᄌᆞ우러 부엇ᄒᆞ되 오ᄒᆞ더라 밋 호곤즁의 상ᄉᆞᄅᆞᆯ 맛ᄂᆞ
매나히 칠십이ᄅᆞᆯ 뒤네 잠을 믈게 엇ᄂᆞ니 ᄒᆞ더라
ᄒᆞᆯ연이 흰져비 뎐하의 깃드리니 츅인이 우러 왈
이ᄂᆞᆫ 우리 집 녯져비라 그날을 위ᄒᆞ야 왓ᄂᆞ뇨 뒤개
조셔 부증호 별휘고 ᄎᆔ 뎐셩이 지호ᄒᆞ야 거상의 셜
우믈 극진이 ᄒᆞ니 흰져비 녀막의 깃드려 삿기 다 흰
ᄭᆞᆯ니 ᄌᆞᆯ 말이러라 츅인이 구십의 조츙명이 최리 아니
ᄒᆞᆯ 또 ᄒᆞᆯ 능히 네곳ᄯᅢ 노ᄅᆞᆯ 신ᄒᆞ야 ᄲᅵ일의 새배 니러 머리
쉐ᄉᆞᆨ ᄒᆞᆯ 부ᄅᆞᆸ ᄒᆞᆯ ᄲᆞᆯ 위좌ᄒᆞ야 경ᄉᆞ 보기ᄅᆞᆯ 그치니
아니 ᄒᆞᆯ 너 ᄒᆞᆼ음ᄅᆞᆯ 또 ᄒᆞᆯ 쾌디 아니 ᄒᆞᆯ (홍은 녀ᄌᆞ의 일이라) 조ᄉᆞ즁의

곤범(壼範) 三 19b

긋거ᄒᆞᆫ 빗치 업ᄂᆞ니라 만 ᄀᆞᆯ오ᄃᆡ 내 집이 오래 녕츅이오
네 ᄯᅩ 지조와 덕이 업ᄉᆞ니 사ᄅᆞᆷ이 맛일 구ᄒᆞ야 ᄒᆞᆯ가ᄒᆞᆫ
면 ᄂᆞᆷ을 ᄒᆡᄒᆞ려 못ᄒᆞᄂᆞ니 만 ᄀᆞ지 못ᄒᆞᄂᆞ니라 ᄒᆞ려니와 믿ᄂᆞᆫ
셔 죽으매 남ᄂᆞ니 친당이 ᄒᆞᆼ셕ᄀᆞ디 아ᄂᆞ니 ᄃᆡ업ᄉᆞ되 죽인
이 비쳑ᄒᆞ기ᄅᆞᆯ 심히 아ᄂᆞ니 ᄀᆞᆯ오ᄃᆡ 명이라 ᄒᆞᆯ 망졍
ᄯᅩᄒᆞᆫ 현뎌ᄅᆞᆯ ᄒᆞ기 사ᄅᆞᆷ의 ᄭᅴ여 나되 이ᄂᆞᆫ 의ᄅᆞᆯ 가ᄒᆞ매
남편이 반복 (부ᄌᆞ이 ᄯᅩᄃᆡ 못ᄒᆞ다 말이니라) ᄒᆞ야 ᄌᆞ목 될 일이 만하ᄂᆞᆫ
아ᄂᆞ니 못ᄒᆞᆯ 일이 만ᄒᆞ되 죽인이 ᄯᅩᄒᆞᆫ 차ᄅᆞᆯ 리 아ᄂᆞ
ᄀᆞᆯ오ᄃᆡ 이 ᄯᅩᄒᆞᆫ 명이니라 ᄒᆞ려니와 ᄎᆞ네 니연셜의 ᄯᅩ라
가ᄂᆞ니 (ᄒᆞᆨ의 푼 당ᄋᆞᆯ 회취 ᄭᅮᆨ ᄉᆞᄒᆞᆷ과) 장ᄎᆞᆺ 회ᄋᆞᆯ ᄒᆞᆯ 셔오 ᄀᆞ하 긔ᄒᆞᄂᆞ니 죽인이
우어 ᄀᆞᆯ오ᄃᆡ 네 ᄌᆞ웃 ᄒᆡᆼ의 부모ᄅᆞᆯ 먼리 ᄒᆞ미 ᄯᅢ ᄉᆞ라 ᄒᆞ

곤범(壼範) 三 19a

쳡살ᄒᆞ미ᄒᆞᆯ곳지아니ᄒᆞ야ᄀᆞ셜이분〃ᄒᆞ리라ᄎᆞᆨ
인이픔의나ᇝ우라ᄂᆞᆫ말ᄉᆞᆯ드ᄅᆞ나라만유연히ᄒᆞᆫ번우ᄉᆞᆯ
ᄯᆞᄅᆞᆷ이오ᄎᆞᆨ일가지친이면ᄀᆞ일이ᄀᆞᆺ치기ᄅᆞᆯ기ᄃᆞ려
반ᄃᆞ시ᄌᆞ옹이ᄭᆡᄃᆞ텨니ᄅᆞ러말ᄉᆞᆷ이ᄯᅩᄒᆞᆯ호연ᄒᆞ야
ᄃᆞᆨ각이업ᄉᆞᆯᄃᆞ로ᄒᆞᆨ거조ᄒᆞᆯ쥐비록ᄀᆞᆺ티니못ᄒᆞ나
ᄯᅩᄒᆞᆫ노ᄒᆞ야ᄒᆞᄂᆞᆫ배업더라ᄒᆞ고ᄀᆞᆼ이거상ᄒᆞ야ᄇᆡᆺ
긔이시매ᄆᆞᆯ의ᄉᆞᆺᄆᆞᆺᄂᆞᆫ바ᄅᆞᆯ적ᄋᆞ면비복울ᄂᆞᆼᄒᆞᆯ
크면ᄀᆞᆯᄀᆞᆺ빡이일족노ᄒᆞ올보ᄂᆞᆫ일업더라당ᄌᆞ김울이
어ᄂᆡᆯᄃᆞᄆᆞᆯ시이쳐ᄉᆞ마ᄀᆞᆫ의ᄀᆞᆷ부도ᄉᆞᄅᆞᆯᄒᆞ니ᄎᆞᆨ인이
긔거ᄒᆞᄂᆞᆫ빗치업ᄂᆞ니라만ᄀᆞᆯ오ᄃᆡ내집이오래넝ᄌᆞᆨ이오

면ᄒᆞᆯ쳐ᄒᆞ니못ᄒᆞᄂᆞᆫ만ᄀᆞᆺ리못ᄒᆞ니라ᄒᆞ더라미ᄉᆞᆯ

곤범(壼範) 三 18b

ᄒᆞᆯ되ᄡᅥ겨시나ᄎᆔ음은ᄭᅮᆯ라가ᄎᆞᆨ인이오히려오ᄉᆞ
매ᄅᆞ리와ᄒᆞᆷ아받디못ᄒᆞ믈본ᄒᆞ고비복이앗던즐
아니러라녕월노브터보은의니ᄅᆞ러비ᄅᆞ소ᄀᆞᆯᄂᆞᆯ볼ᄉᆞ
ᄀᆞᄃᆞᆫ거ᄭᅮᆷ명현강ᄎᆞᆨ박션셩혼의ᄉᆞᆫ네라ᄎᆞᆨ인을
볼크게단복ᄒᆞ야디졉을엄ᄒᆞᆯᄉᆞ셩라ᄀᆞ디ᄒᆞᆯ일
이ᄅᆞ시매크게쟉ᄋᆞᆷ이업시반ᄃᆞ시ᄆᆞᆺ더라졀부인아ᄌᆞᆯ
ᄒᆞᆫ나히이시니어려셔병이ᄌᆞᆺ나ᄎᆞᆨ인이ᄉᆞ랑ᄒᆞᆯ두
호ᄒᆞ기ᄅᆞᆯ과ᄒᆞᆯᄀᆞ디ᄒᆞ더라호조ᄌᆞᆼ의지비이실히복호
ᄒᆞ니ᄎᆞᆨ인이능히긱회여ᄎᆞᆨ각ᄒᆞ미업ᄉᆞᆯᄯᆡᄅᆞᆫ이오
일ᄌᆞᆨ쳑ᄒᆞᆫᄃᆞᆫᄂᆞᆯᄒᆞ리업더라ᄌᆞᆨ당이심히만고비
복이ᄯᅩᄒᆞᆯ만ᄒᆞᆫ디라옹고옹ᄒᆞ며강사ᄒᆞ며헙ᄒᆞ며

곤범(壼範) 三 18a

야너허내디아닌줄사ᄅᆞᆷ의알니업더라 말셕읷
진의부호군김공ᄒᆞᆫ셕의게ᄌᆞ라가니 호군공은영쇼
부원군문평공슉은의치셜된손이라 별호ᄂᆞᆫ그에라 몽은차.
회사더니 슉인이미처오거디못ᄒᆞ여셔 주ᄅᆞᆯ연이와변
을만나 경셩을브터 쳐형데ᄅᆞᆯ조차 녕셔녕월
차회리란가니 그길희리란이 시실쐐의반ᄌᆞ시왜티
ᄒᆞᆯ티ᄅᆞᆯ님ᄒᆞ며 믈궁을쳐ᄒᆞ니 대개창졸의변을
만나ᄌᆞ쳐ᄒᆞ기뎡ᄒᆞᆫ올위ᄒᆞᆫ미러라 녕월이홍슉이
질실ᄒᆞᆯ러라 ᄋᆞᆷ식을ᄲᅥ와먹이티 슉인이ᄲᅳ든비북
ᄒᆞᆯ티셧겨시니 쳐ᄋᆞᆷ은ᄲᅮᆺ라가 슉인이오히려오ᄉᆞ
미[illegible]
아더라 녕월노브터 보은의니ᄅᆞ러 비로소ᄀᆞᄅᆞᆯ블너

ᄒᆞᆯᄃᆞ려 믈득 거록ᄒᆞᆫ ᄯᅩ ᄆᆡᆼᄌᆞ의 그 ᄠᅳᆺ을 아ᄂᆞ니라 질
쳬예 상이 보화단의 가 여ᄅᆞᆷᄒᆞ실셔 츅인이 도ᄉᆞᆼ긔
쳥ᄒᆞ야 ᄀᆞᆯ오ᄃᆡ 니일 집뎍희 강막을 ᄯᅥ날 군ᄒᆞ야
ᄀᆞᆺ초 ᄉᆞᆯ보게 ᄒᆞ소셔 도ᄉᆞᆼ이 희롱ᄒᆞ야 ᄀᆞᆯ오ᄃᆡ 네
능히 이 글을 외오면 장ᄎᆞᆺ 허ᄒᆞ리라 ᄒᆞᆫᄃᆡ 인ᄒᆞ야 이 쳘
ᄌᆞ뢰ᄂᆞᆫ 글을 ᄀᆞᆺ초련ᄃᆡ 츅인이 동하의 두번 니ᄅᆞᄃᆡ 이
톤날 외오기ᄅᆞᆯ 심히 닉게 ᄒᆞᄂᆞ니라 도ᄉᆞᆼ이 놀나 ᄀᆞᆯ
깃거 ᄀᆞᆯ오ᄃᆡ 네 남ᄌᆞ 못된 줄이 애ᄃᆞᆲ도다 ᄒᆞ더라 일
로브터 ᄆᆞᆫ당이 졈졈 나아가 너비 경셔와 ᄉᆞ긔ᄅᆞᆯ 통ᄒᆞ
야 ᄆᆞᄃᆞᆫ 형뎨ᄅᆞᆯ 더브러 ᄒᆞᆫ가지로 강진ᄒᆞᆯᄉᆡ ᄒᆞᆫ 글 짓ᄂᆞᆫ
법을 아나 그러나 ᄉᆞᆯ ᄡᅧ ᄒᆞ긔 부녀의 ᄒᆞᆯ 배 아니라 ᄒᆞ

곤범(壼範) 三　17a

오쳔만억 닐ᄋᆞᆯ 쳔만억희ᄒᆞ도다

ᄌᆞᆼ즙부인 이여 즁라밋부인이여

ᄉᆞ여목국 닐ᄋᆞᆯ 이러부러국ᄒᆞ미업ᄉᆞ리로다

ᄎᆞᆨ인ᄒᆞᆼ시뎐 옥암션ᄉᆡᆼ지은신찬이라

ᄀᆞ로ᄃᆡ ᄒᆞᆼ시ᄂᆞᆫ ᄎᆞᆨ인이니 우리 조ᄅᆞᄉᆞ 즁휘 ᄋᆞᆼ리ᄅᆞᆯ 져ᄯᆞᆯ이니 ᄒᆞᆼ시되 ᄀᆞᆯ네 법을 주녀 ᄀᆞᆯᄀᆞᆯ리 ᄌᆞ조비 ᄎᆞᆨ인이시니 ᄂᆞᆫ 졍현증병조리셔 휘옹경의 ᄯᆞᆯ이시니 가법이 심히 엄ᄒᆞᆫ ᄎᆞᆨ훌리라 ᄎᆞᆨ인이 잉의 어딘 부인의 ᄀᆞᆯ리시 ᄯᆞᆯ 어ᄉᆞᆯ 뎐 셩이 ᄒᆞᆼ연ᄒᆞ야 ᄆᆞᆫ독 현뎨 바독 ᄃᆞ매겨 ᄒᆞᆯ ᄃᆞ려 ᄆᆞᆫ독 거록ᄒᆞᆫ ᄯᅳᆮᄆᆞᆷ의 그ᄯᅳᆺ을 아ᄂᆞ니라 칠 ...

쳥ᄒᆞ야 ᄀᆞᆯ오ᄃᆡ 너 일집 쥐 희 량막을 터 날 ᄀᆞᆯᄒᆞ야

의덕션의 ᄅᆞᆼ혐이 아니되오 체상사ᄅᆞᆷ이 ᄎᆞᆺ로락기ᄅᆞᆯ
게얼니ᄒᆞ야 하ᄂᆞᆯ을 밋기어렵다 니ᄅᆞ는재가 히여거불
거시ᄅᆞᆺ다 계희 삼월 십삼일의 ᄀᆞ이 ᄒᆞᆯ새 현국ᄒᆞᆯ
집의 ᄆᆞᄃᆞᆺ더니 십삼일 인조반정ᄒᆞ시던 날이라 그ᄒᆞᆨ악간 ᄂᆞᆨ좌와 ᄯᆞᄅᆞ니 경
ᄉᆞᆫ호식이 니ᄅᆞ니 ᄉᆞᆯᄅᆞ라 그신이 ᄀᆞᄒᆞᆫ민려이 하ᄂᆞᆯ로보
터터보미 아니 ᄯᅢᆫ어서 능히 니ᄅᆞ리오 명의ᄅᆞᆯ오리
시ᄒᆞᆼ복션 이 비ᄅᆞᆺ며 못ᄒᆞᆯ 때 복션이
현조미ᄅᆞᆨ 라이 하ᄂᆞᆯ회ᄅᆞᆯ미 업ᄃᆞ라
ᄒᆞᆼ치평치 니ᄒᆞ ᄒᆞᆼ간의 기옥러니 물만ᄒᆞ니
비어ᄅᆞᆯ즈작 라이 ᄅᆞᆺᄒᆞ미 ᄉᆞᆯᄅᆞᆯ 징으미 아니ᄅᆞ다
목능의의 니ᄒᆞ 목능이 쳡ᄅᆞᆫ 놉ᄒᆞ시니 목능은 셜 목능이라

곤범(壼範) 三 16a

셔일ᄌᆞ라거ᄒᆞ오시니집의봉양ᄒᆞ야셤기ᄆᆞᆯ어미
ᄀᆞ티ᄒᆞᆯ법사ᄅᆞᆷ의겸ᄒᆞ며어려온일을극ᄒᆞᆯᄒᆞ리
일가와ᄂᆞᆫᄒᆞ니ᄆᆞᆯᄉᆞ이ᄌᆞ리아니ᄒᆞ올밋븐회ᄌᆞᆫᄒᆞᆯ귀
ᄒᆞ매더옥겸ᄉᆞᆫᄒᆞ올ᄌᆞ려ᄒᆞ야덕을ᄡᆞ하ᄒᆞ며어딘ᄂᆞᆫ물
힝ᄒᆞ야이젼의셔더ᄒᆞ니ᄎᆞᆼ간화되실ᄌᆞ오국가긔예
비여시나그러나임인을브터계ᄌᆞᆨ의나ᄆᆞᆫ떠계희ᄅᆞᆯ
브터경ᄌᆞᆨ의나ᄆᆞᆫ히젼ᄒᆞ이십칠년ᄉᆞ이의큰편녹
을노려극히ᄎᆞᆼᄒᆞ올ᄌᆞᄉᆞᆫ이번연ᄒᆞ야나현덕ᄒᆞ올
비ᄅᆞᆨ화복이ᄉᆞᆫ환ᄒᆞ미ᄌᆞ연ᄒᆞ니나엇ᄒᆞᆯ어ᄃᆡ부인
의덕젼의당혐이아니리오체상사ᄅᆞᆷ이ᄋᆞᆺᄀᆞ라기ᄅᆞᆯ

거시ᄅᆞᆯ다계희삼월십삼일의그이ᄒᆞ올새편극ᄒᆞᆯ
십삼일 인조반

오환이오찬이오운이오ᄌᆞ오ᄌᆞᄌᆞ의남은경이오ᄒᆞᆫ의참탄ᄒᆞ라
뎡이오손셔낭김당찬이니둉ᄌᆞ녕이라ᄌᆞ녕의남ᄌᆞ
중은복ᄉᆞ오ᄌᆞ중ᄌᆞᄒᆞᆼ은나의뎡이니뎡명ᄒᆞᄌᆞ남
은만옹이니ᄯᅢᄉᆞ간이오만형은ᄌᆞ리오만희오만희니
라다움셔니니의중현손이빅여인이러라부인이지
극ᄒᆞᆫ졍셩다ᄒᆞᆫ실ᄒᆞᆫ졍셩이이셔의민중의집이
본ᄃᆡ쳥빈ᄒᆞ니부인이경과ᄒᆞ야다ᄉᆞ리미ᄉᆞ리의말량
케ᄒᆞᆫ봉친ᄒᆞ며상ᄉᆞ와졔ᄉᆞ의극진티아니미업게
ᄒᆞᆫ부의ᄌᆞ식이업ᄉᆞ물고신ᄌᆞᄒᆞᆫ받드러졔ᄉᆞᄒᆞᆯ형
경ᄒᆞ니비록녜예업ᄉᆞᆫ일이나중지ᄲᅧᄒᆞ리뎡ᄌᆞ어
말ᄉᆞᆷ호시의ᄯᅢ일을취ᄒᆞ미라ᄒᆞ더라부인형이이

곤범(壼範) 三 15a

대비뎡조의복위ᄒᆞ시니비ᄅᆞᆺ부인이오히려셩의
셔무양ᄒᆞᆯ주ᄅᆞᆯ아ᄅᆞ시ᄂᆞᆫ셔궁의계ᄒᆞ야거신쳐ᄒᆞ셔궁울ᄆᆞᆯ라보가화타 의보젼티못ᄒᆞ엿ᄂᆞ가ᄒᆞ시나가비ᄅᆞᆺ소겨신ᄒᆞᆯ울
알ᄒᆞ시니라 급히네조당상다송지ᄅᆞᆯ보내사련ᄒᆞᆯᄉᆞ죄ᄅᆞᆯ의
쳐ᄒᆞ라오니라부인이의민증독을먹어ᄒᆞᆼ년시십여
명ᄒᆞᆫ구월십ᄉᆞ일랑ᄉᆞᆫ의잉ᄉᆞ홍산현아샤의셔
졸ᄒᆞ니동십월이십이일의민증모의부장ᄒᆞ니라
ᄌᆞᄉᆞᆫ은의민증비의ᄲᅥ시ᄆᆡ거ᄅᆞᆯ리아니ᄒᆞ리랑ᄉᆞᆫ의민증비
아ᄂᆞᆫ것만의 록ᄒᆞᆫ거시라 현셕은창ᄉᆞ오ᄌᆞ군셕은쳠ᄉᆞ졍이오홍
셕은군ᄉᆞ오창ᄉᆞ의남ᄅᆞ니오계오쳠ᄉᆞ졍의남은녀ᄋᆡ
오환이오찬이오운이오ᄉᆞ오군ᄉᆞ의남은경이오ᄒᆞ의참판ᄒᆞ라
중은부ᄉᆞ오ᄉᆞ홍ᄉᆞ홍은라의녕이니녕명증ᄉᆞ남

곤범(壼範) 三 14b

의민궁빈질이되여　인목대비ᄎᆞ욕을ᄲᅥ의민ᄒᆞᆷ을
부원군을봉ᄒᆞ니부인을ᄯᅩ광산부ᄇᆞ인을봉ᄒᆞ
시니라만녁계튝의ᄆᆞ옥을만나김시일죽이
이멸ᄒᆞ니ᄯᅩᄒᆞ여부인을뎡네방의가도앗더니병진
의탐나도의귀(졔쥬)옴기고뎐국ᄒᆞ니(지향ᄒᆞ야잇ᄂᆞᆫ집의가셔ᄅᆞᆯ오리ᄒᆞᆯ거시라)ᄒᆡ의
대비셔궁의폐쳐ᄒᆞ샤혹망극ᄒᆞᆫ말로견ᄒᆞᄂᆞᆫ니라
부인이이미양ᄒᆞᆫ뒤나원억ᄒᆞᆫ물하더라종이술ᄌᆞᆨ라
봉양ᄒᆞ더니죄ᄌᆞᆨ빅쳥이ᄃᆞᄐᆞ아갑ᄉᆞᆯᄲᅥ사먹어
ᄀᆞᆯ오ᄃᆡ　대비어마님술이마시도다ᄒᆞ니ᄃᆞᆫ사ᄅᆞᆷ이
눈물내리아니리업더라부인이바다히건너귀향가되
여ᄃᆞᆲ히만의뎐계계힌ᄂᆞᆫᄃᆞ오리　인조대왕원년이라

ᄒᆞ라 ᄒᆞ니라
득톄타니ᄅᆞᆯ본아니라그어믜언힝이경신ᄒᆞ미고
둉의ᄌᆞ연이ᄃᆞ럿ᄃᆞ라
당산부부인노시모ᄅᆡ (우암송션ᄉᆡᆼ이지은신찬이니라)
당산노시비ᄅᆞᆯᄉᆞᄃᆡ호근쳐ᄅᆞᆯ (쳐ᄂᆞᆫ일홈) 브터ᄃᆞ뢰ᄅᆞᆯ리ᄂᆞ옥
의졍ᄃᆞ의ᄂᆞᆺᄎᆞᆯ러더옥크게나ᄐᆞ나ᄯᅩ라시라ᄉᆞᆺ치ᄅᆞᆯ
리나한몬이ᄆᆞᆨᄉᆞᄅᆞᆯᄒᆞ니이휘게ᄅᆞᆯ나ᄒᆞ니이ᄅᆞᆫ부
인의그뢰ᄂᆞᆯ리라 (ᄅᆞᆯ츅은아비라) 쳥ᄎᆡ한시ᄅᆞᆯᄎᆡᄒᆞ니부인이가
뎡뎡ᄉᆞ탈월노ᄲᅧ나히십구의연안깁시의ᄃᆞ러와
의민듕변질이되여 인복디비ᄎᆞᆺ은ᄋᆞᆯᄲᅧ의민듕ᄋᆞᆯ

곤범(壼範) 三 13b

ᄂᆞᆫ 바ᄉᆞ자 ᄀᆞᆯ아 올라 모ᄎᆞᆷ의ᄢᅢ ᄒᆞ야 금ᄎᆞᄎᆔ덕이 박ᄒᆞᆯ
ᄀᆞᄅᆞᆼ ᄒᆞ미 젹으리 ᄶᅢ ᄀᆞᆯᄒᆞᆯ 마나 외예 ᄄᆞᆸᄒᆞ야 라횡이 ᄌᆡ
졀을 온젼이 ᄒᆞ고 조션을 욕되게 아니 ᄒᆞ미 급ᄒᆡ
노ᄒᆡ오미 이ᄉᆞᆫ ᄌᆞᆯ 알게 ᄒᆞ노라 희평 삼년 경ᄉᆞᆯ ᄉᆞ
월 신유 삭 십오일 을ᄒᆡ예 남ᄌᆞ 셕보 덕ᄒᆞ옹인
익ᄒᆡ 궁신 란분 면ᄒᆞᆨ ᄉᆞᄅᆞ 던횡 뼝부 상셔 지쳥
ᄌᆞᆨ 그 즁ᄉᆞ 겸 니졀 농ᄉᆞ 롱셩 즁ᄂᆞ 안모 상ᄌᆞᆨ 국
낙안군 리국 중식읍 ᄉᆞ쳔 삼ᄇᆡᆨ 호 식실봉 일쳔
이ᄇᆡᆨ호 ᄎᆞᆫ ᄂᆞᆫ ᄌᆞᆯ 즁 ᄒᆞ노라
녹 분 모ᄀᆞᆫ이 (쳥은 모오일 홍은 ᄌᆞᆨ이니 명셕 분광 ᄒᆞᆯ 사ᄅᆞᆷ이라) ᄀᆞᆯ오ᄒᆡ 어ᄒᆡ 셔ᄀᆞᆫ 중
매ᄀᆞ아 뷔러 횡을 ᄀᆞ리 ᄅᆞᆨ ᄒᆞᄆᆡ 어ᄑᆡ 말ᄅᆞᆯ ᄲᅩᄂᆞ 독ᄒᆡ

친을증직ᄒᆞ고여로혜예ᄎᆔ봉ᄒᆞ각각ᄒᆞᆫᄉᆞ상셔니
부낭ᄒᆞᆼ을남경의ᄂᆞᆺᄎᆞᆺᄒᆞ매태부인이병을랑
사의셔ᄎᆞᆯᄒᆞᆫ시니향년이칠십이셰라ᄎᆞᆫ탈년의ᄎᆔ
ᄒᆞᆫ부의ᄃᆞ려참지정ᄉᆞ굴ᄒᆞ야황ᄂᆞᆫ충궁을굽
광ᄒᆞᆨ태우태ᄉᆞ로ᄒᆞᆼ셔평결상셔평ᄒᆞᆼ즉궁을ᄒᆞᆨ
즁ᄒᆞᆫ황비ᄂᆞᆫ위국태부인을ᄒᆞ니이에ᄎᆞ조ᄎᆔ을
ᄃᆞᆯ러ᄀᆞᆯ오뒤오회라션을ᄒᆞ매보리아니미업ᄉᆞ되
더되며셜ᄒᆞ미ᄎᆔ가이시므니예덕ᄒᆞ미라내의황ᄋᆞᆫ
ᄎᆞᆼ증의웃ᄒᆞᆫ다태부인의ᄀᆞᄅᆞ치시미ᄎᆞ의기ᄅᆞ리잇
ᄂᆞᆫ밧자굴아올라뫼ᄒᆞ의ᄆᆡᄒᆞ야금ᄎᆞ조ᄎᆔ덕이박호
졀을온젼이ᄒᆞᄂᆞᆫ조션을옥되게아니ᄒᆞ미금부러

곤범(壼範) 三　12b

시니강남명족이라즁겸ᄒᆞᆯ인ᄒᆞ야네되잇ᄂᆞ니
라최염의복창현태군을봉ᄒᆞ엿더니후에칭
셩태군을봉ᄒᆞ니라그집의셔젹무신ᄎᆡᄅᆞᆯ집다ᄉᆞ
리믈건약히ᄒᆞᆯ고로호ᄃᆞᄉᆞ시ᄒᆞ야ᄌᆞ리나리아니
케ᄒᆞ여ᄀᆞᆯ오ᄃᆡ내아희능히셰상의합ᄒᆞ쳐아닐거
시니검박ᄒᆞᆫ믈ᄲᅢ환난의이실배라ᄒᆞ더라그후최
이롱의귀향갈셰태부인이언쇠ᄌᆞ약ᄒᆞ야ᄀᆞᆯ오ᄃᆡ
집이녜브터빈쳔ᄒᆞ니라나ᄂᆞᆫ이러매쳐ᄒᆞ미니ᄋᆞ
네능히평안이너기면내ᄯᅩ평안이너기리라ᄒᆞ시더라
쳘즁이죽ᄋᆞ시믈브터이십년의최비조손녹을어더
봉양ᄒᆞᆯᄯᅢ열ᄌᆞ족희예벼ᄉᆞᆯ이조뎡의참예ᄒᆞ야낭

곤범(壼範) 三　12a

발ᄒᆞᆫ재앗나냐 오회라 그ᄆᆞᄋᆞᆷ이 인의ᄒᆞᆨ ᄒᆞᆫ미ᄃᆡ이ᄯᅢ
네부친의ᄒᆞᆨ이 실ᄒᆞᆷ을 알오미니 네 그ᄯᅳᆯ ᄯᅡ라 ᄃᆡ강양
친을 반ᄌᆞ시 ᄒᆞᆼ셩ᄒᆞᆯ거시 아니라 ᄒᆞᆺᄀᆞᆯᄀᆞ ᄒᆞᆯ니ᄒᆞᆫ
미비록 사ᄅᆞᆷ의게 너비 못ᄒᆞ나 그ᄆᆞᄋᆞᆷ이 언에 ᄃᆞᆺ겁게
ᄒᆞᆫ무ᄅᆞᆯ 모ᄅᆞ ᄒᆞᆯ거시니 ᄯᅢ ᄂᆞᆼ히 너ᄅᆞᆯ ᄀᆞᄅᆞ치디 못ᄒᆞ나
이거시 다 너의 부친의 ᄯᅳᆺ이니라. ᄒᆞ셔 ᄂᆞᆯ 취ᄋᆞᆯ 리록
ᄒᆞ야 감히 니ᄌᆞ디 못ᄒᆞᆯ와 셜ᄉᆞᆼ이 힘ᄡᅥ ᄒᆞᆨ ᄒᆞ야 ᄒᆞᆼ령
삼년의 진ᄉᆞ 급뎨ᄒᆞ야 ᄐᆡ ᄌᆔ 관당을 ᄌᆞ으시니 나
히 오십구니 상강의 영장ᄒᆞ니라. ᄐᆡ부인 셩은 뎡
시니 강남 명족이라 ᄌᆞᆼ검ᄒᆞᆫ 인의 ᄒᆞ야 네 되이ᄂᆞᆫ니
셩ᄐᆡ군을 봉ᄒᆞ니라 그집의셔 져므신 ᄯᅢ로 집 다ᄉᆞ

곤범(壼範) 三　11b

난지와니ᄆᆞᆺ내나ᄒᆞᆯ이업거니와혹ᄀᆞᄒᆞ야살올ᄒᆡ
이쳐ᄀᆞ티아니ᄆᆞᄋᆞᆷ내죽으면ᄉᆞ재엇디ᄒᆞᆯ이이시리오ᄒᆞᆫ
리오ᄃᆡ강살기ᄅᆞᆯ구ᄒᆞ야도오히려죽ᄂᆞᆫ디니죽기쉽
거ᄃᆞᆫ쳬상사ᄅᆞᆷ은더ᄋᆞᆺ시그죽음을ᄌᆞ리ᄅᆞᆯ구ᄒᆞᆯ거시라
ᄒᆞ더라옷ᄆᆡ너ᄅᆞᆯ안ᄌᆞ쳣ᄂᆞᆫ양을보시고인ᄒᆞ야ᄀᆞᄅᆞ텨
탄식ᄒᆞ야ᄀᆞᆯ오ᄉᆡ셰ᄉᆞᆯ재ᄂᆞᆯ보리내아희ᄉᆞᆯ의다ᄉᆞᆺ
ᄅᆞ면장ᄎᆞᆺ죽으리라ᄒᆞ니그말이올ᄒᆞᆫ줄ᄭᆡ다라너의
쳥니ᄇᆞᆫᄒᆞᆫ물미쳐보디못ᄒᆞ리라ᄒᆞᆫ인ᄒᆞ야ᄂᆡᄎᆞᆷ지ᄒᆞᆨ
의마ᄋᆞᆷ이ᄂᆡ의이말ᄅᆞᆯ아희ᄌᆞ려니ᄅᆞ라ᄒᆞ더라ᄀᆞᆺᄇᆞᆺ게
ᄌᆞᆯ이ᄅᆞᆯ을ᄂᆡ농히아니못ᄒᆞ나지ᄇᆡ의거ᄒᆞᄆᆡ장ᄒᆞᆫ
아ᄒᆞᆨ미ᄉᆞᆫ배업ᄉᆞᆯ그ᄒᆞᄂᆞᆫ일이이ᄀᆞᆺᄒᆞ니진실로ᄎᆞᆷ을

곤범(壼範) 三　11a

비ᄅᆞᄉᆞᄒᆞᆯ두번보매뫼ᄒᆞ리셔ᄅᆞ상ᄉᆞᄅᆞᆯ디내매ᄆᆞᄎᆞᆷ
그러ᄒᆞᆯ가ᄒᆞ엿더니그후며양그러ᄒᆞ야죵신토록ᄒᆞ니
국매일죡그러리아ᄂᆞᆯ적이업ᄉᆞ니내비록미쳐즈ᄂᆞ
ᄅᆞᆯ섬기디못ᄒᆞ나일ᄌᆞᆨ브터네부친의ᄒᆞᆫ양ᄒᆞᆷ을
아노라ᄒᆞ시더라네부친이단원이되매밤의혹하의셔
부셔ᄅᆞᆯ보다가탄식ᄒᆞ고여러번덥거ᄂᆞᆯ내부ᄅᆞᆯ대
ᄅᆞᆯ오ᄅᆡ이ᄂᆞᆫ혹울옥시라내그살울죠리ᄅᆞᆯ구ᄒᆞ되
어ᄉᆞ리못ᄒᆞᄂᆞ라ᄒᆞ거ᄂᆞᆯ내ᄅᆞᆯ오ᄅᆡ살기ᄅᆞᆯ구ᄒᆞᆯ거ᄉᆞ라
ᄒᆞᆯ대ᄅᆞᆯ오ᄅᆡ그살기ᄅᆞᆯ구ᄒᆞ야ᄆᆞᄎᆞᆷ내어ᄉᆞ리못ᄒᆞᆫ뎍즉
ᄂᆞᆫ자와나못내다ᄒᆞᆯ이업거니와혹구ᄒᆞ야살울죠리
리오대강살기ᄅᆞᆯ구ᄒᆞ야ᄅᆞ오히려죽ᄂᆞᆫ리니죽기쉽

곤범(壼範) 三　10b

을 아ᄂᆞ니 너의 ᄌᆞ라믈 기ᄃᆞ리미 잇ᄂᆞ라 내 네 집의 ᄯᅥ나리
되 믈브터 미처 ᄌᆞ고ᄆᆞᆯ 셤기디 못ᄒᆞ니 내 너의 부친
의 구러ᄒᆞ나 능히 효양ᄒᆞ던 줄을 아ᄂᆞ니 네 근독ᄒᆞᆷ을 어려
시니 내 능히 너의 반ᄃᆞ시 셩닙ᄒᆞᆯ 줄을 아디 못ᄒᆞ
나 그러ᄒᆞ나 너의 부친이 반ᄃᆞ시 ᄒᆞ아 이실 줄 아ᄂᆞ라 내
비로소 오거ᄒᆞ매 너의 부친이 모상을 ᄀᆞ리 ᄶᅧ 연니겨 옷
회 ᄀᆞ리 낫ᄂᆞ리라 ᄎᆡ시 ᄎᆡ ᄉᆞ면 반ᄃᆞ시 톄읍ᄒᆞ야 ᄀᆞᆯ오ᄃᆡ ᄎᆡ
ᄉᆞ 즐ᄅᆞᆷ 비히ᄒᆞ미 봉양을 ᄀᆞ티ᄒᆞᆷ만 ᄀᆞᆺ디 못ᄒᆞ니라
ᄒᆞᆯᄅᆞ ᄌᆞ시 음식을 바ᄃᆞ면 톄읍ᄒᆞ야 ᄀᆞᆯ오ᄃᆡ 네 난상ᄒᆡ
보ᄎᆞᆨᄒᆞ더니 이제 옷여ᄒᆞᆯ ᄃᆞᆯ 그어스리 미ᄎᆞ리오ᄒᆞ니 내

곤범(壼範) 三　10a

ᄒᆞᆯ ᄒᆞ미 아니라 ᄯᅢᄭᅢ기 ᄒᆞ리미 이시미라 ᄒᆞᆫ [illegible] 불힝ᄒᆞ야
난니 네 희예ᄅᆞ외 되니 태부인이 졀을 딕희여 ᄉᆞᆯ벙
쳬ᄒᆞ야 가난을 이긔여 의식을 힘ᄡᅳ며 ᄌᆞ식을 기ᄅᆞ며
ᄀᆞᄅᆞ쳐 셩인ᄒᆞ기예 니ᄅᆞ게 ᄒᆞ시더라 태부인이 ᄌᆞ희
날려 ᄀᆞᄅᆞ쳐오샤ᄃᆡ 네 부친이 단원이 되매 평념ᄒᆞᆫ 녹
기ᄅᆞᆯ 조히 너겨 그 녹봉이 비록 박ᄒᆞ나 더옥 시ᄒᆞ야금
남ᄋᆞᆫ 거시 업게 ᄒᆞ야 ᄀᆞᆯ오ᄉᆡ 일ᄌᆞᆨ ᄡᅥ 내게 ᄡᅥ 되게 말라
ᄌᆞᆫ지 니ᄅᆞᆯ 픔의 더ᄒᆡ 옷거시 되라 말이니라 ᄒᆞᄂᆞᆫ ᄀᆞᄅᆞ ᄌᆞ옹ᄆᆡ ᄒᆞᆯ지 아뵈 더ᄒᆞᆫ 거시라
ᄒᆞᆫ 어ᄉᆞ덕의 심은 거시ᄡᅧ ᄉᆡᆼ니ᄅᆞᆯ ᄒᆞᆯ 거시 업ᄉᆞ니 내 ᄆᆞᄋᆞᆷ
어ᄉᆞᆯ미 더 ᄂᆞᆼ히 ᄉᆞᆯ디ᄋᆡᆨ 희리 오ᄂᆡ 너의 부친의 ᄒᆞᆫ ᄌᆞ일
되ᄆᆞᆯ브터 미처 ᄌᆞᆷᄀᆞᆫ 셤기디 못ᄒᆞᄂᆞ니 너의 부친

곤범(壼範) 三 9b

일ᄌᆞᆨ 쯧의 맛당히 못ᄒᆞᆯ가 ᄒᆞ려 ᄒᆞ니 진실로 어려운자
ᄅᆞᆯ 마ᄂᆞ니 못ᄒᆞ야 ᄎᆡᄉᆞᆨ의 봉상ᄒᆞᆯ 사ᄅᆞᆷ을 ᄲᆞᆨᄒᆞ면
이ᄂᆞᆫ ᄒᆞ야 즘ᄇᆞᆺ그려 옴다 ᄭᆞᆨ을 먹음어 ᄲᆞ ᄆᆞᆯ ᄎᆡᄅᆞᆯ ᄒᆞᆯ
니라 이 그ᄅᆞᆺ 음물 ᄒᆞᆯ ᄒᆞᆯ 그쳐 방맛니 아니 ᄒᆞᄆᆞᆯ ᄒᆞᆯ디
아니 ᄒᆞᆫ ᄂᆞ라 그나 기ᄂᆞᆫ 가오 신ᄅᆞᆨ 그쉴ᄉᆞᆯ이 오ᄌᆞᆨ 기ᄂᆞᆫ 원
ᄌᆞᆼ을 ᄅᆞᆨ이 월ᄉᆞᆯ 병인이니 이 젼쳔 영ᄌᆞᆼ 녀 휘장ᄒᆞᆫ
니라 ᄉᆞᆨ복이 ᄂᆞᆫ 괴 ᄅᆞᆨ ᄒᆞᆫ ᄂᆞ라

상강편 ᄌᆞ

의편 (권지일이 도ᄀᆞ뎐 운경셔와 송졀뎐 인말 ᄉᆞᆷ을 ᄉᆞ화 올나ᄂᆞᆫ이 졈은 외뎐이라 일ᄒᆞᆫ ᄒᆞ고 ᄀᆞᆷ뎐 부인의 항젹 ᄀᆞ을 ᄀᆞ리 ᄒᆞᆫ ᄂᆞ라)
오회라 오리 황ᄌᆞ ᄎᆞᆼ중이 길니 ᄅᆞᆯ 상강의 덩ᄒᆞᆯ ᄂᆞᆨ 십
년의 그아 ᄌᆞᆯᄎᆞㅣ 비로소 그 언덕의 ᄌᆞᆨ ᄒᆞ니 (ᄌᆞᄂᆞᆫ) 모ᄌᆞ 감히 완

곤범(壼範) 三 9a

ᄌᆞ셩을블러사ᄅᆞᆷ마다경계ᄒᆞᆯ어린자ᄃᆞ어ᄌᆞ모
쳐보려니아이오명이진ᄒᆞ니오회라이비록녀칙ᄋᆞᆫ
편리가온ᄃᆡᄒᆞᆯ이인이라그ᄂᆞᆸ둔시견다ᄒᆞᆨᄂᆞᄒᆞᆯ힝
실로ᄒᆞ야ᄀᆞᆫ향연을ᄒᆞ면ᄌᆞ희ᄲᅮ이ᄅᆞᆯᄉᆞᆷ이ᄃᆞᆯ
리ᄅᆞ롱ᄌᆞᆨ을ᄀᆞ라ᄒᆞᆷ아쳔ᄀᆞ의어딘부녀로더부러
빗ᄂᆞᆯ간칙의도리ᄅᆞᆯ거시어ᄂᆞᆯᄇᆞᆯ횡이명이자ᄅᆞᆨ
니롱ᄒᆞᆯᄒᆞᆯ매어리ᄒᆞ리오ᄆᆞᄂᆞᆫ사ᄅᆞᆷ이ᄒᆞ라갈바ᄅᆞᆯ
어리못ᄒᆞᆯᄂᆞᆫ실ᄒᆞ리이ᄂᆞᆫᄒᆞᆯᄅᆞᆯᄀᆞ려리아니라ᄒᆞ
ᄂᆞᆫ니이그아비로려부러셩현을스승삼아시러ᄒᆞᆯ매
일ᄌᆞᆨ뜻의맛당티못ᄒᆞᆯ가ᄌᆞ려ᄒᆞ니진실ᄒᆞᆯ어린자

이ᄂᆞᆫᄒᆞ야ᄌᆞᆷ못ᄌᆞ려옴다ᄉᆞᆨ을먹음어ᄲᅵᄆᆞᆯᄭᅴᄅᆞᆯᄅᆞᆯ

곤범(壼範) 三 8b

ᄒᆞ야나ᄆᆞ리ᄌᆞᄅᆞᆯ어ᄃᆞᆯ믈ᄲᅧ셔방맛나니아니믈ᄒᆞ니
못ᄒᆞ엿ᄂᆞ라ᄒᆞ니마리못ᄒᆞ야ᄂᆞ리와ᄀᆞᆺᄒᆞᆯ서일죡의
논ᄒᆞᄂᆞᆫ배이시면ᄎᆞᆷ아ᄒᆞ야곰ᄃᆞ려알게ᄒᆞ니지께
그블설ᄒᆞᆫ믈혜아리미러라어믜상ᄉᆞ에거상ᄒᆞ매
ᄉᆞᆯ초믈ᄀᆞᆨ진이ᄒᆞ야비록네ᄃᆞᆨ호ᄒᆞᆫ션비라도
리나니못ᄒᆞᆯ러라ᄃᆞ러여의췌ᄒᆞᆫ믈ᄲᅥ병ᄃᆞ러임
의혁ᄒᆞᆫ매이그ᄯᅳᆺ울평안케ᄒᆞ미업ᄉᆞᆫ믈블상ᄒᆞ
야날러ᄀᆞᆯ오되네ᄌᆞ의ᄀᆞᆯᄃᆞᆺ기ᄀᆞᆯ긋거ᄒᆞᄂᆞ니라네너
ᄀᆞᆯ위ᄒᆞ야나ᄀᆞ리라ᄀᆞᆯ오되어니일죡이ᄀᆞᆨ리니
아니ᄒᆞᆫ보내이졋ᄒᆞᆷᄒᆞᄂᆞ니라네죽으매갑ᄒᆞ미업ᄉᆞ
되ᄒᆞᆯᄀᆞ거상울이긔니못ᄒᆞᆫ믈ᄒᆞᆯᄒᆞᄂᆞ라ᄒᆞᆯ형데

곤범(壼範) 三　8a

ᄎᆔ향이 ᄌᆞ절ᄒᆞ야 말ᄉᆞᆷ을 발ᄒᆞᆯ 일을 헤아리매
머리사ᄅᆞᆷ의 의ᄉᆞ의 ᄢᅱ여나ᄆᆞ 홍이ᄅᆞᆯ ᄅᆞᆨ평안이 안
자연이 져게 ᄒᆞᆷᄀᆞᆺ더라 일ᄋᆞᆯ 초ᄀᆞᆯ 나리기ᄅᆞᆯ 국ᄅᆞ리
아니ᄒᆞ되 ᄉᆞᄉᆞᆯ ᄀᆞᆯ ᄯᅳᆺ을 ᄅᆞ홍ᄒᆞ니 거죽이 ᄉᆞ랑ᄒᆞᆯ
홍히 너기더라 ᄣᅡᆨ을 ᄀᆞᆯ 히매 그칭ᄒᆞᆯ 자ᄅᆞᆯ 엇ᄀᆞ쇠
ᄒᆞ니 그 아비 일ᄋᆞᆯ 홍ᄒᆞᆷ이 ᄊᆡ의 홍ᄒᆞ야 아ᄂᆞᆫ 거시라 ᄒᆞᄂᆞ니 ᄂᆞᆫ
거시 현하의 현만ᄒᆞ니 옷식ᄒᆞᆯ 재라 그 몬의 나기ᄅᆞᆯ
원ᄒᆞ슈리라 방국ᄒᆞ연 디질ᄃᆞᆯ 년의 가ᄒᆞᆯ 재업ᄉᆞᆯ니
라 임의 ᄌᆞ라 매 친족이라 ᄲᅧ 군심ᄒᆞᆯ ᄌᆞ귀라 ᄀᆞᆯᄒᆞ나
ᄒᆞ야 나홍되 ᄌᆞᄀᆞᆯ 어ᄃᆞᆯ ᄆᆞᆯ ᄲᅧ셔 방맛ᄀᆞ리이니 ᄆᆞᆯ홍리
[illegible]
ᄂᆞᆫ ᄒᆞᄂᆞᆫ 배이시면 홍ᄉᆞᆷ아 ᄒᆞ야 ᄀᆞᆷ ᄃᆞ려 알게 ᄒᆞ니 ᄯᅵ게

곤범(壼範) 三 7b

이ᄯᆡ예 날려ᄀᆞᆯ오샤ᄃᆡ 오ᄂᆞᆯ이 ᄇᆡᆨ오니 (ᄇᆡᆨ옥ᄒᆞᆫ 식이라) 날을원ᄒᆞ

야복고져ᄒᆞ노라 니연의ᄂᆡ다시져ᄒᆞᆯ미치못ᄒᆞ

리라 ᄒᆞ시더라 부인이 경덕원년갑진십월십

삼일의ᄃᆡ원ᄎᆞ회ᄒᆞ나샤 황오ᄉᆞ연임진이월십팔

의강녕ᄎᆞ회셔죽으시니 향년이ᄉᆞ십구니 비록죡

안현궁을봉ᄒᆞ야겨시더니 미ᄉᆞ후의상국궁을죡

봉ᄒᆞ시니라

ᄒᆞ녀명시묘 (이현션ᄉᆡᆼ이ᄎᆞᆫᄒᆞ지으시니라)

ᄒᆞ녀명시ᄂᆞᆫ ᄎᆞ례ᄉᆞᄆᆞᆯ아ᄒᆞᆸ재니 옥ᄉᆞᆼ명신 휘우의

휘오 증명시ᄉᆞᆼ호의녜니 어려셔장엄ᄒᆞ고 오ᄒᆞᆫ말

ᄉᆞᆷ가우유을망녕도이아니ᄒᆞ고 도ᄌᆞᆨ이ᄉᆞᄯᅢᄒᆞᆯ

곤범(壼範) 三 7a

식다 님네 졉됴머러 영웅의 긔운이 잇ᄂᆞᆫ디라 부인의아
ᄋᆞ가(가ᄂᆞᆯ 일홈) 쉐 상명 옥골일 굴ᄒᆞᆺ 나치 조와 지혜 심히 놉
ᄒᆞ되 상해 ᄒᆞᆺ굴 닐러 부인 만ᄀᆞᆺ티 못ᄒᆞᆯ와 ᄒᆞ더라 부
인이 져머 실 쳬예 질병이 만하 ᄒᆞᆺ양ᄒᆞᆯ 법을 ᄌᆞ히
너겨 ᄌᆞ못 그ᄒᆞᆫ 쳠ᄂᆞᆯ을 보시더라 션중을 조차 녕의 예
겨시더니 우연이 댱녀의 병드러 복녁ᄒᆞᆯ ᄌᆞ디 ᄋᆞᆯ
셔도 동의 병이 듕ᄒᆞ시매 의원을 불러 믹을 뵈
니 가히 굿티리라 ᄒᆞ니 ᄃᆞᆯᄒᆞᆺ시고 이ᄌᆞᄒᆞ여 닐러 ᄀᆞᆯ오샤
ᄃᆡ 너희 ᄆᆞᆯᄋᆞᆯ ᄉᆞ긴다 ᄒᆞ시더라 니ᄃᆞ 명ᄒᆞ시던 젼일ᄂᆞᆫ의
이ᄌᆞᄒᆞ여 닐러 ᄀᆞᆯ오샤ᄃᆡ 오ᄂᆞᆯ이 번 ᄋᆞᆺ니(빅 오ᄉᆞᆯ한 식이라) 날을 원ᄒᆞᆫ
리라 ᄒᆞ시더라 부인이 경덕 원년 갑진 십월 십

곤범(壼範) 三 6b

옹옹라ᄌᆞ랑 을 옹ᄋᆞ이ᄌᆞ랑을니ᄅᆞᄂᆞᆫᄃᆞ라

조시ᄉᆞ모미 라 일ᄌᆞᆨ이근심ᄒᆞ야ᄌᆞᆷ이업ᄉᆞ니라

ᄒᆞᆯ믄의뎐상 을 ᄒᆞᆯ연이ᄃᆞᄒᆞ니져ᄆᆞᆫ ᄒᆞᆯᄉᆞ라

낭인사셔외 오 ᄉᆞ나희ᄂᆞᆫ사시밧겨ᄉᆞ치오

거쳡ᄉᆞ중방 라이 나ᄌᆞᆨ된쳡은뷘방을기ᄀᆞ희여ᄉᆞᄂᆞ다

옥거회믄신 나ᄒᆞ 회믄을신을븟티ᄀᆞ져 ᄒᆞ나

ᄎᆞᄀᆞᆼ부여랑 고 뉘능히네게븟텨가져가게ᄒᆞᆯ고

ᄉᆞ외ᄀᆞᆯ니ᄅᆞ우시매갓사ᄒᆞᆯ난역의이ᄅᆞᆯ을보시면엇

ᄀᆞ시쳑을더ᄇᆞ로분란ᄒᆞ시며ᄀᆞᆼᄒᆞᆯᄒᆞᆯ절의예일

을보시면ᄒᆞᆷᄯᅳᄒᆞ시기ᄅᆞᆯ마ᄂᆞ아니시ᄂᆞᆫ일ᄌᆞᆨ일ᄀᆞᆯᄎᆞ

시되당태종의용쳑어거ᄒᆞᆯᄌᆞᄅᆞᆯ어ᄃᆞ라ᄒᆞ니그지

곤범(壼範) 三 6a

곤범(壼範) 三 5b

보뷔ᄅᆞᆯ 보ᄂᆞ니라 부인이 ᄀᆞᆯ오샤ᄃᆡ 더옥 됴타 ᄒᆞ실 ᄯᆞᄅᆞ
ᄒᆞ야 ᄀᆞᆯ오ᄃᆡ 귀미 보ᄇᆡᄂᆞ 이라 보ᄇᆡ 잇ᄂᆞ냐 그ᄅᆞ라 ᄒᆞ
시니 집안 사ᄅᆞᆷ이 귀미 잇다 말을 못ᄒᆞᆯ 지미 ᄯᆞᄅᆞ ᄒᆞ다
시현영ᄒᆞᆫ 일이 업더라 부인이 사ᄅᆞᆷ 아는 감식이 잇
더니 강웅명이 신동이라 ᄀᆞᆯᄒᆞ니 송적의 아희 일뵌 사ᄅᆞᆷ을 모화 글ᄒᆞ는 일홈 둔 신동 재라
라ᄒᆞ 사ᄅᆞᆷ이 다 ᄌᆞ아 귀경ᄒᆞ더니 부인이 ᄀᆞᆯ오샤ᄃᆡ 원 ᄃᆞ
ᄒᆞᆯ 그ᄅᆞᆺ시 아니라 ᄒᆞ시더니라 연죄 ᄀᆞᆯ해 ᄒᆞ니라 이의
형뎨 어려 신칙의 부인이 ᄀᆞᆯ ᄂᆡ티기ᄅᆞᆯ 힘ᄡᅳ라 ᄒᆞ시ᄂᆞᆫ
ᄒᆞ야 됴희예 ᄡᅥ ᄀᆞᆯ오샤ᄃᆡ 뎌ᄂᆞᆫ 즙ᄃᆡ 뎡연ᄒᆞ오 연ᄒᆞ오ᄂᆞᆫ 명을 오 명이라
버거 난 죄 ᄉᆞ라 ᄒᆞ야 겨시더니 미셕 형은 즙ᄃᆡ ᄒᆞᆯ 이언
지 죄 미리 못ᄒᆞ기ᄅᆞᆯ 다 거ᄅᆞᆯ ᄀᆞᆺ치니 보아 ᄒᆞᄂᆞᆯ 부인이

욕ᄀᆞᆯ오ᄉᆞ 원망을 아니ᄒᆞ더라 쳐엄 당양의 오거ᄂᆞᆯ
야 실쳐 갈시의 집의 비러이시니 집각 흰 낡은 한미
조약ᄒᆞ야 젼ᄒᆞ에 그집에 ᄃᆞ니리ᄅᆞᆯ 이너기디 아니리
업더니 부인이 뒤졉ᄒᆞ미 도리ᄅᆞᆯ ᄒᆞ시니 ᄃᆞᆯ혀 브
도랍보어 긴니라 밋을 마가매 그노리 쾌웁ᄒᆞ야 싱각
ᄒᆞᆯ 마리 아니ᄒᆞ더라 부인이 빈악ᄒᆞ기예 졍안ᄒᆞ
야 의복이 검소ᄒᆞᆯ 친쳑이 서로 사치ᄅᆞᆯ 숭상ᄒᆞ믈 보
시나 옷의 ᄒᆞ시ᄂᆞᆫ 배어ᄇᆞᆺ시더라 녀룡의 겨신 채 각가
집의 귀미 만흐리라 시비ᄅᆞᆯ ᄒᆞ야 ᄀᆞᆯ오ᄃᆡ ᄀᆞ이 ᄒᆞᆯ 거시
부쾨ᄅᆞᆯ 보ᄂᆞᆫ이라 부인이 ᄀᆞᆯ오사ᄃᆡ 뎌 ᄃᆡ답ᄒᆞ라 ᄒᆞ신 쓰ᄅᆞ
시니 집안 사ᄅᆞᆷ이 귀미 이라 말을 ᄆᆞᆺᄒᆞᆯ 귀미 쓰ᄒᆞ다

다벗을조차놀라ᄒᆞ야비록가난ᄒᆞ야도죽ᄒᆞᆷ을쳥
ᄒᆞ여ᄒᆞ면깃거워ᄒᆞ야음식을ᄎᆞᆯ쏠을굿티
ᄆᆡ당이조ᄯᅵ가의녀계로ᄡᅥᄒᆞᆯ미양집사ᄅᆞᆷ을
국텨ᄀᆞᆯ오ᄃᆡ사ᄅᆞᆷ의착ᄒᆞᆫ일을볼ᄯᆞᆯ이ᄂᆡ것
ᄃᆡᄒᆞᆫᄯᅢ반ᄃᆞ시ᄉᆞ랑ᄒᆞ기ᄅᆞᆯ더으라ᄒᆞ더라쳔ᄌᆞᆼ이
녀롱의위ᄅᆞᆯ라ᄒᆞ야ᄂᆡ양의오거ᄒᆞᆯ셔ᄆᆞᄅᆞᆷ즉부
셰벼ᄉᆞᆯ을ᄀᆞ라ᄡᅳᄂᆞᆫ식귀심히만하옹되ᄇᆞ죡ᄒᆞᄃᆡ
부인이경영ᄒᆞ야ᄌᆞᆼ리ᄒᆞ미엄ᄒᆞ더라쳔ᄌᆞᆼ이그(도라와)ᄒᆞᆫ
ᄆᆞᆯ듯근관식ᄒᆞ야ᄀᆞᆯ오ᄃᆡ진실ᄅᆞᆯ견은의져ᄌᆞ라ᄒᆞ여
라잇ᄂᆞᆫᄃᆡ것거집사ᄅᆞᆷ이다ᄲᅳᆺ이기ᄅᆞᆯ원ᄒᆞᆯ비록

곤범(壼範) 三 4a

시안ᄎᆞᆫ겻히셔먹이시더니국을맛잇게조화ᄒᆞ면
ᄭᅮ종ᄒᆞ야ᄀᆞᆺ텨니ᄅᆞ되어려셔옷시ᇝ쥐오기ᄅᆞᆯ구ᄒᆞ
면ᄌᆞ라랑、이엇더ᄒᆞ리오비록ᄉᆞ셩ᄒᆞᆫ무리라도
사오나온말ᄉᆞᆷᄡᅮ짓게아니ᄒᆞ니그러ᄆᆞᆯ이의형졔
평ᄉᆡᆼ의의복음식의ᄀᆞᆯ힌ᄂᆞᆫ배어블능히사오나온
말ᄉᆞᆷ을ᄡᅮ짓디몯ᄒᆞ믄셩ᄌᆞᆼ이그러ᄒᆞ미아
니라실로구ᄐᆡ여그러ᄒᆞ니라사ᄅᆞᆷ을더브러ᄃᆞ토매
비록올ᄒᆞ니라도올타아니ᄒᆞ야ᄀᆞᆯ오ᄃᆡ능히ᄀᆞᆯ
리ᄭᅳᆺᄒᆞᆯ가근심ᄒᆞᆯ니언뎡능히텨니ᄭᅳᆺᄒᆞᆯ가근심
을말라ᄒᆞ시더라밋ᄌᆞᆷᄌᆞ라매ᄒᆞ여곰착ᄒᆞᆫ스승
ᄒᆞ려ᄒᆞ면깃거워ᄒᆞ야음식을ᄎᆞᆯ혀을ᄀᆞᄅᆞ티

곤범(壼範) 三 3b

시기ᄅᆞᆯᄌᆞ히너기시고셜즁이ᄯᅳᆯ의ᄉᆞ노ᄒᆞᄂᆞᆫ배이시면
반ᄃᆞ시위ᄒᆞ야ᄌᆞᆯ고오직ᄯᅩᄒᆞᆫᄌᆞ식이허ᄯᅳᆯ이이시면
더브러아ᄂᆞ더옥시ᄅᆞᆯ우희ᄌᆞ식의블쵸ᄒᆞ미그어미허
ᄯᅳᆯ을덥허아비ᄅᆞᆯᄇᆞ라게ᄒᆞᄂᆞᆯ말ᄆᆡ아ᄆᆞ미라ᄒᆞ더
라부인의아ᄃᆞᆯ이여ᄉᆞ셔이ᄂᆞᆫ배오직ᄌᆞᆯ이라주인ᄒᆞ
미지ᄀᆞ나ᄒᆞᄂᆞᆯ배ᄅᆞᆯ되ᄀᆞ리ᄂᆞ그ᄅᆞ디ᄂᆞᆫᄌᆞ리ᄌᆞ금ᄌᆞ가차
ᄒᆞᄂᆞᆫᄌᆞ리업서겨옥더ᄃᆞ어셜의ᄃᆞᆯᄂᆞᆯ쳬ᄒᆞᆨ업더
러면가인이압히나아가부ᄃᆞ러ᄂᆞᆯ라울가ᄃᆞ려ᄒᆞ
면부인이일ᄌᆞᆨ조ᄎᆞᆼᄒᆞ야ᄀᆞᆯ오ᄃᆡᄂᆞᆫ매안서히ᄒᆞ면
엇디업더디기의니ᄅᆞ리오ᄒᆞ더라음식먹으ᄆᆞᆯ쳬ᄃᆞ

곤범(壼範) 三 3a

ᄇᆞ리여시매거두어기ᄅᆞ고ᄒᆞᆯ상리나가ᄃᆞ라오리ᄭᅳᆺᄒᆞ
야그겨집이죽으니모든ᄌᆞ식이ᄒᆞᆺ터뎌사ᄅᆞᆷ을ᄯᆞ
라가고오직세셜먹은아ᄒᆡ사ᄅᆞᆷ의게거두ᄇᆡ되니아
나부인이반ᄃᆞ시죽을가ᄒᆞ여ᄒᆞ야ᄂᆞᆷ안아ᄃᆞ라옮
ᄶᅦ에모든일을가싫히만ᄒᆞᆫ디라사ᄅᆞᆷ이라슐회여ᄒᆞ
ᄂᆞᆫ빗치이시니이에ᄯᅡᆨᄅᆞᆷ먹여살왓더니그아비ᄃᆞ라
와사ᄅᆡᄒᆞ야ᄀᆞᆯ오ᄃᆡ다ᄒᆡᆼ이거두어기ᄅᆞ시믈힘닙
어그살기ᄅᆞᆯ어더시니원컨ᄃᆡᄲᅥᄃᆞ려가리라ᄒᆞ니부인
이ᄀᆞᆯ오ᄃᆡᄂᆡ부ᄌᆡ너ᄃᆞ라오기ᄅᆞᆯ기ᄃᆞ리니그가지ᄅᆞᆯᄒᆡ
ᄒᆞᆷ이아니라ᄒᆞ더라약믈을ᄡᅥᆫᄃᆞ라병든사ᄅᆞᆷ걸리
반ᄃᆞ시위ᄒᆞ야ᄌᆞᆯ고오직ᄆᆞ든ᄌᆞ식이허믈이이시면

쳔ᄌᆞᆼ이 그ᄃᆡ 조ᄎᆞᆯ 힘ᄡᅳ니 어ᄂᆡ 셩이 더옥 지극ᄒᆞ니 복
인이 겸손ᄒᆞ며 믈읏 ᄉᆞᄉᆞ로 져 ᄒᆞ야 비록 져근 일이라도
반ᄃᆞ시 ᄎᆞᄌᆞ ᄒᆞᆫ 후 ᄒᆡᆼᄒᆞᆯ 어길ᄉᆞ 오롯셔 ᄒᆞᆯ 너ᄅᆞᆸ블
혹 ᄒᆞ며 모든 쳐어룰 어ᄅᆞᆷ쳐 ᄉᆞ랑ᄒᆞ미 간격이
업ᄉᆞ며 종족이 어려셔 ᄀᆞ독ᄒᆞ니 부인이 거ᄂᆞ리기ᄅᆞᆯ ᄌᆞ
식 ᄀᆞᄐᆡ ᄒᆞᆯ디가 ᄒᆞ매 법이 ᄌᆞ셔 엄ᄒᆞ디 아니ᄒᆞᆫ 쥐 졍ᄌᆡ
ᄒᆞᆯ 져근 장획 보기ᄅᆞᆯ 어린 ᄯᆞᆯ ᄀᆞᄐᆡ ᄒᆞ며 ᄡᅳᆷ을 ᄌᆞ식이
혹 가칙ᄒᆞ기ᄅᆞᆯ 더은 즉 반ᄃᆞ시 경계ᄒᆞ야 ᄀᆞᆯ오ᄃᆡ
귀ᄒᆞᆫ 이 비록 나 ᄀᆞᆺᄂᆞ 사ᄅᆞᆷ인즉 ᄒᆞᆫ 가지니 네 더 만ᄎᆡ
예 능히 더 일을 ᄒᆞᆯ가 시브냐 ᄒᆞ더라 길 히 어린 아ᄒᆡ

곤범(壼範) 三　2a

녜ᄃᆞ시ᄅᆞᆯᄀᆞᄅᆞ쳐ᄀᆞᆯ오ᄃᆡ겨집이밤의나기ᄅᆞᆯ아니ᄒᆞᆫᄯᅢ
밤의나면보리은촉을잡으라ᄒᆞ니일ᄅᆞ브터나ᄌᆡ이
쳐ᄅᆞ죡방밧글나거아니ᄒᆞ더라조보인이보ᄅᆞᆫ통질
이이셔ᄌᆞᄅᆞᆯ밤의알하사ᄅᆞᆷ이아니못ᄒᆞᄂᆞᆫ더라복인이
믓ᄃᆞ려혜ᄋᆞᆸᄒᆞᆯ덕ᄋᆞ시쳐녀의ᄌᆞᆷ자기ᄅᆞᆯ아니ᄒᆞ더
라나히여ᄃᆞᆯ아홉의오히려쳔중의게ᄃᆞ라오사ᄌᆞᄅᆞ셤기
미ᄒᆞᆯᄃᆞ록ᄇᆞᆸ고삼가기ᄅᆞᆯ쌔일ᄅᆞᆺ고쳔중을더브러섬ᄀᆞ
ᄃᆡᄒᆞᆫ매빈ᄀᆡᆨ곳ᄒᆞ시더라덕된얼굴의쳥ᄒᆞᆷ믈니
외친쳑이공경ᄒᆞᆯᄉᆞ랑ᄒᆞ되아니ᄒᆞ리업서모든사ᄅᆞᆷ
이옷단ᄒᆞᆯ제왕이보ᄋᆞᆯ거ᄉᆞᆯ보리ᄀᆞ보인을보더라
인이거ᄉᆞᆫᄒᆞᆫ믈ᄅᆞ스ᄉᆞᆯ쳐ᄒᆞ야비로ᄌᆡ근이ᄅᆞᆯ이라도

곤범(壼範) 三　1b

곤범권지삼

샹국후부인뎐 이쳔션ᄉᆡᆼ이ᄂᆞᆫ 조지오시니라

부인의셩은후시니태원ᄆᆡᆼ현사ᄅᆞᆷ이라도뎌하

동ᄃᆡ셩이니부도졔옥ᄒᆞ옥을ᄲᅧ옴ᄎᆔ간도현녕이

되엿더니샹셔비부원외랑을ᄒᆞ올부ᄂᆞᆫ복챵현

ᄎᆔ군조시니부인이어려셔총명ᄒᆞ올영오ᄒᆞ기사

ᄅᆞᆷ의게디나ᄃᆞ녀ᄌᆞ의일이몯ᄒᆞᆯ일이업ᄉᆞ며셔ᄉᆞ

닑기ᄅᆞᆯ됴히너기며ᄃᆞᆼ굴너비아니간도고이ᄉᆞ랑ᄒᆞ

기ᄅᆞᆯ아ᄃᆞᆯ의게디나게ᄒᆞ야ᄆᆡ양뎡ᄉᆞᆯᄆᆞ족너ᄌᆞ로

그ᄯᅳᆺ을ᄀᆞᄋᆞᆷᄒᆞ리라그남지아니ᄅᆞᆯ관식ᄒᆞ더라쟐쳬

샹국후부인뎐 이쳔션싱이손조지으시니라

곤범(壼範) 三 (空隔紙 b)

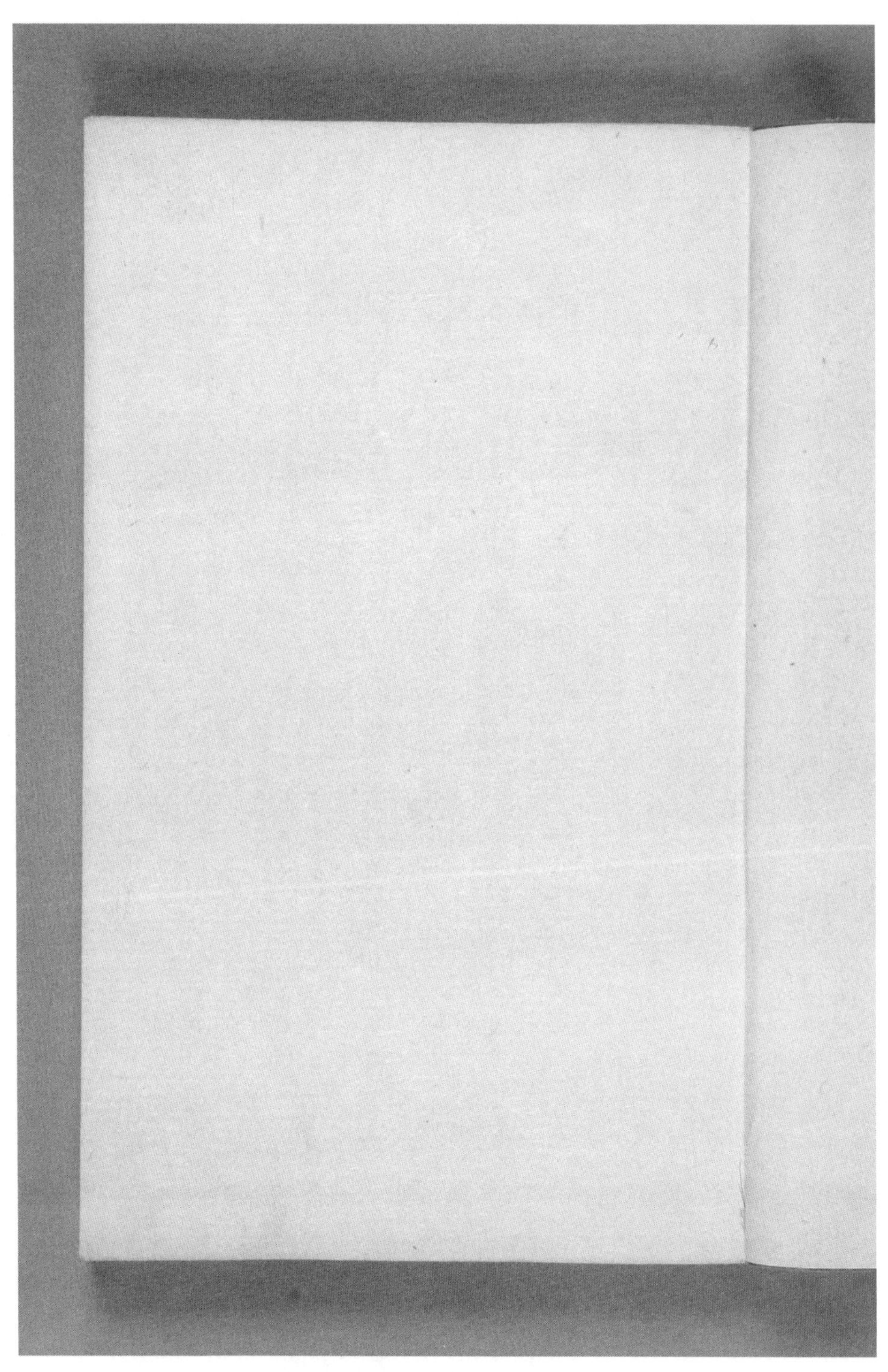

곤범(壼範) 三 (空隔紙 a)

곤범(壼範) 三 (隔紙)

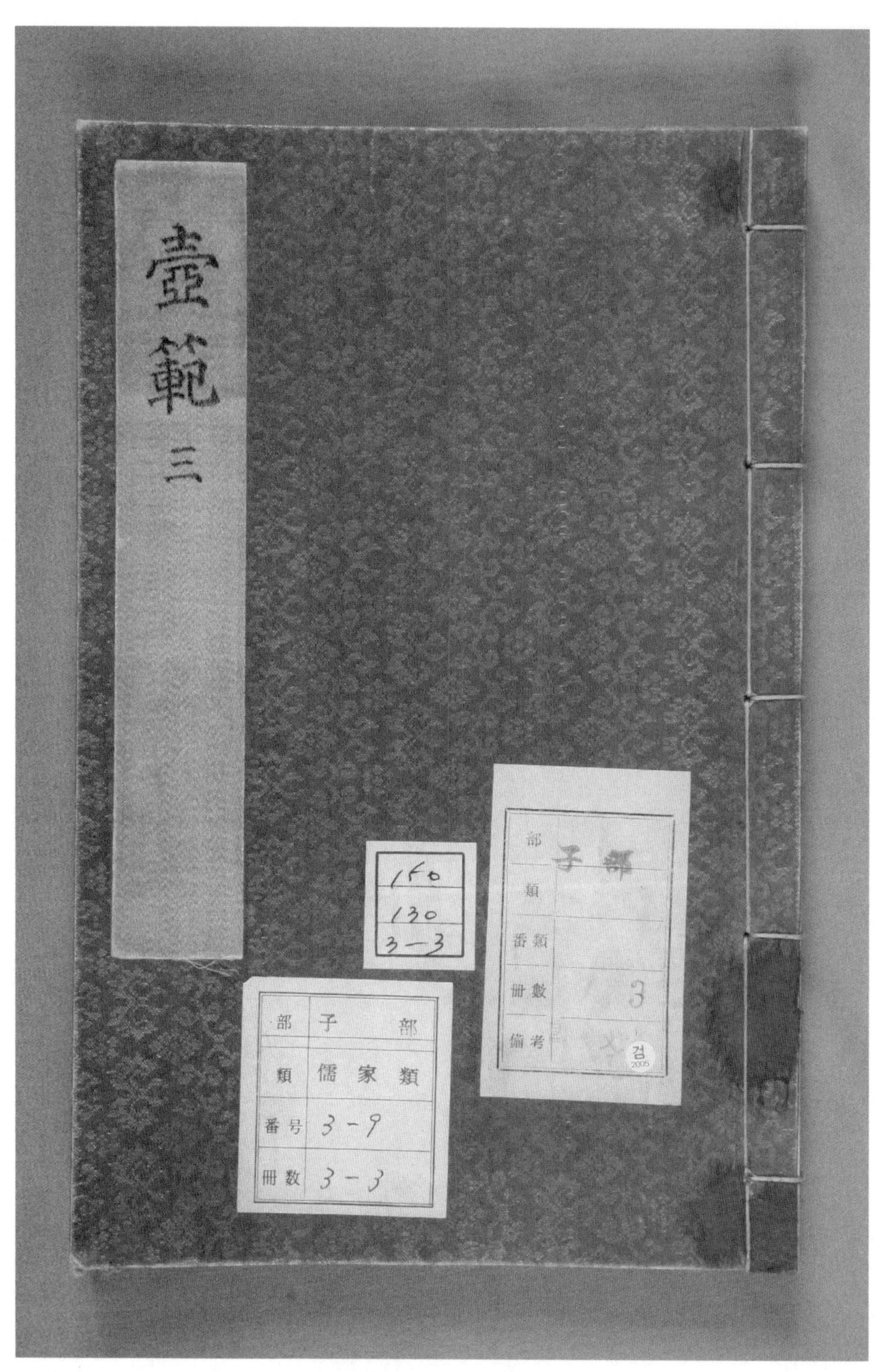

곤범(壼範) 三 외표지(앞)

곤범 (권 3)

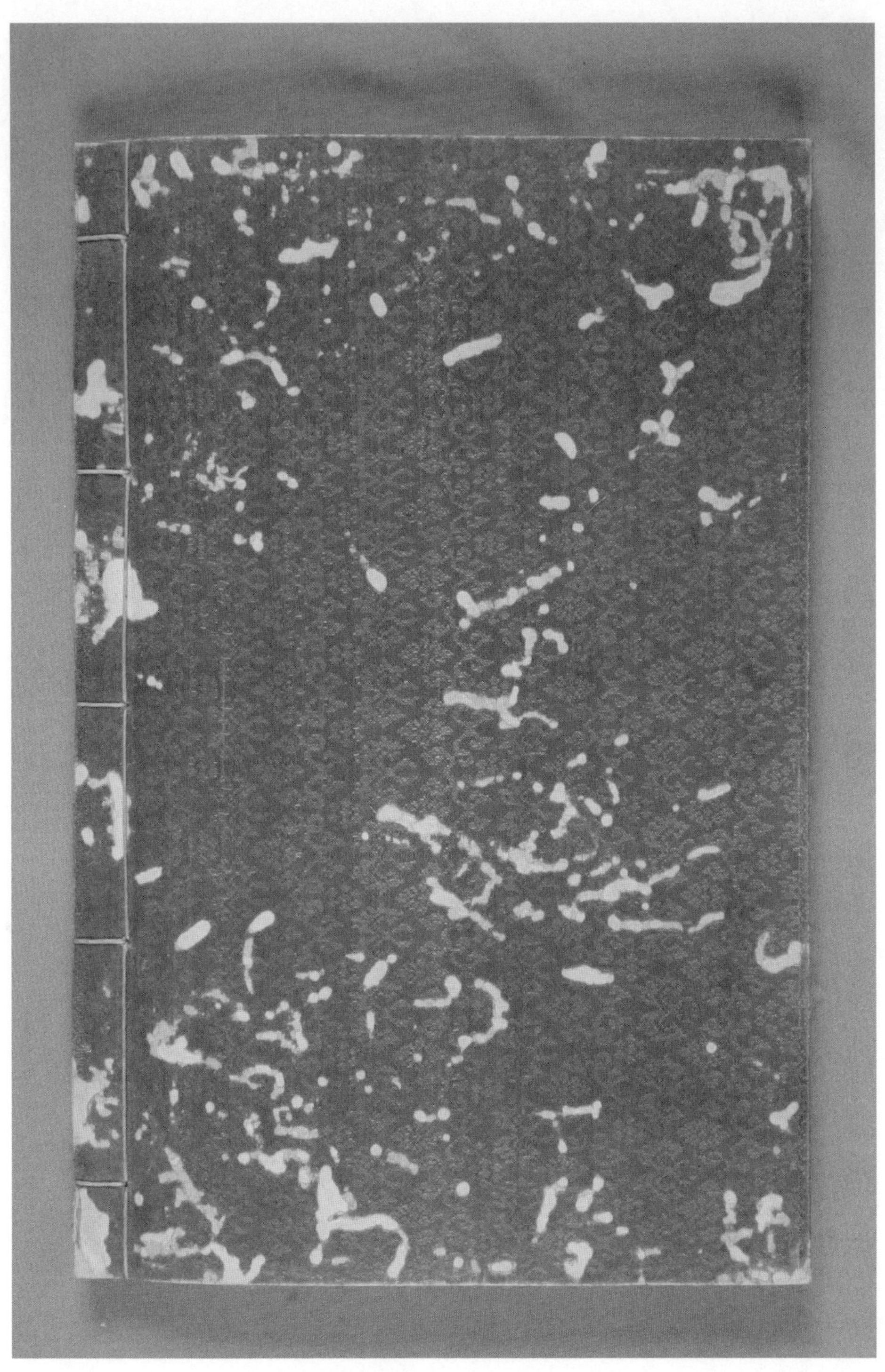

곤범(壼範) 二 외표지(뒤)

곤범(壼範) 二 (隔紙)

곤범(壼範) 二 (空隔紙 b)

곤범(壼範) 二 (空隔紙 a)

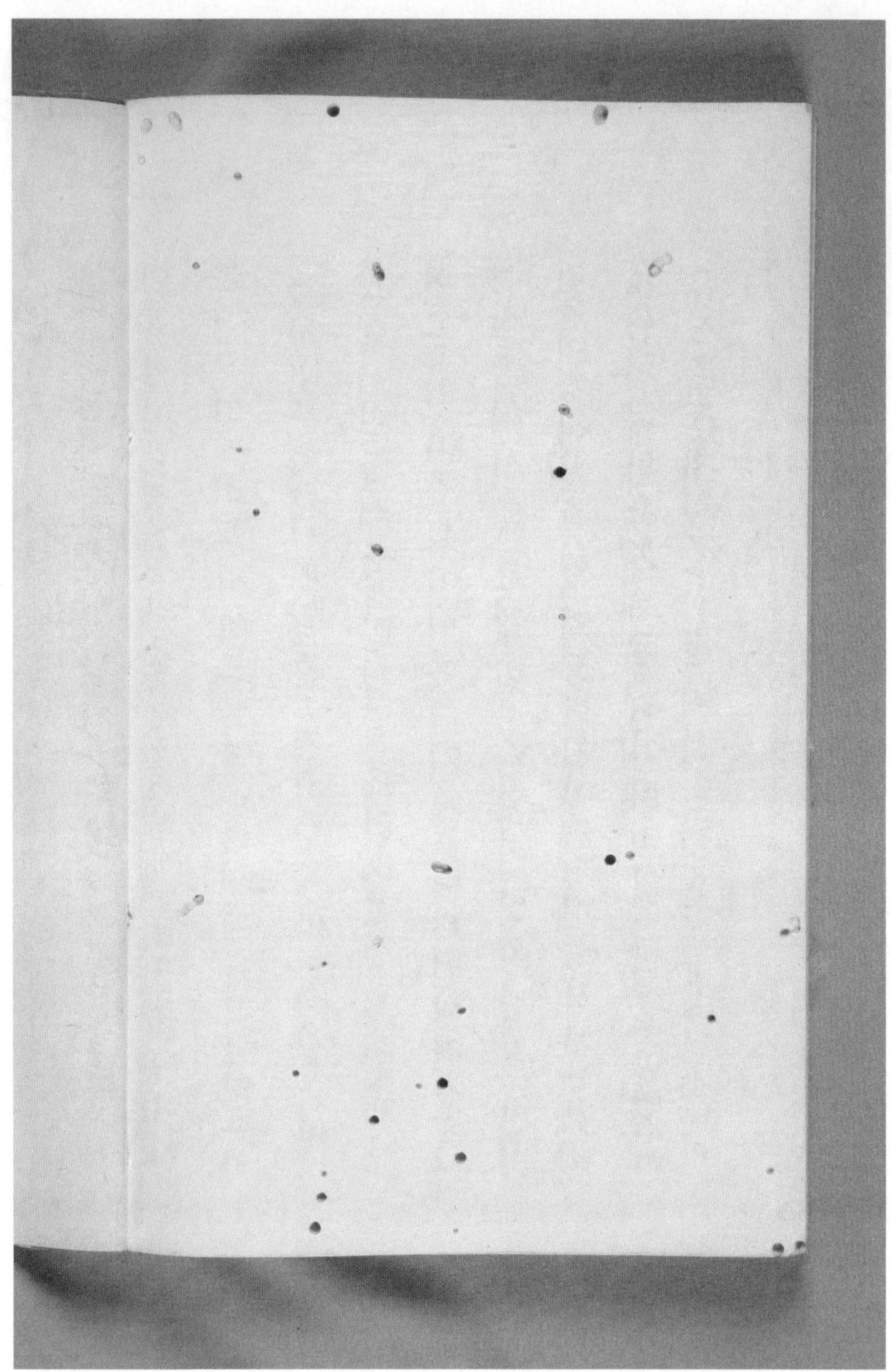

곤범(壼範) 二 56b

ᄒᆞᄂᆞ니 맛당이 녀ᄉᆞᄅᆞᆷ이 날다ᄀᆞ티 못ᄒᆞᆯ 일을 비ᄒᆞ라
말ᄅᆞ라 만ᄌᆞ동은의 ᄆᆞᄅᆞᆷᄂᆡ 베ᄌᆞᆯ ᄯᆞᄅᆞᆷ이니라
ᄯᆞᄅᆞᆯ 오샤 뒤 비복이 쥐음을 니ᄅᆞ매 경심을 힘ᄡᅳ기
ᄅᆞᆯ 싱각ᄒᆞᄂᆞ니 만일 ᄌᆞᄅᆞᆯ 경칙ᄒᆞ야 다시 심가게 ᄒᆞᆯ
면 삼가기ᄅᆞᆯ 더 ᄒᆞᆯ만 일ᄌᆞᄅᆞ터 근본심을 일케 ᄒᆞ
면 ᄆᆞᆯ의ᄉᆞ버ᄅᆞᆺ되야 사오나와 ᄀᆞᄂᆞ니 비컨대 벼ᄉᆞᆯ ᄒᆞ
ᄂᆞᆫ 사ᄅᆞᆷ이 다ᄉᆞ녀 ᄌᆞ뎡의 드러가면 덕이 날ᄅᆞᄂᆞ니 아
가ᄃᆞ어 ᄌᆞ려온 ᄌᆞ뎡의 드러가면 덕이 ᄆᆞᆯ려가ᄂᆞᆫ 것ᄀᆞᆺ
ᄒᆞᄂᆞ니라 옥희 이ᄅᆞᆯ 사ᄅᆞᆷ이 가히 빈화ᄌᆞᆨᄒᆞ미 이시며
업ᄉᆞᆷ을 보아 ᄒᆞᄂᆞ니라

곤범(壼範) 二　56a

녜블당다 되ᄅᆞᆯ 질ᄅᆞᆯ이 사ᄅᆞᆷ의게 뎐ᄒᆞᆫ거ᄉᆞᆯ 보시면 심
히 ᄀᆞᆯ니 너기시더라 황거션셩이 (셩우당이오 휘ᄂᆞᆫ 졔오 ᄌᆞᄂᆞᆫ 희ᄂᆞ 송됴 사ᄅᆞᆷ이라) 상
해 ᄀᆞᆯ오샤ᄃᆡ 어버이ᄅᆞᆯ 셤기고 졔ᄉᆞᄅᆞᆯ 밧드ᄅᆞᆯ ᄆᆡ 어ᄃᆡ니가
히 사ᄅᆞᆷᄋᆞᆯ ᄒᆞ야 ᄀᆞᆷ쥐 신ᄒᆞ야 ᄒᆞ리오 ᄒᆞ고 ᄀᆞᆯ오샤ᄃᆡ ᄉᆞ
간 시의 (시뎐ᄒᆞ야 ᄉᆞ간이라) ᄀᆞᆯ오ᄃᆡ 형급뎨의 (형과 아이라) 식상호의오ᄆᆞ
상유의라 ᄒᆞ니 (서로 됴호ᄒᆞ라 ᄒᆞᆫ 서로 ᄭᅬᄒᆞ디 말라) 이 날온 형과 아이 ᄆᆞᆺ당이 서
로 됴호ᄒᆞᆯ 만ᄒᆞᆯ ᄯᆞᄅᆞᆷ이오 서로 ᄀᆞ리 ᄒᆞ기ᄅᆞᆯ 구ᄒᆞᆯ 거
시 아니라 말이니 인졍이 ᄇᆞ려 사ᄅᆞᆷ의게 됴흔 의ᄉᆞᄅᆞᆯ
베ᄑᆞ디 ᄆᆞ며 사ᄅᆞᆷ이 날ᄅᆞ다 ᄀᆞ리ᄒᆞᄂᆞᆫ 양을 보디 못ᄒᆞ면 ᄂᆡ
ᄎᆔ음 조ᄎᆞᆫ 의션 곳치며 울외 능히 못ᄒᆞᄅᆞᆨ 보젼ᄒᆞ리 ᄆᆞᆺᄒᆞᆫ

…놉니 ᄆᆞᆺ당이 ᄇᆞ려 사ᄅᆞᆷ이 날ᄅᆞ다 ᄀᆞ리 못ᄒᆞᆯ 일을 비ᄒᆞ라

곤범(壼範) 二 55b

곤범(壼範) 二 55a

왜ᄒᆞ되복인이ᄭᅮᆨ지저ᄀᆞᆯ오샤되ᄂᆡ만일총용히거
ᄌᆞᆨ면어ᄃᆡ업더디리오ᄒᆞ시며음식을ᄎᆡ예ᄃᆞᆺ시겻
타ᄒᆞ샤ᄃᆡ일ᄌᆞᆨ더온ᄌᆞᆨ을맛잇게ᄎᆞ화ᄒᆞ야먹으면
ᄭᅮᆫᄒᆞᆯᄭᅮ지저ᄀᆞᆯ더니ᄒᆞ샤ᄃᆡ어ᄅᆡ셔옥시ᄯᅡ이맛ᄌᆞ기ᄀᆞᆯ
ᄌᆞᄒᆞ면ᄌᆞ라셔랑ᄋᆞ이어ᄃᆡᄒᆞ리오비ᄅᆞᆨ부리ᄂᆞ아희비
복이라ᄒᆞ시ᄃᆡ음사오나온말ᄀᆞᆯᄭᅮᆨ지게ᄆᆞᆺᄒᆞ시니이
의(이ᄂᆞᆫ이쳔의일ᄒᆞᆷ이라)형뎨뎡싱의의복음식의ᄀᆞᆯ히오미업ᄉᆞᆯ
사오나온말ᄀᆞᆯ사ᄅᆞᆷ을ᄭᅮᆨ짓디아니ᄒᆞ믄뎐쳥이ᄌᆞ련
거시아니라ᄀᆞᄅᆞ치신배이러ᄒᆞ더라사ᄅᆞᆷ을더브러볼
ᄒᆞ야ᄃᆞ토면비ᄅᆞᆨ올ᄒᆞ나ᄃᆞ토디아니ᄒᆞ샤ᄀᆞᆯ오ᄃᆡᄂᆞᆼ
히사ᄅᆞᆷ의게ᄀᆞᆯ디아니ᄒᆞᆯ가ᄃᆞ리ᄅᆞᆯ리언뎡ᄂᆞᆼ히사ᄅᆞᆷ

기ᄅᆞᆯ 조히 아니 너기시던 ᄎᆞᆼ보기ᄅᆞᆯ ᄌᆞ식ᄀᆞ티 ᄒᆞ샤
므ᄅᆞᆫ ᄌᆞ네 ᄒᆞᆨ 쑥 지ᄌᆞ면 반ᄃᆞ시 경계ᄒᆞ야 ᄀᆞᄅᆞ오사 되거
현이 비록 나ᄅᆞ나 사ᄅᆞᆷ은 ᄒᆞᆫ가지니 네 이만 티큰 쇄의
능히 이일을 ᄒᆞ던다 ᄒᆞ시설 션성이 평ᄌᆞ알ᄋᆞᆸ나ᄋᆞᆸ이 훼손 향이오며 출온ᄃᆡ ᄃᆞᆼ되
라옥 믈의ᄉᆞᆫ 노ᄒᆞ야 ᄒᆞᄂᆞᆫ 배이시면 반ᄃᆞ시 위ᄒᆞ야 널려 조
록시 되오직 므ᄅᆞᆫ ᄌᆞ식이 져 믈이 이시면 더ᄇᆞ리 아니ᄒᆞ야
상해 ᄀᆞᄅᆞ오사 되 ᄌᆞ식의 뼈 블초ᄒᆞᄂᆞᆫ 바ᄂᆞᆫ 어미 그ᄅᆞᆺ홀
ᄀᆞ티와 아비 아니 못ᄒᆞ믈 말ᄆᆡ 암ᄂᆞᆫ 배라 ᄒᆞ시더라 부
인이 아ᄃᆞᆯ이 ᄯᅧ ᄉᆞ셔이 잇ᄂᆞ니 오직 ᄃᆞᆯ히라 그ᄌᆞ의 ᄒᆞ시미
지극라 니ᄅᆞᆯ리라 그러나 ᄀᆞᄅᆞ티시ᄂᆞᆫ 되니 ᄌᆞ러ᄂᆞᆫ 조ᄎᆞᆷ
가차 ᄒᆞ리 아니샤 계육 독어 설먹어 실쳬 횡ᄒᆞ라 가록
너머리면 집사ᄅᆞᆷ이 ᄃᆞ라가 븟ᄃᆞ러 그 놓라 우ᄅᆞᆯ 가ᄃᆞ려

곤범(壼範) 二 54a

호부인ᄒᆡᆼ장 명죄지으신거시니ᄌᆞ손ᄃᆞᆯ의오 ᄅᆞᆯ거시라ᄒᆡᆼ장을ᄢᅵ올니ᄂᆞ니라

부인이겸손ᄒᆞ옵ᄉᆞᆯᄒᆞ샤ᄂᆞᄅᆞᆯ븜ᄋᆞᆯᄂᆞᄌᆞ이ᄒᆞ샤

비ᄅᆞᆨ쳐ᄀᆞᆫ일이라도일ᄌᆞᆨ쳔ᄌᆞᄒᆞ야ᄒᆞ디아니ᄒᆞ시

고반ᄃᆞ시밧리ᄎᆞᆷᄒᆞ온후의ᄒᆡᆼᄒᆞ실어딜며봉셔ᄒᆞ

며녀ᄌᆞ며ᄃᆞᆼᄌᆞ우ᄒᆞ샤모든쳐ᄌᆞᄅᆞᆯ무ᄒᆞᆯᄒᆞᆯᄉᆞ랑

ᄒᆞ시미긔ᄎᆞᆯ의라ᄀᆞᄅᆞ리아니ᄒᆞ시고ᄂᆞᄌᆞᄎᆞᆫ어딘쉬ᄂᆞ외ᄅᆞᆯ

부인이거ᄌᆞ어기ᄌᆞ시되상해ᄌᆞ식다ᄀᆞ리ᄒᆞ시더라ᄂᆞ러

가ᄒᆞ시미법되이쳐어ᄃᆞ리아니ᄒᆞ쉬졍제ᄒᆞᆯᄂᆞᆫ비치

기ᄅᆞᆯ조히아니너기실어딘ᄎᆞᆼ보기ᄅᆞᆯᄌᆞ식ᄀᆞᆺ티ᄒᆞ샤

모든ᄌᆞ데ᄒᆞᄂᆞᆨ지ᄌᆞ면반ᄃᆞ시경계ᄒᆞ야ᄀᆞᆯᄋᆞ샤되져

쳔이비ᄅᆞᆨ나ᄀᆞᄂᆞ사ᄅᆞᆷ은ᄒᆞᆯ가지니네이만디큰쳬의

곤범(壼範) 二 53b

어버이ᄯᆞᆯ을보실제반ᄃᆞ시공경ᄒᆞᆯ경계ᄒᆞ라ᄒᆞ니부
부의되여거국진ᄒᆞ얏ᄂᆞ니라 ○ 노직허시ᄅᆞᆯ우러형
뎨ᄒᆞᆫ가지ᄅᆞᆯ부모의ᄒᆞᆯ거ᄉᆞᆯ바라나서ᄂᆞᆯ욕의
지극히친ᄒᆞ거ᄂᆞᆯ이제사ᄅᆞᆷ이ᄀᆞ의리의ᄇᆞᆰ디못ᄒᆞᆯ
편졍이ᄯᅢ여ᄒᆞ야비록ᄒᆞᆫ비예나시나졍은ᄌᆞ위ᄅᆞᆯᄀᆞᆺ
고비록ᄒᆞᆫ집의사나자최ᄂᆞᆫ길가ᄂᆞᆫ사ᄅᆞᆷᄀᆞᆺ흐여러
러ᄭᅳᆺ만ᄒᆞᆫ허물을혜여지극ᄒᆞᆫ은의ᄅᆞᆯᄭᅳᆫ쳐ᄌᆞ
의말을미더원ᄉᆞᆨᄀᆞᆯ민ᄃᆞᆺ니어ᄉᆞ리형뎨의의ᄅᆞᆯ안
다ᄒᆞ리오 노직허시일홈은쳥이니홍원사ᄅᆞᆷ을원의벼ᄉᆞᆯᄒᆞ야쳥ᄒᆞ니ᄒᆞ니그ᄯᅢ예큰션비로일ᄏᆞᆮ라중ᄎᆞ문모의빈향ᄒᆞ야시
ᄆᆡ오ᄃᆡᆼ캐신허되여ᄀᆞ라ᄒᆞ야우양션셩이
단의ᄎᆞᆯ향ᄒᆞᆷ을의논ᄒᆞᆫᄒᆞ셔니라

디ᄂᆞᆫ졔ᄌᆞ의도ᄅᆞᆯ일ᄒᆡ말ᄂᆞᆫ형뎨ᄀᆞ화ᄒᆞᄂᆞᆯ일
티마ᄅᆞ야졔ᄌᆞ형뎨셔ᄅᆞ즐겨가되인ᄒᆞ야가히ᄡᅧ
부모ᄅᆞᆯ봉양ᄒᆞ야ᄠᅳᆺ의어긔오미업ᄉᆞᆯ리니그런ᄃᆞ
로ᄆᆞᄋᆞᆷ의되ᄒᆡᆼ티몯ᄒᆞ면형뎨졔ᄌᆞ의게ᄒᆡᆼ티몯ᄒᆞ
ᄃᆞ화락디몯ᄒᆞ면어버이ᄅᆞᆯ셤기디몯ᄒᆞᄂᆞ니라○셔
산진시ᄀᆞᆯ오되남편의ᄆᆞᄋᆞᆷ을즁경ᄒᆞ야ᄡᅥ그안
해ᄅᆞᆯ거ᄂᆞ리ᄃᆞ안해의ᄆᆞᄋᆞᆷ을즁경ᄒᆞ야그남편을
승슌ᄒᆞᆯ디이ᄂᆞ니그런ᄃᆞ로아비ᄌᆞ식을ᄎᆞᆨ졔ᄒᆞ매
방ᄌᆞ시ᄀᆞᆯ오ᄉᆡ되ᄡᅥ즁경ᄒᆞᆯᄃᆞ리로ᄡᅥ거ᄂᆞ리라ᄒᆞᄂᆞᆫ
어버이ᄯᅳᆯ을보ᄉᆞᆯ제방ᄌᆞ시경ᄒᆞᄂᆞᆫ경계ᄒᆞ라ᄒᆞ여부
부의되여리ᄌᆞ진ᄒᆞ얏ᄂᆞ니라○ᄂᆞ되허시ᄀᆞᆯ오되형

곤범(壼範) 二 52b

가ᄅᆞᆯ오ᄉᆡ티ᄆᆞ안해반ᄃᆞ시ᄆᆞ죄ᄅᆞᆯ알거시오나만내져
쉬울ᄒᆞ면어디나ᄅᆞᆯ사ᄅᆞᆷ알며ᄆᆞᆺ기ᄅᆞᆯ위ᄒᆞ야ᄒᆞ되
오만일반ᄃᆞ시ᄆᆞ안해ᄀᆞᄅᆞᆯ일을조양ᄒᆞ야사ᄅᆞᆷ마다
알게ᄒᆞᆯ거ᄉᆞᆫ이ᄯᅩᄒᆞᆯ여든낭부니라○ᄉᆞ마온공이
ᄀᆞᆯ오ᄃᆡ내어버이쳔ᄒᆞᆫ기미라ᄀᆞᆯ사ᄅᆞᆷ의게쳐ᄒᆞ오미업
ᄉᆞᄃᆡ능히ᄉᆞᆺ기미업ᄉᆞᆯ뎌ᄉᆞᆷ이ᄅᆞ라ᄯᅩᄀᆞᆯ오ᄃᆡ남의은
혜ᄅᆞᆯ닙어ᄃᆞᆫᄌᆞᆷ이져ᄇᆞ리니ᄆᆞᆺᄒᆞ거든ᄒᆞᆷᄋᆞᆯ며어버
이은혜ᄅᆞᆯ니ᄌᆞᆺ리사ᄅᆞᆷ의ᄌᆞ식되야ᄂᆞᆫ반ᄃᆞ시ᄒᆞᆯ도ᄅᆞᆯ
거시니라○남ᄌᆞᆫ뎐녀시ᄀᆞᆯ오ᄃᆡ 일ᄅᆞᆯᄒᆞᆷᄋᆡ디ᄂᆞᆫ이오ᄒᆞᆫ 여ᄒᆞᄂᆞᆫ이ᄂᆞᆫ이쳔ᄒᆡᄃᆡ져라 사ᄅᆞᆷ의
되ᄒᆞᆷ만큰거시업ᄉᆞ니ᄒᆞᆷ의근본은어버이ᄆᆞᄋᆞᆷᄋᆞᆯᄉᆞᆫ히
ᄒᆞᄂᆞ니만큰니업ᄉᆞ니어버이ᄆᆞᄋᆞᆷᄋᆞᆯᄉᆞᆫ케ᄒᆞᆯ쳐ᄒᆞᆯ디

곤범(壼範) 二 52a

곤범(壼範) 二 51b

곤범(壼範) 二 51a

양ᄒᆞᆯ의상을지을ᄯᆞᄅᆞᆷ이라ᄒᆞᄂᆞ니그런고로부인은

국문안희나가미일집밧근ᄯᅳᆺᄒᆞᆯ일이업ᄂᆞ니라

쳥ᄉᆞ뎨젼 황명뎨중황뎨옥신들ᄀᆞᆫᄒᆞ야 즁졍옥쳔이라ᄒᆞᆫ말 ᄉᆞᆷ을모화젹을면ᄒᆞ고일ᄒᆞᆷ을쳥ᄉᆞ뎨젼이라ᄒᆞᄂᆞ니라

인륜 존옥을안뢰셜옥의말ᄉᆞᆷ을 모하시ᄃᆡ이거ᄉᆞᆫ인륜존ᄒᆞ라

혹이ᄆᆞᆺ주오되형을쳐ᄂᆞ져비로국진이ᄒᆞ쥐혐의로

화ᄒᆞᆯᄆᆞᆷ을어ᄌᆞᆯᄆᆞᆺᄒᆞ면어ᄌᆞᆯ이을○평쳐로오

샤되다만졍셩다ᄒᆞᆫ경을국진이ᄒᆞ고ᄂᆡ간음턱기를

국ᄒᆞ라말미가ᄒᆞ니라아오되졉ᄒᆞᆯ도리ᄅᆞᆯ어ᄌᆞ러ᄒᆞ

니이을로오샤되옥의ᄒᆞᆯ도리ᄂᆞᆫ어ᄌᆞ러ᄒᆞ니이ᄉᆞᆯ로오

샤되옥의ᄒᆞᆯ도리로국진이ᄒᆞᆯᄯᆞᄅᆞᆷ이니족ᄒᆞ이

곤범(壼範) 二 50b

곤범(壼範) 二 50a

곤범(壼範) 二 49b

청실케 ᄒᆞ올 ᄯᆞᄅᆞᆷ이니 ᄌᆞ식의 니ᄅᆞ디 못ᄒᆞ며 명쎄
예 ᄒᆞ디 니 못ᄒᆞ올 ᄀᆞ싯ᄒᆞ올 ᄲᅢ 아니니라 ○ ᄯᅩ ᄀᆞᆯ오샤ᄃᆡ
ᄯᅩ ᄀᆞᆯ오사ᄃᆡ 형뎨ᄂᆞᆫ 형뎨라 ᄒᆞ나 ᄀᆞ디온이 ᄀᆞᆺᄒᆞ니 죽으
며 살ᄯᅢ 리ᄒᆞ오며 즐거오매 아ᄆᆞ리 가도 서ᄅᆞ 간섭ᄒᆞ리
이니 미어ᄇᆞᆫ 니라 ○ ᄒᆞᆨ이 ᄆᆞᆺᄌᆞ오ᄃᆡ 불행ᄒᆞ야 계모와
이모 형뎨 서로 용납디 못ᄒᆞ면 엇디 ᄒᆞ리잇고 셜심이
ᄀᆞᆯ오사ᄃᆡ 네 ᄯᅩ 브터 오매 이 ᄀᆞᆺᄐᆞᆫ 일이 이시니 그ᄃᆡ ᄒᆞᆫ 이
러ᄒᆞᆫ 일의 쳐치ᄒᆞᆯ 엇디 ᄒᆞ실 ᄌᆞ시 보라 다만 이 살ᄯᆞᄅᆞᆷ
의 ᄌᆞ식이 되야 난 셩ᄒᆞ고 ᄒᆞᆯ ᄀᆞᆨ진이 ᄒᆞ올 ᄯᆞᄅᆞᆷ이니라 ᄒᆞ
빅봉 죽ᄌᆞ블 인ᄒᆞ라 의 ᄐᆞᆫ지ᄒᆞᆯ ᄃᆡ 답ᄒᆞ야 ᄀᆞᆯ오샤ᄃᆡ 부뫼 집
의 이시매 인ᄉᆡ의 지극히 친ᄒᆞᆫ ᄒᆞᆯ 일이니 ᄌᆞ의 되 ᄯᅩ ᄒᆞᆯ
그 ᄉᆞ이의 ᄒᆡᆼᄒᆞᆯ 거시니 비록 ᄀᆞ욕ᄒᆞ올가 옹ᄐᆡ와 이ᄂᆞᆫ 쳑

곤범(壼範) 二 49a

못ᄒᆞᆯ거시니라○혹이뭇ᄌᆞ오ᄃᆡ부ᄌᆞᄂᆞᆫ그친ᄒᆞ다자
ᄒᆞᆯ부ᄌᆞ옥칭ᄒᆞ여라군신은그의ᄒᆞ다자ᄒᆞ니군신옥의엇던일이니
일쳔셩이ᄀᆞᆯ오샤ᄃᆡ이친라의ᄀᆞᆯ강잉ᄒᆞ야ᄒᆞ다
져ᄒᆞᆯ거시아니라대개부ᄌᆡ이시면믄득ᄌᆞ연ᄒᆞ여친
ᄒᆞᆫ니이ᄉᆞᆯ군신이시면믄득ᄌᆞ연이의ᄒᆞᆫ니잇
ᄂᆞ니라○쥬ᄌᆡᄀᆞᆯ오샤ᄃᆡ부뫼그ᄌᆞ식을ᄉᆞ랑ᄒᆞᆷ은
일ᄉᆞ시매당ᄒᆞ이보ᄅᆡ온ᄉᆞ셩라어딘벗을구ᄒᆞ야ᄒᆞ야
금의뢰ᄀᆞᆯ강구ᄒᆞ야효제의ᄒᆡᆼ실을닉여그품을
쳥실케ᄒᆞᆯᄯᆞᄅᆞᆷ이니작녹의니ᄅᆞ러못ᄒᆞ며명예
예ᄃᆞᆯ리니라못ᄒᆞᄆᆞᆯ군심ᄒᆞᆯ배아니니라○쥬ᄌᆡᄀᆞᆯ오샤ᄃᆡ
쥬ᄌᆡᄀᆞᆯ오샤ᄃᆡ형뎨ᄂᆞᆫ형뎨라ᄀᆞᆺᄂᆞ리오이ᄀᆞᆺᄌᆞ니죽으

곤범(壼範) 二 48b

러 ᄭᅩᆺᄒᆞᆯ린 ᄃᆡ 옷ᄭᅩᄅᆞᆯ 을ᄭᅦ아 흰 ᄀᆞᆯ머기이면 ᄌᆞ히 ᄌᆞ려
ᄌᆞ라 아니 ᄒᆞᆯ 거시오 ᄯᅩ 내 ᄌᆞ식을 위ᄒᆞ야 ᄂᆞᆷ의 ᄌᆞ식을
죽게 ᄒᆞᆯ 거시 되 아니니라. 만일 블ᄒᆡᆼᄒᆞ야 그 ᄌᆞ식이 그
ᄅᆞᆺ되ᄂᆞᆫ 듸 니ᄅᆞ면 해로옴이 이의셔 큰 거시 이시리오
쵹군ᄉᆞ록 졍제왕시의 일홈은 욱이니 쳥강희 사ᄅᆞᆷ이라 죽ᄌᆞᄅᆞᆯ 울ᄌᆞ평ᄒᆞᆯ시 쵹ᄌᆞ말ᄉᆞᆷ이 ᄉᆞ셩셩말ᄉᆞᆷ에 합ᄒᆞᆫ ᄀᆞ션 울ᄲᅢ 군ᄉᆞ록 각ᄯᅩ 부ᄋᆞ히 뎐ᄎᆞᄒᆞᆯ ᄋᆞ직인 ᄒᆞ야 보ᄂᆞᆫ 군ᄉᆞ록이라 ᄒᆞᄂᆞ니 이 거ᄉᆞᆯ 쵹군ᄉᆞ록이라 ᄒᆞᄂᆞ니라
회암션ᄉᆡᆼ이 ᄀᆞᆯᄋᆞ샤ᄃᆡ 오ᄅᆞᆺ의 부ᄌᆞ와 형뎨ᄂᆞᆫ 하ᄂᆞᆯ
의 ᄯᅴ신 친ᄒᆞᆷ이오 ᄂᆞᆷ을 힘닙ᄒᆞ야 된 거시 아니니 부
부ᄂᆞᆫ 편ᄒᆞᆷ의 말미암아 ᄲᅥ ᄂᆞᆺᄂᆞᆫ 배오 군신은 편ᄒᆞᆷ의 힘
닙어 ᄲᅥ 온젼ᄒᆞᆯ 배오 붕우ᄂᆞᆫ 편ᄒᆞᆷ의 힘닙어 ᄲᅥ 바
ᄅᆞ게 ᄒᆞᆯ 배니 이 ᄲᅥ 사ᄅᆞᆷ의 ᄃᆞᄅᆞᆯ 강과 ᄒᆞᆯ 배니 강과 ᄂᆞᆫ 그ᄅᆞᆯ의 ᄲᅧ다
여러 ᄀᆞᄒᆞᆯ 거ᄉᆞ린 거ᄉᆞᆺ ᄒᆞᄂᆞ 사ᄅᆞᆷ의 ᄒᆞᆯ ᄂᆞᆯ일이다 오ᄅᆞᆺ의 거ᄂᆞ린 거시니라 가히 ᄒᆞᆫ 쵹도 ᄒᆞᆯ 가지도 업ᄂᆞ니

어려울ᄲᅮᆫ아니라간계ᄒᆞ미심히흉ᄒᆞ니어려가히
ᄒᆞᆯᄒᆞ리오사ᄅᆞᆷ이부ᄃᆡ업ᄉᆞ면내셩일이어셜울
리니어ᄃᆡ몸ᄀᆞᆷ옹ᄀᆞᆯᄉᆞᆯ을ᄌᆞᆯ흉녹ᄀᆞᆯ베러줄
기리오만일부모ᄌᆞ사ᄅᆞᆷ은가ᄒᆞ니라 ○ ᄯᅩᄀᆞᆯ오사ᄃᆡ
ᄌᆞ식의졋ᄉᆞ먹이ᄂᆞᆫ종을어드미마리ᄭᅩᆺᄒᆞ면ᄒᆞ리니
혹능히ᄎᆞ골졋이업셔먹이리ᄭᅩᆺᄒᆞ면비록사ᄅᆞᆷ
을ᄒᆞ여금져ᄉᆞᆯ먹이나굴러나내ᄌᆞ식먹기ᄅᆞᆯ위ᄒᆞ
야ᄂᆞᆷ의ᄌᆞ식을죽게ᄒᆞᆫ거시심히되아니니만일마
리ᄭᅩᆺᄒᆞᆯ린ᄃᆡ옷ᄑᆞᆫ돌을쉐아희ᄀᆞᆯ먹이면죽히ᄌᆞ려
죽리아니ᄒᆞᆯ거시오ᄯᅩ내ᄌᆞ식을위ᄒᆞ야ᄂᆞᆷ의ᄌᆞ식을
죽게ᄒᆞᆫ거시되아니니라 만일부ᄅᆞᆯ힝ᄒᆞ야그ᄌᆞ식이고

곤범(壼範) 二 47b

곤ᄉᆞ록 측지녀종ᄉᆡ와한텬평사의셔ᄒᆞᆫ가지로ᄂᆡ계와도평ᄌᆞ와황거 말ᄉᆞᆷ을ᄡᅳ화곤ᄉᆞ록을ᄆᆡᆫ드ᄅᆞ시다ᄌᆞ주휘ᄂᆞᆫ희시ᄌᆞᄂᆞᆫ원희실 종ᄉᆡ휘ᄂᆞᆫ조겸ᄂᆞ이 오ᄌᆞᄂᆞᆫ빅궁이라

가도

명졀ᄅᆞᆯ오ᄉᆞᆯ쉬 거ᄃᆡ ᄀᆞ이의고옷한ᄒᆞᆯ근ᄃᆞ거ᄉᆞᆯ리희
미부부의ᄃᆞᄉᆞ리ᄒᆞᆯ바ᄅᆞ로ᄃᆞᄅᆞᆯ일티아니ᄒᆞᄂᆞ니쎄상
사ᄅᆞᆷᄃᆞ이셜알ᄒᆞ믈네ᄉᆞᆯ이ᄂᆞᆫᄀᆞᄅᆞᆯ옷한ᄒᆞᆯ근ᄃᆞᆯ거
ᄉᆞᆯ변상ᄒᆞᆫ일을삼아이거시ᄃᆞᄉᆞ리ᄒᆞᆯ광측ᄒᆞᆯ된
ᄌᆞᆯ아디못ᄒᆞᄂᆞᆫᄃᆞ라 지뎌ᄅᆞᆯ측역ᄃᆡ명이오 ᄀᆞ이ᄅᆞᆯ졔ᄌᆡᄒᆞᄂᆞ차 ○ 또ᄅᆞᆯ오ᄉᆞᆯ쉬쎄
상사ᄅᆞᆷᄃᆞ이사회ᄅᆞᆯ힌ᄂᆞᄂᆞᆫ상가ᄂᆞᄂᆞ니만고며ᄂᆞ리ᄅᆞᆯ희
긴ᄂᆞᆯᄒᆞᆯᄒᆞᄂᆞ니기실을사회ᄂᆞᆫ보기쉽ᄃᆞ며ᄂᆞ리알기

곤범(壼範) 二 47a

녹간여숙ᄒᆞ야 ᄉᆞ이의 더러온 ᄯᅳᆺ의 나옥다 이ᄅᆞᆯ 이쪽 축 ᄉᆞᆼ을 인연ᄒᆞ야

위걸실병이라 곤ᄌᆞᆼ의 병이 되ᄂᆞ니라 나간 옥심이 ᄆᆞᄋᆞᆷ을 잡고 거시 ᄯᅳᆺ를 ᄯᅳᆺᄒᆞ면 스쳐ᄒᆞᆯ다 병이 되ᄂᆞ니라 말이라

일실지미 ᄒᆞᆫ ᄆᆞᄋᆞᆷ의 미ᄒᆞᆫ 거ᄉᆞᆯ

종옥승지라 ᄯᅳᆺ은 옥심이 치ᄂᆞᆫ 쇽다

기여주자ㅣ 그 잇ᄂᆞᆫ 거시 나 ᄯᅳᆺ이 잇나 말이다

오호과회로다 오회다 거의 ᄯᅳᆺ 쇽다 ᄯᅳᆺ은 옥심이 ᄆᆞᄋᆞᆷ을 치거의 ᄂᆞᆷ ᄆᆞᄋᆞᆷ이 옥거시 드르라 말이라

군자주청ᄒᆞ야 군ᄌᆞᄂᆞᆫ 청실ᄒᆞᆫ ᄆᆞᄋᆞᆷ을 두어

극념극경ᄒᆞ니 능히 념ᄒᆞ고 능히 공경ᄒᆞᄂᆞ니

텬군태연ᄒᆞ면 텬군이 태연ᄒᆞ면 텬군은 ᄆᆞᄋᆞᆷ이오 태연은 평안타 말이라

빅톄종녕ᄒᆞᄂᆞ니라 빅톄 녕을 좃ᄂᆞ다 빅톄ᄂᆞᆫ 이목구비 ᄉᆞ지 빅히오 ᄆᆞᄋᆞᆷ의 옥심이 업서 평안ᄒᆞ면 빅톄 그 ᄆᆞᄋᆞᆷ의 녕을 좃ᄂᆞ다 말이라

곤ᄉᆞ록 축지녀 ᄒᆞᆼ셔와 한 ᄀᆞᆼ사의 ᄉᆡᆨ ᄒᆞᆫ가 지ᄂᆞᆫ 녀ᄌᆞ계와 독평ᄉᆞ와 황거 말ᄉᆞᆷ을 ᄭᅳ러 곤ᄉᆞ록을 만ᄃᆞ시다 축주 휘ᄂᆞᆫ 희시오 ᄌᆞᄂᆞᆫ 원희시ᄅᆞ

곤범(壼範) 二 46b

곤범(壼範) 二 46a

셩현동귀 라ᄒᆞ니 셩현을 ᄒᆞ자질ᄒᆞᆯ ᄃᆞ라 갈ᄯᆡ라

죽지ᄅᆞᆯ 오사ᄒᆞ는 의뵈나 말라 뵈라 ᄒᆞ야 뵈나 말이 각

그라 죽니 비례ᄂᆞᆯ 시라 말이 녜 아닌 거시 ᄂᆞᆫ 의뵈면 ᄂᆞᆫ

죽나 ᄯᅢ ᄶᅢ 부러 보라 ᄒᆞᆫ ᄃᆞᆯ 죽디 아니면 이거시

비례ᄂᆞᆯ 시니 비례ᄂᆞᆯ 평로이 와 ᄀᆞᆺᄒᆞ니라

심즘 벼시 일홈은 출이니 상 작천비니 호ᄂᆞᆯ 난계라

망망감여 ㅣ 멀ᄆᆞ면 감에 감예ᄂᆞᆯ ᄐᆞ리라

복앙ᄇᆞᆫ은 라이 업ᄉᆞ여 우러ᄅᆞ매 ᄀᆞ이 업ᄃᆞ다

인어기간 에 살ᄋᆞᆷ이 그 ᄉᆞ이의

모연욱신 라이 출ᄒᆞ마 치ᄂᆞᆫ 이 잇ᄃᆞ다

시신지미 이 ᄆᆞᄋᆞᆷ의 미ᄒᆞᆫ 거시

곤범(壼範) 二 45b

곤범(壼範) 二 45a

발금조망 야잇와 발ᄒᆞ매조ᄒᆞᆯ망녕된거ᄉᆞᆯ금ᄒᆞ야 발ᄅᆞᆯ말ᄒᆞᆷ이라 발ᄒᆞ다말이라

니ᄉᆞ쳥쳔 라이ᄂᆞ 안히이에 ᄀᆞ로ᄒᆞᆫ쳔일ᄒᆞᄂᆞ니라 안ᄒᆞᆫ봉이라

신시ᄒᆞ거 라. ᄒᆞᆯ며지ᄅᆞ리ᄀᆞᆯᄒᆞᆯᄭᆞᄉᆞᄂᆞ니라 지ᄅᆞ리ᄂᆞᆫ믈이니치며여ᄅᆞᄂᆞᆫ거시 나지ᄅᆞ리ᄂᆞᆫ이ᄀᆞᆯᄒᆞᆫ온옥ᄒᆞ며나리ᄂᆞᆫᄉᆞᆺ시ᄉᆞ말이ᄒᆞᆺ리ᄀᆞᆺᄒᆞ야길ᄒᆞᆫ흉이ᄒᆞᆫ녀ᄒᆞᆫ말이라

흉웅ᄒᆞᆯ호 나ᄒᆞᆫ 흉ᄒᆞᆫ것ᄉᆞᄂᆞᆫ쳐ᄋᆞ로ᄒᆞᆫ것도나ᄂᆞ니라

길ᄒᆞᆫ영욕 이 길ᄒᆞᆫ흉ᄒᆞᆫ영화ᄅᆞᆸᄋᆞ욕된일이

욕기ᄉᆞ쇼 라. ᄀᆞᆸᄒᆞᆫ날배니라

상이ᄒᆞᆫ탄 ᄅᆞ호 ᄒᆞᆸ살ᄒᆞᆯ리라ᄒᆞᆯᄭᆞ허탄ᄒᆞᆫ

상번ᄒᆞᆫ지 라나 번거ᄒᆞᆯ리라ᄒᆞᆯᄭᆞ리리ᄒᆞᄂᆞ니라

ᄅᆞ샹물오 ᄅᆞ호 내방ᄉᆞᄒᆞ면낡이거ᄉᆞ리ᄅᆞᆯ

ᄒᆞᆯ톄닉위 라. 내ᄉᆞ말이ᄃᆞ치ᄒᆞ면오ᄉᆞ말이나의여ᄀᆞᆺ나ᄂᆞᆫ니라

비버ᄇᆞᆸᄇᆞᆯ도 야ᄒᆞᆫ 비법이어ᄂᆞ어ᄃᆞᆫ니ᄅᆞ리말ᄅᆞᆺ 흐

인웃병이 ᄒᆞ니 사ᄅᆞᆷ이 어ᄃᆞ시 잠ᄋᆞ미 이시니 잡다 말ᄉᆞᆷ은 녀ᄅᆞᆯ 지킨다 말이라

본호련쳥 이라 련쳥의 근본ᄒᆞ얏ᄂᆞ니라

지욱물화 ᄒᆞ야 알오미 물욕의 다ᄋᆡ이여 화ᄒᆞ야

슉망기졍 ᄒᆞ니 ᄌᆞ리여 바ᄅᆞᆫ 거ᄉᆞᆯ 업시 ᄒᆞᄂᆞ니

탁리션각 은 놉ᄒᆞ려 션각은 이니 청현을 니ᄅᆞ미라 션각은 몬져 ᄭᆡᄃᆞᄅᆞᆫ 사ᄅᆞᆷ

지리욱뎡 ᄒᆞ야 그칠 ᄃᆡᄅᆞᆯ 알아 뎡ᄒᆞ미 이셔 그칠 ᄃᆡᄂᆞᆫ 지션의 합당ᄒᆞᆫ 일이 뎡ᄒᆞᆫ다 말ᄉᆞᆷ은 뎡ᄒᆞᆫ 뎡ᄒᆞᆫ다 말이라

한사존셩 ᄒᆞ야 사ᄉᆞᆷ을 막고 셩실ᄒᆞᆫ ᄆᆞᄋᆞᆷ을 두어

비례물동 ᄒᆞ니라 례 아닌 거ᄉᆞᆯ 동티 아니ᄒᆞᄂᆞ니라

언즁ᄒᆞᄂᆞ니 비례 물언은 말ᄒᆞᆯ 거ᄉᆞᆯ 경계ᄒᆞᆫ 즁이 비례 물언을 삭이니라

인심지동 이 사ᄅᆞᆷ의 ᄆᆞᄋᆞᆷ 움즉이미

인언이션 이라 말ᄉᆞᆷ을 인ᄒᆞ야 ᄲᅧ베ᄂᆞ니라

곤범(壼範) 二 44a

곤범(壼範) 二 43b

ᄒᆞᆯ 도ᄅᆞᆯ 뭇ᄌᆞ온대 ᄌᆞ지 ᄀᆞᆯᄋᆞ샤ᄃᆡ 네 아ᄂᆞᆫ 거ᄉᆞᆯ

니ᄅᆞ니 말며 네 아ᄂᆞᆫ 거ᄉᆞᆯ 종작ᄒᆞ니 말라 ᄒᆞ시니

이 네 가지ᄂᆞᆫ 몸의 ᄡᅳ이ᄂᆞᆫ 거시라 가온ᄃᆡ로 이라 몸 말ᄆᆡ

암아 밧긔 응ᄒᆞᄂᆞ니라 밧겻ᄉᆞ 증ᄅᆞᆯ 졔어ᄒᆞᄂᆞᆫ 거ᄉᆞ로

가온ᄃᆡᄅᆞᆯ 보양ᄒᆞᄂᆞᆫ 배니 ᄒᆞᆨ재 맛당이 네 가지

일ᄋᆞᆯ ᄆᆞᄋᆞᆷ의 먹어 잇디 아니ᄒᆞᆯ 거시라 인ᄒᆞ야 좃ᄎᆞ

울지어 스ᄉᆞ로 경계ᄒᆞ노라 박졋치라 ᄒᆞᄂᆞᆫ 말은 브ᄅᆞᄂᆞᆫ 말라 종작ᄒᆞ미오 강옹지ᄂᆞᆫ ᄆᆞᄋᆞᆷ을 니ᄅᆞ미라

시ᄌᆞᆷ 본ᄂᆞᆫ 거ᄉᆞᆯ 경계ᄒᆞᆫ ᄌᆞᆷ이니 비례ᄆᆞᆯ시ᄅᆞᆯ 연ᄒᆞ거시라

심혜본허 ᄒᆞ니 ᄆᆞᄋᆞᆷ이 본ᄅᆡ 허ᄒᆞ야

응물무적 이라 믈을 응ᄒᆞᄆᆡ 자최 업ᄂᆞ니라 믈을 일ᄋᆞ미라

곤범(壼範) 二 42b

능히 못ᄒᆞᄂᆞ니라○평지 ᄀᆞᆯ오샤ᄃᆡ 사ᄅᆞᆷ이 의리의
어둑온 거ᄉᆞᆫ 모ᄅᆞᄂᆞᆫ 의복 심ᄉᆡ이 어ᄌᆞ러워 그러ᄒᆞ니 장
저(장ᄎᆞᄂᆞ니 한 살ᄅᆞᆷ이라) 날옥 ᄃᆡ 그 옥 심ᄉᆡ이 기ᄇᆞ온 재편ᄒᆞ니 엿라
ᄒᆞ니 이 말이 ᄀᆞ장 올ᄒᆞ니라.○평지 ᄯᅩ ᄀᆞᆯ오샤ᄃᆡ
동둥셔(한무뎨젹 사ᄅᆞᆷ이니 한옷ᄌᆞ 동뎨일이라) 날옥 ᄃᆡ 의리ᄅᆞᆯ 바ᄅᆞ게 ᄒᆞ
고 니ᄒᆞᆯ 일을 ᄭᅬ ᄒᆞ디 말며 도ᄅᆞᆯ ᄇᆞᆰ히 ᄒᆞ고 공ᄒᆞᆯ ᄅᆞᆯ
혜디 말라 ᄒᆞ니 도ᄅᆞᆯ ᄇᆞᆰ히 ᄒᆞ고 공ᄒᆞᆯ ᄅᆞᆯ 혜디 말라
말은 사ᄅᆞᆷ이 ᄆᆡ양 일을 ᄒᆞᆯ ᄯᆡ 도리의 올ᄒᆞ며 그
ᄅᆞᆯ ᄲᅮᆫ 보리 아ᄂᆞ니 ᄒᆞᆯ 호 쳔ᄉᆞᆼ을 무ᄅᆞ쳐. 혜아리매 동셰이
ᄅᆞᆯ 경계ᄒᆞᆫ 말이라 이 동셔의 ᄠᅳ든 ᄒᆞᆨ자의 ᄎᆡᆨ보쳐
러나 날 배라.○남헌댱시(션ᄉᆡᆼ의 휘ᄂᆞᆫ 식이오 ᄌᆞᄂᆞᆫ 경보오 호ᄂᆞᆫ 남헌이라 ᄒᆞ니 댱위공 ᄌᆞᆫ의 아ᄃᆞᆯ이니)

곤범(壼範) 二　42a

라 ᄒᆞ시니 네 닐오ᄃᆡ ᄯᅳᆺ을 기ᄅᆞ미 욕심을 젹게
ᄒᆞ기의 긋칠 거시 아니라 대개 젹게 ᄒᆞ야 ᄡᅥ 업ᄉᆞᆯ ᄃᆡ
니ᄅᆞᆯ 거시니 이 거시 고 사ᄅᆞᆷ의게 잇ᄂᆞ니라 ○ 복ᄌᆞ에
ᄌᆞ 지ᄀᆞᆯ오샤ᄃᆡ 님계 닐오시ᄃᆡ 욕심을 젹게 ᄒᆞ
야 ᄡᅥ 업ᄉᆞᆯ ᄃᆡ 니ᄅᆞ게 ᄒᆞ라 ᄒᆞ시니 대개 사ᄅᆞᆷ이 욕심
젹ᄋᆞᆫ 거ᄉᆞᆯ ᄲᅮᆫ ᄃᆞᆨ엿다 ᄒᆞᆯ가 념녀ᄒᆞ야 니ᄅᆞ
시ᄃᆡ 져그ᄃᆡ 긋치니 말ᄅᆞᆯ 반ᄃᆞ시 업ᄉᆞᆫ ᄃᆡ 니ᄅᆞᆫ 연후
의 가타 ᄒᆞ시니 그러나 업게 ᄒᆞᆯ 공뷔 능히 젹게 ᄒᆞ
ᄂᆞᆫ ᄃᆡ로셔 말미암ᄂᆞ니 욕심 업ᄉᆞᆷ은 쳥 이이 아니면
능히 못 ᄒᆞᄂᆞ니라 ○ 평지ᄀᆞᆯ오샤ᄃᆡ 사ᄅᆞᆷ이 의리의
어ᄃᆞ온 거ᄉᆞᆫ ᄯᅳᆺ의 욕심이 어ᄌᆞ러워 그러ᄒᆞ니 장

믜어 ᄌᆞ라오면 ᄀᆞᆺ이 ᄇᆞᆰ기 이령티 못ᄒᆞ야 잡ᄋᆞᆫ 거시
ᄀᆞᄃᆡ 못ᄒᆞᆯ 연고니라 ○ 쥬ᄌᆡ ᄀᆞᆯ오샤ᄃᆡ 져머신 ᄯᆡ 동
안현의 잇더니 (쥬ᄌᆡ 십팔 셰의 ᄃᆞ과 ᄒᆞ실ᄉᆞ 시 동안현 쥬부ᄅᆞᆯ ᄒᆞ시니라) 밤의 북 ᄎᆞ치 ᄀᆞᆯ
듯ᄀᆞᆯ (셔 북이니 오ᄅᆞ어 인명조ᄅᆞᆯ 거시라) ᄆᆞᄋᆞᆷ을 ᄯᅦ야셔 보니 북 ᄒᆞᆯ ᄎᆞ취 ᄒᆞᄂᆞ니
못ᄒᆞ야셔 ᄆᆞᄋᆞᆷ 잡은 거시 ᄒᆞᆫᄀᆞᆯ ᄀᆞᆺ디 나 인ᄒᆞ야 ᄉᆞᆯ펴
경칙ᄒᆞ니 이에 알과라 ᄒᆞᆨ이 ᄆᆞᄋᆞᆷ 죽이 ᄀᆞᆺ ᄆᆞᄋᆞᆷ을
ᄀᆞ진이 ᄒᆞᆯ 거시ᄅᆞᆺ다
쥬ᄌᆡ (범제쳔 셩이라) 양시 셩ᄅᆞᆯ에 왈 양시ᄂᆞᆫ 이 막쳔어라 옥ᄒᆞ왈 (이라)
여위 양시ᄂᆞᆫ 이 불지어라 이라 ᄭᅢ다 언이 지어 ᄆᆞᄂᆞ ᄎᆞᆷ
ᄒᆞ기 인이 이 (라니)
쥬지 ᄆᆞᄋᆞᆷ 기ᄅᆞᆯ 날 ᄎᆡᆨᄅᆞᆯ의 (ᄎᆡᆨ 온 ᄀᆞᆯ 일 ᄒᆞᆫ 이라) ᄀᆞᆯ오ᄃᆡ 빙 져 ᄀᆞᆯ오샤
쥐 ᄆᆞᄋᆞᆷ 기ᄅᆞᆯ 미옥 시ᄂᆞᆫ 쳑게 ᄒᆞᆯ 거ᄉᆞᆫ 만 ᄌᆞᆫᄒᆞ미 업ᄂᆞ니라

곤범(壼範) 二 41a

신말ᄉᆞᆷ을 ᄇᆞᆯ키나 ᄆᆞᄎᆞᆷ 능히 ᄒᆡᆼᄒᆞᆷ을 아ᄅᆞᆺ도다
ᄌᆞ지 ᄀᆞᆯ오샤ᄃᆡ 츈부의 ᄯᆞᆯ이 ᄇᆞᆯᄒᆞᆷ을 아ᄃᆡ 밍ᄌᆞᄒᆞ
신말ᄉᆞᆷ을 아니 못ᄒᆞᄂᆞᆫ이 녀쳐 샹시의 실로ᄲᅧ
졔ᄇᆞᆯᄒᆞᆷ이 ᄂᆞᆷ양ᄒᆞᆯ 일이 업ᄂᆞᆫ 고로 ᄎᆞᄎᆞᆯ 입이 업다
니ᄅᆞ나 사ᄅᆞᆷ의 ᄆᆞ양이 본ᄃᆡ ᄒᆞᆫ 골입이 이ᄀᆞᆯ 주ᄅᆞᆯ
ᄆᆞᆯᄒᆞ니 병어ᄇᆞᆯ 사ᄅᆞᆷ이 ᄂᆞᆷ의 알로 ᄒᆞᄃᆡ 이ᄀᆞᆯ 주ᄅᆞᆯ 아니
못ᄒᆞᆯ 곳도ᄂᆞ니라 ○ 뎡지 ᄀᆞᆯ오샤ᄃᆡ 사ᄅᆞᆷ이 ᄇᆞᆼ ᄇᆡ이ᄉᆞ
이의 ᄯᅳᄂᆞᆫ ᄒᆞᆯ가 ᄒᆡ 졔 ᄇᆞᆯᄒᆞᆷ의 궁부ᄅᆞᆯ 일ᄂᆞᆯ 거시니 ᄇᆞᆼ
ᄇᆡ어 ᄌᆞ러 오면 ᄀᆞᆺ이 ᄇᆞᆯᄒᆞᆷ이 뎡ᄒᆞ리 못ᄒᆞ야 잡은 거시
ᄀᆞᄅᆡ 못ᄒᆞᆯ 연고니라 ○ ᄌᆞ지 ᄀᆞᆯ오샤ᄃᆡ 져머셔 쳬ᄌᆞᆼ
안현의 이ᄯᅥ니 ᄌᆞ지 십팔ᄌᆞ의 ᄃᆡ셔 ᄒᆞ시ᄃᆞ 시ᄌᆞᆼ 안현ᄌᆞ ᄇᆞᆨ를 ᄒᆞ시니라 밤의 북ᄒᆞᄂᆞᆫ 글ᄋᆞᆯ

곤범(壼範) 二 40b

증ᄌᆡ ᄀᆞᆯ오시ᄃᆡ 잡ᄋᆞ면 이ᄉᆞ노ᄅᆞ미 ᄆᆡ[illegible]
ᄯᅢ ᄃᆞᆯ미 ᄭᅴ 업서 그 향ᄒᆞᆯ 줄 아니 못ᄒᆞᄂᆞᆫ 오직 ᄆᆞᄋᆞᆷ
ᄋᆞᆯ 니ᄅᆞ민뎌 (증ᄌᆞ 말ᄉᆞᆷ을 ᄆᆡᆼ지 인ᄒᆞ야 니ᄅᆞ러 겨시니라) ○ ᄌᆞ지 ᄀᆞᆯ오샤ᄃᆡ ᄆᆞᄋᆞᆷ
을 잡ᄋᆞ면 예 이ᄉᆞᆯ고 노ᄒᆞ면 일허ᄇᆞ리ᄂᆞ니 그 나며 드롤
미 뎡ᄒᆞᆫ ᄭᅴ 업ᄉᆞᆫ ᄃᆞᆺ이 업ᄉᆞᆯ 거시라 ᄆᆡᆼ지 증ᄌᆞ 말
ᄉᆞᆷ을 인증ᄒᆞ야 ᄡᅥ ᄆᆞᄋᆞᆷ의 신명ᄒᆞ야 측냥티
못ᄒᆞᆯ 거시니 외뢰ᄒᆞᆫ 곳이 동ᄒᆞ야 평안키 어려오미
이 ᄀᆞᆺᄐᆞᆫ 고로 ᄌᆞ로 보리혀 니ᄅᆞ시니 가히 경ᄀᆡᆨ도 노리ᄭᅮᆯ
거시니라 ○ 부ᄌᆞ에 범ᄒᆞᆫ 부의 (일홈은 초오니 ᄆᆡᆼᄌᆞ를 ᄒᆞᆨ로 ᄒᆞ엿ᄂᆞ니라) ᄎᆞᆯ
이 ᄆᆡᆼᄌᆞ 이 장을 니ᄅᆞ다가 ᄀᆞᆯ오ᄃᆡ ᄆᆡᆼ지 ᄆᆞᄋᆞᆷ을 ᄆᆞᆯ
시ᄃᆞ다 ᄆᆞᄋᆞᆷ이 어ᄃᆡ 나며 드ᄂᆞᆫ 거시 어이 이시리오 ᄒᆞ
니 이텬 션ᄉᆡᆼ이 ᄀᆞᆯ오샤ᄃᆡ 이 녀ᄌᆡ 비록 ᄆᆡᆼᄌᆞ니 곧

곤범(壼範) 二 40a

횡거션ᄉᆡᆼ이 ᄀᆞᆯᄋᆞ샤ᄃᆡ 부인ᄋᆞᆫ 바ᄅᆞ게 ᄒᆞᆯ 궁뷔ᄒᆡ
업ᄉᆞ의 당ᄋᆞ이 ᄂᆡ 부인을 업슨 ᄒᆞᆫ ᄉᆡᆼ을 삼아 믈읫
ᄒᆞᆯ 일을 이ᄅᆞ시매 부인ᄋᆞᆯ 다 ᄉᆞᄅᆞ면 ᄌᆞ려 외ᄒᆞᆯ 줄 알라
ᄒᆞᆫ 이ᄉᆞᆷ 회 궁부ᄅᆞᆯ ᄒᆞ면 ᄌᆞ연이 말ᄅᆞ라 ᄒᆞᄂᆞ니라 일ᄋᆞᆯ ᄒᆞ매
ᄀᆞᄅᆞ면 부인의 ᄀᆞᄅᆞᆯ ᄌᆞᄅᆞ믈 알ᄅᆞ며 집 ᄎᆞᆺ ᄒᆞ면 내 부인ᄋᆞᆯ ᄉᆞ기ᄂᆞᆫ 일ᄋᆞᆯ 이ᄂᆞ니 범
인의 나 ᄂᆞ거ᄉᆞᆯ 준 ᄃᆡ ᄒᆞ야 ᄌᆞ려 외 ᄒᆞᄂᆞ니 ᄀᆞᆯ 언 ᄒᆞᆫ ᄉᆞᆼ 알ᄅᆡ 굳ᄂᆞᆫ 노ᄅᆞᆺ
노ᄅᆞᆺ 그ᄅᆡ너 기라 말이라

궁ᄌᆞㅣ 왈 조ᄌᆞ 존그ᄒᆞ샤 ᄌᆞ 망이 나 ᄎᆞᆯ이ᄇᆞ므시야ᄒᆞ 막지
기향을 옥 심ᄉᆞ 지위야 ᄃᆡᆫ
궁치 ᄀᆞᆯᄋᆞ샤ᄃᆡ 잡으면 이ᄅᆞᆯ 노ᄒᆞ면 망ᄒᆞᄂᆞ니라 나
며 ᄃᆞᆯ미 ᄊᆡ 엽서 그향 ᄒᆞᆫ 조ᄅᆞᆯ 알ᄂᆡ 못ᄒᆞᄂᆞᆫ 오직 부인
을 니ᄅᆞ민뎌 궁ᄌᆞ 말ᄉᆞᆷ을 ᄫᅧᆼ치인 ᄒᆞ야 ᄂᆞᆯ려 겨시니라 ○ 즈지 ᄀᆞᆯᄋᆞ샤ᄃᆡ 부인

견ᄒᆞ니
시의 ᄀᆞᆯ오ᄃᆡ ᄌᆞᆷᄌᆞ가 비록 업ᄃᆡ여시나 ᄯᅩ ᄒᆞᆯ 심히 ᄇᆞᆰ
라 ᄒᆞ니 ᄒᆞᆫ 군지 ᄉᆞᆯ펴 병되디 아니ᄒᆞ면 ᄯᅳᆺ의 아쳐
ᄒᆞ오미 업ᄉᆞ니 군ᄌᆞ의 가히 미ᄃᆡ 못ᄒᆞᆯ 바ᄂᆞᆫ 오직 사
ᄅᆞᆷ의 ᄇᆞᄃᆡ 못ᄒᆞ민뎌 시뎐 말ᄉᆞᆷ이라 ᄌᆞᆷᄌᆞ가 비록 ᄇᆞᆯ미ᄒᆡ ᄌᆞᆷ겨 업ᄃᆡ엿시나 ᄯᅳᆺ이 ᄇᆞᆰ이 아ᄅᆞ리게 ᄇᆞᆯ다 말이니 말을 ᄎᆔ
비ᄒᆞ야 ᄂᆞᆯ오ᄃᆡ 사ᄅᆞᆷ의 ᄆᆞᄋᆞᆷ 속의 가지 ᄂᆞᆫ ᄇᆡᄂᆞᆫ 비록 은미ᄒᆞ나 ᄒᆞᆷᄭᅴ ᄒᆞ나 나
타나미 심히 ᄒᆞ니 ᄀᆞᆯ로 ᄌᆞᄉᆞᆯ 안 ᄒᆞᆯ로 ᄆᆞᄋᆞᆷ 속을 ᄉᆞᆯ펴 ᄇᆞ와 병되미 업ᄉᆞ면
ᄯᅳᆺ의 아쳐ᄒᆞ오미 업ᄉᆞ니 이저시가히 군ᄌᆞ의 가히 미ᄃᆡ
못ᄒᆞᆯ 재 ᄂᆞᆫ 사ᄅᆞᆷ의 ᄇᆞᄃᆡ 못ᄒᆞᄂᆞᆫ 되 능히 삼가나 말이라 ○ 령지ᄀᆞᆯ
오샤ᄃᆡ ᄒᆞᆨ을 어두온 지ᄇᆡ의 내 ᄆᆞᄋᆞᆷ을 소기디 아닛
ᄂᆞᆫ ᄃᆡ ᄀᆞᆯ셔 비롯ᄂᆞ니라 ○ 복즁에 ᄉᆞ마온 궁이 휘ᄂᆞᆫ 당 이오 즈
ᄂᆞᆫ 국실이오 ᄌᆞ굴 ᄉᆞᆨᄉᆞᆨ 쳔셩이니 ᄎᆞᆼ
텬ᄒᆞᆨ 뎐셩인ᄃᆡ ᄒᆞᆨ 청정 체졍 ᄉᆞᆼ 상ᄒᆡ ᄂᆞᆯ오ᄃᆡ 내사ᄅᆞᆷ의 ᄃᆡ
난 일이 업ᄉᆞᆫ ᄃᆡ라 만뎡 셩ᄒᆞᆫ 바이 이로 이ᄅᆞᆯ 즈가 ᄒᆞ샤
ᄅᆞᆷ을 ᄃᆡᄒᆞ야 ᄂᆞᆷ의 뭇ᄒᆞᆯ 이ᄅᆞᆯ 이 업게 ᄒᆞ라 ᄒᆞ더라

곤범(壼範) 二 39a

뎌ᄉᆞᄂᆞ니이다 셩인이 ᄀᆞᆯ오샤ᄃᆡ 어ᄃᆡ니ᄅᆞᆯ 말ᄉᆞᆷ 혐의로
오ᄃᆡ ᄌᆞ셔히 ᄯᅳᆺ겨 ᄒᆞ야 보면 모ᄃᆞᆫ 병통이라 ᄒᆞᄒᆞ
논ᄃᆡ ᄀᆞᆯ셔 나ᄂᆞ니 말일ᄃᆡ ᄒᆞ고 ᄌᆞᄅᆞᆯ 업시 ᄒᆞ면 보야
ᄒᆞᆯ ᄯᅳᆺ옴ᄒᆞᆫ 뷔 나아가더이다 셩인이 머리ᄅᆞᆯ 조으
시고 ᄌᆞ와의 안ᄌᆞ사 ᄀᆞᆯᄋᆞ샤ᄃᆡ 닐러 ᄀᆞᆯ오샤ᄃᆡ 이 ᄉᆞᆯᄆᆞᆷᄒᆞᆯ
쟝중 뷔 절당 ᄒᆞᆯ ᄉᆞ욜 ᄉᆡᆼ각ᄒᆞ야 ᄒᆞ올재ᄅᆞ다
시온 ᄌᆞᆷ 숙복의 나여 ᄒᆞ지ᄒᆞ라 ᄒᆞ고 그ᄅᆞᆯ ᄀᆞᄌᆞ니 경불
주면 ᄇᆞᆨ오어지니 ᄀᆞᄌᆞ지 ᄒᆞ불가 ᄒᆞᆸ쟈ᄂᆞ기 옥인지 ᄒᆞ불
견ᄒᆞ리신
시의 ᄀᆞᆯ오ᄃᆡ ᄒᆞᆷ겨 비록 업ᄃᆡ여시나 ᄒᆞᆯ 심히 ᄇᆞᆰ

곤범(壼範) 二 38b

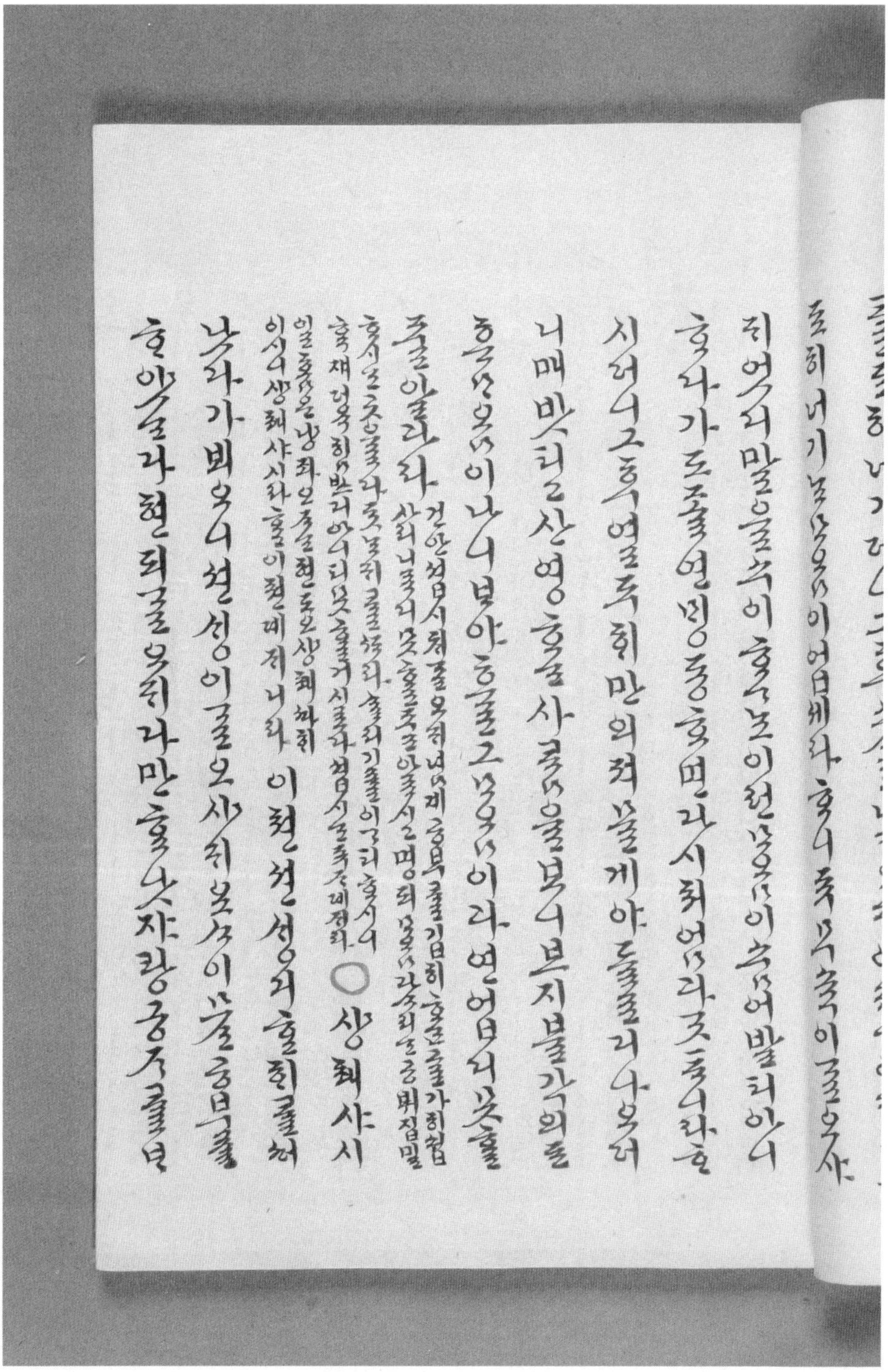

곤범(壼範) 二 38a

빈ᄎᆡᆼ을보ᄂᆞ닐오ᄃᆡ져머신ᄯᅢ셩긔조려ᄒᆞᆯ졔발
ᄒᆞ야음식의ᄯᅳᆺ의맛ᄀᆞ디아니ᄒᆞ면믄득가ᄉᆞᆯ
디더니ᄒᆞᆺ날병드러종용히논어ᄅᆞᆯ보더니ᄀᆞᆷ획
망은ᄃᆞᆺ거이ᄒᆞᆯ사ᄅᆞᆷ칙망을박히ᄒᆞ라말ᄉᆞᆷ
의나ᄃᆞᆺ라ᄒᆞᆯ연이ᄭᆡ터의셔이일시의ᄂᆞᆫ셩ᄒᆞ야도
되여종신토록ᄌᆞᆨ발ᄒᆞᆫ노ᄒᆞ오미업세라ᄒᆞ니
이가히기질을변화ᄒᆞᆫ법이되리로다 ○명도션
ᄉᆡᆼ이ᄀᆞᆯ오샤ᄃᆡ내나히열여닐곱ᄯᅢ예산영ᄒᆞ기
ᄅᆞᆯ됴히너기더니그ᄒᆞ로ᄉᆞᆯᄒᆞᆯ니ᄅᆞ오ᄃᆡ이제ᄂᆞᆫ이런것
됴히너기ᄂᆞᆫᄆᆞᄋᆞᆷ이업세라ᄒᆞ니주무ᄉᆞᆨ이ᄀᆞᆯ오샤
ᄃᆡ어ᄃᆡ말을ᄉᆞ이ᄒᆞ노이런ᄆᆞᄋᆞᆷ이숨어발키이니

곤범(壼範) 二 37b

ᄌᆞ지 ᄉᆡᆼ애 외ᄉᆡᆼ ...

ᄌᆞ재샹애 ᄀᆞᆯ오ᄉᆡ ᄯᅴ 아래 모시이ᄂᆞᆯ 거시 ᄌᆞ이니 ᄌᆞ지

ᄲᅧ본 ᄒᆞᆫ ᄆᆞᄋᆞᆷ을 링계ᄒᆞᆫ 옥시ᄆᆞᆯ 막ᄂᆞ니라 ᄌᆞ재 노옥

ᄒᆞᆫ 군ᄌᆞ이니 군ᄌᆞᆫ 의히 오 아래ᄂᆞᆫ 태니 태ᄂᆞᆫ 모시니 의미ᄒᆡ 모시이시면

의히 ᄒᆞᆯ러 나ᄒᆡ 므서 메ᄂᆞ니 ᄌᆞ지 이 샹을 보와 ᄇᆞᆯ다 옥을 ᄇᆞᆯ다 ᄒᆞᆫ 뜻이라 ○ 이쳔

션ᄉᆡᆼ이 ᄀᆞᆯ오샤ᄃᆡ 몸가지ᄂᆞᆫ ᄃᆡ 당당이 ᄌᆞᆫᄒᆞᆯ 거시니

ᄎᆞᆷ을 ᄒᆞ다 말이라 오직 보다가ᄂᆞᆫ 옥이 그런 글을 보노ᄒᆞᆫ ᄆᆞᄋᆞᆷ

을 링계ᄒᆞᆯ 그니 옥을 막을 거시니라 ○ 명도 션

ᄉᆡᆼ이 횡거 션ᄉᆡᆼᄭᅴ 닐러 ᄀᆞᆯ오샤ᄃᆡ 사ᄅᆞᆷ의 졍이

나기 쉽고 졔어ᄒᆞ기 어려온 거시 노ᄒᆞ오미 더 심ᄒᆞ니

노ᄒᆞ온 ᄆᆞᄋᆞᆷ이 날 ᄯᅢ의 그 노호온 ᄆᆞᄋᆞᆷ을 아직 ᄎᆞᆷ고

그 노호와 ᄒᆞ던 일의 올ᄒᆞ며 그ᄅᆞᆷ을 보면 이도에

ᄇᆞᆫ ᄒᆞᆫ 반이 넘ᄂᆞ니라 ○ 쥬ᄌᆡ ᄀᆞᆯ오샤ᄃᆡ 녀ᄌᆞ의 녀

곤범(壼範) 二 37a

나와ᄯᆞᆯ님의허믈업ᄉᆞᆸ기ᄅᆞᆯ어려오니라○죽시ᄀᆞᆯ오
샤ᄃᆡ병산션ᄉᆡᆼ이병환ᄯᆡ의ᄯᅩᆼᄌᆞᆯ셔병환을
ᄭᅬ셔잇더니쳔ᄉᆡᆼ의평일ᄉᆞ랑ᄒᆞ시ᄂᆞᆫᄎᆞ례ᄀᆞᆯ
ᄆᆞᆺᄌᆞ온ᄃᆡ션ᄉᆡᆼ이흔연이ᄂᆞ려ᄀᆞᆯ오샤ᄃᆡ내ᄌᆡ역
의덕의ᄃᆞᄅᆞᆯ믈을어더시니날은바믈원복이
이내의세ᄌᆞ복니거시라(복ᄋᆞᆯ병부ᄂᆞ미ᄅᆞᆯ말이라)ᄒᆡᆼᄒᆞ라ᄒᆞ시더라(병산셔ᄒᆞᆼ)
의셔ᄋᆞᆷ녹오휘ᄂᆞᆫᄌᆞ휘오ᄌᆞᆷ이니ᄌᆞᆨ주ᄋᆞ바니ᄒᆞᆼ의ᄌᆞᆨ의로샤ᄅᆞᆷ병이니
위지ᄌᆞᆨ을채예ᄌᆞᆨᄌᆞᆨ여병산이라녹빅ᄎᆞᆫ쳔ᄉᆡᆼ휘언ᄒᆞᆼ라니연평셔ᄒᆞᆼ
ᄒᆞᆼ의게가빈ᄒᆞ라ᄒᆞ여시매ᄌᆞᆨ져상헤세션ᄉᆡᆼ을ᄒᆞ엿ᄉᆞᆯ지쳥ᄒᆞ시되
녹빅ᄒᆞᆫ존ᄌᆞᆨ주랑인이오니연평거ᄉᆞᆯ젼로ᄒᆞᆯᄒᆞ엿ᄉᆞᆯ샤ᄋᆞ시니라
ᄒᆞᆫ지상에왈산하옥퇴ᄀᆞ이군ᄌᆞ이야ᄒᆞ징분질옥이니라
ᄒᆞᆫ대상에ᄀᆞᆯ오샤ᄃᆡᄭᅬ아래ᄆᆞᄉᆞ이ᄅᆞᆯ거시ᄒᆞᆫ이니ᄀᆞᆫ지
ᄲᅧ부ᄅᆞᆯᄆᆞᆷ을경계ᄒᆞᆫ옥시ᄆᆞᆷ을막ᄂᆞ니라(ᄒᆞᆫ괘나모)
ᄒᆞᆫ군ᄌᆞ이니군ᄌᆞᄭᅬ히오아래ᄂᆞᆫ레니ᄅᆞᆯᄆᆞᄉᆞ니ᄭᅬ밋희ᄆᆞᄉᆞ이시면○이현
[illegible]

곤범(壼範) 二 36b

잇시리오 그러나 ᄌᆞᄉᆞ미 이셔 ᄌᆞ머니ᄋᆞᆫ나 복ᄒᆞ면 뉘

옷 낙리니 ᄎᆞ라리 이ᄂᆞᆫ 낫ᄂᆞ니라 뢰어ᄂᆞᆫ ᄀᆞᄅᆞᆯ 녕ᄂᆞᆫ예 어ᄇᆞᄅᆞᆫ 보ᄉᆞᄒᆞᆫ ᄀᆞᄌᆞ ᄀᆞᄅᆞᆯ 대청지위오 ᄀᆞᄅᆞᆯ 녕ᄂᆞᆫ예 뱡동ᄒᆞᆫ

야 ᄌᆞᄎᆞᆨ시 회복ᄒᆞᆫ즉니 ᄂᆞᆫ 안ᄌᆞ지위야 ᄀᆞ련거시니 이런 ᄌᆞᆯ 안지 ᄒᆞᆺ리 ᄒᆞᆯ ᄎᆞᆼ이 쳐러리라 ᄒᆞᆫᄂᆞᆺ니라 복ᄌᆞᆨ에 ○ ᄉᆞ전ᄌᆞᆯ오

사ᄅᆞᆷ 휘ᄂᆞᆫ 봉이오 ᄌᆞᄂᆞᆫ 오ᄇᆞᄂᆞ니 ᄒᆞᄅᆞᆯ 강절 선생이니 평ᄌᆞᄒᆞᆫ ᄡᅵᆯ 입의 올ᄒᆞᆫ 말을 니ᄅᆞ미

몸의 올ᄒᆞᆫ 일 ᄒᆡᆼᄒᆞᆷ만 ᄀᆞᆺ디 못ᄒᆞᆯ 몸의 ᄒᆡᆼᄒᆞᆫ

미 ᄆᆞᄋᆞᆷ의 올ᄒᆞᆫ 녀ᄂᆞᆫ ᄌᆞᆯ 극진이 ᄒᆞᆷ만 ᄀᆞᆺ디 못

ᄒᆞ니 입의 니ᄅᆞ면 사ᄅᆞᆷ이 시러 금ᄒᆞ드ᄅᆞᆯ 몸의 ᄒᆡᆼᄒᆞ

면 사ᄅᆞᆷ이 시러 금 보ᄅᆞᆯ ᄆᆞᄋᆞᆷ의 극진히 ᄒᆞ면 귀신

이 시러 금 아ᄂᆞ니 사ᄅᆞᆷ의 총명도 속이디 못ᄒᆞ려

든 ᄒᆞ믈며 귀신의 총명가 이러므로 입의 ᄇᆞ그러

옴 업ᄉᆞ니 만ᄀᆞᆺ디 못ᄒᆞ니 입의 허믈 업기ᄂᆞᆫ 쉽거

곤범(壼範) 二 36a

사뢰아시의ᄌᆞ식이그거의갓가온뎌셜리못ᄒᆞ미
이시매일ᄌᆞᆨ아니못ᄒᆞ리아니리아니고알매다시
횡리아니ᄒᆞᄂᆞ니라 복졔ᄒᆞᆫ양이업ᄉᆞ라가다시회복ᄒᆞ라ᄒᆞᆫ이 ᄒᆞᄆᆞᆫ젓ᄒᆞᄂᆞ니ᄉᆞᆯᄒᆞᆷ의ᄆᆞᄋᆞᆷ을ᄂᆞᄒᆞ러ᄒᆞᆯ
ᄆᆞᄋᆞᆷ이나거든그ᄆᆞᄋᆞᆷ이일의ᄂᆞ라나채ᄀᆞᆺ되니아냐즉시ᄀᆞᆺ디면이거
시머리아냐회복ᄒᆞᆫ의니ᄆᆞᄋᆞᆷ의비ᄒᆞ고ᄀᆞᆯᄂᆞᆫ데밍동ᄒᆞ야시나알
의나라나ᄀᆞᆺᄒᆞ니아니ᄒᆞᆯᄀᆞᆺ디면뵈오ᄂᆞᆫ뒤다ᄃᆞᄅᆞᆯ이ᄅᆞᆯ이업ᄉᆞ니그
런ᄂᆞᆯ크게치ᄒᆞᄂᆞ말이라 ○ 궁진ᄒᆞ여이호의의리ᄀᆞᆯᄂᆞᆫ사뢰아치거의
각감다ᄒᆞ사불선ᄒᆞᆫ업ᄂᆞᆫ데이시면아니아니리아니고알면다시횡리아니ᄒᆞ리
말ᄉᆞᆷ이라안ᄌᆞᆫ증ᄌᆞ데ᄌᆞ니휘ᄂᆞᆫ회오ᄌᆞᆫ주연이니나희삼십이세예출
ᄒᆞ니그ᄌᆞ호이증문
의데일이니라

이쳔현셩이ᄀᆞᆯ오사뢰ᄀᆞᆺ업ᄉᆞᆫ이ᄂᆞᆫ신ᄒᆞ후에회복
ᄒᆞᆯ니니쥐업ᄉᆞᆫ의ᄀᆞᆺ미업ᄉᆞ면다시복ᄒᆞᆯ일이어
이ᄂᆞᆫ시리오그러나ᄀᆞᆺ미이쳐ᄃᆞ머니아냐복ᄒᆞ면뉘
웃ᄂᆞᆫ뢰니ᄌᆞ리이시ᄂᆞ니라 뢰업ᄉᆞᆫᄀᆞᆺ ᄀᆞᆯ디청지위오ᄀᆞᆯᄂᆞᆫ업ᄉᆞᆫ데밍동을

말라 귀신이 너ᄅᆞᆯ 복ᄒᆞ니라 복주에 ○ ᄌᆞ지 ᄀᆞᆯᄋᆞ샤ᄃᆡ
위ᄭᅮᆨ 즁이 군 원뎜 ᄒᆞᆨ끈 ᄒᆞ올 즁 뷔시ᄂᆞ니 ᄀᆞ차 더 아니ᄒᆞᄂᆞ니
나히 ᄉᆞ십 오세예 오히려 군신을 명ᄒᆞ야 ᄒᆞ여곰 ᄌᆞᆨ
간ᄒᆞᆯ 말ᄉᆞᆷ을 나오라 ᄒᆞ니 이 어시ᄂᆞᆫ ᄉᆞᆷᄀᆞᆯ 경계ᄒᆞᆯ
시니 ᄌᆞᆨ 나라 경서 경ᄉᆞᄂᆞᆫ 벼슬 ᄒᆞᄂᆞᆫ 사ᄅᆞᆷ 쳥인의 가미 갓가오니
라 거상이라 ᄒᆞᆫ ᄌᆞᆨ다
복지ᄌᆞᄀᆞ에 왈 불원복이면 무지회니 원길ᄒᆞ리라 뎐 왈
안시 지 쳐 기 퇴 쳐 거 ᄒᆞ 려신 ᄋᆞᆨ 불 션에 미상 부지오지니
에 미상 부힝야라ᄂᆡ
복 ᄅᆡ ᄌᆞᄀᆞ의 ᄀᆞᆯᄋᆞ샤ᄃᆡ 머리 아녀 회복ᄒᆞ면 뉘우ᄎᆞᆯ
ᄃᆡ 다ᄃᆞᄅᆞᆷ미 업ᄉᆞ리니 크게 길ᄒᆞ리라 ᄒᆞ니 지ᄀᆞᆯᄋᆞ

곤범(壼範) 二 35a

라어
신지격ᄉᆞ ᄉᆞᄅᆞᆯ 블가탁ᄉᆞ온 신가역ᄉᆞ아 시편역ᄐᆡᆨ이라
시외ᄀᆞᆯ오ᄃᆡ 네 군ᄌᆞᄅᆞᆯ 벗ᄒᆞᄂᆞᆫ 채ᄅᆞᆯ 보ᄃᆡ 어ᄂᆞᆫ ᄂᆞᆯ을ᄆᆞ
화ᄇᆞ드러이 ᄒᆞ야 아니 허물이 잇ᄂᆞᆫ가 ᄒᆞᄂᆞ니 네 집의
잇ᄂᆞᆫ 채ᄅᆞᆯ 보매 오히려 옥누의 븟그럽디 아니ᄒᆞ라
옥누ᄂᆞᆫ 집 어 두온 ᄃᆡ 그ᄅᆞᆷ이 나타나디 아니ᄒᆞ야 날을 보디 못ᄒᆞᆫ다
말라 귀신이 ᄀᆞ초ᄂᆞᆫ ᄃᆡ 가히 헤아리디 못ᄒᆞ온 ᄒᆞᄆᆞᆯ
며 가히 ᄉᆞᆯᄒᆞ이게 어ᄌᆞ라 ○ 뎡시 ᄀᆞᆯ오ᄃᆡ 뎡시ᄂᆞᆫ 일홈은 현이오 ᄌᆞᄂᆞᆫ 강희니
듕항ᄇᆡᆨ사ᄅᆞᆷ이라 경ᄎᆞᆨ ᄌᆞᄅᆞᆯ 내엿더니 ᄎᆞᆨ 저 ᄀᆞᆺ텨 내야 져시니라 귀신이 사ᄅᆞᆷ의 ᄒᆞᄂᆞᆫ 일ᄋᆞᆯ
보ᄂᆞ니 네 이 ᄀᆞ욱ᄒᆞᆫ 어드어 날을 보ᄂᆞ니 업다 니ᄅᆞ디
말라 귀신이 너ᄅᆞᆯ 보ᄂᆞ니라 ᄇᆞᆨᄌᆞ에 ○ ᄌᆞ지 ᄀᆞᆯ오ᄉᆞᄃᆡ
위곡ᄋᆡ이 군 위ᄂᆞᆷ ᄒᆞ조 블 ᄒᆞᄂᆞᆯ 궁 뷔시ᄃᆡ 히 ᄀᆞ자 ᄃᆡ 아니ᄒᆞ니
아 비록 ᄇᆞᆯ고 게 에오 히려 긴 신을 명ᄒᆞ야 ᄒᆞ며

곤범(壼範) 二 34b

ᄒᆞ니 닷ᄒᆞᄂᆞ니 어ᄂᆞ니 깁히 블샹티 아니리오 쳥현
의 그ᄅᆞᆺ 되신 말ᄉᆞᆷ이 ᄇᆞᆰ아 명ᄇᆡᆨᄒᆞ니 ᄒᆞᆨ재 어리
ᄂᆞᆨ게 보와 깁히 ᄉᆡᆼ각디 아니ᄒᆞ리오 ○ 셔 샹ᄃᆞ시
ᄀᆞᆯ오ᄉᆞᄃᆡ 이 말ᄉᆞᆷ은 옷과 ᄎᆞᆯ다 위ᄒᆞ미라 ᄉᆞ리ᄂᆡ 법
을 셔ᄅᆞᆨ 뎐ᄒᆞ야 ᄌᆞ시 거시니 만셰 쳥ᄒᆞᆨ의 근원이
라 쳔현의 샥여 니ᄅᆞᆫ 말이 비록 만ᄒᆞ나 그 장 젹확
ᄒᆞᆫ미 이 ᄀᆞᆺ흔 말ᄉᆞᆷ이 업ᄉᆞ니라 외ᄎᆞᆯ의 게편ᄒᆞ 고ᄅᆞᆫ 편ᄒᆞ실 셔옷은 집텹ᄒᆞᆫ 죵ᄒᆞᆫ 구쳐ᄒᆞ 만
ᄂᆞᆯ 실 ᄎᆞᆯ이 옥의 세 뎐ᄒᆞ실 셔셰 그 쳐ᄅᆞᆯ 울려 ᄒᆞ야 나ᄅᆞ시니 뎌ᄎᆡ ᄎᆞᆺ근 울
집텹ᄒᆞᆫ 옷을 ᄂᆞ쳐 쳐ᄅᆞᆯ 알 거시매 외 이 만ᄂᆞ시근 옥을 셰 그 쳐ᄅᆞᆯ 더ᄂᆞᆨ
셔야 알 거시매 더 ᄂᆞᆺ쳐 져 시니 외 브려 갑ᄒᆞ야 더ᄂᆞ니ᄅᆞᆺ 션
거시 아니오 ᄎᆞᆯ이 브려 벗거ᄅᆞᆯ 이 더ᄂᆞ니 ᄅᆞᆺ션 거시 아니니라
시왈 시이옥ᄀᆞᄌᆞ 대홀 집옥이안 야ᄒᆞ 블하옥건가 나홀 샹
뎌이실 대홀 샹블리옥ᄂᆞ아 ᄆᆞᆨ왈 블현에 막여운주

곤범(壼範) 二 34a

직졍이니ᄌᆞ조사ᄒᆡ라ᄌᆞ즁지ᄌᆞ 업ᄒᆞ야ᄌᆞ조ᄅᆞᆯ죵ᄒᆞᆯ련ᄒᆞ니라 오ᄒᆞᆫ의 쳥인을 ᄲᅥ 폐 왕
의 즌ᄒᆞᆫ 쉬 이 써 ᄉᆞᄅᆞᆯ 그 ᄇᆞᄅᆞᆷ 라ᄒᆞ리 미 이 ᄀᆞᆺ 거ᄅᆞᆯ 쇄샹
사ᄅᆞᆷ은 이 ᄇᆞᄅᆞᆷ의 풍ᄒᆞᆯ 줄을 아니 못ᄒᆞ야 졍의 나
ᄂᆞᆫ ᄃᆡ ᄅᆞᆯ 미 러 옥 심을 방죵이 ᄒᆞ야 ᄌᆞ이ᄅᆞᆯ ᄒᆞᆯ 방ᄉᆞ
ᄒᆞ야 ᄇᆞᄅᆞᆷ이 ᄒᆞᆨ 오ᄅᆞᆨ면 하ᄂᆞᆯ의 오ᄅᆞᄂᆞᆫ ᄃᆞᆺᄒᆞᆯ ᄒᆞᆨ
ᄂᆞ리면 ᄭᅳ스 ᄲᅡ디ᄂᆞᆫ ᄃᆞᆺᄒᆞᆯ ᄒᆞᆨ 더우면 불의 ᄃᆞᆫ
ᄃᆞᆺᄒᆞᆯ ᄒᆞᆨ ᄎᆞ면 어ᄅᆞᆷ의 엉긴 ᄃᆞᆺᄒᆞ야 미ᄎᆔ 상심
ᄒᆞᆯ 사ᄅᆞᆷ 곳ᄃᆞᄒᆞ야 궁실의 평안ᄒᆞᆯ 것다 외복의 마
ᄎᆞᆯ 것다 음식의 맛당ᄒᆞᆯ 것ᄃᆞ ᄌᆞᆨᄒᆞᆯ 망연ᄒᆞ야 셔
ᄃᆞ리 못ᄒᆞᄂᆞ니 어디 기ᄇᆞ히 불상티 아니리오 쳥현
의 그ᄅᆞᆺ디신 말ᄉᆞᆷ이 붉아 명빅ᄒᆞ니 ᄒᆞᆨ재 어ᄅᆞᆷ

곤범(壼範) 二 33b

ᄀᆞᆯ아니못ᄒᆞ면외ᄐᆡᄀᆞᆨ온ᄃᆞᆼ온젹ᄃᆞ외ᄐᆡᄀᆞᆸ
미못ᄒᆞᆯᄯᆞᄅᆞᆷ은젹ᄃᆞ미못ᄒᆞᄂᆞ니졍히알면ᄃᆞᄅᆞᆷ
ᄉᆞ이ᄀᆞᆯᄉᆞᆯ펴셔ᄀᆞ기디아니케ᄒᆞ야ᄒᆞᆯᄀᆞᆺ디ᄒᆞ면
부ᄉᆞᆷ이바로거ᄉᆞᆯ러회여쳐나디아니ᄒᆞᄂᆞ니여러
일삼아ᄒᆞ야잠간도ᄉᆞ이ᄭᅳᆫᄒᆞᆫ때업시ᄒᆞ야밧ᄌᆞ시
도ᄉᆞᆷ을ᄒᆞ야ᄀᆞᆷ뭄의주인이되게ᄒᆞᆯ인ᄉᆞᆷ을
미양도ᄉᆞᆷ의게텽녕ᄒᆞ게ᄒᆞ면외ᄐᆡᄀᆞᆨ온ᄯᆞᄅᆞᆷ
이ᄌᆞ연이평안ᄒᆞᆯ미못ᄒᆞᄂᆞ온ᄃᆞᆯ이ᄌᆞ연이나타나
발동ᄒᆞ며안뎡ᄒᆞ며ᄒᆞᄂᆞᆫ일의나타나뵈매ᄉᆞ
ᄉᆞᆯ라ᄒᆞ거나미ᄎᆡ못ᄒᆞ야어긔여디ᄂᆞᆫ배업ᄉᆞᄅᆞ라
부주애 명황족의ᄯᅳ 화너흔거시라 ○ 면지황시ᄀᆞᆯ오ᄃᆡ 면지황시의일 훔은간이오ᄌᆞᆯ

형긔ᄅᆞᆯ 위ᄒᆞ야 나며 형긔ᄂᆞᆫ 얼골의 거ᄉᆞᆯ이니 눈의 보고져 ᄒᆞᆯ 거ᄉᆞ라 귀에 듯고져 ᄒᆞᄂᆞᆫ 것이라 입의 먹고져 ᄒᆞᄂᆞᆫ 것이라 코의 맛고져 ᄒᆞᆯ 것이라 ᄉᆞ지의 편안코져 ᄒᆞᄂᆞᆫ 바ᄅᆞᆯ 일ᄉᆞᆷ이라 ᄒᆞᄂᆞ니라 혹 셩명의 바ᄅᆞᆷ애 근원ᄒᆞ나 셩명은 텬셩이니 인의례지ᄅᆞᆯ 말ᄒᆞ미오 마ᄂᆞᆫ ᄆᆞᄋᆞᆷ을 ᄌᆞ심이라 ᄒᆞᄂᆞ니 어버이 위ᄒᆞ야 효도ᄅᆞᆯ ᄒᆞ고져 ᄒᆞ며 님군 위ᄒᆞ야 튱셩ᄒᆞ고져 ᄒᆞ며 어룬 공경ᄒᆞ고져 ᄒᆞ며 쳥텬빅일 ᄀᆞᆮ져 ᄒᆞᆯ 이런 ᄆᆞᄋᆞᆷ은 텬셩을 말ᄆᆡ암ᄋᆞᆫ 거시 ᄎᆞᆷ이라 이런 고로 혹 위ᄐᆡᄒᆞ야 평안티 아니ᄒᆞᆫ 혹 미묘ᄒᆞ야 보기 어려오니 그러나 사ᄅᆞᆷ이 형긔 잇디 아닌ᄂᆞ니 업ᄉᆞᆫ 고로 비록 셩인이라도 인심이 업디 아니ᄒᆞ고 ᄯᅩ ᄒᆞᆫ 텬셩이 잇디 아닌ᄂᆞ니 업ᄉᆞᆫ 고로 비록 하우나 도심이 업ᄉᆞ니 두 ᄀᆞ지 방촌 ᄉᆞ이의 셧겨 ᄯᅡ ᄃᆞᄉᆞ릴 바ᄅᆞᆯ 아디 못ᄒᆞ면 위ᄐᆡᄒᆞᆫ ᄆᆞᄋᆞᆷ은 졈졈 위ᄐᆡᄒᆞᆯ 미묘ᄒᆞᆫ ᄆᆞᄋᆞᆷ은 졈졈 미묘ᄒᆞᄂᆞ니 졍히 알면 ᄃᆞ ᄆᆞᄋᆞᆷ

심경(셔산진시 본셩은 신시니 나죵의 일홈을 휘ᄒᆞ야 진시라 ᄒᆞ니 나죵 쳑사ᄅᆞᆷ이라 휘ᄂᆞᆫ 덕슈오 ᄌᆞᄂᆞᆫ 셔산 션ᄉᆡᆼ이니 실은 ᄉᆞᆼ즁이라 송나 종쳑 사ᄅᆞᆷ이라 오ᄉᆞ ᄒᆞᆫ 글 ᄲᅩᆸ아 경셔의 말ᄉᆞᆷ과 뎡쥬 말ᄉᆞᆷ을 ᄆᆡᄀᆞ라 셩외예 ᄌᆞᆼ ᄒᆞ온 말ᄉᆞᆷ을 모화 심경이라 일홈ᄒᆞ니라 ○황명 뎡민졍이 이ᄅᆞᆯ ᄒᆞᆼᄒᆞ믈 민뎡이오 ᄌᆞᄂᆞᆫ 이니 ᄒᆞᄂᆞᆫ 황돈이니 뎡현 말ᄉᆞᆷ이 심셩의 ᄌᆞ졀ᄒᆞᆯ ᄯᆞᄅᆞᆷ을 모화 각각 뎌ᄯᆞᆯ 쥬ᄒᆞ라 너희시니 일홈ᄒᆞ믈 심경부쥬라 ᄒᆞᄂᆞ니라)

뎨왈 인심은 유위ᄒᆞ고 도심은 유미ᄒᆞ니 유졍유일이사 윤집궐즁이니라(셔뎐 우모편)

뎨 ᄀᆞᄅᆞ오샤ᄃᆡ(뎨ᄂᆞᆫ 슌이라) 인심은 오직 위티ᄒᆞᆷ이오 도심은 오직 미묘ᄒᆞ니 졍히 ᄒᆞ야 ᄒᆞᆫ결ᄀᆞᆺ티 ᄒᆞ여야 진실로 그 즁을 잡ᄂᆞ니라 ○ 쥬ᄌᆞ ᄀᆞᄅᆞ오샤ᄃᆡ ᄆᆞᄋᆞᆷ의 허령ᄒᆞ야 알옴이 ᄒᆞᆫ갈ᄀᆞᆺ티ᄒᆞ나 엇디 인심과 도심의 다ᄅᆞᆷ이 잇ᄂᆞᆫ 거ᄉᆞᆫ 그 혹 ᄒᆞᆼ긔 ᄉᆞ의

졍졔ᄒᆞᆷ이니 몸을 단졍케 ᄒᆞ기ᄂᆞᆫ ᄆᆞᄋᆞᆷ을 졍실ᄒᆞᆷ이
ᄒᆞᆷ을 니ᄅᆞ미오 ᄆᆞᄋᆞᆷ을 졍실이 ᄒᆞᆷ은 그ᄅᆞᆯ디 아닌 ᄆᆞᄋᆞᆷ
이 발동ᄒᆞᆷ을 복ᄒᆞᆷ을 졍졔ᄒᆞᆷ이니라 복은 ᄀᆞᆺ되 가 말이라

심경 [illegible] 니 송적 사ᄅᆞᆷ이라 ᄒᆡᆼ실 덕ᄒᆡᆼ으로 ᄒᆞᆯ셔 션ᄉᆡᆼ이니 실은 ᄒᆞᆼ즁
[illegible] 송너 송벽 사ᄅᆞᆷ이라 보숑을 브터 경셔의 말ᄉᆞᆷ과 뎡ᄌᆞ 말ᄉᆞᆷ

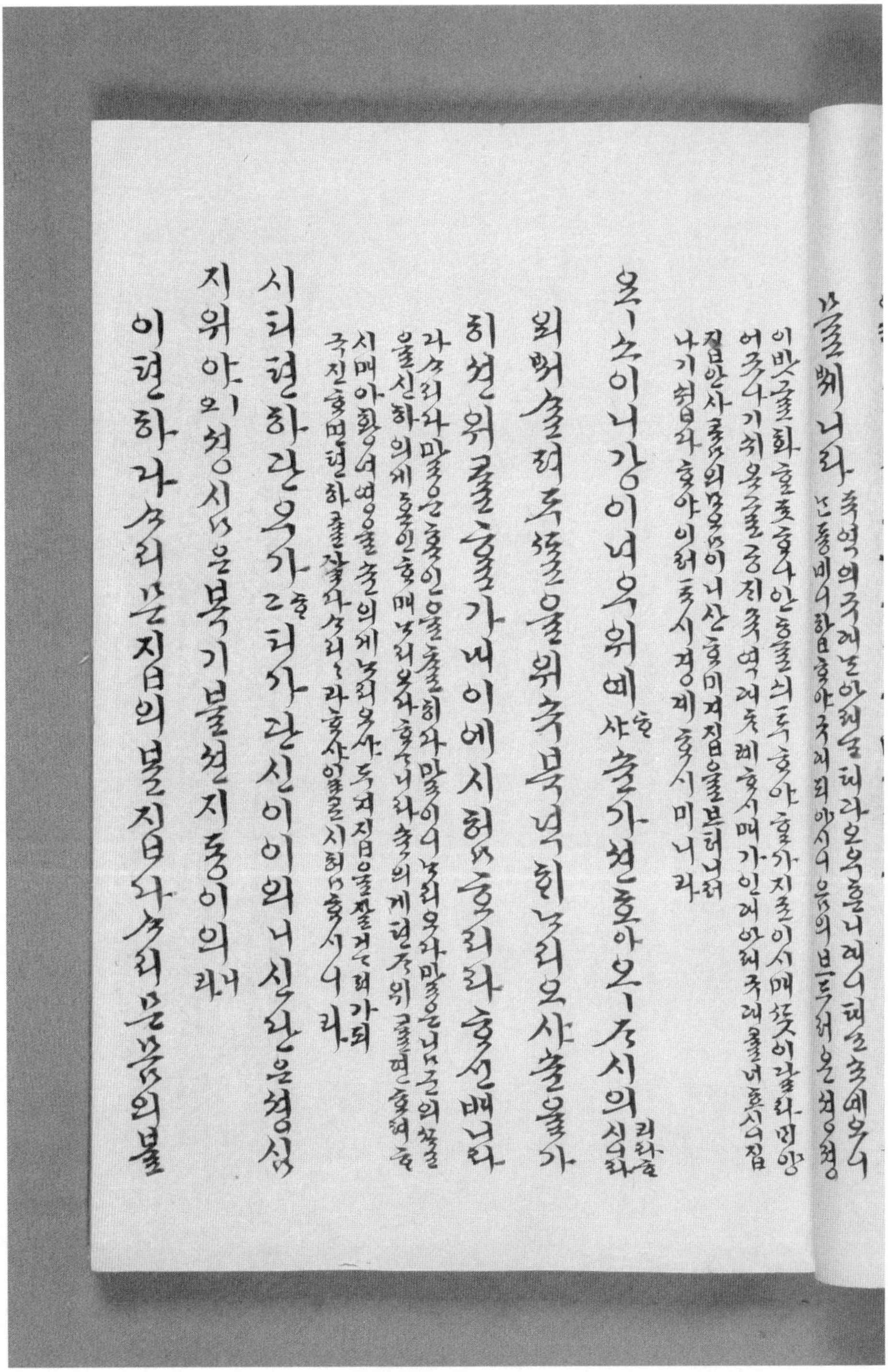

곤범(壼範) 二 31a

가난이편하이 나ᄒᆞ 가친이편하소야 ᄅᆞ서 나라

집은어졉몰편하ᄂᆞ쉬오니집은친ᄒᆞᆯ편하ᄂᆞ소

ᄒᆞᆯ서니라 집은부조복부형께친ᄒᆞ고리니ᄒᆞ히라형의친미ᄅᆞᆯᄒᆞᆯ매리 란ᄒᆞ야법힝ᄒᆞ기어졉ᄆᆞᆯ편하사ᄅᆞᆷ은ᄂᆞᆷ이라ᄉᆞᄒᆞᆯ매치쳬ᄒᆞᆫ

기쉬오나그러나어졉오ᄂᆞᆯ친ᄒᆞᆯ쳐라ᄉᆞᆯ리리못ᄒᆞ면쳔ᄒᆞᆫ그쉬온ᄌᆞᆯ능히리ᄉᆞᆯ펄 이리아니ᄒᆞ니집이비ᄅᆞᆺ어졉오나ᄂᆞᆫ붐ᄋᆞᆯ바ᄅᆞᆺ게ᄒᆞ면ᄎᆞ연ᄅᆞ다ᄉᆞᆯ리ᄂᆞ니라

가인니ᄐᆞᆯ리여부인 나ᄒᆞᆫ ᄋᆞ로주ᄌᆞ가인 나ᄒᆞ 이이녀ᄒᆞᆼ거이

지불ᄅᆞᆼ힝야 ᄅᆞ서 나라

집사ᄅᆞᆷ이니산ᄒᆞ미반ᄌᆞ시부인을쳐니러나ᄂᆞ니

ᄋᆞ로주려가인려버거ᄒᆞ야시니 주와가인은주역려명이니 주려ᄯᅳᆺ은어뢰여려합리아니

이라 타말 족겨집이ᄒᆞᆯ쉬거ᄒᆞᆫ매ᄯᅳᆺ이ᄒᆞᆯ가지로힝티못ᄒᆞᆫ

ᄭᅳᆯ뻬니라 족역의주려ᄂᆞᆫ아래ᄅᆞᆯ태라오옥ᄋᆞᆫ니려니태ᄂᆞᆫ족예오니 ᄂᆞᆫ동미니합ᄒᆞ야주려되야시니음의브드러온졍졍

이빗ᄋᆞᆯ회ᄒᆞᆫ주ᄒᆞᆫ인ᄒᆞ고ᄂᆞ

어ᄌᆞ나기쉬웃ᄋᆞᆯ공진ᄌᆞ역려츠례ᄒᆞ시매가인려아래주대ᄅᆞᆯ녀흐시니집

집안사ᄅᆞᆷ의ᄯᅳᆺ이니산ᄒᆞ미ᄶᅥ집ᄋᆞᆯ브터니러

곤범(壼範) 二 30b

二동셔 녀계 쳥셩의지으신 글이니 녀계 쳥은 ᄎᆞ오 명은 ᄒᆞᆫ이오 졸곡ᄒᆞᆫ이니 명로이 ᄎᆡᆨ이 처음을 가ᄅᆞ쳐 ᄅᆞᆺ ᄒᆞ셔니라

티텬하옷본ᄒᆞ니 신지위야오 티텬하옷족ᄒᆞ니 가지위야라니

텬하다ᄉᆞ리미 근본이 이시니 몸을 니ᄅᆞ미오 텬하

다ᄉᆞ리미 법이 이시니 집을 니ᄅᆞ미라

본질ᄂᆞᆫ단니이 단본은 쳥심이 이의오 족질ᄂᆞᆫ쳔니이 쳔족은

화친이 이의라니

근본을 반ᄃᆞ시 단졍이 ᄒᆞᆯ거시니 근본을 단졍이

ᄒᆞᄂᆞᆫ 도ᄂᆞᆫ 쳥실이 ᄒᆞᆯ ᄯᆞᄅᆞᆷ이오 법을 반ᄃᆞ시 잘

ᄒᆞᆯ거시니 법을 잘ᄒᆞ기ᄂᆞᆫ 어버이ᄅᆞᆯ 화케

ᄒᆞᆯ ᄯᆞᄅᆞᆷ이니라

곤범(壼範) 二 30a

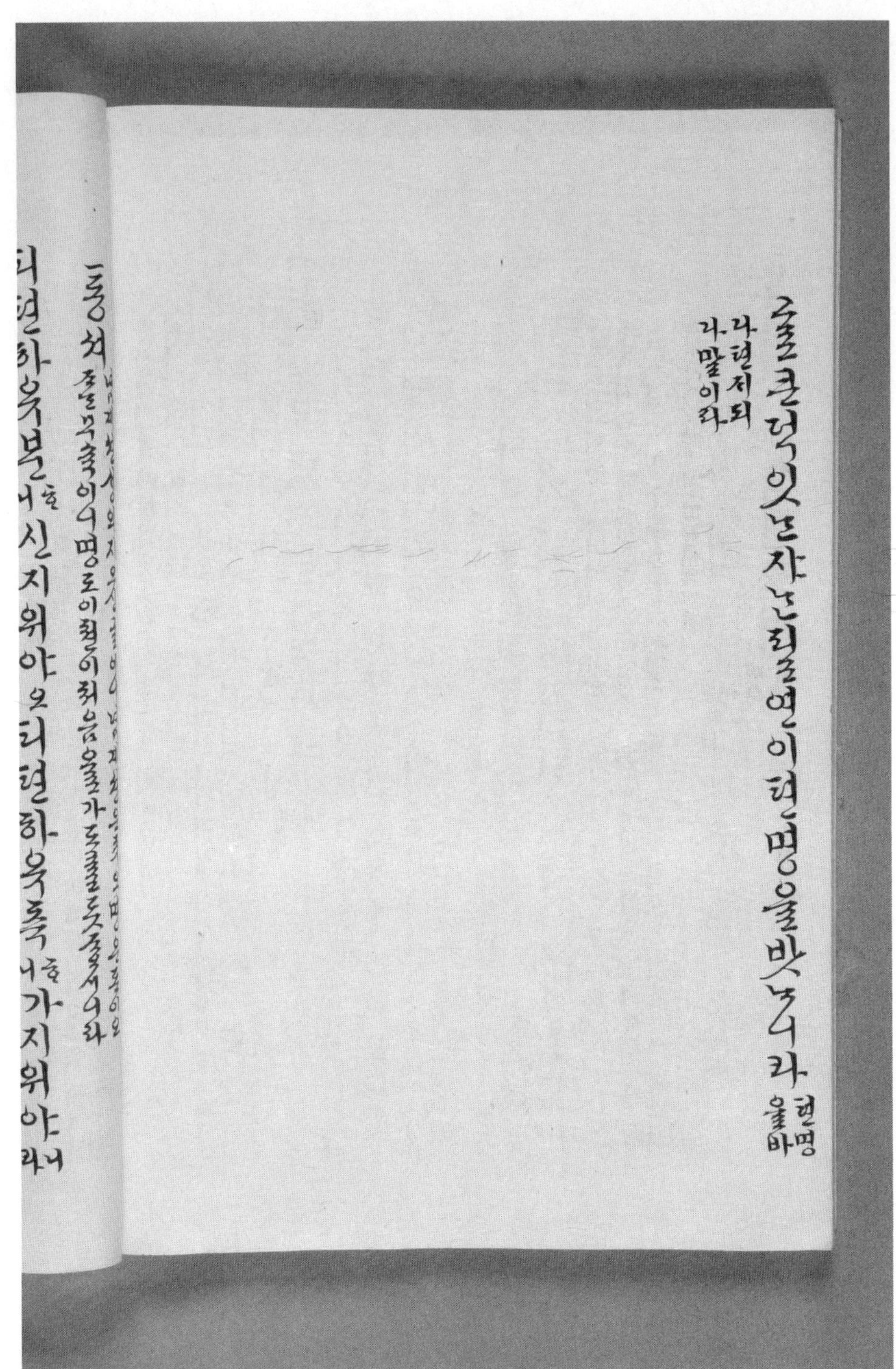

곤범(壼範) 二 29b

닐러 보리니라 하ᄂᆞᆯ의 되 마믈의다 이러ᄒᆞ야 사ᄅᆞᆷ의게 ᄂᆞ려 잇서 복녹을 바ᄃᆞᆯ 자의게ᄂᆞᆫ 복녹을 ᄂᆞ리와 ᄎᆞ구디 ᄒᆞ시고 화ᄅᆞᆯ 바ᄃᆞᆯ 자의게ᄂᆞᆫ 화ᄅᆞᆯ ᄂᆞ리와 망멸케 ᄒᆞ시ᄂᆞ니 다 제 지은 ᄯᅢ로 ᄒᆞᆫ 검ᄉᆡᆨ게 ᄒᆞ시미라

시왈 가락군ᄌᆞ의 헌헌령덕이여 의민의인이라 ᄉᆔ녹우텬이어ᄂᆞᆯ 보우명지ᄒᆞ시고 ᄌᆞ텬신지라 ᄒᆞ니라

시의 ᄀᆞᆯ오ᄃᆡ 아ᄅᆞᆷ답고 즐거온 군ᄌᆞ의 나타난 어딘 덕이 ᄇᆡᆨ셩을 맛당케 ᄒᆞ며 사ᄅᆞᆷ을 맛당케 ᄒᆞᄂᆞ니라 복녹을 하ᄂᆞᆯ긔 받거ᄂᆞᆯ 보젼ᄒᆞ시고 도으사 명ᄒᆞ시ᄆᆞᆯ 하ᄂᆞᆯ로브터 거듧ᄒᆞ시니라 시ᄂᆞᆫ 대아 가락편이라 이 편은 군ᄌᆞ의 덕이 인민의게 맛당이 ᄒᆞ시ᄆᆞᆯ 니ᄅᆞ니라 복녹을 보아 ᄒᆞᄂᆞᆯ 받거ᄂᆞᆯ 하ᄂᆞᆯ히 도으샤 복녹을 명ᄒᆞ야 ᄌᆞ실ᄌᆞ 신ᄒᆞ여 거듧ᄌᆞ셔 부ᄒᆞᆫ이 ᄌᆞ시다 말ᄉᆞᆷ이니 오직 ᄯᅡᆼ덕이 잇시면 복녹을 받ᄂᆞ다 말을 보히니라

고로 대덕쟈ᄂᆞᆫ 필ᄉᆔ명이니라

곤범(壼範) 二 29a

그런 고로 큰 덕은 반ᄃᆞ시 그 위ᄅᆞᆯ 어ᄃᆞ며 텬ᄌᆞ의 위ᄅᆞᆯ 어ᄃᆞᆷ이라 말이라 반ᄃᆞ시 그 녹을 어ᄃᆞ며 텬ᄌᆞ의 녹이라 반ᄃᆞ시 그 일홈을 어ᄃᆞ며 텬ᄌᆞ의 일홈이라 반ᄃᆞ시 그 수ᄅᆞᆯ 어ᄃᆞᄂᆞ니라 댱슈ᄒᆞ기ᄅᆞᆯ 어ᄃᆞ라 말이니 슌이 ᄇᆡᆨ 십 세 향수ᄅᆞᆯ ᄒᆞ시니 그 덕이 크시기의 그러ᄒᆞ니라 ᄒᆞᆫ 말ᄉᆞᆷ이니라

고로 텬싱지싱믈이필인기ᄌᆡ이독언 ᄒᆞᄂᆞ니 고로 ᄌᆡ쟈ᄅᆞᆯ 빈지ᄒᆞ고 경쟈ᄅᆞᆯ 복지라ᄒᆞ니

고로 하ᄂᆞᆯ의 만믈 ᄂᆡ미 반ᄃᆞ시 그 ᄌᆡ목을 인ᄒᆞ야 두텁게 ᄒᆞᄂᆞ니 ᄌᆡ목은 ᄎᆞᆷ 직ᄒᆞᆯ 이란 말이니 ᄌᆡ ᄎᆞᆷ직ᄒᆞᆫ 물이라 가며 될 거ᄉᆞᆯ 되게 ᄒᆞ고 못되ᄂᆞᆫ 거ᄉᆞᆯ 못되게 ᄒᆞᆫ 거시니 두텁게 라ᄒᆞ미 고로 심은 거ᄉᆞᆯ 북도도아 즐기오 러 긴 거ᄉᆞᆯ 업질러 보리ᄂᆞ니라 하ᄂᆞᆯ의 되ᄆᆞᆫ 물의라 이러ᄒᆞ야 사ᄅᆞᆷ의게 ᄂᆞ려 처 복녹을 바ᄃᆞᆯ 쟈의게 ᄂᆞᆫ 복녹을 ᄂᆞ리와 ᄎᆞᆫ ᄃᆞ리

케ᄒᆞ시ᄂᆞ니다 제 지목 디로 두텁게 ᄒᆞ시미라

곤범(壼範) 二 28b

공ᄌᆡ ᄀᆞᆯ오샤ᄃᆡ 부모ᄂᆞᆫ 그 슌ᄒᆞ실뎌 시와 이리 니ᄅᆞ샤 거ᄂᆞᆯ 공ᄌᆡ 보시

공ᄌᆡ ᄀᆞᆯ오샤ᄃᆡ 쳐ᄌᆡ ᄒᆞ믈 화락ᄒᆞ게 ᄒᆞ고 실가ᄅᆞᆯ 맛당케 ᄒᆞ면 부모ᄂᆞᆫ 평안ᄒᆞᆯ 줄 제ᄒᆞ샤 ᄆᆞᄋᆞᆷ이 슌ᄒᆞ시니라 ᄒᆞ시니 실가 맛당ᄒᆞ며 형뎨 ᄎᆡ져 화락ᄒᆞ기ᄂᆞᆫ ᄂᆞᄌᆞᆫ 일이오 부모의 슌ᄒᆞ시기ᄂᆞᆫ 놉흔 일이니 ᄂᆞᄌᆞᆫ ᄃᆡ와 갓가온 ᄃᆡ 브터 ᄒᆞᄂᆞᆫ 말을 ᄇᆞᆰ히시니라

ᄌᆞㅣ왈 슌은 기대효야신뎌 덕위셩인이시 존위텬ᄌᆞㅣ시 부유ᄉᆞ해지내ᄒᆞ샤 종묘향지ᄒᆞ시며 ᄌᆞ손보지ᄒᆞ시니라

공ᄌᆡ ᄀᆞᆯ오샤ᄃᆡ 슌은 그 큰 효ㅣ신뎌 덕은 셩인이 되시고 놉기ᄂᆞᆫ 텬ᄌᆞㅣ 되시고 부ᄒᆞ기ᄂᆞᆫ ᄉᆞ해 안ᄒᆞᆯ 두샤 종묘ᄅᆞᆯ 졔향ᄒᆞ시며 ᄌᆞ손을 보젼ᄒᆞ시니라 이러ᄒᆞ시매 효 되ᄅᆞ라 말이라

고로 대덕은 필득기위ᄒᆞ며 필득기녹ᄒᆞ며 필득기명ᄒᆞ며 필득기슈니라

곤범(壼範) 二　28a

곤범(壼範) 二 27b

구어인이면즉무원이니샹불원텬ᄒᆞ며하불우인이니라

웃위예이셔아ᄅᆡᄅᆞᆯ업슈이너기디아니ᄒᆞ며아ᄅᆡ위예이셔웃사ᄅᆞᆷ을반원티아니ᄒᆞᆯ(반원은붓드러올구ᄒᆞᆷ의ᄉᆞ라니)ᄯᆞᄅᆞᆷ을바ᄅᆞ게ᄒᆞᆯᄲᅮᆫ의ᄂᆞᆷ의게구ᄒᆞ디아니ᄒᆞ면ᄌᆞᆷ원망이업ᄉᆞᄂᆞ니라(내ᄃᆞ디ᄅᆞᆯ올케ᄒᆞᆯᄲᅮᆫ칙망을업ᄂᆞ니다말이라)우흐로하ᄂᆞᆯ을원망티아니ᄒᆞ며아ᄅᆡ로사ᄅᆞᆷ을허믈티아닛ᄂᆞ니라(이다맛ᄯᅡᆼ원티아니ᄒᆞ미라이샹은다ᄌᆞᆼᄎᆞ말ᄉᆞᆷ이라)

군ᄌᆞ지도ᄂᆞᆫ비여힝원필ᄌᆞ이ᄒᆞ며비여등고필ᄌᆞ비니라

군ᄌᆞ의도ᄂᆞᆫ비컨대먼ᄃᆡᄅᆞᆯ힝ᄒᆞ매반ᄃᆞ시가ᄭᅡ온ᄃᆡᄅᆞᆯᄒᆞᆷᄀᆞᆺᄒᆞ며(군ᄌᆞ의되ᄀᆞᄭᅡ온ᄃᆡ로브터멀ᄆᆡᄂᆞ다말이라)비컨대놉흔ᄃᆡᄅᆞᆯ오ᄅᆞ매반ᄃᆞ시ᄂᆞᄌᆞᆫᄃᆡ로브터ᄒᆞᆷᄀᆞᆺᄐᆞ니라(군ᄌᆞ의도ᄂᆞᆫᄂᆞᄌᆞᆫᄃᆡ로브터놉흔ᄃᆡ로ᄒᆞᄂᆞ니)

곤범(壼範) 二 27a

안ᄒᆞ 힝호이젹ᄒᆞ며 ᄉᆞ환난안ᄒᆞ 힝호환난이니 군ᄌᆞᄂᆞᆫ 무입
이불ᄌᆞ득언이니라
부귀예ᄉᆞᄒᆞ야ᄂᆞᆫ 부귀예힝ᄒᆞ며 부귀ᄒᆞᆫ 분이시면 져ᄒᆞᆫ 사ᄅᆞᆷ의 힝ᄒᆞᆯ ᄇᆞᄅᆞᆯ
ᄒᆞᆯ ᄶᅡ말이라 빈쳔의ᄉᆞᄒᆞ얀 빈쳔의힝ᄒᆞ며 옷귀ᄒᆞᆫ라 ᄀᆞᄌᆞᆨᄒᆞ니라 이젹
의ᄉᆞᄒᆞ야ᄂᆞᆫ 오랑캐라 이젹의힝ᄒᆞ며 환난의 근심이라 어려운 일이라
ᄉᆞᄒᆞ야ᄂᆞᆫ 환난의힝ᄒᆞᄂᆞ니 군ᄌᆞᄅᆞᆯ 들지 마라ᄂᆞᆯ
로의힝키ᄅᆞᆯ 어지 못ᄒᆞ미 업ᄂᆞ니라 아모리 ᄀᆞᄅᆞᆯ ᄃᆞ러도고 로힝치 못ᄒᆞᆯ ᄀᆡ 업
나 말이니 미양당ᄒᆞᆯ일을 국젼이ᄒᆞᆫ다 말이니라
진상위야ᄒᆞ 불능하며ᄒᆞ 지하위야ᄒᆞ 불원상오이 졍긔이불
구어인이면 즉무원이니 상불원텬ᄒᆞ며 하불우인이니라
옷ᄉᆞ위예이셔 아ᄅᆡ ᄉᆞᄅᆞᆷ을 업슈이너기디 아니ᄒᆞ며 아래위

곤범(壼範) 二 26b

여ᄒᆞᆯ디라 ᄒᆡᆼᄒᆞ미 브족ᄒᆞ거든 덕을 더옥 힘ᄡᅳᆯ 말ᄒᆞ미 다나 거든 말

을 덜ᄒᆞ라 말ᄉᆞᆷ 어ᄉᆞ라 말이 ᄒᆡᆼ실을 도라보며 ᄒᆡᆼ신이 말ᄉᆞᆷ을

도라 보ᄂᆞ니 말이 ᄋᆞᆯ의셔 리나 근이ᄋᆞᆯ이 말ᄉᆞᆷ의 미ᄎᆞ디 못ᄒᆞᆯ가 ᄒᆞᆯ즌 심ᄒᆞ야 말ᄉᆞᆷ을 ᄒᆞᆯ쳬 ᄒᆡᆼᄒᆞᆯ 거ᄉᆞᆯ 도라보아 갑ᄒᆞ면

말을 남께ᄒᆞ미 어렵ᄆᆞᆯ ᄒᆡᆼᄒᆞᆯ 제 말ᄉᆞᆷ을 도라보와 셩

각ᄒᆞ야 ᄒᆞ면 ᄒᆡᆼ실ᄒᆞᆯ 브족ᄒᆞ게 ᄒᆞ미 업ᄉᆞ리라 군ᄌᆞ 어ᄃᆡ 조

티 아니ᄒᆞ리오 조조ᄂᆞᆫ 독실ᄒᆞᆫ 거동이니 군ᄌᆞ의 언ᄒᆡᆼ이 이러ᄒᆞ면 엇디 독실티 아니ᄒᆞ리오 ᄒᆞ미니 대개 상ᄌᆞᆫ을 면키 ᄒᆞ야

조조ᄒᆞᆷ을 ᄒᆞ리 아니ᄒᆞᆫ다 말ᄉᆞᆷ이라 이 당온다 조조 말ᄉᆞᆷ이라

군ᄌᆞᄂᆞᆫ ᄉᆞ기위이ᄒᆡᆼ이오 불원호기외라ᄂᆡ

군ᄌᆞᄂᆞᆫ 그 위예 ᄉᆞᄒᆞ야 ᄒᆡᆼᄒᆞ고 그 위ᄂᆞᆫ 이ᄌᆞᆫ 곳이오 ᄉᆞᄂᆞᆫ 본티란 말이니 본티 곳의셔 도ᄒᆞᆯ ᄒᆡᆼ

ᄒᆞ라 말이라 그 밧글 원티 아니ᄒᆞᄂᆞ니라 시방 당ᄒᆞᆫ ᄃᆡ 조ᄎᆞ 헹ᄒᆞᆯ 그 밧글 구ᄒᆞ야 ᄒᆡᆼ키를 원티

아니ᄒᆞᄂᆞ다 말이라 본ᄃᆡ 잇다 말 울셔 시방 당ᄒᆞᆫ 곳을 니ᄅᆞ미라

ᄉᆞ부귀ᄒᆞ안 ᄒᆡᆼ호부귀ᄒᆞ며 ᄉᆞ빈쳔ᄒᆞ안 ᄒᆡᆼ호빈쳔ᄒᆞ며 ᄉᆞ이젹

곤범(壼範) 二 26a

구ᄒᆞᆯ 바ᄅᆞᆯ ᄡᅥ ᄂᆞᆷ 셤기기ᄅᆞᆯ 능히 못ᄒᆞ며 님굼 되야
신하의게 통졍을 구ᄒᆞ되 그 구ᄒᆞᆫ 바ᄅᆞᆯ ᄡᅥ 님굼 셤기기ᄅᆞᆯ 못ᄒᆞ며 아ᄋᆞ의게 구ᄒᆞᆯ 바ᄅᆞᆯ ᄡᅥ
ᄂᆡ 형 셤기기ᄅᆞᆯ 능히 못ᄒᆞ며 형이 되야 아ᄋᆞ의게 공슌ᄒᆞ기ᄅᆞᆯ 구ᄒᆞ되 그 구ᄒᆞᆫ 바
ᄂᆡ 형 셤기기ᄅᆞᆯ 못ᄒᆞ다 말이라 벗의게 구ᄒᆞᆯ 바ᄅᆞᆯ ᄡᅥ 몬져 베프기ᄅᆞᆯ
못ᄒᆞ노니 뎌 벗이 ᄂᆡ게 신실ᄒᆞ기ᄅᆞᆯ 구ᄒᆞ되 ᄂᆡ 구ᄒᆞᆫ 바ᄅᆞᆯ ᄡᅥ ᄂᆡ 뎌 벗의게 몬져 베프기ᄅᆞᆯ 못ᄒᆞ노라 말ᄉᆞᆷ이니 이 네 가지 일ᄋᆞᆫ
라 일ᄋᆞᆫ 의 맛당ᄒᆞᆫ 일이 죡히 ᄂᆞᆷ의게 쳑망ᄒᆞᆯ 일로ᄡᅥ ᄂᆡ 몸을 쳑망ᄒᆞ야 ᄒᆡᆼᄒᆞ면 군ᄌᆞ의 되다 샹ᄒᆞᆫ 덕을 ᄒᆡᆼᄒᆞ
며 샹ᄒᆞᆫ 말ᄉᆞᆷ을 삼가ᄒᆞ야 ᄒᆞᆼ상 ᄒᆞᆫ다 말ᄋᆞᆫ 텬리의 ᄋᆞᆼ홈다 말이라 브
죡ᄒᆞᆫ 배 잇거든 감히 힘ᄡᅳ디 아니티 아니ᄒᆞ며 남
ᄂᆞᆫ 거시 잇거든 감히 다 ᄒᆞ디 아니ᄒᆞ야 브죡ᄒᆞᆫ 거ᄉᆞᆫ 덕ᄒᆡᆼ을 남ᄂᆞᆫ 미ᄋᆞ 남ᄂᆞᆫ 거ᄉᆞᆫ
말ᄉᆞᆷ을 니ᄅᆞ미니 범사 굴ᄒᆞ이며 ᄒᆡᆼ덕을 힘ᄡᅥ ᄒᆞ기 남ᄂᆞ 브죡ᄒᆞᆫ 말ᄒᆞ기 ᄂᆞ옥 여 ᄒᆞᆯ리라 ᄒᆡᆼᄒᆞ미 브죡ᄒᆞ거든 덕을 더옥 힘ᄡᅳᆯ 말ᄒᆞ미 ᄂᆞ나거든 말
을 더 ᄒᆞ디 말ᄋᆞᆫ 어라 말이 ᄒᆡᆼ실을 도라 보며 ᄒᆡᆼ실이 말ᄉᆞᆷ을

곤범(壼範) 二 25b

일을 슬흔 ᄂᆞᆷ의게 베프디 아니ᄒᆞᆯ거시니라 내 슬흔 일을 ᄂᆞᆷ의게 베프디
아니ᄒᆞᆫ다 말이라 내 ᄆᆞᄋᆞᆷ으로 ᄂᆞᆷ의 ᄆᆞᄋᆞᆷ을 혜아리매 다 ᄀᆞᆺ디 아니케 ᄒᆞᆯ거
시니 내 슬흔 일을 ᄂᆞᆷ의게 베프디 아니ᄒᆞᆫ즉 슬흔 사ᄅᆞᆷ을 멀리 아니ᄒᆞ야
ᄇᆡᆨᄒᆞᆯᄒᆞᆫ 일이라

군ᄌᆞ지도ㅣ ᄉᆞ에 구ㅣ 미릉언이로ᄃᆡ 소구호ᄌᆞ로 이ᄉᆞ부를 미릉
야ᄒᆞ며 소구호신으로 이ᄉᆞ군을 미릉야ᄒᆞ며 소구호뎨로 이ᄉᆞ형
을 미릉야ᄒᆞ며 소구호붕우로 션시지를 미릉야ㅣ로 용
덕지ᄒᆡᆼ ᄒᆞ며 용언지근 ᄒᆞ야 유소부족 이어든 불감불면 ᄒᆞ며
유여 ᄒᆞ커든 불감진 ᄒᆞ야 ᄒᆡᆼ고언 ᄒᆞ니 군ᄌᆞㅣ 호불조ᄌᆞ이리오

군ᄌᆞ의 되 네가지의 ᄯᅳᆺ 공ᄌᆞㅣ 일홈을 휘ᄒᆞ야 구라 ᄒᆞ니라 ᄒᆞᆫ가지도 능히 못
ᄒᆞ니 ᄌᆞ식의게 구ᄒᆞᄂᆞᆫ 바를 ᄲᅢ아 비쳐 ᄡᅥ 기기를 능히
못ᄒᆞ며 어버이 ᄌᆞ식의게 효도ᄒᆞᆷ이 ᄀᆞᆺ기를 구ᄒᆞᆫ즉 그 구ᄒᆞᆯ 바로 ᄲᅢ여 아비 셤기기를 능히 못ᄒᆞ리라 말이라 신하의게

치ᄅᆞᆯ 오사 뒤퇴 사ᄅᆞᆷ의게 머리 아니ᄒᆞ니 사ᄅᆞᆷ이 ᄃᆞ

ᄅᆞᆯ ᄒᆞ되 사ᄅᆞᆷ의게 먼뎌 ᄒᆞ면 가히 ᄃᆞ라 ᄒᆞ리로소

리니라 ᄃᆞᆯ직 실ᄅᆞᆯ ᄃᆞᆼ인의 나아ᄀᆞᆷ을 힝ᄒᆞᆯ ᄯᅢ라 ᄀᆞᆯᄋᆞᆯ 사ᄅᆞᆷ의게 머리 아닌 거시니 말ᄒᆞᆯ ᄒᆞ되 사ᄅᆞᆷ의게 쳐 ᄂᆞᆸᄂᆞᆫ 먼딕을 ᄒᆞ뎌 ᄒᆞᆯ 주ᄀᆞ여니

라 이ᄅᆞᆫ 주셔 ᄒᆞᆫ 말ᄉᆞᆷ을 언ᄒᆞ야 니ᄅᆞᆫ 말이라

ᄃᆞᆼ쇄 위ᄃᆞ 블원 나ᄒᆞ 시 죄 과 이 블원을 여ᄀᆞᆯ시어 인

라 이니

ᄃᆞᆼ라 쇄ᄃᆞ의 어ᄀᆞ 미 머리 아니ᄒᆞ니 ᄃᆞᆼ은 내 ᄆᆞᄋᆞᆷ을 나의 죽진케 ᄒᆞ미오 쇄ᄂᆞᆫ 내 ᄆᆞᄋᆞᆷ을 밀외여 ᄂᆞᆷ의게 미ᄎᆞᆯ 거시니 ᄆᆞᆷ의 베프ᄂᆞᆫ ᄆᆞᄋᆞᆷ을 긔ᄒᆞᆯ 거시오 어ᄃᆞᆫ 다 말ᄒᆞ예 쳐 ᄯᅢ가 다 말이니 ᄃᆞᆼ은 ᄃᆞ리 ᄀᆞᆯ ᄀᆞ 죽전이 ᄒᆞᆯ 셔소 ᄂᆞᆷ의 ᄉᆞ 아뢰기ᄅᆞᆯ 죽전이 ᄒᆞ미니 내 ᄆᆞᆷ의 쇄 아ᄃᆞ ᄂᆞᆷ을 가 ᄉᆞᆫ디면 ᄌᆞ의 가기 머리 아니ᄒᆞ니라 내 ᄆᆞᆷ의 베디 원티 아니ᄒᆞᆯ

이ᄅᆞᆯ 울 ᄇᆞᆫᄒᆞᆯ ᄂᆞᆷ의게 베프디 아니ᄒᆞᆯ 거시니라 내 ᄒᆞᆯ 일을 ᄂᆞᆷ의게 베프디

[illegible]

시니 내 ᄒᆞᆯ 일을 ᄂᆞᆷ의게 베프디 아닌 ᄌᆞ ᄇᆞᆫᄒᆞᆯ 사ᄅᆞᆷ을 먼뎌 아니ᄒᆞ야

ᄇᆡᄌᆞᄅᆞᆯ ᄒᆞ

곤범(壼範) 二 24b

[illegible]

막현호은이며 막현호미니 고로 군ᄌᆞᄂᆞᆫ 신기독야니라

숨은 거시 이에셔 뵈ᄂᆞᆫ 거시 업ᄉᆞ며 미ᄒᆞᆫ 거시 이에
셔 나타나ᄂᆞᆫ 거시 업ᄉᆞ니 그런 고로 군ᄌᆞᄂᆞᆫ 반ᄃᆞ시 그
ᄒᆞ올로 아ᄂᆞᆫ 데ᄅᆞᆯ 삼가ᄂᆞ니라 숨다 말ᄉᆞᆷ은 그ᄆᆞᆫ ᄒᆞᆯ ᄀᆞᆺ이 오ᄆᆞ미 ᄒᆞ다 말ᄉᆞᆷ은 ᄎᆡ근 일을 이니 어둑온
가온대 세미ᄒᆞᆫ 일이라 도자 회ᄒᆞᆫ 비록 얼굴 ᄐᆡ 아녀 시나 리미 일의 ᄇᆞᆼ동
ᄒᆞ엿ᄂᆞᆫ니라 나ᄂᆞᆫ ᄒᆞ 비록 모ᄅᆞᆯ나 ᄂᆞᆷ은 ᄒᆞ올로 아ᄂᆞ니 비록 오ᄆᆞ미 ᄒᆞᆫ 일이나 뵈ᄂᆞᆫ
나타나미 이 ᄀᆞᆺᄐᆞ니 일ᄒᆞ믈 보면 텬하의 일이 뵈ᄂᆞ니라 나ᄂᆞᆫ 거시 이ᄂᆞᆫ ᄒᆞ믈 미
ᄒᆞᆫ 일이 예셔 더 ᄒᆞᆫ 일이 업다 말이라 이러므로 군자 이ᄂᆞᆫ 의 ᄆᆞᆷ이 ᄒᆞ 바ᄅᆞᆯ
상해 경계ᄒᆞ고 두려ᄒᆞ며 이 더욱 삼가 기ᄅᆞᆯ 더 ᄒᆞ니 뻐 이 ᄒᆞ욕을 장 ᄎᆞᆺ 멍
동ᄒᆞᆯ 쳐에 막아 ᄒᆞ야 금 ᄆᆞᆷ이 ᄒᆞ자 ᄆᆞᆯ 되 그 ᄆᆞᆷ 어 ᄎᆞ라 뻐 도의 쳐 ᄂᆞᆯ 티니
그 므니 아ᄂᆞ케 ᄒᆞ시미라

우제일장

주왈 도불원인ᄒᆞ나 인지위도이원인이면 불가이위도니라

곤범(壼範) 二 23b

죵용 죵은 뎌ᄀᆞ 죵ᄒᆞᆫ ᄌᆞ리오 용은 ᄒᆞᆼ샹ᄒᆞᆫ ᄌᆞ리니 ᄌᆞ셔 진ᄌᆞ 시ᄋᆞ라 ᄒᆞ체샹
사ᄅᆞᆷ이 죵용ᄒᆞᆫ ᄌᆞ리의 ᄒᆞᆨ다 ᄒᆞ며 ᄒᆞᆨ미ᄒᆡ 쳥인의 ᄌᆞᄒᆞᆯ 말ᄉᆞᆷ 엽
ᄂᆞᆫ 니라 ᄌᆞ셔 븨ᄒᆡ혀
ᄀᆞᄅᆞ치시니라

텬명지위셩이오 ᄉᆞᆯ셩지위도ㅣ오 슈도지위교ㅣ니라
하ᄂᆞᆯ이 명ᄒᆞ신거ᄉᆞᆯ 닐온 셩이오 셩을 ᄯᆞ론거
ᄉᆞᆯ 닐온 도ㅣ니라 하ᄂᆞᆯ이 명ᄒᆞ다 말ᄉᆞᆷ은 하ᄂᆞᆯ이 음양오ᄒᆡᆼ으로 ᄡᅥ 만믈을 화ᄉᆡᆼᄒᆞ야 긔운을 ᄡᅥ 얼굴
을 일우고 니ᄅᆞᆯ ᄯᅩᄒᆞᆫ 부ᄒᆞ니 명령을 ᄂᆞ리옴 ᄀᆞᆺᄐᆞ니라 명이라 니
ᄅᆞᆯ 사ᄅᆞᆷ 다 만믈이 날제 각각 그 하ᄂᆞᆯ이 주리ᄅᆞᆯ 바다 ᄡᅥ 건ᄒᆞ며 순ᄒᆞ다
인의예지신 오샹의 덕이 된거시니 이 닐온 바 셩이라 셩을 ᄯᆞ론거시라 말
은 텬셩의 당연ᄒᆞᆫ ᄯᅢ를 힝ᄒᆞᆯ 말이오 도ᄂᆞᆫ 길히니 당당이 힝ᄒᆞᆯ
길히라 텬셩의 당연ᄒᆞᆫ ᄯᅢ를 ᄌᆞ츠 힝ᄒᆞᆯ거ᄉᆞᆯ 되라 니ᄅᆞᄂᆞ니라 셩과 되
비록 ᄀᆞᆺ인 이 ᄀᆞᆺ다 ᄒᆞ나 긔품이 혹 다ᄅᆞ므로 범인의 ᄒᆞᆷ이 혹 통ᄒᆞᆫ 의
라 ᄒᆞ며 혹 ᄆᆞᆺ미ᄎᆞᆯ 이ᄉᆞᆯ이 이ᄉᆞᆯ ᄀᆞᄅᆞᆯ 셩인이 당연ᄒᆞᆫ ᄌᆞ리ᄅᆞᆯ 인ᄒᆞ야 각각
ᄡᅥ 텬하의 법을 삼으시니 이 닐온 괴라 ᄒᆞᆯ ᄀᆞᄅᆞ치ᄂᆞᆫ 거시라 ᄃᆡ개 사ᄅᆞᆷ이
다 ᄂᆡ 몸의 셩ᄒᆞᆫ 이 잇ᄂᆞᆫ 줄은 아나 그 하ᄂᆞᆯ로셔 난 줄은 아니 못ᄒᆞ고 셩인
의 ᄀᆞᄅᆞ치미 이ᄉᆞᆯ 줄은 아나 ᄂᆡ게 본ᄃᆡ 잇ᄂᆞᆫ 바를 인ᄒᆞ야 졀졔ᄒᆞᆯ 줄 ᄆᆞ로ᄂᆞ

곤범(壼範) 二 23a

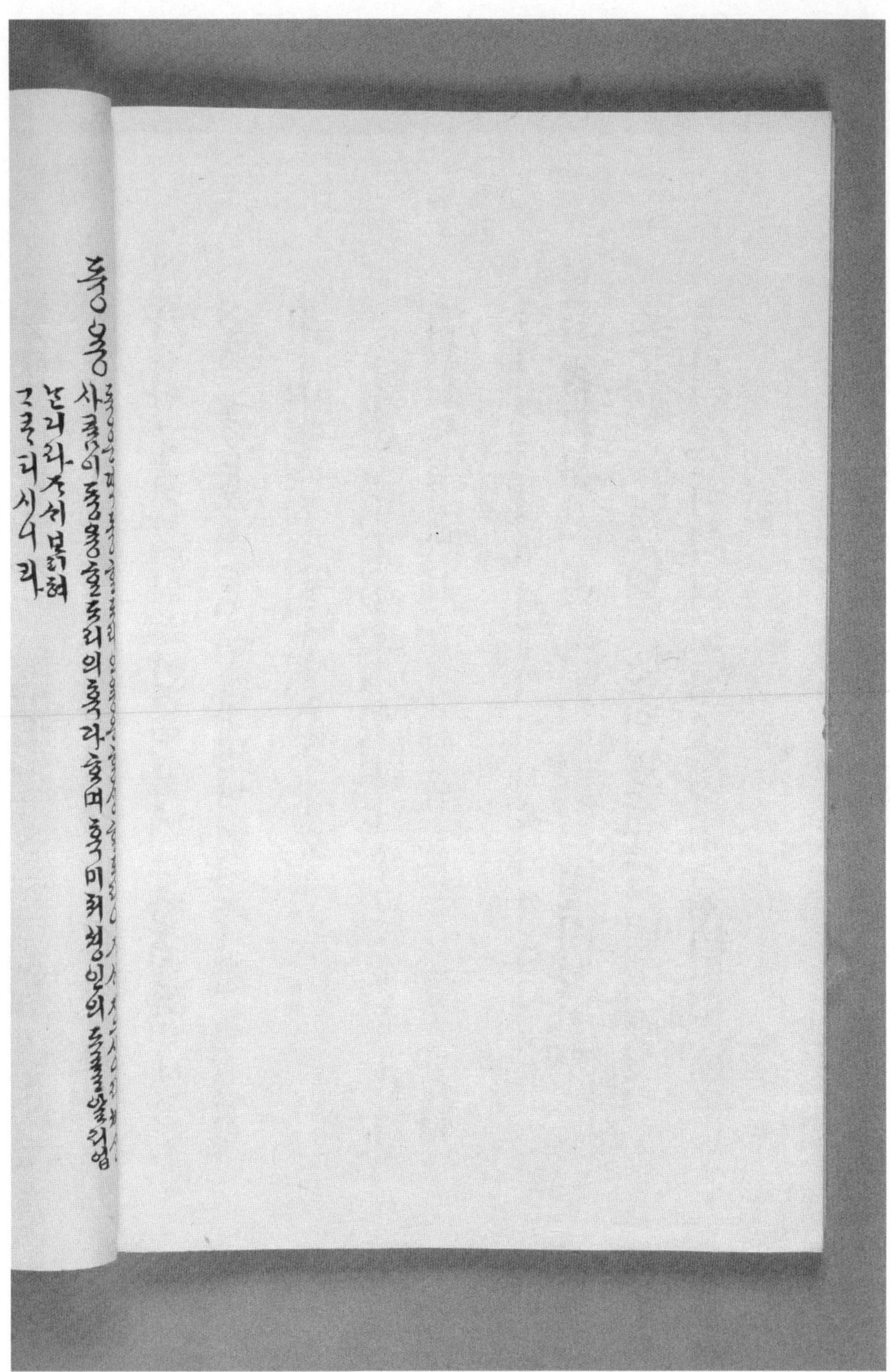

곤범(壼範) 二 22b

진심

밍ᄌᆞㅣ왈계명이거야ᄒᆞ ᄌᆞᄌᆞ위션쟈ᄂᆞᆫ슌지도야오

밍지ᄀᆞᆯᄋᆞ샤ᄃᆡ ᄃᆞᆰ이울면니러나ᄌᆞᄌᆞ히올ᄒᆞᆫ일

을ᄒᆞᄂᆞᆫ쟈ᄂᆞᆫ슌의무리오

계명이거야ᄒᆞ ᄌᆞᄌᆞ위리쟈ᄂᆞᆫ쳑지도야니

ᄃᆞᆰ이울면니러나ᄌᆞᄌᆞ히니ᄒᆞᆯ노ᄅᆞᆺᄒᆞᄂᆞᆫ쟈ᄂᆞᆫ쳑

의뮈니 쳑은 도쳑이라

욕지슌여쳑지분ᄃᆡ인 무타라리여션지간야ᄅᆞ니

슌다다못쳑의ᄂᆞᆫ호이ᄭᅳᆯ알고져ᄒᆞᆯ딘대다

ᄅᆞᆫ미엽ᄉᆞ리라니와다못션의ᄉᆞ이니라

곤범(壼範) 二　22a

ᄒᆞ며 일의 해ᄅᆞ온 줄이 아니언마ᄂᆞᆫ 맛일 능히 ᄒᆞ려
ᄂᆞᆫ 재 이시면 곳 진나라 ᄒᆞᄂᆞ라 길히리라 ᄒᆞ면ᄂᆞ 아니
너기ᄂᆞ니 ᄎᆞ가락이 사ᄅᆞᆷ만 못ᄒᆞᆫ 줄을 위ᄒᆞ미니라
지불약인즉 지오지 ᄃᆡᄒᆞᆯ 심불약인즉 불지오ᄂᆡᄒᆞᆫ ᄎᆞ
지위불니ᄒᆞ야 라니
ᄎᆞ가락이 사ᄅᆞᆷ의 세곳ᄃᆞ 못ᄒᆞ면 슬히 너길 줄을 아
ᄃᆡ ᄆᆞ음이 사ᄅᆞᆷ만 곳ᄃᆞ 못ᄒᆞ면 슬히 너길 줄을 아디 못
ᄒᆞᄂᆞ니 이 닐온 뉴ᄅᆞᆯ 아디 못ᄒᆞ미라 뉴ᄂᆞᆫ 경ᄒᆞ며 즁ᄒᆞᆫ 뉴ᄅᆞᆯ ᄀᆞᆯᄋᆞ치 말ᄉᆞᆷ이니라
운동ᄒᆞᄂᆞᆫ 무명지 ᄂᆞᆫ졍ᄒᆞ다 말이라

진심

병ᄌᆡ 왈 계명이긔야 ᄌᆞᄌᆞ위션쟈ᄂᆞᆫ 슌지도야오

곤범(壼範) 二　21b

경원보시 ᄀᆞᆯ오ᄃᆡ 측은ᄒᆞᄂᆞᆫ ᄆᆞᄋᆞᆷ이 사ᄅᆞᆷ마다 잇ᄂᆞ니
간ᄉᆞ와 두깅이 ᄉᆞ셩의 간계ᄒᆞ야 도옥되이 즉면
측은ᄒᆞᄂᆞᆫ ᄆᆞᄋᆞᆷ이 굽히ᄂᆞ니 일옥을 계고ᄅᆞᆯ 못ᄒᆞᆯ
텬ᄂᆞ니 만뵈ᄂᆞᆫ니라 죽어도 박지 아니ᄒᆞ리만 죵을 평
안ᄒᆞᆯ 쎄예 니옥이 부ᄌᆞᆫᄒᆞ야 만ᄒᆞ며 저근 거ᄉᆞᆯ
혜아리ᄂᆞᆫ니라 ᄉᆞ옥이 방ᄌᆞᄒᆞ야 텬ᄂᆞ니 업서ᄂᆞᆫ 줄
네의 이시며 업ᄉᆞᆷ을 분변티 못ᄒᆞᆯ 바ᄂᆞ니라
빙ᄌᆞㅣ 왈 금옥무명지리 굴이 불신이 비질즁혜
ᄉᆞ야 ᄂᆞᆯ엄마 역옥능신지자면 즉불원진ᄒᆞ지ᄂᆞᆫ니ᄒᆞᆨ외
지리불약인야 라ᄒᆞ니
빙ᄌᆞ ᄀᆞᆯ오사ᄃᆡ 이쉐 무명지 곱어 펴디 못ᄒᆞ미 알

곤범(壼範) 二 21a

내훈 시여블가이이ᄒᆞ야초치위실기본심 라의
향애 뎌죵ᄃᆞᆫ리다말이니각주도 경을쵸ᄎᆡᄒᆞᆯ니ᄅᆞ미라 몸을위ᄒᆞ매죽어도ᄇᆞᆺ
리아니ᄒᆞ다가이졔궁실의아ᄅᆞᆷ다옴을위ᄒᆞ야
ᄒᆞ며 ᄒᆞ다말ᄉᆞᆷ은만흥 을ᄇᆞᆯ다말이라 향애몸을위ᄒᆞ야죽어도ᄇᆞᆺ
리아니ᄒᆞ다가이졔쳐쳡의봉을위ᄒᆞ야ᄒᆞ며
향애몸을위ᄒᆞ야죽어도ᄇᆞ리아니ᄒᆞ다가이졔
아ᄂᆞᆫ바궁핍ᄒᆞᆫ재내게득ᄒᆞᆷ을위ᄒᆞ야ᄒᆞᄂᆞ니이ᄯᅩ
ᄒᆞᆯ가히ᄡᅥ마디못ᄒᆞᆯ것가이ᄅᆞᆯ닐온근본몸을
일ᄒᆞ미니라
경원보시ᄀᆞᆯ오ᄃᆡ츅오ᄒᆞᄂᆞᆫ몸이사ᄅᆞᆷ마다잇ᄂᆞ니
단쇼와도쳑이ᄉᆞᆼ의ᄃᆞᆫ계ᄒᆞ야도옥되이ᄌᆞ면
츅오ᄒᆞᄂᆞᆫ몸이ᄀᆞᆸ히나ᄂᆞ니인옥을계ᄀᆞᆯᄂᆞᆯ못ᄒᆞᆯ

곤범(壼範) 二　20b

이 이ᄅᆞᆫ 말이니라

만죵즉불변ᄒᆡ의이ᄒᆞ지니ᄒᆞᆫ 만죵이어아의하가언오읽

위궁실지미와쳐쳡지봉라ᄉᆞ식궁핍자ㅣ득아

언 ᄯᅢ인

만죵은 만죵은국식의ᄉᆞᄅᆞᆷ이니 일만죵이라ᄒᆞ믄만타말이라 ᄒᆡ의 ᄀᆞᄅᆞᆯ 분변티 아니ᄒᆞ

고 밧ᄂᆞ니 만죵이 내게 므어시 더으리오 궁실의 집이라

아름다옴과 쳐쳡의 밧드롬과 아ᄂᆞᆫ바 궁핍ᄒᆞᆫ 재

날 은혜로 아이 너기믈 위ᄒᆞ민뎌 각ᄉᆞ즉 집을 ᄎᆞᄌᆞ거시ᄃᆞᆫ 죽을디 죽엄 ᄎᆞ즐 ᄯᅢ라

아니ᄒᆞ다가 만죵을 만ᄒᆞᆫᄯᅢ 내게 죽을 일이 ᄒᆡ의 ᄆᆞ마ᄎᆞ니 분변티 아니

코 밧ᄂᆞ니 만죵이 몸 내 쓸거시 쳐 어이 더ᄒᆞᆯ 거시 이시리오마ᄂᆞᆫ 불과 집과

나 ᄎᆞ히 지ᄋᆞᆯ 쳐쳡이 나 ᄀᆞ기를 아는 궁핍ᄒᆞᆫ 사

ᄅᆞᆷ이 내게 입은 감격ᄒᆞ야 ᄒᆞᄂᆞᆯ 위ᄒᆞ미니라

향위신엔ᄉᆞ이불슈가라 금위쳐쳡지봉아ᄒᆞ 위지ᄒᆞ며 향

위신엔ᄉᆞ이불슈가라 금위소식궁핍자ㅣ득아이위지

곤범(壼範) 二　20a

이ᄅᆞᆯ단ᄉᆞ와일로긍을ᄂᆞᆨ지ᄌᆞᆨ셩 그ᄒᆞ 불ᄂᆞᆨᄌᆞᆨᄉᆞ ᄃᆞ라 ᄒᆞᆼ이이
여지면횡ᄃᆞ지인ᄃᆞ불ᄎᆞ 며ᄒᆞ ᄒᆞᆨ이이여지면걸인ᄃᆞ불
셜야 라니

ᄒᆞᆯ당ᄒᆞᆯ밥라ᄒᆞᆯᄀᆞᆺᄀᆞᆼ을어ᄃᆞ면살ᄋᆞᆯ어ᄃᆞᆫ뫼
ᄒᆞ면ᄌᆞᆨᄀᆞᆼ을니라ᄃᆞᄒᆞᆫᄀᆞᆺᄒᆞ야 ᄒᆞᆯ쳐ᄒᆞᆫ 다ᄆᆞᆯ이라 ᄌᆞᆨ면길ᄒᆡᆫ갈
살ᄋᆞᆯᄃᆞ 길가날 살ᄋᆞᆯ이라 박니아니ᄒᆞ며ᄒᆞᆨᄀᆞᆯᄒᆞ야 발ᄂᆞ 적기치 다ᄆᆞᆯ이라 ᄌᆞᆨ
면비ᄂᆞᆫ사ᄅᆞᆷᄃᆞ쳐ᄋᆞᆯ히아니너기ᄂᆞ니라 불셜ᄋᆞᆫ 초쳐히너 기리아닛ᄂᆞᆫ ᄆᆞᆯ이니라
머음식을먹으면살ᄋᆞᆯ뫼먹으면ᄌᆞᆨᄀᆞᆼ을니라ᄃᆞ업ᄉᆞᆨ이너져ᄌᆞᆨ면오히
려ᄉᆞᆯ히너져ᄒᆞᆯ하리ᄌᆞᆨ을니라ᄃᆞ먹니아니ᄒᆞᄂᆞ니ᄂᆞᆫᄉᆞᆨ은ᄒᆞᄂᆞᆫ본ᄋᆞᆫ
이니사ᄅᆞᆷ마라이ᄆᆞᆷ 이의라말이니라

만ᄒᆞᆼᄌᆞᆨ블ᄒᆞᆯ변메의이ᄉᆞᆨ지 나ᄒᆞ 만ᄒᆞᆼ이어아의하가언 오읽
위궁실지미와ᄎᆡ쳡지봉라ᄉᆞ식궁핍자ㅣᄌᆞᆨ이
언 며인

곤범(壼範) 二 19b

곤범(壼範) 二 19a

도ᄯᅩᄒᆞᆫ 내 먹고져 ᄒᆞᄂᆞᆫ 배언마ᄂᆞᆫ 둘흘 가히 시러
곰 겸ᄒᆞ디 못ᄒᆞᆯ딘대 어ᄅᆞᆯ ᄇᆞ리고 웅쟝을 곰의 발바닥이니 마
시 ᄃᆞᆯ고 진미의 ᄃᆞᆺ거시라 취ᄒᆞ리라 살기도 ᄯᅩᄒᆞᆫ 내 ᄒᆞ고져 ᄒᆞᄂᆞᆫ 배며
의 올흔 일이라 도 내 ᄒᆞ고져 ᄒᆞᄂᆞᆫ 배언마ᄂᆞᆫ 조ᄎᆞᆯ 가히 시
러곰 겸ᄒᆞ디 못ᄒᆞᆯ딘대 사ᄂᆞᆫ 거ᄉᆞᆯ ᄇᆞ리고 의ᄅᆞᆯ 취
ᄒᆞ리라

ᄉᆡᆼ역아ᄉᆞ욕 이언말 ᄉᆞ욕이 유심어ᄉᆡᆼ자라 고로 불위
구득야 ᄒᆞᆫ때 ᄉᆞ역아ᄉᆞ오 이언말 ᄉᆞ오이 유심어ᄉᆞ자라 고로
환유ᄉᆞ불피야 라니
살 것도 ᄯᅩᄒᆞᆫ 내의 ᄒᆞ고져 ᄒᆞᄂᆞᆫ 배언마ᄂᆞᆫ ᄒᆞ고져 ᄒᆞᆯ
배 ᄉᆞᆯ기의셔 심ᄒᆞ미 이슈리라 구ᄎᆞᆯ이 ᄉᆞᆯ기ᄅᆞᆯ 구치 아니
어ᄃᆞ라 아니ᄒᆞᄂᆞ니 죽ᄂᆞᆫ 것도 ᄯᅩᄒᆞᆫ 내의 슬희여 ᄒᆞᆯ

곤범(壼範) 二 18b

밍ᄌᆞㅣ 왈 양싱쟈ㅣ 브족이당대ᄉᆞ오 우숑ᄉᆞ야 가이당
대ᄉᆞ라니
밍ᄌᆡ ᄀᆞᆯ오샤ᄃᆡ 사니ᄅᆞᆯ 봉양ᄒᆞ미 죡히 ᄡᅥ 대ᄉᆞ
ᄅᆞᆯ 당티 못ᄒᆞᆯ 거시오 오직 죽으니ᄅᆞᆯ 보내미야 가히 대
ᄉᆞᄅᆞᆯ 당ᄒᆞᄂᆞ니라 어버이 사라 시거ᄃᆞᆫ 봉양ᄒᆞ미 진실로 맛당히 ᄒᆞᆯ 샹ᄉᆞ ᄒᆞᆯ 공경ᄒᆞᆯ 거시나 그러나 이ᄂᆞᆫ 사ᄅᆞᆷ의 ᄯᅥᆺ
ᄀᆞᄒᆞᆫ 죡리오 어버이 죽으매 치상ᄒᆞᄆᆞᆫ 인ᄌᆞ의 변이니 이 더옥 ᄀᆞᆫ 일이라 반 ᄃᆞ시 졍셩을 극진이 ᄒᆞ야 일죵의 뉘옷브미 업게 ᄒᆞᆯ 거시니라
밍ᄌᆞㅣ 왈 어도 아ᄉᆞ욕야ㅣ며 웅쟝도 역아ᄉᆞ욕야ㅣ언마ᄂᆞᆫ 이
쟈ᄅᆞᆯ 블가득겸ᄯᅵ인 사어이 ᄎᆔ웅쟝쟈야오리 싱역아
ᄉᆞ욕야ㅣ며 의역아ᄉᆞ욕야ㅣ언마ᄂᆞᆫ 이쟈ᄅᆞᆯ 블가득겸ᄯᅵ인 싱
이ᄎᆔ의쟈야ㅣ라ᄅᆞᆷ리
밍지 ᄀᆞᆯ오샤ᄃᆡ 어도 싱션이라 ᄂᆡ 먹고져 ᄒᆞᄂᆞᆫ 배며 웅쟝

곤범(壼範) 二 18a

갓ᄀᆞᆯ오ᄉᆡ ᄌᆞ식의 어긔ᄋᆞᆯ며 불효ᄒᆞ미라 ᄒᆞᄋᆞᆷ이라 ᄒᆞ
면 나ᄅᆞᆯ 바ᄉᆞ랑ᄒᆞᆫ 거시 ᄌᆞᄅᆞᆯ 쳐 ᄌᆞ식ᄋᆞᆯ ᄀᆞᄅᆞ친도
는 거시니 빙ᄌᆞ ᄒᆞ시ᄂᆞᆫ 말ᄉᆞᆷ은 더ᄋᆞᆨ ᄒᆞᆯ ᄌᆞ리ᄅᆞᆯ 시ᄂᆞ
ᄌᆞ시미오 이 미나 못ᄒᆞ야 ᄉᆞᄅᆞᆯ ᄀᆞᄅᆞ친니 ᄒᆞᄂᆞᆫ 펀ᄒᆞ
니 더ᄋᆞᆨ ᄒᆞᆯ ᄌᆞ리와 전되 참작ᄒᆞ야 ᄒᆞᆯ 거시라
빙ᄌᆞㅣ 왈 언인지 불천 가혹 강여 ᄒᆞᆨ환에 하오
빙ᄌᆞ릴 ᄀᆞᆯ오사ᄃᆡ 사ᄅᆞᆷ의 션디 못ᄒᆞᄂᆞᆫ 닐ᄅᆞᆫ 나ᄒᆞ
환의 어ᄃᆡ ᄒᆞᄅᆞᆯ 남의 허물 니ᄅᆞ기ᄅᆞᆯ ᄌᆞ히 너기면
강ᄋᆞ이 ᄒᆞᆨ환이 ᄌᆞᆺ실 거시매 경계ᄒᆞ신 말ᄉᆞᆷ이라
빙ᄌᆞㅣ 왈 양성자ㅣ 부ᄌᆞᆨ이 강대ᄉᆞ오 옥ᄉᆞᆼᄉᆞ야 가이 당
대ᄉᆞ라
빙ᄌᆞ릴 ᄀᆞᆯ오사ᄃᆡ 사ᄅᆞᆷ을 봉양ᄒᆞ미 ᄌᆞᆨ히 뻐 대ᄉᆞ

곤범(壼範) 二 17b

니아비ᄯᅳᆺᄌᆞ식의게ᄯᅳᆺᄒᆞᆯ굴ᄒᆞᆯ일ᄒᆞᆯ줄ᄒᆞ거든경계ᄒᆞᆯ
ᄯᅳᆺᄒᆞᆫ이라○츅지ᄀᆞᆯ오ᄉᆞᄃᆡ착ᄒᆞᆫ일로ᄡᅥ서ᄅᆞ칙망
ᄒᆞᆯ거ᄉᆞᆫ붕우의되니라○신안진시ᄀᆞᆯ오ᄃᆡ일ᄒᆞᆫ은츙이니
ᄒᆞᆼ칙ᄉᆞᄅᆞᆷ이라부ᄌᆞᄂᆞᆫ은졍을쥬ᄒᆞᆯ붕우ᄂᆞᆫ션을칙
ᄒᆞᄂᆞ니아비ᄌᆞ식의게ᄂᆡ블을쳥다이ᄒᆞ얏거ᄂᆞᆯ
일ᄯᅳᆺᄒᆞᆫ이오칙션ᄒᆞᄂᆞᆫᄃᆞ리ᄂᆞᆫ슈셩다벗의게보
라니진실로올ᄒᆞᆫ줄나어ᄃᆡᆺ아ᄂᆞᆫᄌᆞ식이ᄅᆞ
시면말ᄂᆡ못ᄒᆞ야슈ᄒᆞᆯ굴ᄒᆞᆯ리ᄅᆞ경계ᄒᆞᆯ거시니만
일은졍이상ᄒᆞᆯ가두려젼혀경계ᄒᆞ야ᄀᆞᄅᆞ치
디아니ᄒᆞ야ᄯᅩᄒᆞᆫ블초ᄒᆞᆫᄌᆞ식이되거든ᄒᆞᆯ

곤범(壼範) 二　17a

숑의게빌ᄒᆞᆫ 거시이뜻이니라

부ᄌᆞ지간은불칙션이니칙션즉니ᄒᆞ고니즉불샹이막

대언이니라

부ᄌᆞᄉᆞ이ᄂᆞᆫ착ᄒᆞᆫ일로칙망을ᄒᆞᄂᆞ니션ᄒᆞ믈

칙ᄒᆞ면샹ᄒᆡ오니ᄒᆞ미이만큰이업ᄂᆞ니라니ᄂᆞᆫ부

ᄌᆞᄉᆞ이의은졍이샹ᄒᆞ야ᄯᅥ나말이라샹ᄒᆡ오니라

말이라샹ᄒᆡ오니라말은길ᄒᆡ오니라말이라

왕시ᄀᆞᆯ오ᄃᆡ아비ᄌᆞ졀ᄌᆞ식을ᄃᆞ라말ᄒᆞᆷ은어ᄃᆡ

니ᄅᆞᆯ말이ᄂᆞᆫᄌᆞ좃ᄎᆞ라말은착ᄒᆞᆫ일로칙망ᄒᆞᆯ거

시아니라아비울ᄒᆞᆫ일을아니ᄒᆞ면ᄌᆞ좃ᄎᆞ라말이

나아비ᄌᆞ식의게칙ᄒᆞᆫ구ᄒᆞᆫ일을ᄒᆞᄒᆞ거든경계ᄒᆞᆯ

곤범(壼範) 二　16b

ᄌᆞ시 졍ᄃᆡ ᄒᆞᆫ ᄃᆞᆯ ᄲᅧ ᄒᆞᄂᆞ 졍ᄃᆡ ᄒᆞᆯ ᄌᆞ리 ᄅᆞᆯ ᄲᅡ ᄒᆞᆫ

되 횡티 아니ᄒᆞ거든 니어 노ᄒᆞ와 ᄒᆞ면 ᄀᆞᆯ혀 이ᄒᆞᆫ

니 인ᄂᆞᆫ 상ᄒᆞᆫ 다 말이라 부지 부ᄂᆞᆫ 지아비 부ᄌᆞ니 부ᄂᆞᆫ 지아비ᄅᆞᆯ 니ᄅᆞ미니라 날을 ᄀᆞᄅᆞ치 믈 졍

ᄐᆡ ᄒᆞᆯ ᄌᆞ리ᄅᆞᆯ ᄒᆞ시되 부ᄌᆞᄂᆞᆫ 졍ᄐᆡ ᄒᆞ리나 ᄅᆞ 못ᄒᆞᆯ

다 ᄒᆞ면 나다 말은 횡ᄒᆞ다 말이라 아비와 ᄌᆞ식이 서ᄅᆞ이 ᄒᆞ미니 부지

서ᄅᆞ이 ᄒᆞ면 악ᄒᆞ미니라 ᄌᆞ식을 ᄀᆞᄅᆞ치ᄂᆞᆫ 바ᄂᆞᆫ 졍ᄃᆡ ᄒᆞᆯ ᄌᆞ리의 극진 ᄒᆞ미 ᄒᆞ야 ᄌᆞ식이 극진티 못ᄒᆞ면 노ᄒᆞ야 ᄀᆞᆯ혀 그 ᄌᆞ식을 상케 ᄒᆞ리니 아비 인의 그 ᄌᆞ식을 상케 ᄒᆞ면 그 ᄌᆞ식이 ᄯᅩ 그 아비ᄅᆞᆯ 칙망ᄒᆞ야 ᄀᆞᄅᆞ 져 부ᄌᆞ ᄂᆞᆯᄒᆞᆫ 졍ᄒᆞᆫ 바ᄅᆞᆯ ᄀᆞᄅᆞ치되 부ᄌᆞ의 몸을 바ᄅᆞ시 ᄒᆞᆷ을 졍ᄒᆞᆫ 바ᄅᆞᆯ 힝티 못ᄒᆞᆫ다 ᄒᆞ면 이ᄂᆞᆫ ᄌᆞ식이 아비ᄅᆞᆯ 상ᄒᆡ오미니 부ᄌᆞ 서로 ᄂᆞᆷ의 은졍이 극진ᄒᆞ리라 부ᄌᆞ의 ᄆᆞ음이 서ᄅᆞ 상ᄒᆡ오ᄆᆞᆫ 거시 쳬 ᄅᆞᆸᄃᆞ 나ᄌᆞ시미니라

ᄀᆞ쟝애 역ᄌᆞ이ᄀᆞ지 라ᄒᆞᆫ

네 ᄌᆞ식을 밧고아 ᄀᆞᄅᆞ치니라 ᄂᆞᆷ의 ᄌᆞ식의 싀 쳬 어든 밧고아 ᄀᆞᄅᆞ치되 나 아가ᄒᆞᆫ 니 ᄂᆡ ᄌᆞ식을 브ᄅᆡ

곤범(壼範) 二 16a

곤범(壼範) 二 15b

니ᄅᆞ면봄은목긔오녀ᄅᆞᆷ은화긔오ᄀᆞᄋᆞᆯ은금긔
오겨ᄋᆞᆯ은슈긔니토긔ᄂᆞᆫᄉᆞ시의업ᄂᆞᆫᄃᆞᆺᄒᆞ되삼월
과뉵월과구월과섯ᄃᆞᆯᄉᆞ계삭의각ᄀᆞ토긔열여
ᄃᆞᆲ새식왕ᄒᆞ니이거시칙녁의토왕용ᄉᆞ란거시
니열여ᄃᆞᆲ새를합ᄒᆞ면닐흔두날이니대개ᄒᆞ
화금목긔운이각ᄀᆞ토긔를기ᄃᆞ려힝ᄒᆞ매사ᄅᆞᆷ
의몸ᄋᆡ긔운을닐러도힝ᄒᆞ미이다ᄀᆞᆺᄒᆞ니라셩
은긔운을ᄯᆞ라힝ᄒᆞᄂᆞᆫ즁의인은목긔예쇽ᄒᆞ고의
ᄂᆞᆫ금긔예쇽ᄒᆞ고녜ᄂᆞᆫ화긔예쇽ᄒᆞ고디ᄂᆞᆫ슈긔예쇽
ᄒᆞ니각ᄀᆞ신을인ᄒᆞ야ᄀᆞ니힝ᄒᆞᄂᆞ니라

곤범(壼範) 二　15a

ᄅᆞᆫ 존니니 테라 ᄒᆞᆯ 명긘 쳥이 발웅ᄒᆞ거시매 싱ᄋᆞᆫ 그 쳥을 라ᄉᆞ아 명이 발웅케 ᄒᆞ거시매 테웅을 결ᄒᆞ앗ᄂᆞ니라 ○ 뎡진ᄀᆞᆯ
ᄋᆞ샤ᄃᆡ 사ᄅᆞᆷ이라 이 ᄀᆞᆺᄒᆞᆷ이 ᄀᆞ시ᄃᆡ 오직 군ᄌᆞ아 능히
밀위여 가ᄂᆞ니 그러ᄒᆞ리 ᄭᅳᆺᄒᆞ자ᄂᆞᆫ 다 ᄉᆞᆯ졔 ᄆᆞᆷ을 보
리ᄂᆞᆫ 거시니 그 ᄯᅢ 외가며 ᄯᅢ 외가 디아니ᄒᆞᆫ 미 ᄎᆞ홀 ᄂᆡ 세 이
실 ᄯᅥᆺᄯᅥᆺᄒᆞᆷ이니라 ○ ᄯᅩ ᄀᆞᆯᄋᆞ샤ᄃᆡ ᄉᆞ단의 신의 단은 나ᄎᆞ
디아니ᄒᆞ시ᄂᆞᆫ 실ᄋᆞᆫ 진실ᄒᆞ니 니 진실ᄒᆞᆫ ᄆᆞᆷ이 ᄀᆞ셔
야 ᄉᆞ단이 되ᄂᆞᆫ ᄀᆞᆯ 신이 ᄉᆞ단 가온ᄃᆡ 잇ᄂᆞ니라 ○ ᄎᆞᆨ지
ᄀᆞᆯᄋᆞ샤ᄃᆡ ᄉᆞ단의 신이 오힝의 토 ᄀᆞᆺᄒᆞ니 토ᄂᆞᆫ 외예 니 가실ᄒᆞᆫ 이라 축화
금목 긔운이 다 토ᄅᆞᆯ 인ᄒᆞ야 낫ᄂᆞᆫ ᄃᆞᆯ ᄉᆞ시의 토긔 각
ᄀᆞ 왕ᄒᆞ니 ᄉᆞ단의 신이 각ᄀᆞ 이시미 이 ᄀᆞᆺᄒᆞ니라 ᄉᆞ시로
니 ᄀᆞᆨ며 봄은 목긔오 녀ᄅᆞᆷ은 화긔오 ᄀᆞᄋᆞᆯ은 금긔오
겨ᄋᆞᆯ은 슈긔니 토긔ᄂᆞᆫ ᄉᆞ시의 ᄯᅳᆫᄂᆞᆫ ᄯᅳᆺᄒᆞ되 삼월

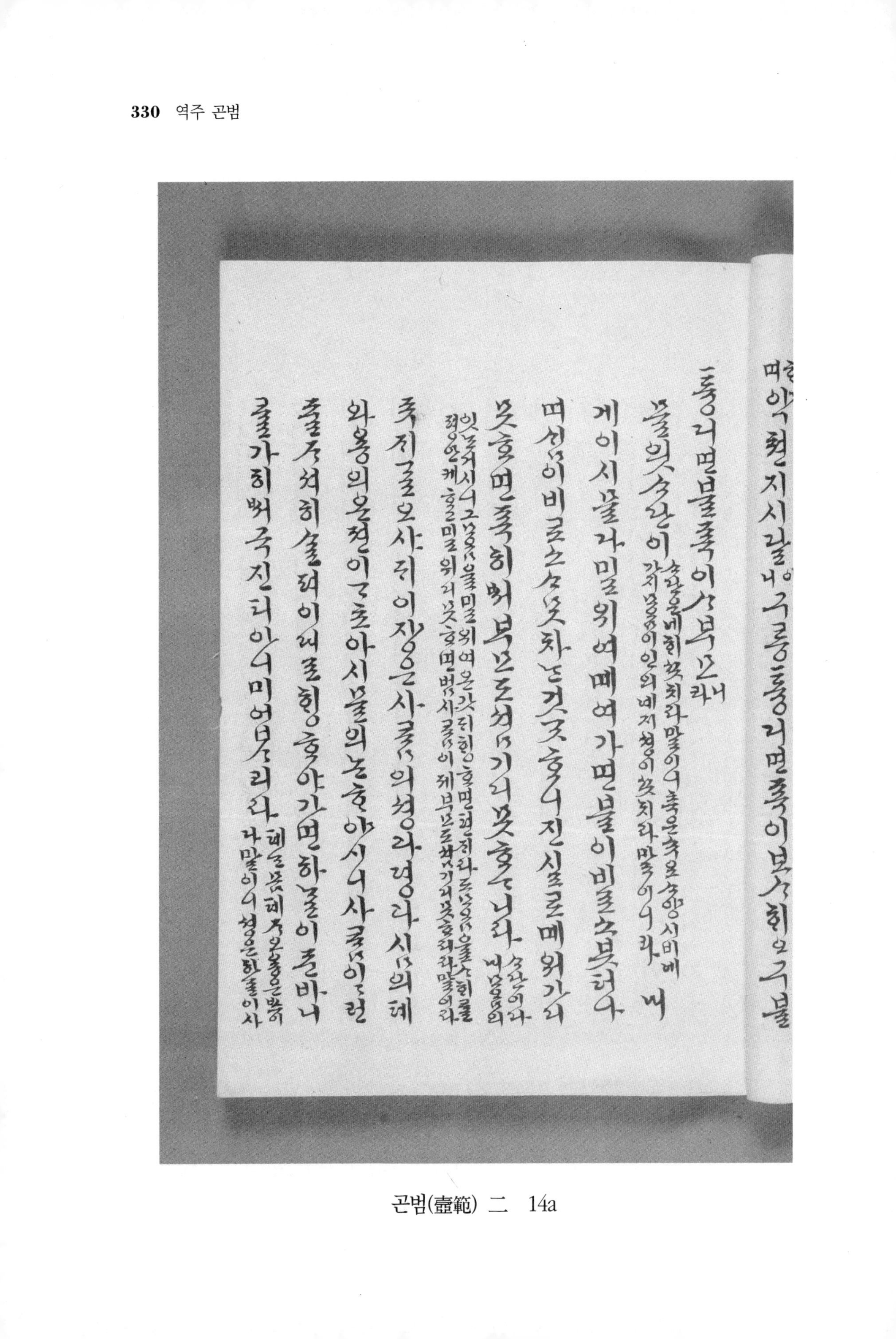

곤범(壼範) 二　14a

셩이본뒤착ᄒᆞᆫ줄을알니라말ᄉᆞᆷ이라셩은
니며도쳑이라도오ᄂᆞ라ᄀᆞ리착ᄒᆞᆫ셩이일셩
은셩이ᄀᆡ온을ᄭᅵᄃᆞ나뵌후의일즁ᄒᆞ거신
줄ᄀᆡ온이셩인은쳥명ᄒᆞᆫᄀᆡ온을타ᄉᆞᄅᆞ번사
ᄒᆞᆷ은쳥라ᄀᆡ이서ᄉᆞ긴ᄀᆡ온을타시매라ᄀᆡ서ᄉᆞ져
발ᄒᆞᆫᄒᆞ올쳬셩도ᄯᅡ라사오나와뵈매범상ᄒᆞᆷ
의경은셜악이서ᄉᆞ져시뒤경ᄌᆞ니옷신이네가
지난경ᄒᆞᆫ의착ᄒᆞᆫ쳑만남러져시니라
범ᄋᆞᆨᄉᆞ단어아쟈ᄒᆞᆯ리기확이ᄒᆞᆫ리면악화지시연
떠ᄒᆞᆫ악쳔지시ᄅᆞᆯ이니구ᄅᆞᆼᄒᆞᆫ리면ᄒᆞᆫ이보ᄉᆞ희오구블
ᄒᆞᆫ리면블ᄒᆞᆫ이ᄉᆞ보ᄂᆞ리라
블의ᄉᆞ단이 ᄉᆞ단은베희ᄭᅩᆺ치라말이니측은ᄒᆞᆫ오ᄉᆞ양시비네가지ᄆᆞᄋᆞᆷ이인의예지셩이ᄭᅩᆺ치라말이니라 내

곤범(壼範) 二　13b

곤범(壼範) 二 13a

인ᄒᆞ야 ᄯᅢ님ᄭᅴ셔 사ᄅᆞᆷ이 현우 업시
이ᄯᆞᄅᆞᆷ이 이시믈 ᄇᆞᆰ히 시니라

측은지심은 인지단야오 슈오지심은 의지단야오 ᄉᆞ양
지심은 녜지단야오 시비지심은 지지단야라 ᄒᆞ니
측은ᄒᆞᆫ ᄆᆞᄋᆞᆷ은 인의 ᄭᅳᆺ치오 슈오ᄒᆞᄂᆞᆫ ᄆᆞᄋᆞᆷ은 의
의 ᄭᅳᆺ치오 ᄉᆞ양ᄒᆞᄂᆞᆫ ᄆᆞᄋᆞᆷ은 녜의 ᄭᅳᆺ치오 시비ᄒᆞᄂᆞᆫ
ᄆᆞᄋᆞᆷ은 지의 ᄭᅳᆺ치니라
사ᄅᆞᆷ이 금목초화로 힝거온 울다 일신이 삼기
니 일신 삼긴 거온의 졍녕이 녕으로 가온ᄃᆡ ᄇᆞᆯ키
감겨 그 거온이 ᄇᆞᆰ은 녕ᄒᆞᆫ 실거초아 온갓 일을 ᄋᆞᆯ다
웅ᄒᆞ니 이거시 ᄆᆞᄋᆞᆷ이라 ᄇᆞᆷ편하 만물이 거온이 이
시면 니기 잇ᄂᆞᆫ 그 녕ᄒᆞᆫ 거온의 잇ᄂᆞᆫ니 ᄒᆞᆯ 니 주 ᄒᆞᆫ셔
이라 ᄒᆞ니 녕ᄒᆞᆫ 거온이 ᄭᅳᆺ ᄒᆞᆫ 오힝 거온인 ᄃᆞᆯ 목거

곤범(壼範) 二　12b

이아니오다ᄅᆞᆫ일을위ᄒᆞ야그러ᄒᆞ미아니라일로
보면사ᄅᆞᆷ마다볼제어ᄃᆞᆫᄭᅮᆷ이잇ᄂᆞᆫ줄을알거
시니라 그ᄎᆡᄂᆞᆫ아희야니그ᄒᆞᆯ어ᄃᆞᆫ 아니ᄒᆞᆯᄎᆞ본을니ᄅᆞ미니라
옥시란지 디컨 무족ᄋᆞᆫ지심이면비인야며무ᄎᆞ오지심이면
비인야며무상양지심이면비인야며무시비지심이면비인
야 라니

일ᄅᆞᆯ말미아마보건대ᄎᆞᆨ은지심이업ᄉᆞ면사ᄅᆞᆷ
이아니오ᄎᆞ오ᄒᆞᆯ ᄎᆞᆨᄒᆞᆫ볼ᄭᅥᆺ보라말ᄒᆞ미니ᄃᆡ그ᄅᆞᆺ바ᄂᆞᆯᄒᆞ면ᄎᆞᆨᄒᆞ여 볼그러올ᄭᅮᆷ이잇ᄂᆞᆫ거시오올ᄒᆡ위ᄒᆞ야말이라
ᄭᅮᆷ이업ᄉᆞ면사ᄅᆞᆷ이아니오사양ᄒᆞᄂᆞᆫ ᄎᆞᆫᄂᆡ게일을거ᄉᆞ마 다말ᄋᆞᆯ앙은ᄂᆞᆷ의
게밀위여 ᄎᆞ다말이라 ᄭᅮᆷ이업ᄉᆞ면사ᄅᆞᆷ이아니오시비ᄒᆞᆯ 시ᄋᆞᆯ흔 거ᄉᆞᆯ올타
말이오비ᄂᆞᆫ그ᄅᆞᆺ일 을그ᄅᆞᆺ다ᄒᆞᆯ말이라 ᄭᅮᆷ이업ᄉᆞ면사ᄅᆞᆷ이아니니라 이네가지ᄅᆞᆯ ᄎᆞᆨᄋᆞᆫ지심을

곤범(壼範) 二 12a

울ᄌᆞ어다 ᄒᆞᄂᆞᆫ 쟈ᄂᆞᆫ 이제 사ᄅᆞᆷ이 므롯 어린아희 쟝
ᄎᆞᄋᆞ 믈로 ᄃᆞ려가 믈 보라 ᄒᆞᆯ ᄎᆞ쳑ᄒᆞ며 ᄎᆞ쳑은 ᄎᆞᆷ다 모ᄅᆞᄂᆞᆫ 양이라
측은ᄒᆞᆫ 불샹코 참혹ᄒᆞ여 너기ᄂᆞᆫ 양이라 ᄆᆞᄋᆞᆷ을 두ᄂᆞ니 ᄡᅥ 어린아희
부모의게 사리기를 구ᄒᆞ여 ᄒᆞᆯ 배 아니며 향당과
벗들의게 오예ᄒᆞ려 ᄒᆞᆯ 배 아니며 그 소ᄅᆡ를 아쳐
ᄒᆞ야 그러ᄒᆞ미 아니니라 인ᄉᆞ ᄆᆞᆷ 업ᄂᆞᆫ 어린 아희 우믈
의 ᄲᅡ디게 된 거ᄉᆞᆯ 보고 ᄎᆞ쳑 측은ᄒᆞᆫ ᄆᆞᄋᆞᆷ
이 ᄲᅡ나 ᄂᆞᆯ거시 본ᄃᆡ 내게 사ᄅᆞᆷ을 ᄎᆞᆷ아 헤티 ᄆᆞᆺ
ᄂᆞᆫ ᄆᆞᄋᆞᆷ이ᄋᆞ 쳐 그러ᄒᆞ미오 강잉ᄒᆞ야 지어내ᄂᆞᆫ ᄆᆞᄋᆞᆷ
이 아니오라 글 이ᄅᆞᆯ 위ᄒᆞ야 그러ᄒᆞ미 아니니라 이ᄅᆞ로
[illegible]
시니라 그 소ᄅᆡ를 아쳐ᄒᆞ야 그러ᄒᆞᆯ 어려 아니ᄒᆞᆫ ᄎᆞᆯ 보ᄋᆞᆯ 니ᄅᆞ미니라

ᄆᆡᆼᄌᆞ

공손튝

ᄆᆡᆼᄌᆞㅣ 왈 인ᄀᆡ유불인인지심이라 ᄒᆞ니

ᄆᆡᆼ지 ᄀᆞᆯ오샤ᄃᆡ 사ᄅᆞᆷ마다 사ᄅᆞᆷ을 ᄎᆞᆷ아 ᄒᆞ디 못ᄒᆞ

ᄂᆞᆫ ᄆᆞᄋᆞᆷ이 잇ᄂᆞ니라 사ᄅᆞᆷ을 ᄎᆞᆷ아 못ᄒᆞᆫ다 말ᄉᆞᆷ은 사ᄅᆞᆷᄋᆞᆯ 에엿비 너겨 ᄎᆞᆷ아 해티 못ᄒᆞᄂᆞᆫ ᄆᆞᄋᆞᆷ이 사ᄅᆞᆷ마다 잇다 말ᄉᆞᆷ이라

ᄉᆞ위 인ᄀᆡ유불인인지심자ᄂᆞᆫ 금인이 사견유ᄌᆞㅣ 장

입어뎡ᄒᆞ고 ᄀᆡ유튤텩측은지심ᄒᆞᄂᆞ니 비소이납교어

유ᄌᆞ지부모야ㅣ며 비소이요예어향당붕우야ㅣ며 비오기

셩이연야ㅣ니라

ᄡᅥ 니ᄅᆞᆯ 밧 사ᄅᆞᆷ이 사ᄅᆞᆷ을 ᄎᆞᆷ아 ᄒᆞ디 못ᄒᆞᄂᆞᆫ ᄆᆞᄋᆞᆷ

곤범(壼範) 二 11a

곤범(壼範) 二 10b

[illegible] 마ᄂᆞ니라

ᄌᆞㅣ 왈 교언은 난덕이오 쇼불인즉 난대모ㅣ라ᄒᆞ시니

니ᄅᆞ오샤ᄃᆡ 공교ᄒᆞᆫ 말ᄉᆞᆷ은 덕을 어즈러이고 져근

거ᄉᆞᆯ ᄎᆞᆷ디 못ᄒᆞ면 큰 ᄭᅬ를 어즈러이ᄂᆞ니라

공교ᄒᆞᆫ 말ᄉᆞᆷ은 시비를 어즈러여 사ᄅᆞᆷ으로 ᄒᆞ야 금 직희ᄂᆞᆫ 바를 일케 ᄒᆞᆯ 져근 거ᄉᆞᆯ ᄎᆞᆷ디 못ᄒᆞᆫ 거ᄉᆞᆫ 부인의 어딘 것과 필부의 용ᄆᆞᆺ ᄒᆞ야 큰 ᄭᅬ를 어즈러이ᄂᆞ니라

ᄌᆞㅣ 왈 즁오지도라 필찰언ᄒᆞ며 즁호지도라 필찰언이라

니ᄅᆞ오샤ᄃᆡ 모ᄃᆞᆫ 사ᄅᆞᆷ이 믜워ᄒᆞ야도 반ᄃᆞ시 ᄉᆞᆯ피며 모ᄃᆞᆫ 사ᄅᆞᆷ이 됴화ᄒᆞ야도 반ᄃᆞ시 ᄉᆞᆯ필디니라

양시 ᄀᆞᆯ오ᄃᆡ 오직 어딘 사ᄅᆞᆷ이야 능히 사ᄅᆞᆷ을 됴화ᄒᆞ며 믜워ᄒᆞᄂᆞ니 남이 됴화ᄒᆞᆯ 믜워ᄒᆞ야도 ᄉᆞᆯ피디 아니ᄒᆞ면 혹 ᄉᆞ의예 ᄀᆞ리이ᄂᆞᆫ 거시 되ᄂᆞ니라

곤범(壼範) 二　10a

쳐ᄒᆞᆯ오사되내몸칙망을ᄃᆞᆺ거이ᄒᆞᆯ놈칙망은
엷게ᄒᆞ면ᄌᆞ연원망을멀게ᄒᆞᄂᆞ니라내몸칙망
을ᄃᆞᆺ거이ᄒᆞᄂᆞᆫ줄몸이져ᄆᆞ락ᄀᆞᆫ놈칙망을엷게
ᄒᆞᄂᆞᆫ줄놈이좃기ᄅᆞᆯ숙이ᄒᆞ리라그러므로사ᄅᆞᆷ
이시러금원망을못ᄒᆞᄂᆞ니이거시쳥광의몸을
검칙ᄒᆞ매미ᄂᆞ니못ᄒᆞᆯᄃᆞᆺᄒᆞ며사ᄅᆞᆷ의게ᄌᆞ기ᄅᆞᆯ
구ᄒᆞ되아니ᄂᆞᆫᄯᅳᆺ이니몸을닥그며사ᄅᆞᆷ되졉ᄒᆞ
ᄂᆞᆫ당연ᄒᆞ니원망멀니ᄒᆞᆷ을구ᄒᆞ미아니라ᄃᆞᆺ연
이원망이머ᄂᆞ니라
주ㅣ왈조언을난덕오이ᄎᆞᆨ불인즉난ᄯᅢᄆᆞ리ᄂᆡ

곤범(壼範) 二 9b

곤범(壼範) 二 9a

듕궁이 (공ᄌᆞ뎨ᄌᆞ니 일홈은 옹이라) 인을 믇ᄌᆞ온대 ᄌᆞ ᄀᆞᄅᆞ오샤ᄃᆡ ᄆᆞᆫ
의 나매 큰 손을 보ᄃᆞ시 ᄒᆞ며 ᄇᆡᆨ셩을 브리ᄃᆡ
큰 졔ᄉᆞᄅᆞᆯ 니ᄅᆞᆷ ᄀᆞᆺ ᄒᆞ며 몸의 ᄒᆞ고져 아니ᄒᆞᄂᆞᆫ 바ᄅᆞᆯ
사ᄅᆞᆷ의게 베프디 아니ᄒᆞ면 나라히 이시매 원망이
업ᄉᆞ며 집의 이시매 원망이 업ᄉᆞ니라 (공경ᄒᆞ야 ᄡᅧ 몸올 가질ᄂᆡ 몸을 밀위
여 ᄂᆞᆷ의게 미ᄎᆞ면 ᄂᆡ외가 옹납ᄒᆞᆯ 배 업ᄉᆞᆫ ᄆᆞᄋᆞᆷ의 덕이 온젼ᄒᆞ야 원망이 업
ᄉᆞ니라 ○ 뎡ᄌᆞ ᄀᆞᄅᆞ오샤ᄃᆡ 듕궁이 인을 니ᄅᆞ시매 다만 ᄆᆞᆫ의 나매 큰 손 보ᄃᆞᆺ ᄒᆞ
며 ᄇᆡᆨ셩을 브리매 큰 졔ᄅᆞᆯ 바ᄃᆞᆺ ᄒᆞ믈 니ᄅᆞ시니 그 긔샹을 보매 ᄆᆞᄋᆞᆷ이 너
ᄀᆞᆯ ᄆᆞᄋᆞᆷ이 뎌러ᄒᆞ며 죵용ᄒᆞ며 ᄎᆞ쳔ᄒᆞ매 네의 말ᄋᆞᆫ 옹직ᄒᆞᆯ 군ᄌᆞᄂᆞᆫ 쳐ᄅᆞᆯ 삼가
시ᄂᆞᆫ ᄯᅳᆺ을 가히 알 법이라 혹이 뎡ᄌᆞᄭᅴ 믇ᄌᆞ오ᄃᆡ ᄆᆞᆫ의 나며 ᄇᆡᆨ셩을 브리ᄂᆞᆫ 쳐
의ᄂᆞᆫ 이러ᄒᆞ미 가ᄒᆞ거니와 ᄆᆞᆫ의 나디 아니ᄒᆞ고 ᄇᆡᆨ셩을 브리디 아니ᄒᆞᄂᆞᆫ 쳐의ᄂᆞᆫ
엇디ᄒᆞ리잇고 뎡ᄌᆞ ᄀᆞᄅᆞ오샤ᄃᆡ 이ᄂᆞᆫ 엄연이 ᄉᆡᆼ각ᄒᆞᄂᆞᆫ ᄃᆞᆺ ᄒᆞᆯ ᄯᅢ니 속의 이션ᄒᆞ
의 것ᄎᆡ 뵈ᄂᆞ니 ᄆᆞᆫ의 나며 ᄇᆡᆨ셩 브리ᄂᆞᆫ ᄯᅢ의 그 공경ᄒᆞ미 이러ᄐᆞᆺᄒᆞ면
이 젼의 공경ᄒᆞᆫ 줄 가히 알거시니 ᄆᆞᆫ의
나며 ᄇᆡᆨ셩을 브린 연후의야 이 경이 이시미 아니라

ᄒᆞᄂᆞᆫ 초ᄅᆞᆯ ᄎᆞᆨᄒᆞᆯ 산쳔의 졔ᄒᆞᄂᆞᆫ 졍을 ᄎᆞᆨᄒᆞ미라 이ᄂᆞᆫ 부인이 궁ᄎᆞ의 졔ᄉᆞ
ᄒᆞ실 적 셩의의 나라 나시ᄆᆞᆯ 거록ᄒᆞ미라

ᄌᆞᅵ왈 오불여졔면 여불졔라ᄒᆞ니
져ᄅᆞᆯ 오사 뒤 ᄂᆡ 졔의 참예티 못ᄒᆞ면 졔ᄅᆞᆯ 아니ᄒᆞᆷ 다
ᄀᆞᆺᄐᆞ니라 ᄂᆡ 랑이 졔ᄒᆞᆯ 쳬의 혹 연고 이셔 참예티 못ᄒᆞᆯ라 ᄒᆞ샤 ᄉᆞᄅᆞᆷ을 ᄒᆞ야곰 셥ᄒᆡᆼᄒᆞᆯ 죽 시러곰 거실ᄒᆞ 졍셩을 날 위ᄒᆞᆫ ᄯᅳᆺ을
ᄂᆞᆫ 그ᄅᆞᆯ 이ᄂᆞᆫ 의 졔ᄉᆞ ᄒᆞᄂᆞᆫ 그리 ᄉᆞᄂᆞ ᄆᆞᄋᆞᆷ의 거ᄌᆞᆺ 연ᄒᆞ미 일 죽 졔 ᄯᅳᆺ리 업ᄉᆞ라 ᄒᆞ다
말이라 ○ 범ᄉᆞᄅᆞᆯ 오 뒤 ᄆᆞᄌᆞ의 졔ᄒᆞᄂᆞᆫ 치 졔 일ᄋᆞᆯ 제 ᄒᆞᆯ 샹일을 졀ᄒᆞ야 반
ᄃᆞ시 그 졔ᄒᆞᆯ 장ᄅᆞᆯ 보ᄂᆞᆺ ᄒᆞ거ᄉᆞ 졍셩의 지극ᄒᆞᆯ 거시라 이러ᄆᆞᆯ 산쳔의 졔
ᄒᆞ매 텬ᄌᆞ 신이 ᄒᆞᆷ 쳑ᄒᆞᆯ 조션의 졔ᄒᆞ매 조션이 흠향ᄒᆞᄂᆞ니 다 ᄇᆡ ᄆᆞᄋᆞᆷ을
말미암을 배라 그 졍셩이 이시면 그 신이 잇ᄂᆞᆫ 고
졍셩이 업ᄉᆞ면 그 신이 업ᄉᆞ니 가히 삼가디 아니랴

안연

동궁이 부인 ᄃᆡ ᄒᆞᆯ ᄌᆞᅵ왈 ᄎᆞᆯ ᄆᆞᆫ 여견 ᄃᆡ빈 ᄒᆞ며 ᄉᆞ민여승
대졔ᄒᆞᆫ 긔소불욕을 믈시어인이니 저방무원 ᄒᆞ며 저가무
원이니라

곤범(壼範) 二 8a

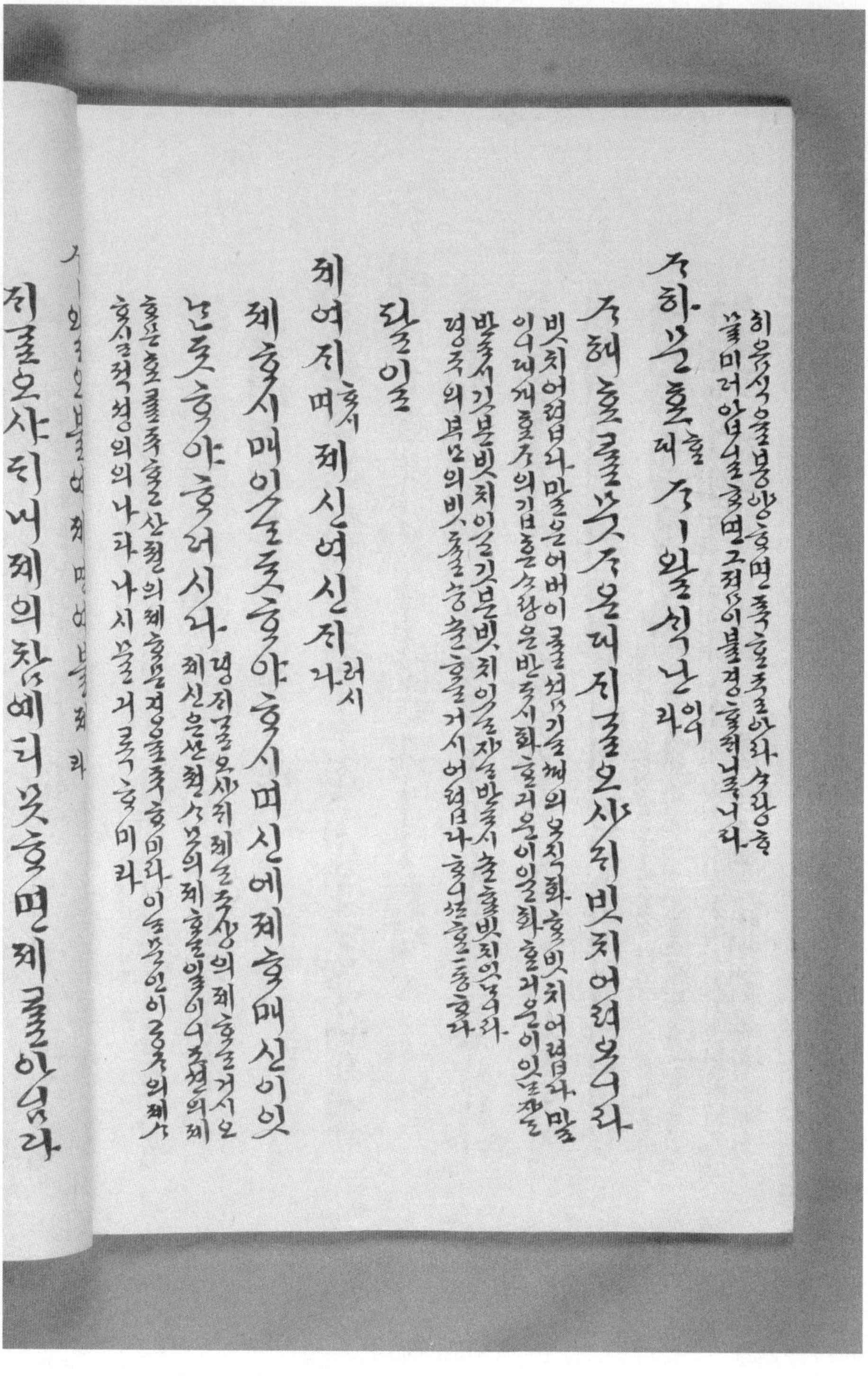

곤범(壼範) 二 7b

ᄌᆞ의 ᄢᅥᆺ쳥쳔이경셔ᄌᆞᄅᆞᆯ내ᄋᆞᆸ더니ᄀᆞ래 ᄡᅢ야져시매ᄢᅥᆺᄌᆞᄅᆞᆯ뎡ᄒᆞ라ᄒᆞ시니라 ᄒᆞ야 시뎌 살ᄒᆞᆫ의 ᄌᆞ식

ᄌᆞ니 능히 ᄇᆞᆨ블ᄒᆞ야 ᄀᆞᆫ고블의 예ᄡᅡᄂᆞ니 기ᄅᆞᆯ 근심을

아니ᄒᆞᆯ ᄒᆞᆯ로 그 병ᄃᆞᆯ 가 근심ᄒᆞ면 가히 ᄲᅧ 회라

니ᄅᆞ리라 ᄒᆞ니 ᄯᅩ ᄒᆞᆯ롱ᄒᆞ라

ᄌᆞ위ᄭᅮᆷ ᄒᆞᆫ 때ᄒᆞᆯ ᄌᆞㅣ왈 ᄀᆞᆫ지ᄒᆞᆫ 쟈ᄂᆞᆫ 시위ᄂᆞᆫ 양니이 지어겨

마도ᄒᆞ야 기능옥 양니이 블경면이 하 이별ᄒᆞ오리

ᄌᆞ옥 ᄒᆞᆼᄌᆞ제ᄌᆞ니쳥은언 이오알ᄒᆞᆫ도어이라 ᄒᆞᆫᄀᆞᄅᆞᆯ ᄭᅮᆺᄌᆞ온대 뎌 ᄀᆞᆺ오샤 ᄎᆡ 이

뎌 ᄒᆞᆫ ᄒᆞᆯ 쟈ᄂᆞᆫ 이 날온 능히 친다 ᄒᆞᆯ거시니 지어겨

마의 니ᄅᆞ러 ᄯᅩ라 능히 치미 이시니 공경티 아니면 엇

디 ᄲᅧ 각별ᄒᆞ리오 치다 말ᄋᆞᆫ 음식ᄋᆞᆯ 이 받ᄌᆞᆸ다 말이니 견마ᄌᆞᆨ먹 여기ᄅᆞᆯ 니 만일 그 어버이 ᄀᆞᆯ 이 바ᄃᆞᆯ 만ᄒᆞᆯ 공경

ᄒᆞ미 극진티 아니면 견마 먹여 치믈 어디 다ᄅᆞ리오 ᄒᆞ시니 심히 블경ᄒᆞᆫ 죄ᄅᆞᆯ 니ᄅᆞ샤 깁히 경계ᄒᆞ시미라 ᄒᆞ시ᄀᆞᆯ 오뒤 세속이 어버이ᄅᆞᆯ 셤기ᄂᆞᆫ 뒤 능

곤범(壼範) 二 7a

주뎌ᄅᆞᆯ 보샤ᄃᆡ 샹ᄉᆡ 샹자ᄂᆞᆫ 뎡ᄒᆞᆫ 시졀ᄒᆞᆫ 시니 ᄂᆞᆫ 국즁죡이라 말ᄒᆞ미라 네ᄅᆞᆯ 츙슌

히 ᄒᆞ야 왕실 라ᄀᆞ리 ᄒᆞᆫ ᄅᆞᆯ ᄀᆞ져 일로 ᄲᅧ ᄆᆡᆼ외 ᄌᆞ

ᄅᆞᆯ 경계 ᄒᆞ시니 말ᄉᆞᆷ 뜻이 ᄒᆞ연ᄒᆞ야 ᄯᅩ 샹ᄀᆞ만

쳔혀 워ᄒᆞ야 니ᄅᆞ신 것ᄀᆞ리 아니ᄒᆞ미 이진 실로 쳥

인의 말ᄉᆞᆷ이니라

ᄆᆡᆼᄌᆞ 빅이 ᄆᆞᆫ ᄒᆞᆯ ᄯᅢ ᄒᆞᆯ 주ᄀᆞ 와ᄅᆞᆯ 보ᄆᆞᆫ 옥기 지ᄅᆞᆫ 지오시라니

ᄆᆡᆼᄌᆞ 빅이 외ᄌᆞᆼ의 아ᄌᆞᆯ이 니일ᄒᆞᆫ을 폐라 ᄒᆞ로ᄅᆞᆯ ᄆᆞᆺ즈올ᄃᆡ 져ᄅᆞᆯ 보샤ᄃᆡ

부ᄆᆞᆫ 병ᄃᆞᆯ가 근심 ᄒᆞ시ᄂᆞ니라 닐온 부ᄆᆞ의 ᄌᆞ식 ᄉᆞ랑ᄒᆞᆷ을 ᄆᆞᄋᆞᆷ이 극진ᄒᆞᆯ배 업ᄂᆞ니라

ᄒᆞᆫ 즉 그 병이 잇ᄉᆞᆯ가 샹ᄒᆡ ᄲᅧ 근심 ᄒᆞ니 ᄌᆞ식 되니 부모의 ᄆᆞᄋᆞᆷ을 톄ᄒᆞ여 ᄒᆞ야 그 ᄆᆞᄋᆞᆷ을 위로 ᄒᆞ믈 ᄇᆞᆺ재 ᄉᆡᆼ각 미 업ᄉᆞ면 엇디 가히 회라 아니리오 ○ 녜

주의 ᄇᆡᆺ 쳥졀이 경셔 주ᄒᆞ믈 ᄂᆡ야 ᄂᆡ던니라 ᄂᆡ야 져시매 ᄇᆡᆺ 주ᄅᆞᆯ 경주라 ᄒᆞ니라 ᄒᆞ야 시리 실ᄒᆞᆷ의 ᄌᆞ식

곤범(壼範) 二　6b

번지 [홋ᄂᆡ 쇼ᄂᆞᆫ 일홈은 춘다] 글 오ᄉᆡ 어이 니ᄅᆞ미니 이ᄅᆞᆯ 지글 오ᄉᆞ샤 사라
시매 셤기ᄀᆞᄅᆞᆯ 례로ᄡᅥ ᄒᆞ며 죽으매 영장을 례로ᄡᅥ
ᄒᆞ며 졔ᄉᆞᄅᆞᆯ 례로ᄡᅥ ᄒᆞᆯ 거시니라 사라시매 셤기ᄀᆞ 죽
으매 영장 ᄒᆞᆯ 졔ᄉᆞ ᄒᆞ미 친을 셤기매 시죵이
자시니 ᄒᆞᆯ글ᄀᆞ디 례로 ᄒᆞ야 구차티 아니면 그어버이
ᄅᆞᆯ 존ᄒᆞ미 지극ᄒᆞ니라 ○ 호시글 오ᄉᆡ [일홈은 잉이오 ᄌᆞᄂᆞᆫ 영동이
오 호ᄂᆞᆫ 치당이니 건안 사ᄅᆞᆷ이오 호안뎡 앗ᄌᆞᆯ이라 송ᄅᆞ 충쳑 상ᄉᆞᆷ이라] 사ᄅᆞᆷ이 그 어버이게 ᄒᆞ도ᄒᆞ
ᄆᆞ쳐 ᄆᆞᄋᆞᆷ이 비ᄅᆞᆨ 무궁ᄒᆞ나 각각 분의 ᄒᆞᆯ 일이 시니
분의 ᄒᆞᆯ 일을 못ᄒᆞᆯ 거시라 분의 못ᄒᆞᆯ 거ᄉᆞᆯ 못ᄒᆞ
노거시 곳 례 블ᄒᆞ니 닐온 비례로ᄡᅥ ᄒᆞᆫ다 ᄒᆞᆯ 졔
ᄀᆞ시러곰 분의 ᄒᆞ얌즉 ᄒᆞᆯ바ᄅᆞᆯ ᄒᆞᆯ ᄯᆞᄅᆞᆷ이니라

곤범(壼範) 二 6a

옥ᄌᆡ 왈 내지봉이 화위거라ᄒᆞᆫ

옥지 ᄒᆞᆫ ᄌᆡ 떼지니 일홈은 악이니 로사ᄅᆞᆷ이라 골오ᄃᆡ 내의 ᄲᅳ이 미화ᄒᆞ미

커ᄒᆞ니라 내관거슨 하ᄂᆞᆯ 리의 ᄒᆡᆼ ᄌᆞ며 ᄭᅳ치오 사ᄅᆞᆷ의 위와 법 조오 화날 ᄎᆡᆼᄒᆞ야 박절티 아닌 ᄯᅳᆺ이니 내의 ᄌᆡ 각에

비록 어ᄂᆞᆯ ᄒᆞ나 그러나 ᄌᆞ연ᄒᆞ니 고로 날ᄂᆞᆯ ᄀᆞᆫ ᄡᅳ이 날거시 반ᄃᆞ시 ᄎᆡᆼᄒᆞᆯ 박절티 아니ᄒᆞ야 이에 가히 커ᄒᆞ니라

빙의ᄌᆡ ᄀᆞᆯ오ᄃᆡ 재ᄒᆞᆯ ᄌᆡ 왈 ᄡᅮ위라니

빙의지 일홈은 ᄒᆞ러라 ᄒᆞᆫ ᄀᆞᆯ ᄭᅮᆺ ᄌᆞ온 ᄃᆡ 지 골오ᄉᆡ

어러오미 어ᄅᆞᆸ니라 어러오미 엇다 말ᄒᆞ니 의어려오미 어ᄅᆞᆸ다 말이라

번지왈 하위야 2잇 ᄌᆡ 왈 싱ᄉᆞ지이례며ᄒᆞ ᄉᆞ장지이례며ᄒᆞ

제지이례라니

번지 일홈은 ᄒᆞᆫ 제ᄌᆞ니 골오ᄃᆡ 어이니ᄅᆞ미니 일 져 골오ᄉᆡ 사라

ᄒᆞ며 제ᄉᆞ ᄅᆞᆯ 례로ᄡᅥ ᄒᆞᆯ거니라 사라시매 셤기ᄅᆞᆯ

리ᄯᅳᆺᄒᆞᆯ니라 그지톄의엇더ᄒᆞᆫ믈블거시오아비
죽은후의야그힝ᄒᆞᆯ일을가히블거시니ᄌᆞ식
나셔반ᄃᆞ시상연을능히아뷔ᄃᆞ를그리미업서
야이에ᄒᆞᆯ라ᄂᆞᆫ즛ᄅᆞᆯ라말이라 ○ 올시ᄀᆞᆯ오ᄃᆡ말일
아뷔일이올ᄒᆞ면비록죵신토록그리미업서
도가ᄒᆞ거니와만일ᄀᆞᆯ흔일이면엇디상년을기
ᄃᆞ리리오그러나상연을ᄀᆞ리미업ᄉᆞᆯ자ᄂᆞᆫᄒᆞᆯᄌᆞ의
ᄠᅳᆮ이ᄎᆞᆷ아못ᄒᆞ미이실연ᄃᆞ니라 ○ 옷시ᄀᆞᆯ오ᄃᆡ
일홈은작이오ᄌᆞ즐 경부니충렬살ᄉᆞᆯ이라 상연의ᄀᆞᆺ리미업ᄉᆞᆯ자ᄂᆞᆫ셔ᄒᆞᆯ만ᄃᆞᆼ이
ᄀᆞᆺ리ᄋᆞᆯ바의이시되ᄲᅥᄀᆞᆺ리니ᄯᅳᆺᄒᆞ야도가ᄒᆞᆷ블나ᄒᆞ
미라.

곤범(壼範) 二 5a

쳥의덕이ᄂᆞᆺ거옥ᄒᆡ도라가리라 우ᄒᆡ사ᄅᆞᆷ이샹ᄉᆞ의ᄀᆞ비ᄅᆞᆯ극진이ᄒᆞ며ᄎᆡᄉᆞ의그졍셩을극진이ᄒᆞ면ᄯᅩᄒᆞᆫ빅셩이화ᄒᆞ야빅셩의덕이ᄂᆞᆺᄒᆞᆫᄃᆞᆺ거옥ᄒᆡ도라가리라말이라ᄯᅢ재ᄉᆞᆼ죵은샹ᄉᆞ이ᄒᆞᆷᄒᆞ기쉬온배어ᄂᆞᆯ능히샹가ᄒᆞᆫ면ᄒᆡ조상은샹ᄉᆞ의ᄂᆞᆺ기쉬온배어ᄂᆞᆯ능히밀외ᄂᆞᆫ거ᄉᆞᆯ도리라ᄒᆞᆯ일로ᄡᅥᄒᆞᆯᄒᆞᆯ쥭ᄡᅥᄇᆞᆷ의덕이ᄒᆞᆫ호ᄂᆞᆫ빅셩이화ᄒᆞᄂᆞᆫ그덕이ᄒᆞᆫᄒᆞᆫ쉬ᄅᆞᆯᄒᆞ라가ᄂᆞ니라

증ᄌᆞ왈부모ᄌᆡ예란기지오부몰에란기횡ᄂᆡ이삼년을ᄆᆞᆨ지어부몰지도야라가위효의라ᄂᆡ

지ᄀᆞᆯ오샹ᄉᆡ아비이시매그ᄯᅳᆺ을볼아비죽으매그횡실을볼나샹년을아뷔도에고티미업서야가히효ᄒᆞ다니ᄅᆞ리라아비이시면ᄌᆞ식이시러곰젼ᄌᆞ티ᄯᅳᆺᄒᆞᆯ리라그지ᄎᆔ의어더ᄒᆞᆷ을볼거시오아비죽은후의이그횡ᄒᆞᆫ일을가히볼거시니ᄀᆞᆯ…ᄂᆞᆫ…이고삼년을ᄌᆞᆼ히아뷔도ᄅᆞᆯ고티미업서

곤범(壼範) 二 4b

되ᄉᆡᆨ을밧고며부모ᄅᆞᆯ셤기ᄃᆡ능히힘을갈진
히ᄒᆞ며님군을셤기ᄃᆡ능히몸을닐위며붕우
로더브러사괴매말ᄉᆞᆷ이미ᄉᆞᆸ미이시면비록ᄀᆞᆯ
오ᄃᆡᄒᆞᆨ디못ᄒᆞ얏다ᄒᆞ나나ᄂᆞᆫ반ᄃᆞ시ᄒᆞᆨᄒᆞ얏다
ᄒᆞ리라 이네가지ᄅᆞᆯ라인ᄅᆞᆫ큰거시라국진이ᄒᆞᆯ거시나ᄒᆞᆨ이블ᄅᆞ이ᄂᆞᆫ ᄒᆞᆫ블ᄀᆞᆺᄒᆞᆯᄒᆞᆨᄒᆞᄂᆞ니라ᄀᆞᄅᆞᆫᄀᆞᆯᄌᆞ하의말이러ᄒᆞ니라
오시ᄀᆞᆯ오ᄃᆡ 일ᄒᆞᆷ은역이오ᄌᆞᄉᆞᆯ 진ᄒᆞ니건ᄒᆞᆫ사ᄅᆞᆷ이라 ᄌᆞ하의말이그ᄯᅳᆺ이됴흐
나그러나그말ᄉᆞᆷ이어양이너므라ᄒᆞ야그ᄒᆞᆨ ᄂᆞᆫ폐
장ᄎᆞᆺ폐ᄒᆞᆨᄒᆞ기의니ᄅᆞᆯ거시니반ᄃᆞ시오직ᄒᆞᆨ의야
폐업ᄉᆞ리라
증ᄌᆞㅣᄀᆞᆯ오샤ᄃᆡ신죵ᄒᆞ며원이면민덕이귀후ᄒᆞ리라
증ᄌᆞᄅᆞᆯ오샤ᄃᆡ상ᄉᆞᄅᆞᆯ삼가며먼ᄃᆡᄅᆞᆯ밀위면ᄇᆡᆨ

곤범(壼範) 二 4a

가히ᄡᅥ덕의ᄃᆞᆯ니라 ○ ᄌᆞ지ᄀᆞᆯᄋᆞ샤ᄃᆡ힘ᄡᅥᄒᆡᆼᄒᆞᆯ
만ᄒᆞᆯ글을빈ᄒᆞᄃᆡ아ᄂᆞᆫ즉ᄡᅥ셩현의인법을
샹ᄒᆞᆯᄉᆞ리의강연ᄒᆞᆯ바ᄅᆞᆯ알기ᄅᆞᆯ히업ᄂᆞ니
라 그ᄒᆡᆼᄒᆞᆯ배혹ᄉᆞ외ᄅᆞᆯ나그ᄅᆞᆯᄃᆡᄅᆞ라가기
쉬오니라

ᄌᆞ하왈현현[호ᄃᆡ]역ᄉᆡᆨ[ᄒᆞ며]ᄉᆞ부모[호ᄃᆡ]능갈기력[ᄒᆞ며]ᄉᆞ
군[호ᄃᆡ]능티기신[ᄒᆞ며]여붕우교[호ᄃᆡ]언이유신[이면]슈왈미혹
[이라]도 오필왈위지혹의[라ᄂᆞ니]
ᄌᆞ해[ᄌᆞ하ᄂᆞᆫᄌᆞ뎨ᄌᆡ니일홈은 음샹이오셩은복이라] ᄀᆞᆯ오ᄃᆡ어디니ᄅᆞᆯ어디리너기
티식을밧ᄃᆞ며부모ᄅᆞᆯ셤기되능히힘을갈진
[illegible]
ᄏᆞ더브러사리매말ᄉᆞᆷ이믿ᄇᆞ미이시면비록글

곤범(壼範) 二 3b

져ᄇᆞ시 ᄅᆞᆯ 존졀ᄒᆞᄂᆞ니 부리 가ᄅᆞ치고 ᄇᆞ이ᄂᆞ
죡ᄇᆡᆨ셩이 농ᄉᆞᄅᆞᆯ 일허 살 도리ᄅᆞᆯ 일ᄂᆞ니라
주ㅣ 왈 졔지 입죡ᄒᆞᆯ 고ᄒᆞ ᄒᆞᆷ죡졔 며ᄒᆞ 곤이신 며ᄒᆞ 번ᄉᆞ인동
되ᄒᆞ 이친인 이너 횡욕여력 잇어돈 죡이ᄒᆞᆨ문 라ᄒᆞ니
지ᄀᆞᆯ오샤ᄃᆡ 졔지ᄃᆞᆯ면 ᄒᆞ도ᄒᆞᆯ나면 공경ᄒᆞ며
삼가ᄀᆞ미ᄆᆞ 미ᄇᆞ게 ᄒᆞ며 너비 ᄆᆞᄅᆞᆫ 사ᄅᆞᆷ을 ᄉᆞ랑ᄒᆞ되
어딘ᄂᆞᄅᆞᆯ 친히 ᄒᆞᆯ거시니 ᄒᆡᆼᄒᆞᆫ 때 남은 힘이 잇
거든 그ᄯᅢ 글을 ᄇᆡ홀 디니라. 남은 힘이 이시라 말은 다ᄉᆞᆺ가지 일을 ᄒᆡᆼᄒᆞᆯ 졔 ᄀᆞ을이 잇ᄂᆞᆫ
고로 글을 ᄒᆞ라 말이라 ○ 뎡지 ᄀᆞᆯ오샤ᄃᆡ 내 ᄒᆡᆼᄒᆞᆯ ᄒᆡᆼ실을 다
디 아니ᄒᆞᆫ 문져 글을 ᄒᆞ면 내 ᄆᆞᆷ 위ᄒᆞᆫ 학이 아니
라. 홍시 ᄀᆞᆯ오ᄃᆡ 일홈은 츙이오 ᄌᆞᄂᆞᆫ 언명이니 충 휘 종 최 화 경 쳐 ᄉᆞᆯ 일 궁국니라 덕ᄒᆡᆼ은 근본
이오 문예ᄂᆞᆫ 말이니 문져 ᄒᆞ며 후의 ᄒᆞᆯ 바ᄅᆞᆯ 알라야

곤범(壼範) 二 3a

갓가오나오와아래나롱케ᄒᆞ시니이말ᄉᆞᆷ이말일
국진이ᄎᆞᆺ이ᄒᆞ면오ᄂᆞᆯ의나ᄉᆞ뢰ᄂᆞᆫ도이에셔러나니
아니ᄒᆞ리라 ○ 양시ᄀᆞᆯ오ᄃᆡ 일ᄀᆞᆮᄒᆞᄂᆞᆫ은시오ᄌᆞᆯ롱ᄂᆞᆸ이오별ᄒᆞᆫᄉᆞ커샹이니뎡ᄌᆞ뎨ᄌᆞ오윤셔
옥시라동몬이라 옷사ᄅᆞᆷ이ᄌᆞᆼ경티아니면아래사ᄅᆞᆷ이업ᄉᆞ
이너기고옷사ᄅᆞᆷ이미게아니면아래사ᄅᆞᆷ이업ᄎᆞ이
너길의심ᄒᆞ면일이셔니못ᄒᆞᄂᆞ니라 ᄡᅳ기ᄅᆞᆯ
넘ᄭᅴ게ᄒᆞ면뎌ᄲᅮᆯ울샹ᄒᆞᆯ뎌ᄲᅮᆯ이샹ᄒᆞ면ᄇᆡᆨ
셩의게헤이ᄂᆞ니ᄇᆡᆨ셩을ᄉᆞ랑ᄒᆞ면만ᄌᆞ시ᄲᅮᆫ
뎌ᄲᅮ기ᄅᆞᆯ조졀ᄒᆞᄂᆞ니라부리기ᄅᆞᆯ쎄로ᄲᅡ아ᄂᆞ
죡ᄇᆡᆨ셩이농ᄉᆞᄅᆞᆯ일허살도리ᄅᆞᆯ일ᄂᆞ니라

곤범(壼範) 二 2b

ᄒᆞᄂᆞ니 어긔리 드므니라 츙언녕ᄉᆡᆨᄒᆞᆯ사ᄅᆞᆷ은밧고로ᄉᆞᆨ며ᄲᅧ낭의 봉ᄉᆞᆷ을ᄎᆞ케ᄒᆞ라ᄂᆞᆫ노의ᄉᆞ니인옥을말ᄒᆞᆷ이 암ᄂᆞᄒᆞ리라 본ᄇᆞᆼᄉᆞᆷ의덕이업ᄉᆞᄂᆞ니라

ᄌᆞ왈도쳔승지국되ᄒᆞ 경ᄉᆞ이신ᄒᆞ며 졀용이ᄋᆡ인ᄒᆞ며 ᄉᆞ민이시니라

ᄌᆞ ᄀᆞᆯᄋᆞ샤ᄃᆡ 쳔승 나라ᄒᆞᆯ ᄃᆞᄉᆞ리되 일을 공경ᄒᆞ고 믿비ᄒᆞ며 ᄡᆞᆯ거ᄉᆞᆯ 존졀ᄒᆞ고 사ᄅᆞᆷ을 ᄉᆞ랑ᄒᆞ며 ᄇᆡᆨ셩 브리기를 ᄯᅢ로ᄡᅥ ᄒᆞᆯ디니라 쳔승은 ᄒᆞᆫ 나라히 ᄀᆞᆫᄉᆞ ᄒᆞᆯ ᄉᆞᆯ위 일ᄋᆞᆯ 쳔을 거ᄉᆞ린 나라히라 말이니 졔후 국을 니ᄅᆞ미라 쳬ᄉᆞᆯ 농ᄉᆞ ᄒᆞᆯ을 니ᄅᆞ미라 ○ 뎡ᄌᆞ ᄀᆞᆯᄋᆞ샤ᄃᆡ 이 말ᄉᆞᆷ이 지극히 엿ᄒᆞ나 졔휘라도 능히 이 ᄀᆞ티 ᄒᆞ면 족히 ᄡᅥ 나라ᄒᆞᆯ 다ᄉᆞ릴니니 셩인의 말이 비록 지극히

사ᄅᆞᆷ이아니꼿ᄒᆞ야도논호아아니ᄒᆞ면ᄯᅩᄒᆞᆯ군져
아니라ᄇᆡ화나ᄂᆞ어ᄂᆡ몸의나ᄂᆞ면ᄯᅩᄂᆞᆷ의깃거ᄒᆞ
ᄂᆡᄒᆞ욤이나ᄂᆞᆷ을줄놈이아니라와ᄇᆡ호면즐거워ᄒᆞ
면츌ᄒᆞᆯ돌리라깃거ᄒᆞᆯᄂᆡᄒᆞ욤이ᄅᆞ셔도놈이ᄯᆞᆯ면
논호아아니ᄒᆞᆫ븐역ᄒᆞ여어려오나ᄀᆞᆯ오직덕이ᄉ
논사ᄅᆞᆷ이야능히ᄒᆞᄂᆞ니라그러나덕의이ᄂᆞᆯ배ᄯᅩᆯ
ᄒᆞ욕ᄒᆞ기ᄅᆞᆯ바ᄅᆞᆯᄒᆞᆯ나기ᄅᆞᆯ나게ᄒᆞ야깃븜미깁
흠ᄯᅩᄅᆞᆯ말ᄅᆞ미아니ᄂᆞ니라말이라
주ㅣ왈조언녕식이쳔의인 라의
지ᄀᆞᆯ오샤ᄃᆡ말을공조히ᄒᆞᆯ얼굴빗ᄎᆞᆯ됴삭ᄃᆡ
ᄒᆞᄂᆞ니어그러도ᄒᆞᄂᆞ니라 ᄂᆞᆷ을됴케ᄒᆞ라ᄂᆞᆫ의ᄉᆞ이인ᄂᆞᆷ을말ᄆᆡ암
악ᄒᆞᄂᆞ다볼ᄂᆞᆷ

곤범권지이

론어

ᄒᆞᆨ이

ᄌᆞㅣ왈 ᄒᆞᆨ이시습지면 불역열ᄒᆞ아

ᄌᆡ ᄀᆞᆯ오샤ᄃᆡ ᄒᆞᆨ ᄒᆞᆯ ᄯᅢ로 닉이면 ᄯᅩᄒᆞᆫ 깃브니아

니ᄒᆞ다 ᄒᆞᆨ은 ᄇᆡ혼 ᄂᆞᆫ 사ᄅᆞᆷ이 ᄆᆞᆺ쳐치 ᄒᆞᆯ 사ᄅᆞᆷ의게 비ᄒᆞ다 말

ᄌᆞㅣ왈 유붕이ᄌᆞ원방래면 불역낙ᄒᆞ아

ᄌᆡ ᄀᆞᆯ오샤ᄃᆡ 벗이 이셔 원방으로브터 오면 ᄯᅩᄒᆞᆫ 즐

겁디 아니ᄒᆞ랴 재ᄒᆞᆨ이 넉어 벗이 비ᄒᆞ다 오면 즐겁다 말이라

인부지이불온이면 불역군자ᄒᆞ아

곤범(壼範) 二 1a

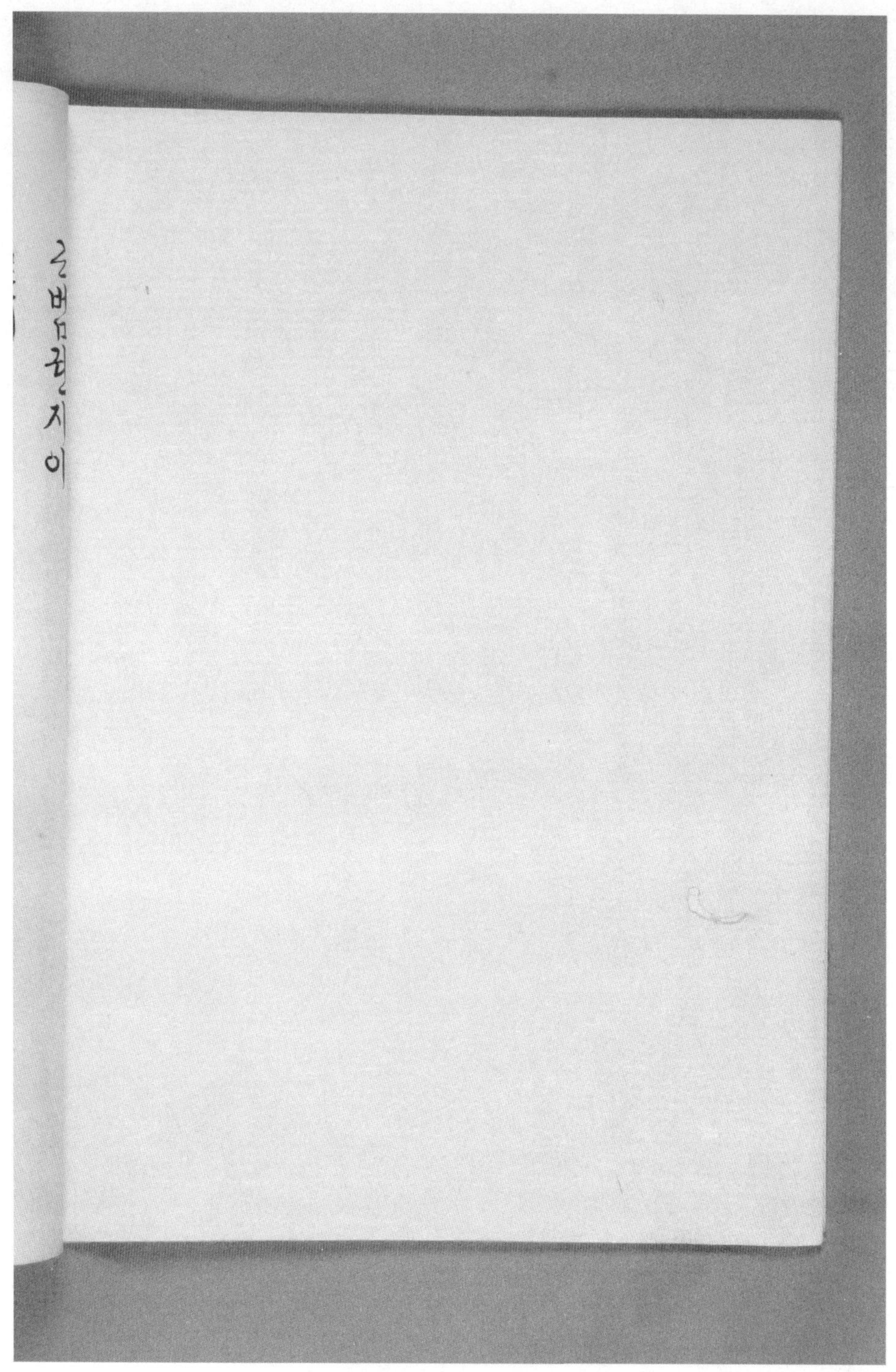

곤범(壼範) 二 (空隔紙 b)

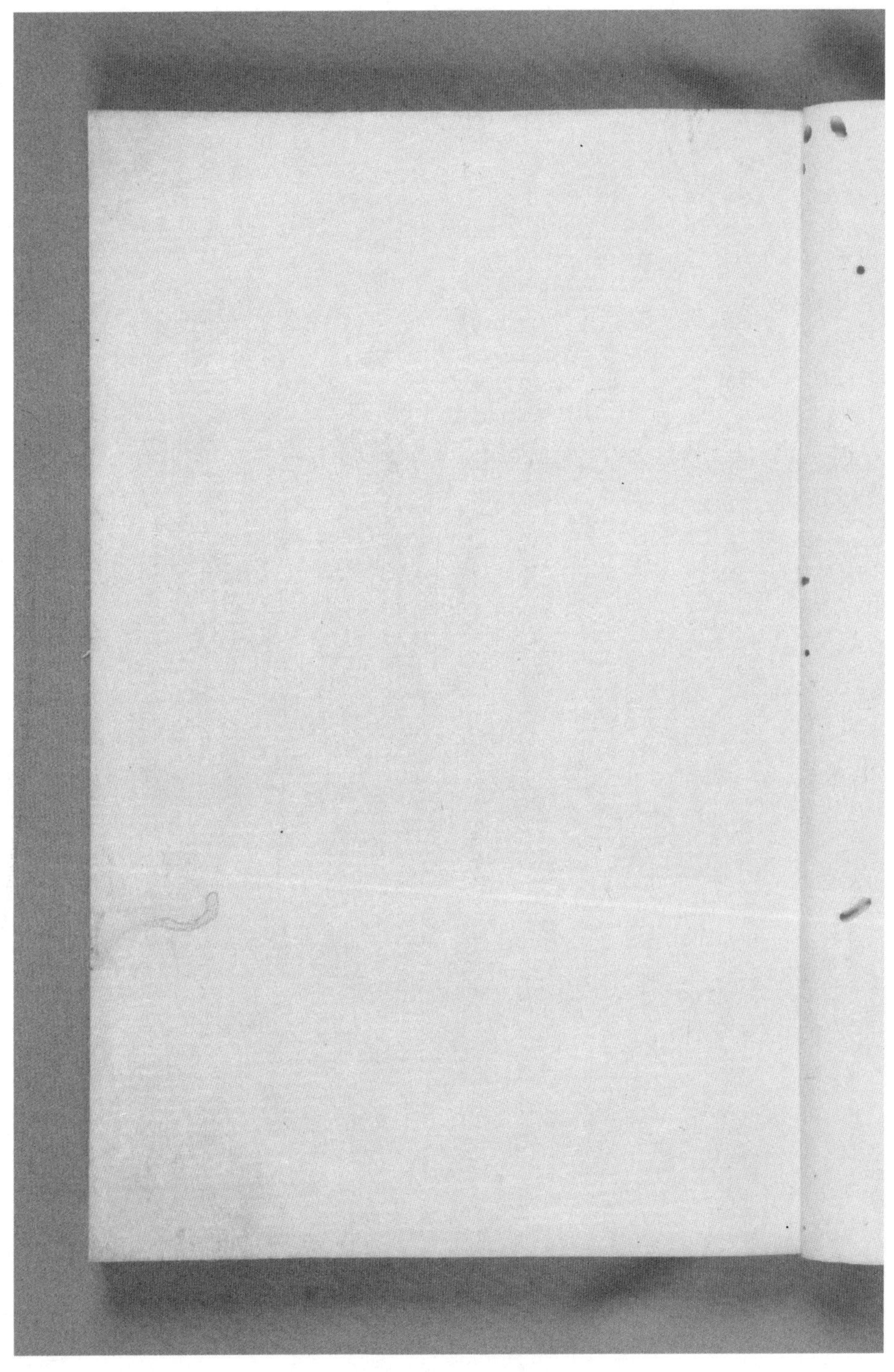

곤범(壼範) 二 (空隔紙 a)

곤범(壼範) 二 (隔紙)

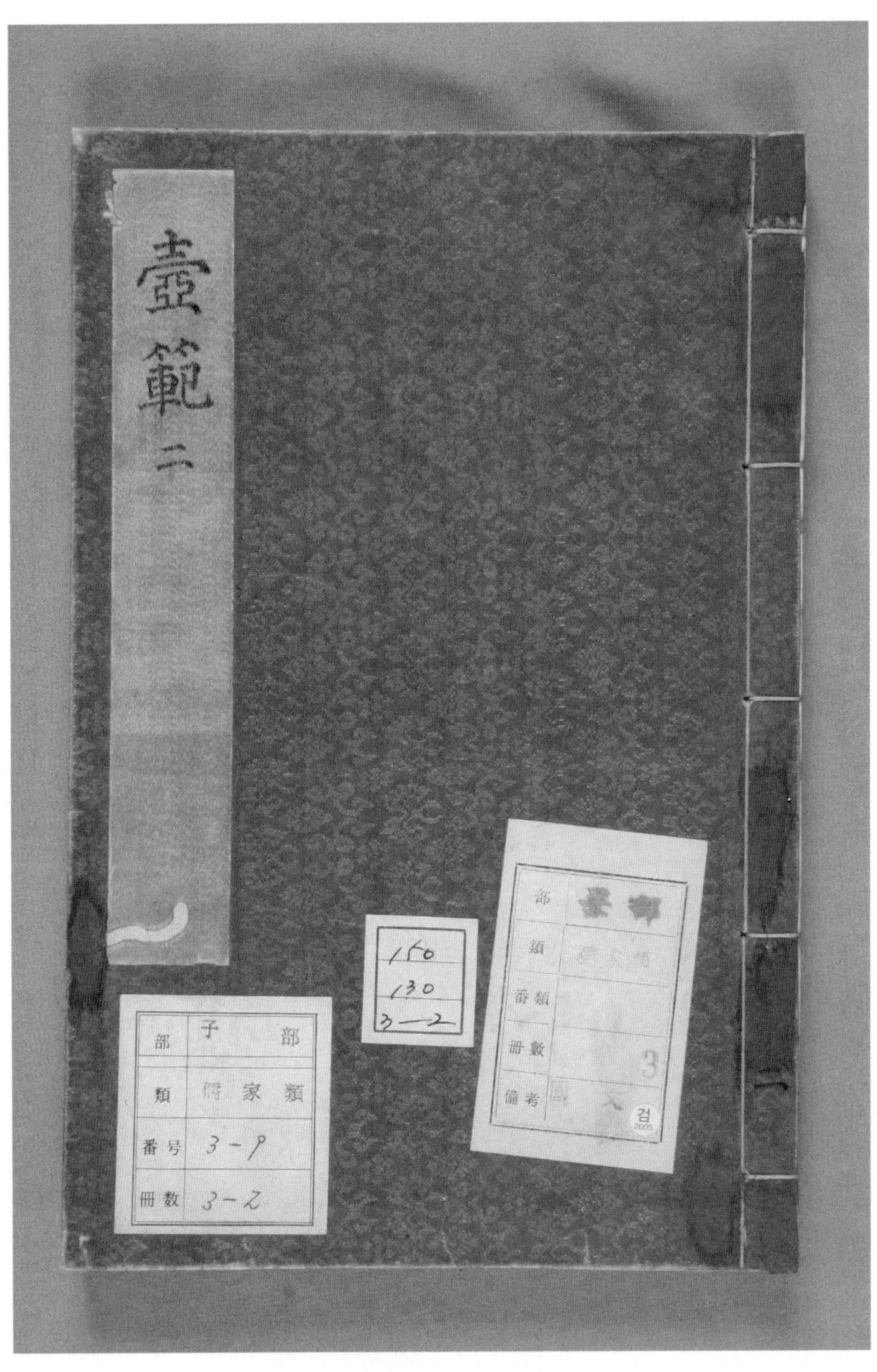

곤범(壼範) 二 외표지(앞)

곤범 (권 2)

곤범(壼範) 一 외표지(뒤)

곤범(壼範) 一 (隔紙)

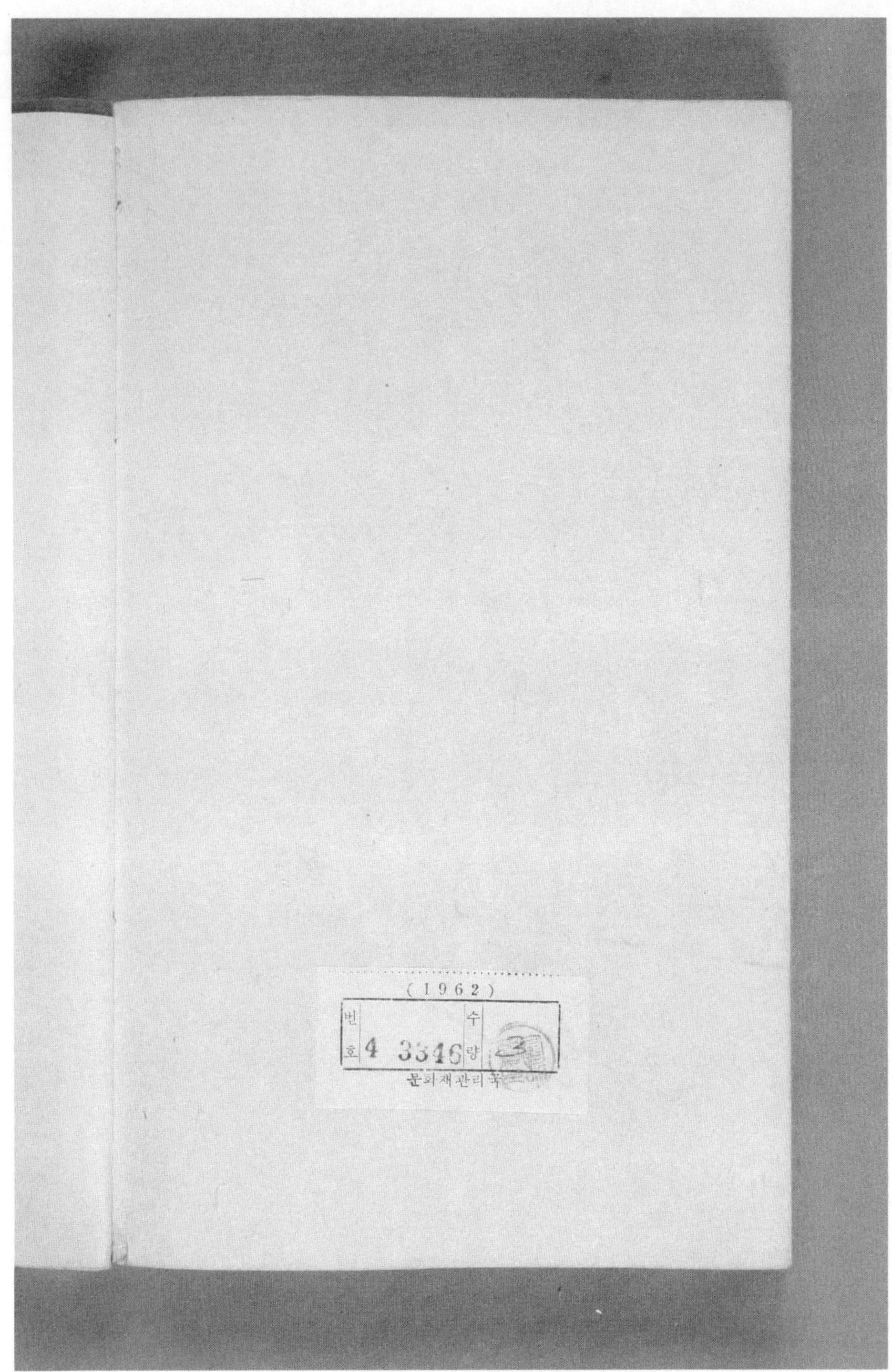

곤범(壼範) 一 (空隔紙 b)

곤범(壼範) 一 (空隔紙 a)

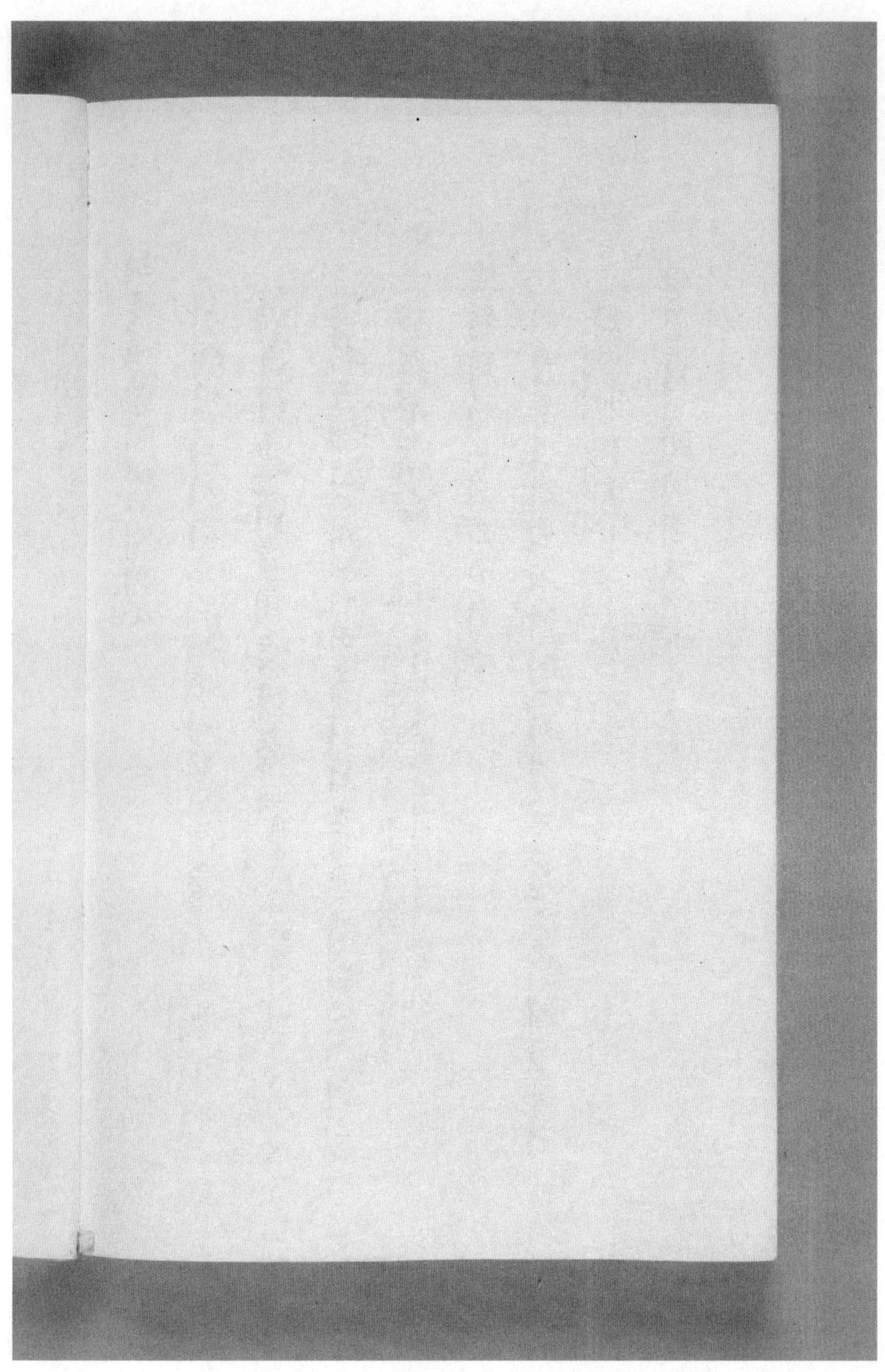

곤범(壼範) 一 79b

이후에민이법지야 라니

시에날려시되그위어ᄀᆞᆺ나니아니ᄒᆞᆯ 법ᄒᆞᄂᆞᆫ의어ᄀᆞᆺ나니 아니라말이라 이ᄉᆞ

방나라ᄒᆞᆯ바ᄅᆞ게ᄒᆞ라ᄒᆞ니 네몸의위의어ᄀᆞᆺ나니아니ᄒᆞ여 야ᄉᆞ방이법바다바ᄅᆞ게ᄒᆞ라말이라

그부ᄌᆞ와형뎨법바ᄃᆞᆯ거시죡ᄒᆞ미된후의ᄇᆡᆨ

셩이법받ᄂᆞ니라 부ᄌᆞ올ᄌᆞ가ᄒᆞᆫ집사ᄅᆞᆷ이법죡ᄒᆞᆫ즉 나라사ᄅᆞᆷ이다법받ᄂᆞ니라말이라

츄위뎨국이뎌쳐기가 라ᄒᆞ니

이날온나라라ᄉᆞ리미그집ᄀᆞᄌᆞᄅᆞᆫᄒᆞ기의이ᄉᆞ니

라 법ᄒᆞ울당울거ᄅᆞ어 네자니ᄅᆞ미라어

우노셕쳐가되국 라ᄒᆞ니

곤범(壼範) 一 79a

시온ᄌᆞ지보옵여기옵ᄂᆞ진진니일 지ᄌᆞ오귀여외기가인ᄒᆞ이니라
의기가인이ᄒᆞ에가이ᄌᆞ국인라이니
시에날려시뒤복셩화의옷ᄒᆞ미여그닙히진
ᄒᆞᄃᆞ나지ᄌᆞ의ᄃᆞ라가미여그집사ᄅᆞᆷ을맛당케ᄒᆞᆯ
ᄒᆞ에가히써나라사ᄅᆞᆷ을ᄀᆞᄅᆞ치리니라
시온의형의뎨나라ᄒᆞᆫ 의형의뎨이ᄒᆞ에가이ᄌᆞ국인라이니
시에날려시뒤형의셰맛당이ᄒᆞ며아ᄋᆞᆯ맛당이ᄒᆞᆯ
나ᄒᆞ니형을맛당케ᄒᆞ며아ᄋᆞᆯ맛당케ᄒᆞᆫ후에
가히써나라사ᄅᆞᆷ을ᄀᆞᄅᆞ칠거시니라
시온기위부ᄌᆞ라이 졍시ᄉᆞ국이라 ᄒᆞ기위부ᄌᆞ형뎨족법
이ᄒᆞ에민이법지ᄋᆞᆺ라니

얼ᄒᆡ 뒤졉ᄒᆞᆯ 사ᄅᆞᆷ을 그ᄃᆡ로 뒤졉ᄒᆞᆯ 배로ᄃᆡ 오

히려 ᄯᅡᆼ려라 ᄒᆞ디 아니케 ᄒᆞᆯ 거시니라

ᄀᆞ로ᄃᆡ 언애 욕지니ᄒᆞ 왈 인이 막ᄂᆞ기ᄌᆞ지 악며ᄒᆞ 막ᄂᆞ기ᄯᅩ지 쳑 이라ᄒᆞ니라

이런 ᄀᆞᆯ 비언의 이ᄒᆞᆨ라ᄒᆞᆷ이시니 ᄀᆞᆯ오ᄃᆡ 사ᄅᆞᆷ이 내 ᄌᆞ식의

사오나온 줄 아디 못ᄒᆞ며 제 ᄌᆞ식이 ᄉᆡᆨ의 큰 줄을

아디 못ᄒᆞ다 ᄒᆞ니라 ᄌᆞ랑의 ᄃᆡᆼ니ᄀᆞᄒᆞᆫ재 보리니 못ᄒᆞᆯ연기ᄀᆞᆯᄒᆞᆷ ᄒᆞᆯ재 출ᄒᆞ미 업ᄉᆞᆯ니라 이런 ᄯᅳᆺᄒᆞ야 이거ᄉᆞᆫ 편벽된 거시 헤되야 집을 ᄀᆞᄌᆞᆨ이 못ᄒᆞᄂᆞ니 옷 냥 뜻을 볼키 히미라

ᄌᆞ위신물ᄌᆞ면 불가이졔기가 라ᄒᆞ니

이 닐온바 몸을 닥디 못ᄒᆞ면 가히 ᄡᅥ 그 집을 ᄀᆞᄌᆞ롬

이 ᄒᆞ디 못ᄒᆞ다 말이라

오ᄂᆞᆯ 셔ᄌᆞ ᄌᆞ신졔가 라ᄒᆞ니

ᄒᆞᆯ ᄌᆞ리 잇ᄂᆞ니 범ᄉᆞ 사ᄅᆞᆷ은 ᄆᆞᄋᆞᆷ의 나ᄐᆞ나미 ᄒᆞᆯ ᄉᆞ이리 못ᄒᆞ야 반ᄃᆞ시 편벽
ᄃᆞ이 ᄆᆞᄋᆞᆷ을 각다 ᄯᅳᆺᄒᆞ야 집을 ᄀᆞᄌᆞ론이 못ᄒᆞᄂᆞ니 그러므로 ᄌᆞ히 너기ᄂᆞᆫ 자ᄭᅴ
어ᄅᆞᆫ 다ᄉᆞ림이 ᄋᆞᆯ 아라 편벽되디 아니케 ᄒᆞ여야
ᄆᆞᄋᆞᆷ을 낙고 집을 ᄀᆞᄌᆞ론이 ᄒᆞ다 ᄒᆞᆯ ᄯᆞ니라

ᄌᆞ지 ᄀᆞᆯ오사ᄃᆡ 부ᄌᆞ 친ᄒᆞᆯ ᄉᆞ랑ᄒᆞᆯ 배로ᄃᆡ 아비고
ᄅᆞᆯ 이ᄅᆞᆫ이 ᄀᆞ시면 간ᄐᆡ 아니ᄒᆞ니 ᄯᅳᆺ ᄒᆞᆯ 거시오 ᄌᆞ식이 ᄀᆞᆯ
ᄐᆡ 나 아니ᄒᆞ니 ᄯᅳᆺ ᄒᆞᆯ 거시오 님군은 ᄌᆞ뢰 ᄒᆞ며 공경
ᄒᆞᆯ 배로ᄃᆡ 옳은 일을 나오며 그ᄅᆞᆫ 일을 ᄀᆞ리 ᄯᅳᆺ
ᄒᆞᆯ 거시오 천ᄒᆞᆫ 술히 너길 사ᄅᆞᆷ을 ᄀᆞ니ᄅᆞᄃᆡ 젼ᄒᆞᆯ
거시 ᄀᆞᄅᆞ치 ᄒᆞᆨᄀᆞᄅᆞ리며 인진ᄒᆞᆯ 거시오 거오ᄒᆞ며 게
어ᄅᆞ디 ᄃᆡ 접ᄒᆞᆯ 사ᄅᆞᆷ을 그ᄯᅢᄅᆞᄃᆡ 접ᄒᆞᆯ 배로ᄃᆡ 오
히려 ᄉᆞᆯ펴 다ᄐᆡ 아니케 ᄒᆞᆯ 거시니라

ᄉᆞ위쳬기가져ᄎᆞ기신자ᄂᆞᆫ이어러기ᄉᆞ친이이벽언 때ᄒᆞ
러기ᄉᆞ련오이벽언 때ᄒᆞ 러기ᄉᆞ의경이벽언 때ᄒᆞ 너기ᄉᆞ인ᄂᆞᆼ

이벽언 때ᄒᆞ 러기ᄉᆞ오라이벽언 나ᄒᆞᆫ 그로호이지기약 때ᄒᆞᆫ 오이
지기미자ㅣ 텬하에 쳔의 라ᄂᆡ

ᄂᆞᆯ온바ᄀᆞ집ᄋᆞᆯ졍졔ᄒᆞ미 집ᄋᆞᆯ군졍이ᄒᆞ라 말이니 여러사ᄅᆞᆷ서 ᄂᆞ리기ᄅᆞᆯ 군졍이ᄒᆞᆫᄎᆞᆨ집이라ᄂᆞᆫ 니라 ᄀᆞᆷᄋᆞᆯ라기의일라ᄒᆞᆫ사ᄅᆞᆷ이그친ᄒᆞ며ᄉᆞᆼ랑ᄒᆞᆯ바의가뎐벽도이ᄒᆞ며그친히너기며ᄉᆞᆯ히너기ᄂᆞᆫ바의뎐벽도이ᄒᆞ며그독셔ᄒᆞᆯ공경ᄒᆞᆯ바의가뎐벽도이ᄒᆞ며그블상이너기ᄂᆞᆫ바의가뎐벽도이ᄒᆞ며그거오ᄒᆞᆯ게얼긔ᄒᆞᆯ바의가 게얼긔ᄒᆞ라 말ᄋᆞᆫ 네졀의경ᄀᆞ티아니라 말이라 뎐벽도이ᄒᆞᄂᆞ니이런ᄋᆞᆯ로히너기ᄂᆞᆫ그아ᄅᆞᆷ다온줄이아ᄂᆞᆫ재텬하의젹으니라 사ᄅᆞᆷᄋᆞᆯ리져ᄇᆞᄒᆞ매알ᄋᆞᆯ쇠당ᄒᆞᆫ바ᄅᆞᆯᄭᅥᆨ고와가며각ᄀᆞᄉᆞᆷ랑

거시지극ᄒᆞᆫ후의ᄯᅳᆺ이셩실ᄒᆞᆫ다ᄒᆞ시니대개ᄂᆞᆷ
의부리우미극진티못ᄒᆞᆯ적그ᄆᆞᄋᆞᆷ이발ᄒᆞᆫ매반ᄃᆞ시
능히진실로ᄒᆡᆼᄲᅳ리못ᄒᆞ야구챠히ᄲᅧᄎᆞᆷᄌᆞᆨ이
ᄂᆞᆫ재잇ᄂᆞ니그러나혹알기ᄅᆞᆯ지극히ᄒᆞᆯᄃᆡᄯᅳᆺ셩
실이ᄒᆞᆫ가지의삼가디못ᄒᆞᆯ적그부리ᄋᆞᆫ배ᄯᅩ내의ᄃᆞᆫ
거시되디못ᄒᆞ야덕의나ᄋᆞᆯ터히되ᄂᆞᆫ거시업ᄂᆞ니
ᄒᆞᆯ고로셰이러ᄒᆞᆯ고로이가히저ᄅᆞᆯ티못ᄒᆞᆯ거시어
려ᄒᆞ니라

ᄉᆞ위졔기가뎌ᄌᆞᆨ기신쟈ᄂᆞᆫ이이디기ᄉᆞ친ᄋᆡ이벽언 미ᄒᆞᆫ
디기ᄉᆞ쳔오이벽언 미ᄒᆞᆫ 디기ᄉᆞ외경이벽언 미ᄒᆞᆫ 디기ᄉᆞᄋᆡ긍

이벽언 미ᄒᆞᆫ 니기ᄉᆞ오타이벽언 미ᄒᆞᆫ 그로 호이디기악 ᄒᆞᆫ 므이

곤범(壼範) 一　76b

곤범(壼範) 一 76a

은아 낟ᄌᆞᆨᄒᆞᆫ 줄을 ᄭᆡᄃᆞᆮ는 줄이 아니라 다만 ᄯᅳᆺ을
셩실케 ᄒᆞ니 ᄯᅳᆺᄒᆞ야 ᄉᆞᆯᄌᆞ겨이 에니 ᄅᆞᆨᄒᆞ니 ᄀᆞᆮ더
나고 사오나온 믈 더럽ᄂᆞᆫ 적 ᄒᆞ나 ᄯᅩ 흙ᄂᆡ 덥다 ᄯᅳᆺᄒᆞᆯ
가사히 울ᄒᆞᆫ 일을 ᄒᆞᆯ 적 ᄒᆞ나 ᄯᅩ 흙ᄂᆡ ᄉᆞ지거 ᄯᅳᆺ
ᄒᆞ니 어리옥 익ᄒᆞ미 이시리오 이러ᄯᅳᆯ 구지 ᄲᅧ거조
경계ᄒᆞ야 반ᄃᆞ시 그ᄒᆞᆫ 자ᄒᆞᆯ 채 ᄀᆞᆯ 삼가시미라
십ᄫᅮᆨ ᄉᆞ시며 십츅 ᄉᆞ시니 기업ᄉᆞᄒᆞᄂᆞᆫ
열ᄂᆞᆫ 의복을 바 ᄯᅴ 열ᄂᆞᆫ 손의 ᄀᆞᆺᄎᆞᆯ 뷔ᄂᆞᆫ 배니 그업ᄉᆞᄒᆞᆯ 더
옥ᄉᆞ랑 ᄭᅩᆺ을 ᄇᆞᆯ뢰혀 나ᄂᆞᆫ 지비록 궁ᄒᆞᆫ ᄌᆞᆼ이라도 ᄂᆞᆷ이 보ᄂᆞᆫ 아ᄂᆡ
니라 금ᄒᆞᆫ 다 ᄯᅳᆺ ᄒᆞ미 이러 ᄒᆞᆺ ᄒᆞ니 그업ᄉᆞᄒᆞᆯ 무셔오미 심ᄒᆞ다 말이라
복을 옥오이 더욱 울신라이 심당 톄반 니ᄒᆞᆯ 구ᄅᆞᆫ ᄌᆞᆷ 됨을 셩기

질실기족아라나

ᄎᆞ인이 한가히거ᄒᆞ매 ᄒᆞ자 이라 말이라 울타리아닌일을ᄒᆞ지니

ᄀᆞ리안니ᄒᆞ믈 ᄢᅢ업시ᄒᆞ다가 안니ᄒᆞᆯ일이 업다 말이라 ᄀᆞ조ᄀᆞᆯ 본ᄒᆞ

의안연이 ᄲᅮ리ᄃᆞᆫ 굼글 노거동이라 ᄀᆞ울리 아닌 일을 더디치ᄀᆞ울 ᄒᆞᆫ

(일)울 나타나ᄂᆞ니 울ᄒᆞᆫ 일을 ᄒᆞ던 폐ᄒᆞ던 일이라 사ᄅᆞᆷ이 져 ᄭᅳᆷ 보기ᄅᆞᆯ 폐와

간ᄀᆞ티 보ᄂᆞ니 사ᄅᆞᆷ이 ᄎᆞ인의 것만 ᄎᆞ리ᄂᆞᆫ 정퇴보 기ᄅᆞᆯ 제ᄎᆞᆨ울 보ᄂᆞᆫᄃᆞ시 ᄒᆞᆫ다 말이니라 ᄀᆞᆺ브어시 우의

ᄒᆞ리오 ᄂᆞᆷ이 ᄎᆞᆨᄒᆞᆫᄃᆞ니 ᄒᆞᆯ 제ᄎᆞᆨ을 폐보니 우익ᄒᆞ다 말이니라 이 ᄂᆞᆯ온바가 온ᄃᆡ 청실

ᄒᆞ면 밧거 형용ᄒᆞᄂᆞ니 ᄎᆞᆨ의 진실이 ᄀᆞ득ᄒᆞ면 밧그로 나타나다 말이니 ᄀᆞᄅᆞ미 ᄂᆞᆷ이 아라보ᄂᆞ니라

ᄀᆞᄅᆞᆫ 진실로 반ᄃᆞ시 ᄒᆞᆯ ᄀᆞᆯ아 난ᄎᆡᄅᆞᆯ 삼가ᄂᆞ니라 ᄎᆞ인의 정퇴ᄅᆞᆯ

닐러거조 경계ᄒᆞ미라

ᄎᆞᆨ지ᄀᆞᆯ오샤ᄃᆡ ᄎᆞ인이 ᄀᆞ만이 ᄀᆞᆯ은 일을 ᄒᆞ다가 거ᄉᆞᄎᆞ

ᄅᆞᆺ울 ᄒᆞᆫ 폐ᄒᆞ미 올ᄒᆞᆫ 일을 ᄒᆞ얀ᄯᅳᆨᄒᆞᆯ ᄀᆞᄅᆞᆺ일

곤범(壼範) 一 75a

죽ᄒᆞ미니 상ᄉᆞ 옷이로 울 술히 너기리 상ᄉᆞ 본 니ᄅᆞᆯ 술히 너기ᄂᆞᆫ 것 ᄀᆞ티 여야 그 술히 너기미 쳥실ᄒᆞᆯ 울 ᄒᆞᆫ 이로 울 조히 너기리 ᄒᆞᆫ 거 집 조히 너기ᄂᆞᆫ 것 ᄀᆞ티 여야 그 조히 너기미 쳥실ᄒᆞ야 그 상ᄉᆞ 온 일은 반ᄃᆞ시 업시 ᄒᆞᆯ 울 ᄒᆞᆫ 일로 온 반ᄃᆞ시 ᄀᆞᆺ초ᄒᆞ야 그 ᄯᅳᆺ이 미ᄅᆞ 쾌족ᄒᆞ니라 군ᄌᆞ는 ᄌᆞ반ᄃᆞ시 그 ᄒᆞ ᄅᆞᆯ 긋아 ᄂᆞᆫ 채 ᄅᆞᆯ 삼가ᄂᆞᆫ 니라 ᄯᅳᆺ이 비ᄅᆞ소 병 ᄒᆞᆯ 적은 ᄂᆞᆷ이 볼 ᄂᆡ 혼자 알ᄂᆞ니 그 채ᄅᆞᆯ 삼가 울 ᄒᆞᆫ ᄯᅳᆺ이라 그ᄅᆞᆯ ᄯᅳᆺ 울 ᄎᆡ 온 ᄯᅳᆺ이 어ᄃᆞᆫ 밀 위여 나라 나게 ᄒᆞᆯ 그ᄅᆞᆯ ᄯᅳᆺ이 어ᄃᆞᆫ 병 ᄒᆞᆯ 적 ᄌᆞ시 ᄒᆞ허 업시 ᄒᆞᆯ 거시 이신 족ᄒᆞᆯ 거시니 이런 ᄒᆞ의야 ᄯᅳᆺ이 쳥실ᄒᆞ니라

초인이 ᄒᆞᆫ거 에 위 불쳔 ᄒᆞ ᄂᆞ ᄆᆞᄉᆞ 불지 가ᄒᆞ라 견군ᄌᆞ이 후에 안 연 어ᄯᆞ기 불쳔 ᄒᆞ ᄂᆞ 이 ᄯᅧ기 셜 ᄂᆞ 혼 언지 시 긔 ᄅᆞᆯ 여 견기 ᄯᅢ 간 연 ᄂᆡ 이 죽 하이 ᄋᆡ 의 오리 ᄌᆞ 위 쳥 어 ᄒᆞᆫ 이 면 형 어 외 니 ᄅᆞᆯ 군ᄌᆞ ᄂᆞᆫ 되 ᄅᆞᆯ 신 기 독 야 ᄂᆡ 라

초인이 ᄒᆞᆫ가 히 거 ᄒᆞ 매 ᄒᆞᆫ 자 의라 말이라 울 리 아 ᄂᆞᆫ 일 울 ᄒᆞ 리니 ᄀᆞ ᄅᆞ 아니 ᄒᆞᆯ 배 업시 ᄒᆞ다 가 아니 ᄒᆞᆯ 일 ᄋᆡ 이 업다 말이라 군ᄌᆞ ᄅᆞᆯ 본 후

곤범(壼範) 一　74b

우ᄂᆞᆫ 경일댱이니 셩인의 말ᄉᆞᆷ을 경이라 ᄒᆞᄂᆞ니라

ᄯᅵ재 증ᄌᆞ의 ᄯᅳᆺ을 증ᄌᆞ 긔록ᄒᆞ시미오 이 아래 뎐은

뎐은 현인의 말ᄉᆞᆷ이라 증ᄌᆞ 말ᄉᆞᆷ을 증ᄌᆞ 문인이 긔록ᄒᆞ미니

경ᄯᅳᆺ을 ᄇᆞᆯ키 혀 세 강녕 다여 ᄎᆞᆷ됴목을 뎌 미라 울ᄒᆞᆨ

ᄯᅳᆯᄒᆞ니ᄒᆞᆫ 면 그 ᄭᅳᆺᄒᆞᄂᆞ 벼ᄒᆞ이 의졀 난 거시라 격물과 티지와 셩의와 졍

심ᄒᆞ다 슈신은 명ᄒᆞᆫ 덕의 졀션 됴목이오 졔가와 티국ᄒᆞ야 평텬하ᄂᆞᆫ 신민

의 졀션 됴목이오 ᄎᆞᆷ 됴목을 ᄎᆞᆨ 뎐이 각각

니의 ᄒᆞᆫ 다 당케 ᄒᆞ올 거ᄉᆞ 지 션의 졀 난거시니라

소위 셩기의쟈ᄂᆞᆫ 무ᄌᆞ기야ᄂᆞ녀 오악 ᄎᆔ며ᄒᆞ여 ᄒᆞ호 ᄉᆡᆨ이

ᄒᆞ지 위ᄌᆞ겸 日이ᄂᆡ 고로 군ᄌᆞᄂᆞᆫ 뢰 신기 독야라ᄂᆞ니

닐옴바 ᄯᅳᆺ을 셩실케 ᄒᆞ다 ᄒᆞᄂᆞᆫ쟈ᄂᆞᆫ ᄉᆞᄉᆞ로 속이디

말올니니 못ᄒᆞ면 ...

ᄆᆞᄋᆞᆷ을 속이디 아니ᄒᆞ미오 속이디

아녀ᄒᆞ면 ᄯᅳᆺ이 셩실ᄒᆞᄂᆞ니라 사오나온 ᄂᆡ를 슬히 너기ᄃᆞ시 ᄒᆞ며

ᄒᆞ온 빗슬 됴히 너기ᄃᆞ시 ᄒᆞ미 이를 닐온 ᄌᆞ족ᄒᆞ괘

져그ᄆᆞᄋᆞᆷ을바ᄅᆞ게ᄒᆞᆯ ᄆᆞᄋᆞᆷ은일신의쥬진니ᄆᆞᄋᆞᆷ이바ᄅᆞ디못ᄒᆞᆯ즉ᄆᆞᄋᆞᆷ을ᄯᆞ라그쳐ᄒᆞ야도라가니못ᄒᆞᄂᆞ니그러므로ᄆᆞᄋᆞᆷ을몬져바ᄅᆞ게ᄒᆞᆯ거시라 그ᄆᆞᄋᆞᆷ을바ᄅᆞ게ᄒᆞᆫ자ᄂᆞᆫ몬져그ᄯᅳᆺ을

셩실케ᄒᆞᆯ ᄯᅳᆺ은ᄆᆞᄋᆞᆷ의발ᄒᆞᆫ거시니셩실케ᄒᆞᆷ은아ᄂᆞᆫ바ᄅᆞᆯ신실ᄒᆞ야반ᄃᆞ시ᄉᆞᆺ롤쾌족ᄒᆞᆫᄉᆞᆺ쇽이기ᄅᆞᆯ아ᄂᆞ니케ᄒᆞ미라 그ᄯᅳᆺ을셩실케ᄒᆞᆯ져ᄒᆞᆫ자ᄂᆞᆫ몬져그알기ᄅᆞᆯ

닐위ᄂᆞᆯ거시니 ᄉᆞ믈의니ᄅᆞᆯ극진이안ᄒᆞᆨ의야시비와션악을보긔혀ᄒᆞ샤ᄅᆞᆯ명ᄒᆞ야그ᄯᅳᆺ을셩실케ᄒᆞᄂᆞ니라닐위라말은지극히알기ᄅᆞᆯ닐위라말이라 알기ᄅᆞᆯ닐위기ᄂᆞᆫ ᄉᆞ믈을궁격ᄒᆞᆫ

기의잇ᄂᆞ니라 궁격ᄒᆞ기ᄂᆞᆫᄉᆞ믈의니ᄅᆞᆯ극진이궁구ᄒᆞᆫ다말이니ᄉᆞ리ᄅᆞᆯ극진이궁구ᄒᆞᆫᄒᆞᆨ의야알ᄭᅬᆷ이지극히ᄒᆞᄂᆞ니이러므로궁니ᄅᆞᆯ몬져ᄒᆞᄂᆞ니이여ᄃᆞᆲ가지ᄂᆞᆫ계ᄒᆞᆨ의ᄒᆞ부ᄒᆞᆯ추례니이니ᄅᆞ온여ᄃᆞᆲ가지ᄅᆞ목이니라

옥ᄂᆞᆫ경이ᄅᆞᆯ댱 셩인의말ᄉᆞᆷ을경이라ᄒᆞᄂᆞ니라

ᄯᅴ재증ᄌᆞ의ᄯᅳᆺ을증져긔록ᄒᆞ시미오이아래뎐은

뎐은현인의말ᄉᆞᆷ이라 증ᄌᆞ말ᄉᆞᆷ을증ᄌᆞ문인이긔록ᄒᆞ미니

뢰이세가지의일다말이니이세가지ᄂᆞᆫ대ᄒᆞᆨ의강령이니라강령은그믈ᄭᅳᆯ으ᄃᆡ
ᄅᆞᆯ벼리오ᄌᆞᆯ니ᄅᆞ면
기시니ᄒᆞᆨᄌᆞ의ᄌᆞᆯ거ᄅᆞ리ᄂᆞᆫ거시라

고지욕명명덕어텬하쟈ᄂᆞᆫ 션티기국ᄒᆞ고 욕티기국쟈
ᄂᆞᆫ 션졔기가ᄒᆞ고 욕졔기가쟈ᄂᆞᆫ 션슈기신ᄒᆞ고 욕슈기신쟈ᄂᆞᆫ
션졍기심ᄒᆞ고 욕졍기심쟈ᄂᆞᆫ 션셩기의ᄒᆞ고 욕셩기의
쟈ᄂᆞᆫ 션티기지니 티지ᄂᆞᆫ 재격물ᄒᆞ니라

녜텬하의ᄇᆞᆯᄀᆞᆫ덕을ᄇᆞᆯ키ᄒᆞ고져ᄒᆞᄂᆞᆫ쟈ᄂᆞᆫ 텬하ᄉᆞᄅᆞᆷ으로ᄒᆞ여곰제
게이실ᄇᆞᆯ키온덕을ᄇᆞᆯ키게ᄒᆞ단말이니라 몬져그나라ᄒᆞᆯ다ᄉᆞ리고 ᄒᆞᆫ나라희몬져덕을ᄇᆞᆯ킨후의야텬
하의ᄆᆡᆺ니라 그나라ᄒᆞᆯ몬져다ᄉᆞ리고져ᄒᆞᄂᆞᆫ쟈ᄂᆞᆫ 몬져그집을
ᄀᆞᄌᆞᆫ론이ᄒᆞᆯ ᄒᆞᆫ집의덕을ᄇᆞᆯ키여집사ᄅᆞᆷ이화ᄒᆞ야즐겨ᄒᆞᆫ후의나라희미처가ᄂᆞ니라 그집을ᄀᆞᄌᆞ
론이ᄒᆞᆯ져ᄒᆞᄂᆞᆫ쟈ᄂᆞᆫ 몬져그몸을닷글 ᄒᆞᆫ몸의덕을ᄇᆞᆯ키여착ᄒᆞᆫ후야집사ᄅᆞᆷ의게미처가ᄂᆞ니몸을바로디못ᄒᆞ고죡ᄂᆞᆷ을엇디바로게ᄒᆞ리오 그몸을닥고져ᄒᆞᄂᆞᆫ쟈ᄂᆞᆫ몬

곤범(壼範) 一 73a

곤범(壼範) 一 72b

ᄅᆞ어니니아닌일ᄋᆞᆯ지ᅀᅳ거든빅가지앙화ᄅᆞᆯᄂᆞ리오시

ᄂᆞ니네오직덕이어든젹다니ᄅᆞ디말디어다일만나

라히경하ᄒᆞᄂᆞ니이다네덕이아닌어든크게ᄒᆞ디말

올디어다그종ᄉᆞᄅᆞᆯ떠러ᄇᆞ리리이다 우즁ᄅᆞᆯ주ᄅᆞᆯ졔당의 하우의ᄒᆞᆼᄒᆞ시다

걸의망ᄒᆞ시라하ᄂᆞᆯ의덕이ᄂᆞ니ᄅᆞᆯ즁지덕어ᄇᆞ니ᄅᆞᆯ져주시다셩탕

의덕을닥ᄀᆞ시매텬혜셩각ᄒᆞ시니ᄅᆞᆯ말을거ᄅᆞ어나시니ᄆᆞ며당의경계

ᄒᆞᆫ말을니어태갑의븡ᄋᆞᆯ나시경계

ᄒᆞ야웃말을니ᄅᆞ지거죠전면ᄒᆞᄂᆞ니라

오호ᄅᆞ니 ᄉᆞ왕은 지졀신사ᄒᆞᆫ 녀ᄌᆞ지셔ᄒᆞ올 쳥ᄂᆞᆫ 양양사ᄒᆞᆫ 가언이
ᄒᆞᆼ창ᄂᆞᄒᆞᆫ 옥상례ᄂᆞᆯ 불상사ᄒᆞᆫ 작쳔드닐어 강지빅상ᄀᆞᄒᆞᆫ 작
불셜드닐어 강지빅앙ᄆᆞᄒᆞᆫ 이옥덕드닐어 망ᄒᆞᄂᆞ어 만방에 옥
경이ᄅᆞ 이니 이옥불덕드닐어 망ᄒᆡ나어 독졀중ᄒᆞᄂᆞ 이라 옥ᄉᆞᆼ의 세가지ᄒᆞᆼ 습ᄅᆞ 별가지ᄒᆞ올
로ᄑᆞᆷ굴ᄒᆞᆼ 경ᄒᆞᄂᆞᆫ 말
오회라 ᄉᆞ왕은 ᄑᆞᆷ울ᄒᆞᆼ 경ᄒᆞ야 녀ᄌᆞ여ᄒᆞᆫ ᄎᆞ셔 셩인
의 말ᄉᆞᆷ이 양양ᄒᆞ야 양양은 크라 말이니 셩인의 말ᄉᆞᆷ은 ᄒᆞᆼ광의 당의 경계ᄒᆞ신 말ᄉᆞᆷ이라 아ᄅᆞᆷ다나
온 말이 진실로 나타나시니 옥직상례ᄂᆞᆯ 하ᄂᆞᆯ이라 ᄒᆞᆼ상
더이 아니사 어딘 일을 지ᄉᆞ거든 빅가지 상셔ᄅᆞᆯ ᄂᆞ리오시
고 어디디 아니 일을 지거든 빅가지 앙화ᄅᆞᆯ ᄂᆞ리오시
ᄂᆞ니 뎨 옥직덕이 어든 젹ᄃᆞ 나ᄂᆞ니 말니어다 일ᄅᆞᆯ만나

곤범(壼範) 一 71b

니이시면이날온용단ᄒᆞᆯ숩이며갊히쳥인의말을
엄숙이너기며통걱ᄒᆞ니ᄅᆞᆯ거ᄉᆞ리며ᄂᆞᆰ은덕잇
ᄂᆞ니ᄅᆞᆯ멀리ᄒᆞ며완악ᄒᆞᆫ아ᄒᆡᄅᆞᆯ갓가이ᄒᆞ미이시
면 완악ᄒᆞᆫ아ᄒᆡᄂᆞᆫ나히졈은간사ᄒᆞᆫ ᄉᆞᄅᆞᆷ이라 이날은어즈러온풍숩이니셰
가지풍숩이라열가지허믈이 셰풍숩의조목이열가지허믈이라 ᄒᆞᆫ가지
ᄅᆞᆯ몸의두면지비반ᄃᆞ시망ᄒᆞᆯ님군이ᄒᆞᆫ가지ᄅᆞᆯ몸
의두면나라히반ᄃᆞ시망ᄒᆞᄂᆞ니신하님군의말ᄉᆞᆷ을
바ᄅᆞ디아니ᄒᆞ면그죄예형벌이묵이라ᄒᆞ샤 묵은ᄂᆞᆺ치ᄒᆞᆫ먹칠
ᄒᆞᆫ나말이라 법봉ᄀᆞᆯ구ᄒᆞ야뭉혹의쳔빈ᄅᆞᆯᄀᆞᄅᆞ치시니이다
셰가지풍숩을경계ᄒᆞᆫ법을지으샤뭉혹
을ᄀᆞᄅᆞ쳐일죽이아라간ᄒᆞ기ᄅᆞᆯ보ᄅᆞ게ᄒᆞ시미라

곤범(壼範) 一 71a

면ᄒᆞ 시위부통이며 감옥 츈오화식ᄒᆞ며 홍오옥련ᄒᆞ면 시위
윤통이며 감옥으청언ᄒᆞ며 여그통닉ᄒᆞ며 원기덕ᄒᆞ며 비완통
면ᄒᆞ 시위난통이니 옥ᄌᆞ상ᄂᆞᆫ통시ᄇᆞ건에 경셔옥일오신ᄒᆞ면
가뢰ᄅᆞᆯ상ᄒᆞ고 방군이 옥일오신ᄒᆞ면 국뢰ᄅᆞᆯ망ᄒᆞ니 신하ㅣ 불
당ᄒᆞ면 기형이 묵이라ᄒᆞᆫ 구ᄒᆞᆫ오붕ᄉᆞᄒᆞ리이다
갈부에 셩벌ᄋᆞᆯ지오샤 벼슬 잇ᄂᆞ니ᄅᆞᆯ 경계ᄒᆞ야
ᄀᆞᆯ오샤ᄃᆡ 감히 궁의셔 홍상이 ᄒᆞᆫᄂᆞᆫ ᄒᆞ며 실의셔 ᄎᆔ
ᄒᆞ야 노ᄅᆡ ᄇᆞᆯᄒᆞᆫ 니 이시면 이 닐온 무당의 풍습이며
궁과 집이라 집이니 홍상이 ᄂᆞᆯᄒᆡ ᄇᆞᆯᄒᆞ며 ᄒᆞᆫᄂᆞᆫᄒᆞ미 무당ᄀᆞᆺᄐᆞᆫ디라 감히 ᄌᆡ물과 녀ᄉᆡᆨ의 조ᄎᆞ며 ᄌᆡ물을 무릅ᄊᆞᆷ
다녀ᄉᆡᆨ의 ᄇᆞ려 조ᄎᆞ로 록ᄒᆞ다 말이니라 놀ᄂᆞᆫ 노ᄅᆡ와 산영ᄒᆞ기의 홍상이 ᄒᆞᆫ
니이시면 이 닐온 음난ᄒᆞᆫ 습이며 감히 셩인의 말ᄉᆞᆷ을

곤범(壼範) 一 70b

곤범(壼範) 一 70a

량ᄒᆞᄂᆞᆯ쳬우샤쉬어버이로브터ᄒᆞ시며공경ᄒᆞᄂᆞᆯ
ᄒᆞᄂᆞᆯ쳬우샤쉬어룬을브터ᄒᆞ샤 ᄒᆞ량ᄒᆞᆯ덕을어버이로브터ᄒᆞ샤텬하의밋
ᄎᆞ며공경ᄒᆞᆯ덕을어룬을브터쳬워텬하의밋게ᄒᆞ다말이라 지ᄇᆞ라나라히시작ᄒᆞ야
ᄉᆞ히의ᄆᆞᆺ게ᄒᆞ쇼셔 ᄒᆞᆫ지ᄇᆞ안히셔ᄒᆞᆼ오ᄒᆞ며돈목기의시작ᄒᆞ야덕이빅셩의게미ᄎᆞ가ᄒᆞᄂᆞ라히텨인ᄒᆞ야
졈ᄂᆞᆫ텬하ᄉᆞᄒᆞᆫ시기의미쳐ᄉᆞ히의려ᄇᆞ히면 셩인의덕을힝ᄒᆞᆷ을ᄎᆞ뎌로빠ㄹᄒᆞᆫ엣ᄂᆞ니다
오호래션왕이조ᄎᆞ인거샤ᄒᆞ 홍간불불며ᄒᆞ 션민을시악
며ᄒᆞ시 검신악불금샤ᄒᆞ 이지오만방니ᄒᆞ시 져옥간져나ᄂᆡ니
오회라션왕이비로소사ᄅᆞᆷ의ᄂᆞ리ᄅᆞᆯ라그샤 ᄂᆞ리ᄅᆞᆯ삼강오상이라
간ᄒᆞᆯ말을조ᄎᆞ사거ᄉᆞ리디아니ᄒᆞ시며녯사ᄅᆞᆷ을
술히ᄒᆞ시며 녯사ᄅᆞᆷ은비셩인이라 술히ᄒᆞᆫ은조ᄎᆞ다말이라 우히거ᄒᆞ시매능히ᄇᆞᆯᄀᆞ르
시며어ᄅᆡ되시매능히ᄎᆞᆼ셩되시며 우히거ᄒᆞᆫ은ᄂᆞᆷ우히되시미오 아ᄅᆡ되시믄결의게신하

곤범(壼範) 一 69b

밀닉ᄉᆞᆨ 보야 ᄒᆞᆷ을 그덕을 힘ᄡᅳ실ᄉᆡ 져양이ᄀᆞ시며 어ᄇᆞ며
미산쳔라키신이 평안ᄒᆞ니 미어ᄇᆞ며 새와 증싱
다ᄃᆞ기와 자래다 ᄎᆞᆯᄒᆞ더니 각ᄀᆞ 제 텬셩을 ᄎᆞᆫ히 ᄒᆞ다 말이니 남ᄀᆞ이 덕을 힘ᄡᅳᆯ니라 텬리 귀신
이화ᄒᆞ야 말ᄉᆞᆷ이 ᄎᆞᆯᄒᆞ다 말이라 그ᄌᆞᄂᆞᆫ 이 덕을 거ᄉᆞ리디 못ᄒᆞᆯ ᄯᆡ 황텬
이 져양을 ᄂᆞ리오샤 오리 텬명이 잇ᄂᆞᆫ 뒤 ᄎᆞᆼ을 비ᄅᆞ시
나 하ᄌᆞ ᄎᆞᆼ이 덕을 각디 아니ᄒᆞ니라 ᄒᆞᆯ ᄎᆞᆫ이 우리 덕이 이처 텬명 바ᄃᆞ시ᄂᆞᆫ 당의게 ᄎᆞᆼ을 비러 하ᄅᆞᆯ 죄ᄌᆞ시게 ᄒᆞ시다 말이라 치실 죄ᄅᆞᆯ
짓기ᄂᆞᆫ 명ᄒᆞᆯ 브러 ᄒᆞ거ᄂᆞᆯ 오리 비ᄅᆞᆯ ᄂᆞᆫ ᄒᆞ시ᄂᆞᆫ 박으
ᄅᆞᆯ 브러 ᄒᆞ시니이다 박을 당의 거신 ᄎᆞ 히니 비ᄅᆞᆯ ᄂᆞᆫ ᄒᆞ시ᄂᆞᆫ 덕을 각가 비ᄅᆞᆯ ᄎᆞᆼᄒᆞ다 말이니 걸의 망ᄒᆞ다 당의 ᄎᆞᆼ을
시ᄂᆞᆫ다 만 걸이 덕을 각디 아니ᄒᆞ매 망ᄒᆞ야ᄂᆞᆯ 당이 덕을 낙ᄀᆞ서 매 ᄎᆞᆼᄒᆞ야 져시다 말이니 말ᄒᆞᆯ ᄯᆡ 감이 당의 덕을 거ᄉᆞ리디 못ᄒᆞᆯ ᄌᆞ 걸의 망ᄒᆞ던 화ᄅᆞᆯ
가히 보리라 말이라

옥아 상왕이 ᄎᆞᆷ ᄎᆞᆷ셩ᄒᆞᆨ 사ᄒᆞ 뒤 ᄒᆞᆨ이란 ᄯᆡᄒᆞ셔 ᄎᆞ민이 울회
ᄒᆞᄂᆞ니

곤범(壼範) 一 68b

야 그 쳔조긔(이라 쳥량) 뵈옵거ᄂᆞᆯ 뎐의 ᄂᆞᄅᆞ 졔ᄒᆞ다 이시며
(혹와 뎐을 다 졔ᄒᆞ 봉ᄒᆞᆯ ᄯᆡ ᄒᆞ니 / 졔ᄉᆞᄒᆞᆯ 제 졔ᄒᆞᆫ 일이라 말이라) 빅ᄃᆞᆫ이 졔지ᄀᆞ이 ᄯᅳᆯ 거ᄉᆞ려 홍
져의게 ᄃᆞ리거ᄂᆞᆯ (홍진을 웃듯지 상의ᄂᆞ 상홍의 이셔 쳥ᄉᆞᄅᆞᆯ / 되니 못ᄒᆞ매 홍진의게 ᄃᆞ려 져ᄅᆞᆯ 단ᄒᆞ미라)
이몸이 ᄂᆡᄅᆞᆯ조의 이ᄅᆞᆯ ᄋᆞ신 덕ᄋᆞᆯ 보ᄅᆞ혀 닐러 ᄲᅢ왕
의게 ᄀᆞᄅᆞ치니라
왈 오호ᄅᆞ 그 ᄋᆞᆺ하 쳔후ㅣ 방ᄋᆞ 절ᄃᆞᆨ(서ᄒᆞᆯ) 망ᄋᆞ 편쳐
(며ᄒᆞ) 산쳔 귀신이 ᄃᆡᆨ막 불녕(며ᄒᆞ) 게ᄃᆞᆯ ᄉᆞ어 별이 ᄒᆞᆷ ᄋᆞᆨ
(ᄒᆞ려니) ᄋᆞ기 ᄌᆞ손이 불ᄎᆞᆯ(ᄒᆞᆯ재) 황텬이 강ᄌᆡ(ᄒᆞ샤) 가ᄉᆞᄋᆞ 아ᄋᆞᆺ 명
(ᄒᆞ시니) 조궁은 ᄌᆞ명ᄒᆞ(여) ᄯᅩ림 져ᄌᆞ박(ᄒᆞ시니라)
ᄀᆞᆯᄋᆞ되 오회라 네 하ᄂᆞᆯ ᄉᆞᆸ쳐 ᄂᆡ근이 (하ᄂᆞᆯ의 나라 회ᄉᆞᆫ / 쳐ᄂᆞᆫ 금은ᄋᆞ 굴)

곤범(壼範) 一 68a

쳐뎐

이훈 일이올이오 훈은 ᄀᆞᄅᆞ치다 말이라 이올은 신야의 숨엇던 사ᄅᆞᆷ이니 쳥탕이 마자 쪙승을 삼앗더니 탕이 붕ᄒᆞ신 후 탕의 손ᄌᆞ 태갑이 즉위ᄒᆞᆫ때 이윤이 글 지어 ᄀᆞᄅᆞ치시니라

유원ᄉᆞ십유이월을튝에 이윤이 ᄉᆞ우션왕ᄒᆞᄋᆞᆸ 봉ᄉᆞ왕ᄒᆞ야 지현궐조ᄒᆞ어늘 후뎐군휘함지ᄒᆞ며 ᄇᆡᆨ관이 총기ᄒᆞ야 이텽총진ᄒᆞ어늘 이윤이 내명언녈조지셩덕ᄒᆞ야 이훈우왕ᄒᆞ니라

오직 원ᄉᆞ 오직은 말 내ᄂᆞᆫ 드ᄅᆞᆯ ᄉᆞ취오 원ᄉᆞᄂᆞᆫ 태갑의 즉위ᄒᆞᆫ 원년이라 십유이월 유ᄂᆞᆫ 어조ᄉᆞ니 십이월은 섯ᄃᆞᆯ이라 을튝에 이윤이 션왕긔 제ᄉᆞᄒᆞᆯ시 션왕은 ᄆᆞᆫ져 님군이니 탕이라 셰ᄃᆞᆯ은 ᄒᆞ나라 당애와 씨ᄂᆞᆫ 셩이 샹ᄂᆞᆫ 의 잇기 제ᄉᆞᄅᆞᆯ 쳡ᄒᆞᆫ ᄒᆞᄂᆞ니라 ᄉᆞ왕을 밧드러 ᄉᆞ왕은 니어셔ᄂᆞᆫ 님군이니 태갑이라 공경ᄒᆞ야 그 션조긔 쳥탕이라 뵈ᄋᆞᆸ거ᄂᆞᆯ 뎐의 ᄀᆞᆫ들 제후 다 이시며

ᄀᆞ부모셩아ᄌᆞ로의니ᄅᆞ러ᄅᆞ일쥭라시옴읇허는
블울ᄒᆞ믈리니아닐제업ᄉᆞ리라ᄎᆞ업ᄒᆞᄉᆞ사
ᄅᆞᆷ이위ᄒᆞ야이뎐을졔ᄒᆞ니시의사ᄅᆞᆷ감동
ᄒᆞ미이ᄀᆞᆺᄃᆞ다.

곤범(壼範) 一 67a

ᄒᆞ야라
놉ᄂᆞᆫ 다 ᄂᆞᆯᄂᆞᆫ 은ᄒᆞᆫ ᄎᆞᆺ이오 블ᄂᆞᆫ 다 ᄇᆞᆯᄂᆞᆫ 은ᄒᆞᆫ ᄯᅳᆺ이
오블조츨 은 못ᄒᆞ리 못ᄒᆞ얏다 말이니 ᄡᅵᄒᆞᆯ 골 ᄒᆞᆯ
양을 못ᄒᆞ리 못ᄒᆞ얏다 말이니 ᄯᅢ개을 ᄯᅡᆼ라 ᄒᆞ드
니라

녹아녹낭
삼상ᄒᆞ니 시왈 이시ᄂᆞᆫ 효쳐 부모의 총양ᄒᆞ믈 어ᄃᆡ
못ᄒᆞᆯ지어ᄉᆞᆯ ᄀᆞᆯ셜워ᄒᆞ며 ᄉᆞ모ᄒᆞ며 외롱ᄒᆞᆫ
미이 ᄀᆞ죽ᄒᆞ니라 ○ 죽져왈 진왕뷔 좌아ᄂᆞᆫ 디 죽으
매 기ᄇᆡ히 셜워ᄒᆞ야 ᄡᅵ양 시ᄀᆞᆯ 나려 울ᄆᆡ 이 편의 외
ᄀᆞ부모 셩아 ᄀᆞᄅᆞᆯ의 나ᄅᆞᆯ 러ᄂᆞᆯ 일 ᄌᆞᆨ다 시울 ᄋᆞᆸ뤄ᄂᆞᆫ

곤범(壼範) 一 66b

남산은 남녁뫼히오 블은 블근 거동이오 ᄎᆞ롱

은 회호리ᄇᆞ람이오 발ᄒᆞ은 ᄉᆡᆨ을 거동이오 민

은 ᄇᆡᆨ셩이오 막은 업다 말이오 블은 안ᄂᆞ다 말

이오 곡은 ᄎᆞ타 말이오 아ᄂᆞᆫ 내오 졸은 홀졔라 말

이오 해ᄂᆞᆫ 도리 못ᄒᆞᆯ 일이라 말이니 남산의 놉

ᄒᆞ며 ᄎᆞ롱의 ᄉᆡᆨᄒᆞᆷ을 블감ᄒᆞᆷ홍ᄒᆞ야 거홍ᄒᆞ

야 니졋 ᄃᆡ 번ᄒᆞᆫ 일이어나 도리 아닌 일이어 거ᄃᆞᆯ 날

ᄒᆞᆯ로 해ᄒᆞ오미 이러ᄐᆞᆺ ᄒᆞᆯ흔 ᄒᆞ미니 ᄒᆞᆯ로 어버

이 상ᄉᆞᆯ 말나 ᄒᆞᄂᆞᆫ 양을 못ᄒᆞ리라 말이라

남산 높ᄂᆞᆯ 높ᄂᆞᆯ이여 ᄎᆞ롱 블블ᄂᆞ일 민막블곡 ᄂᆞᆯ여 아졸

블졸 라ᄒᆞ

곤범(壼範) 一 66a

시고어미ᄂᆞᆫ날을기ᄅᆞ시니날ᄋᆞᆯ어ᄅᆞ만지시며날
을기ᄅᆞ시며날을ᄌᆞ라게ᄒᆞ시며날을ᄀᆞᄅᆞ치시며날을도라보
시며날을다시ᄒᆞ시며나며들매날을ᄇᆡ오시
니뎌재우의이러ᄐᆞᆺᄒᆞ시니은ᄒᆞ미이러ᄐᆞᆺᄒᆞ
시니덕을갑고져ᄒᆞᆫ딘하ᄂᆞᆯᄀᆞᆺᄐᆞ야굼진ᄒᆞ
미이업도다ᄒᆞ니그덕이ᄀᆞ이업다말이니라
남산녈녈 표풍발발 민막불곡 아독
하해오
ᄒᆞ야라
남산은남녁뫼히오녈녈은놉고큰거동이오표풍
은회호리ᄇᆞ람이오발발은ᄲᆞᆯ은거동이오민
은ᄇᆡᆨ셩이오곡은어딘거시니말이오불은아니다말

곤범(壼範) 一 65b

텬망국 (라이셧)

부야라

부ᄂᆞᆫ 아비오 혜ᄂᆞᆫ (져억) 오 ᄉᆡᆼ은 나타 말이오 아ᄂᆞᆫ 내라 말
이오 모ᄂᆞᆫ 어미니 국은 기륵다 말이오 독아 조ᄅᆞᆯ내라
말이오 당은 주라 게 ᄒᆞ라 말이오 욱은 기ᄅᆞ라 말
이오 ᄉᆞᆯ도라 보라 말이오 복은 거조 ᄒᆞ라 말이
니 장시 ᄀᆞᆯ ᄇᆞ리 ᄋᆞ리 못ᄒᆞᆯ 거동이오 ᄒᆞᆷ이 ᄇᆞᆫ나
며 ᄃᆞ라 말이오 복은 (져빈복) 나 ᄐᆞᆯ라 말이오 옥은 ᄒᆞᆯ
적ᄒᆞ라 말이오 보ᄂᆞᆯ 갑ᄒᆞ라 말이오 지ᄂᆞᆫ (져억) 옥덕은
덕이오 호텬망국은 호텬은 하ᄂᆞᆯ이오 망은 업ᄉᆞ라
말이오 국은 궁국ᄒᆞ라 말이니 아비ᄂᆞᆫ 날을 나흐

나아비업ᄉᆞ면누ᄅᆞᆯ믿ᄌᆞ오며어미업ᄉᆞ면누ᄅᆞᆯ믿

으리오ᄒᆞᆫ말이라휼을우나가라말이오주은저죽 나

함은먹음다말이오휼은근심이라입은드라

말이오지ᄂᆞᆫ니ᄅᆞ다말이니나면근심을먹음을

ᄃᆞᆯ면니ᄅᆞᆯ듸업ᄉᆞ다ᄒᆞ니부모ᄅᆞᆯ호양티못ᄒᆞᆫ

ᄂᆞ리라사나거시죽ᄂᆞ니만못ᄒᆞ다ᄒᆞᆯ나면근심을

ᄒᆞ고ᄃᆞᆯ면갈곳이업슬사ᄅᆞᆷ곳ᄒᆞ여ᄒᆞ미라

부혜ᄉᆡᆼ아 ᄒᆞ시고 모혜국아 ᄒᆞ시니 부아휵아 ᄒᆞ시며 댱아육

아 ᄒᆞ시며 고아복아 ᄒᆞ시며 츌입복아 ᄒᆞ시니 욕보지덕 인댄 호

텬망극 이샷다

부아라

곤범(壼範) 一 64b

럽다 말이니 병이 츤의 ᄉᆞᆼ을 밧ᄂᆞ니 어버이 ᄌᆞ식의 ᄒᆞᆯ
양바ᄅᆞᆫ 곳ᄌᆞᆯ니라 병이 ᄉᆞᆯ올 밧리 못ᄒᆞ야 븨면 오
직 뇌의 봇그러오미라 ᄒᆞ야 어버이 ᄌᆞ식을 ᄒᆞᆯ양 리
못ᄒᆞ면 ᄌᆞ식의 봇그러오믈 비ᄒᆞ야 니ᄅᆞᄂᆞ니라 셜
운 ᄎᆡᆨ다 말이니 궁독ᄒᆞ다 ᄒᆞᆯ 놋이오 민은 빅셩
이니 범사ᄅᆞᆷ이라 말이오 지ᄉᆞᆯ 억쟈 셩은 사랏다 말이
라 블여ᄉᆞ지ᄌᆞ의 널블은 아니라 말이오 여ᄉᆞᆯ ᄀᆞᆺ라
말이오 ᄉᆞᆯ 죽ᄀᆞ라 말이오 지ᄉᆞᆯ 억쟈 올ᄀᆞᆯ 오ᄃᆡ라 말일
의ᄉᆞᆯ 억쟈 니 궁독ᄒᆞᆫ 사ᄅᆞᆷ의 사랏ᄂᆞᆯ 거시 죽ᄂᆞ니만 ᄯᅳᆺ
ᄒᆞ야 ᄃᆡ 오라 다 말이라 무ᄉᆞᆯ 업다 말이오 부ᄉᆞᆯ 어비 부ᄌᆞ
하ᄂᆞᆯ 억디 하ᄌᆞ 오ᄒᆞᆯ 미ᄎᆞ다 말이오 ᄭᅮ모 하시ᄂᆞᆯ 미ᄎᆞ라 말ᄉᆞᆷ이

곤범(壼範) 一 64a

졸이라술롤술로라날을나ᄒᆞ시며노혜히ᄒᆞ

시ᄌᆞ라ᄒᆞ니노술ᄌᆞ고ᄒᆞ라말이오취술병드라말

이라오랑훗을나시날러무홀이셜워ᄒᆞ미라

병지경의여욕되지리라ᄅᆞ쳔민지싱여이불여숙지구의

나ᄅᆞ무부하ᄒᆞ며무보하시오홀술죽ᄒᆞᆫᄂᆞᆫ홀술오이입죽미

지라ᄒᆞ

비야라

병은술병이오지술졀억온경은븨다말이오의술졀억

온옥술오직이오되술술주이오지졀억오리술봇고

럽다말이니병이주의술을밧ᄂᆞ니어버이ᄌᆞ식의홀

앙바ᄅᆞᆫ곳홀리라병이술을밧리못ᄒᆞ야븨면오

이니ᄌᆞᆯ측ᄀᆞᄅᆞᆸ다말이라ᄒᆞᆫ져부모ᄅᆞᆯᄆᆞᄎᆞᆫ

ᄯᅢ봉양티못ᄒᆞ야셜워이시ᄆᆞᆯ지ᄋᆞ되부모의날ᄋᆞᆯ

나ᄒᆞ시믈아ᄅᆞᆷ다온져복이라ᄒᆞ야가히힘닙어종

ᄒᆞᄅᆞᆯ바ᄅᆞᆯ가ᄒᆞ엿다가ᄆᆞᄎᆞᆷ내효양ᄋᆞᆯ밧디못

ᄒᆞ시ᄃᆞ다ᄒᆞ야비ᄒᆞ야닐오되뉵〻ᄒᆞᆫ쟈아라ᄒᆞ

야닐럿더니애ᄋᆞᆫ니오회ᄅᆞ다ᄒᆞᆯ다시부모의날

나하측ᄀᆞᆯᄒᆞ던일ᄋᆞᆯᄉᆡᆼ각ᄒᆞ야ᄉᆞᄅᆞᆯ기ᄇᆞ히ᄉᆞᆯ허

ᄒᆞ야인ᄒᆞ야닐오되ᄉᆞᆯ흘ᄉᆞᆯ프다부모여날ᄋᆞᆯ

나ᄒᆞ시매측ᄀᆞᆺᄒᆞ시ᄃᆞ다닐럿ᄂᆞ니라

뉵뉵쟈아러니비아이외라로외외부모여ᄉᆡᆼ아노힘나ᄊᆞᆺ

비야라

뉵〻ᄒᆞᆫ쟈아라ᄒᆞ엿더니애ᄋᆞᆫ니오외ᄅᆞ다ᄒᆞᄂᆞ외로

러형뎨나ᄅᆞ나괴온이ᄒᆞᆯ가지라 ᄉᆞ셩ᄌᆞ락의서ᄅᆞ흡
리아니미업ᄉᆞᆯ존ᄌᆞᆯ밤복ᄒᆞ야 진실로구련ᄌᆞᆯ니ᄅᆞ시
니니ᄅᆡ날재맛당이기ᄇᆡ히맛ᄃᆞ려죽ᄒᆞ니라
ᄂᆞᆨᄂᆞᆨ쟈아니러비아이ᄒᆞ라ᄒᆞ 외외부모여셩아ᄀᆞ로라샤
비야라
ᄂᆞᆨᄂᆞᆨ은길고큰거동이라 쟈ᄂᆞᆫ졀엑 ᄋᆞᆺ아ᄂᆞᆫᄌᆞ즁ᄂᆞᄆᆞᆯ이
라비ᄂᆞᆫ아니라 말이오이ᄂᆞᆫ졀엑 못ᄒᆞᆯ쳔ᄒᆞᆫᄌᆞᆯ이라
외ᄂᆞᆫ놉ᄒᆞ다 말이오셩은나타 말이오아ᄂᆞᆫ내라 말
이니ᄌᆞᆯᄂᆞᆫ슨 ᄀᆞ로ᄃᆡ라 말이라 ᄒᆞ져부모ᄅᆞᆯᄆᆞᄎᆞᆷ
내봉양리 못ᄒᆞ야 셜워이시ᄅᆞᆯ지 온ᄌᆡ부모의날ᄋᆞᆯ
나ᄒᆞ시ᄆᆞᆯ 아ᄅᆞ라 온져 뿍이라 ᄒᆞ야 가 히히니ᄇᆡ어ᄒᆞᆼ

일ᄂᆞᆫ 믈ᄋᆞᆫ 오ᄅᆞᆫ 진실로 믈ᄋᆞᆯ 오로ᄉᆞ ᄂᆞ니
실가ᄅᆞᆯ맛당이ᄒᆞ며네의쳐노ᄅᆞᆯ즐겨ᄒᆞ며이ᄅᆞᆯ
궁구ᄒᆞ며이ᄅᆞᆯ혜아리면진실로그러ᄒᆞᆫ뎌ᄒᆞ시니실
가와쳐ᄌᆞ의맛당ᄒᆞ며즐거오믈다형뎨화ᄒᆞᆫ후
의야닐위ᄂᆞ니일로보면형뎨의듕ᄒᆞ미어ᄃᆡ진
실로그러티아니리오ᄒᆞ시니라

상톄팔쟝

이시ᄂᆞᆫ대개지친의형뎨ᄀᆞᄐᆞ니업ᄉᆞᆷ을닐러시니
상ᄉᆞ와급난ᄒᆞᆫ즈음의형뎨의졍의ᄀᆞᆯ오히텨야
다가그평안ᄒᆞᆫ후의니ᄅᆞ러ᄂᆞᆫ이에ᄀᆞᆯ오ᄃᆡ형뎨벗
만ᄀᆞᆺ디못ᄒᆞᆫ즉이ᄂᆞᆫ지친이도로혀힝노인이되야인
되거의멸식ᄒᆞᆯ니라다시형뎨은의ᄅᆞᆯ극히닐

ᄂᆞ니사ᄅᆞᆷ이각〻ᄌᆞ안혜와ᄌᆞ식을ᄉᆞ랑이ᄒᆞ매형
뎨어긔여디며ᄌᆞᄅᆞ미이에근본ᄒᆞᆯ리라이ᄢᅴ형뎨
의졍을이ᄅᆞᆯᄒᆞᆫ죽춰ᄌᆞ의즐거오믈능히오라게
못ᄒᆞ리라

의이실가ᄯᅢᄒᆞᆯ낙이춰노ᄅᆞᆯ시주시조면간기연ᄒᆞᄂᆞᆫ
복야라

의ᄅᆞᆯ맛당ᄒᆞ다말이오이ᄂᆞᆫ네라말이오춰노ᄂᆞᆫ춰졍오
ᄃᆞ시ᄌᆞᆫ다이라말이오근ᄂᆞᆫ궁구ᄒᆞ다말이오ᄃᆞᄂᆞᆫ혜
아리다말이오간은진실로라말이오ᄒᆞᄂᆞᆫ져억너네의
실가ᄅᆞᆯ맛당이ᄒᆞ며네의춰ᄌᆞᄅᆞᆯ즐겨ᄒᆞ믈이ᄅᆞᆯ
궁구ᄒᆞ며이ᄅᆞᆯ혜아리면진실로그러ᄒᆞᆯ뎌ᄒᆞ시니실
가와춰ᄌᆞ의맛당ᄒᆞ며즐거오믈다형뎨화ᄒᆞᄒᆞ

곤범(壼範) 一 61b

ᄉᆞᆯᄒᆞ리라 말이니 술먹고 잔치ᄒᆞ미 비록 즐거오

나 과ᄒᆞ믈 형졔 ᄀᆞᆺ디 못ᄒᆞ면 어ᄒᆞ리 어ᄌᆞ러오믈 니ᄅᆞ시미니라

쳐ᄌᆞ호합이여고슬금이라 형졔긔흡ᄒᆞ야이라 화락ᄎᆞ담이라

부야라

쳐ᄌᆞ호합은 호ᄂᆞᆫ 조타 말이오 합은 화합ᄒᆞ다 말

이오 여ᄂᆞᆫ ᄀᆞᆺ다 말이오 고ᄂᆞᆫ ᄐᆞ다 말이오 슬금은 비

파와 거문고니 형졔긔흡은 긔ᄂᆞᆫ 이믜오 흡은 화

흡ᄒᆞ다 말이오 화락ᄎᆞ담은 담은 오래ᄒᆞ다 말

이니 쳐ᄌᆞ의 조용ᄒᆞ며 화합ᄒᆞ미 슬금 ᄀᆞᆺᄐᆞ나 형졔 이

의 화흡ᄒᆞ여야 화ᄒᆞᆫ 즐거오며 ᄯᅩ 오래ᄒᆞ리라 ᄒᆞ

시니 형졔 화티 못ᄒᆞ면 ᄌᆞ가 쳐쳡지간이라 리혀ᄒᆞ리

옴이라 비록 쳐ᄌᆞ의 즐거오미 이시나 평안티 못ᄒᆞ

곤범(壼範) 一　61a

복야라
빈은베프라 말이오 이ᄂᆞᆫ 저역 옵변은 ᄯᅦᄎᆞᆷ거ᄅᆞᆫ 글ᄌᆞ시
오ᄃᆞᆨᄂᆞᆫ나모 고ᄅᆞᆨ시니라 음식 감ᄂᆞᆫ 그ᄅᆞᆺ시라 음은 마
시라 말이라 ᄌᆞᄂᆞᆫ 술이오 지ᄂᆞᆫ 저역 옵어ᄂᆞᆫ 엿ᄌᆞ어 ᄒᆞ야
ᄒᆞᆯ라 말이오 형데 ᄀᆞᄂᆞᆫ과 ᄂᆞᆯ잇ᄉᆞ의 오ᄀᆞᄂᆞᆫ ᄀᆞᆺ라 말
이니 화락은 화ᄒᆞ며 즐겁다 말이오 옷ᄂᆞᆫ 친ᄒᆞ
며ᄉᆞ고 ᄒᆞᄂᆞᆫ ᄯᅳᆺ이니 면도ᄂᆞᆫ 버릇ᄒᆞᆯ 술먹기ᄅᆞᆯ 엿ᄌᆞ어
ᄒᆞᆯ니라 도 형데 잇ᄉᆞ의 ᄌᆞ자 야화락ᄒᆞᆯ셔 친히 ᄒᆞ며
ᄉᆞᆷ고 ᄒᆞ리라 말이니 술먹고 잔ᄎᆡ ᄒᆞ미 비록 즐거오
나 맛일 형데 ᄀᆞᆺ지 못ᄒᆞ면 더ᄒᆞ리 엇ᄇᆞᆯ니 ᄅᆞᆺ시미니라
쳐ᄌᆞ호합이여 고ᄉᆞᆯ 술도이리 형데 기흡야리 화락차 감라읭
복야라

곤범(壼範) 一 60b

상난다 환난이오 거ᄉᆞᆯ 임의 오평은 평녕이라 말ᄉᆞᆷ이
라 거안은 임의 평안ᄒᆞ다 말이오 차 평은 ᄯᅩ ᄒᆞᆫ 평
안ᄒᆞ다 말이라 ᄎᆞ옥 형뎨ᄅᆞᆯ ᄎᆞᄅᆞ(비록 ᄎᆞ마) 보옵ᄂᆞ이다
말이오 블여ᄅᆞᆯ 블은 아니오 여ᄂᆞᆫ ᄀᆞᆺ다 말이오 옥셩은
번이니 옥당의 ᄉᆞ상 환난의 형뎨 구ᄒᆞ미 붕우
의 비ᄒᆞᆯ배 아니ᄯᅳᆯ 니ᄅᆞ그이 당의 ᄯᅳᆺᄋᆞᆯ 옷긔 상ᄂᆞᆫ이
임의 평령ᄒᆞ야 임의 평안ᄒᆞᆯ ᄯᅳᆺ 평안ᄒᆞ거ᄂᆞᆯ 이
첸ᄅᆞᆯ 비록 형뎨이시나 벗만 ᄀᆞᆺ디 못ᄒᆞ다 니ᄅᆞ시니 상
난의 서ᄅᆞ 미ᄉᆞᆺ던 일ᄋᆞᆯ 니ᄅᆞᆯ 안셩ᄒᆞ매 벗만 ᄀᆞᆺ디 못
ᄒᆞ게 보ᄅᆞᆯ 자ᄂᆞᆫ 뎨ᄉᆞ의 뢰려ᄒᆞ미 심ᄒᆞᆫ ᄃᆞ다.
빈이 변ᄃᆞ(야ᄒᆞ) 음ᄎᆞ지어(ᄃᆞ라) 형뎨 거ᄀᆞ(아라) 화락차 옥(라리)

곤범(壼範) 一 60a

이나안희셔ᄡᅡᄒᆞ미어딘형뎨아니나밧글ᄂᆞᆷ을어
ᄒᆞ기ᄅᆞᆯ어딘벗이라도어니ᄅᆞ뜻ᄒᆞᆯ형뎨만ᄀᆞᆺ디못ᄒᆞ니
ᄉᆞ상의셔ᄅᆞ우휼ᄒᆞ며급난의셔ᄅᆞ구ᄒᆞᄆᆡ진실
로형뎨의지졍을볼거시어니와안ᄒᆞᆯ비록ᄡᅡ
ᄒᆞ다가도밧글모욕ᄒᆞᄂᆞ니ᄅᆞᆯ막기의니ᄅᆞ러ᄂᆞᆫ더욱
ᄀᆞ지졍의ᄉᆞ랑ᄒᆞᆷ을능히마디못ᄒᆞᆷ을볼거시니붕우엇
디형뎨의게비ᄒᆞ리오
상난긔평ᄒᆞ야긔안차녕ᄒᆞ면슈유형뎨나불여우ᄉᆡᆼ가
복야라
상난은환난이오긔ᄂᆞᆫ임의오평은평뎡이라말이
라긔안은임의평안ᄒᆞ다말이오차녕은ᄯᅩᄒᆞᆫ평
안ᄒᆞ다말이라슈유형뎨ᄂᆞᆫ슈(비록)유(잇ᄉᆞ)오우ᄉᆡᆼ은이라

거죵이오 [illegible]

말이니 획ᄂᆞᆫ 울랑ᄒᆞ매 미앙어ᄃᆞᆫ 벗이ᄂᆞ 시니 황

[illegible] ᄒᆞᆯ보기오 [illegible] ᄒᆞ나 못ᄒᆞ나 말

이니 반복ᄒᆞ야 붕우ᄅᆞᆯ 형뎨만ᄀᆞ티 못ᄒᆞᆯ 니ᄅᆞ

시미니라

형뎨혁우댱나이 외어기모ᄒᆞ너 미야낭붕나이 즁야무옹라의

부야라

혁은 ᄡᆞ호다 말이오 우ᄂᆞᆫ 주엇 오 댱은 담이라 외ᄂᆞᆫ 밧

기오 외ᄂᆞᆫ 막ᄂᆞᆫ다 말이오 기ᄂᆞᆫ 그라 말이오 무ᄂᆞᆫ 업ᄉᆞ이

너긴다 말이니 형뎨 혹 불ᄒᆡᆼᄒᆞ야 혹 담안희셔

ᄡᆞ호나 밧그로 업ᄉᆞ이 너기ᄂᆞᆫ 일을 ᄒᆞ가 지ᄅᆞᆯ 막ᄂᆞ니

란 말이니라 미옥낭붕은 웃댱의 삭여ᄅᆞᆯ 즁은 말ᄉᆞᆷ

ᄯᅳᆯ ᄉᆞ쳐오 야ᄂᆞᆫ 주엇 오 무ᄂᆞᆫ 업다 말이오 융은 돕다 말

곤범(壼範) 一 59a

흥야라
쳑녕은 새 일홈이니 ᄂᆞᆯ면 울고 ᄃᆞ니면 요ᄃᆞᆯ며 머
리와 ᄭᅩ리 서로 응ᄒᆞ매 형뎨 서로 응ᄒᆞᆯ 되리 급ᄒᆞᆫ
니라 져ᄂᆞᆫ 이ᄉᆞ다 말이오 원은 언덕이라 급은 급히 구
ᄒᆞ다 말이오 난은 환난이니 형뎨 환난을 당ᄒᆞ면
서로 급히 구ᄒᆞᆫ다 말이라 ᄆᆡᄂᆞᆫ 미양이오 ᄋᆞᆼ은 어ᄃᆞ다 말
이오 냥은 어지다 말이오 붕은 벗이오 황연이 놀라날
거ᄉᆞᆼ이오 ᄋᆞᆫ 엇ᄌᆞᆨ 오영은 기다 말이오 탄은 탄식ᄒᆞ다
말이니 환난을 당ᄒᆞ매 미양 어딘 벗이 시나 황
연이 기리 탄식ᄒᆞᆯ ᄲᅮᆫ이오 능히 구ᄒᆞ디 못ᄒᆞ다 말
이니 반복ᄒᆞ야 붕우ᄂᆞᆫ 형뎨 만ᄀᆞᆺ디 못ᄒᆞᆷ을 니ᄅᆞ
시미니라

곤범(壼範) 一　58b

ᄉᆞ상지위예 형뎨공회ᄒᆞ며 원습부의예 형뎨구의ᄒᆞᄂᆞ니라

부야라

ᄉᆞ상은죽으며상ᄉᆞ라말이니지ᄂᆞᆫ갈지ᄌᆞ오위ᄂᆞᆫ위엄
이니무셔온일이란말이니상화ᄅᆞᆯ니ᄅᆞ미라공은
진실로라말이니회ᄂᆞᆫ셩각ᄒᆞ다말이니죽으며
상ᄉᆞ의무셔온일의형뎨야진실로셩각ᄒᆞ다말
이니원은언덕이오습은즌되오부ᄂᆞᆫ빠히다말이
오의ᄂᆞᆫ조ᄉᆞ엇니언덕다즘ᄂᆡ죽엄이빠힌ᄃᆞᆺ이라도형
뎨ᄂᆞᆫ구ᄒᆞ야ᄎᆞᆺᄂᆞ다말이니라인이무셔이너기ᄂᆞᆫ
일다ᄉᆞᆯ히너기ᄂᆞᆫᄃᆞᆺ이라도형뎨야서ᄅᆞ셩각ᄒᆞ며
구ᄒᆞᄂᆞ니일로보아도형뎨ᄀᆞᄐᆞ니업ᄉᆞ라말이니라
쳑녕진원ᄒᆞ니 형뎨급난이로다 ᄆᆡ유냥붕이나 황야영탄이로다

나 빗나디 아니라 ᄒᆞᆫ 말이라 범은 믈의 법 ᄌᆞ오
금은 이제 금ᄒᆞᆫ 오지ᄂᆞᆫ 장ᄎᆞ지 ᄒᆞᆫ 오인은 사ᄅᆞᆷ이오 막여 형뎨ᄂᆞᆫ 막
은 못ᄒᆞ다 말이오 여ᄂᆞᆫ 굿다 말이니 믈의 이제 사
ᄅᆞᆷ은 형뎨만 굿디 못ᄒᆞ다 말이니 뎌범ᄂᆞᆫ 샹ᄉᆞᆷ
은 ᄂᆡ 형뎨만 굿디 못ᄒᆞ니라 말이라 ○ 이시ᄂᆞᆫ 디
개 ᄌᆞᆨ 중이란 채ᄅᆞᆯ 죄주신 후의 지은 신배니 그 말
ᄉᆞᆷ 헌오미 그 ᄠᅳᆺ이 ᄀᆞ치ᄅᆞᆯ ᄒᆞᆯ 그 졍이 ᄂᆞᆯ러라 ᄀᆞᆺ시
의 화ᄅᆡ ᄒᆞᆷ다 ᄒᆞ니라
ᄉᆞ상지위에 형뎨 중회 며ᄒᆞᆫ 원ᄉᆞᆸ부의 에 형뎨구의 ᄒᆞᆫ니라
부야라

곤범(壼範) 一 57b

ᄯᅢ의니라.
셩이ᄌᆞᆯ오ᄂᆞ니ᄒᆡᄒᆞᆯ원ᄒᆞᆯ텬자의ᄆᆞᄋᆞᆷ고ᄌᆞ시ᄂᆞ니라의세길을
머러셩왕을ᄒᆞ여금쳔ᄌᆞ의왕업을닐윈연
옥와빅셩의힘을ᄎᆞᄌᆞᆯ이ᄒᆞ야일의간난ᄒᆞ
미이ᄀᆞᆺᄐᆞ믈알게ᄒᆞ시미니라

초아

상톄지화여악불위위아벌금지인은막여형뎨라니
ᄒᆞ야라
상톄지화ᄂᆞᆫᄭᅩᆺ일홈이니ᄒᆞᆫ괴라되여잇시의
빗나매형뎨의일을ᄀᆞ져흥ᄒᆞ니라지슐ᄇᆞᆺ갓치오화
ᄭᅩᆺ치오악은ᄇᆞᆺ침을나라나ᄂᆞᆫ거동이오불은아니ᄒᆞ
라ᄒᆞᄂᆞᆫ말이오위〻ᄂᆞᆫ빗난거동이니상톄ᄭᅩᆺ치나라

아라뷔미ᄉᆞᄅᆞᆯᄌᆞ어져집은안희셔일을힝ᄒᆞᆯ
ᄉᆞ나희ᄂᆞᆫ밧긔셔일을힝ᄒᆞ야웃사ᄅᆞᆷ은졍쳥
ᄋᆞ로아ᄅᆡᄅᆞᆯᄉᆞ랑ᄒᆞᆯ아ᄅᆡ사ᄅᆞᆷ은튱셩ᄋᆞ로우
ᄒᆞᆯ셤겨아비ᄂᆞᆫ아뷔도리ᄅᆞᆯᄒᆞᆯ ᄌᆞ식은ᄌᆞ식의
도리ᄅᆞᆯᄒᆞᆯ남편은남편의도리ᄅᆞᆯᄒᆞᆯ안해ᄂᆞᆫ
안해도리ᄅᆞᆯᄒᆞ야늙으니ᄅᆞᆯ봉양ᄒᆞᆯ어린니ᄅᆞᆯ
ᄉᆞ랑ᄒᆞ며힘ᄡᅥ도ᄅᆡ먹고약ᄒᆞ니ᄅᆞᆯ도ᄋᆞ며그ᄎᆡᄉᆞ
ᄅᆞᆯ쳬ᄅᆞᆯᄒᆞᆯ연향을젼ᄌᆞᆯ낭이ᄒᆞ니이칠월편
ᄃᆡ의니라.
녕쳑굴옷ᄉᆞ취칠월편ᄃᆡ의ᄂᆞᆫ그근심ᄒᆞ라의셔길
머리셧왕ᄋᆞᆯᄒᆞ여금천ᄌᆞᆼ의왕업ᄋᆞᆯ니ᄅᆞ언
옷와빅셩의힘ᄋᆞᆯᄡᅳᆫᄂᆞᆫ이ᄒᆞ야일의가난ᄒᆞᆫ

곤범(壼範) 一 56b

잔이오만ᄎᆞᆫ말연이니랑ᄎᆞᆫᄒᆞ리ᄆᆞᆯ이오ᄌᆞ
여ᄇᆞ나말이오강은ᄆᆞᆺ나말이니농ᄉᆞᄅᆞᆯᄆᆞᄎᆞ록존
의ᄉᆞᆯᄅᆞᆯ이에연향ᄒᆞ야ᄀᆞᆯᄋᆞ쳐연ᄎᆞ와양을족
여녀남군의짐ᄇᆞᆼ을나시링을ᄃᆞ니말연을랑
ᄎᆞᆨᄒᆞ야ᄆᆞᄎᆞᆷ미업게ᄒᆞ라말이니라○이랑은
식의힘ᄡᅳ믈ᄆᆞᆺᄎᆞ미니농작을다ᄒᆞᆫ매귀신의
게제ᄉᆞᄒᆞ며님군의게연향ᄒᆞ야지셩을ᄋᆞᆷ자
ᄀᆞᆰ을ᄃᆞᆼ의ᄒᆞ야쳔ᄇᆞ기니그ᄃᆞᆼᄎᆞᆨ의흑ᄒᆞᆫ다상
하의졍이지극ᄒᆞᆷ믈닐러이편을ᄆᆞᄎᆞ미라

칠월팔장

왕시왈우러러날다벌ᄃᆞ셔리와이ᄉᆞᆯ의변ᄒᆞᆫ믈
볼ᄀᆞᆸ어ᄃᆞᄅᆞᆼ라초목의화ᄒᆞᆫ믈보와뫼편시ᄅᆞᆯ

곤범(壼範) 一 56a

근ᄒᆞ미라 츅은 엄츅ᄒᆞ다 말이오 상은 서리오 ᄎᆡᆨ
은 랏가 ᄇᆞ리다 말이오 강은 ᄯᅳᆯ히니 구월의 편긔
엄츅ᄒᆞ야 서리 ᄂᆞ리거든 십월의 ᄯᅳᆯ흘 랏가 농
ᄒᆞᆼ을 못ᄒᆞ다 말이라 봉은 ᄃᆞᆨ죠이오 죽ᄂᆞᆫ ᄉᆞᆯ이오ᄉᆞ
ᄂᆞᆫ 이라 말이오 향은 연향ᄒᆞ다 말이오 왈은 ᄀᆞᆯ오 왈ᄯᅳᆺ
오 ᄉᆞᆯ은 죽일 살ᄯᅳᆺ 오ᄅᆞ 양은 엿ᄌᆞ와 양이오 졔ᄂᆞᆫ 오ᄌᆞ라
말이오 리ᄂᆞᆫ 례란 말이오 ᄌᆞᆼ랑은 님군의 집이오
칭은 ᄃᆞ라 말이오 리ᄂᆞᆯ 여란 말이오 시랑은 무ᄂᆡᆯ ᄯᅳᆯ
잔이오 만ᄎᆞᄂᆞᆫ 만년이나 강츅ᄒᆞ다 말이오 ᄯᅳᄂᆞᆫ
업다 말이오 강은 못ᄒᆞ다 말이니 농ᄉᆞ흘 ᄯᅩ 죽 ᄌᆞ
의 ᄉᆞᆯ곡이에 연향ᄒᆞ야 흘ᄋᆡ 엄츅와 양을 ᄌᆞᆨ
여ᄯᅥ 님군의 집을 나시링을 드니 만년을 강

곤범(壼範) 一 55b

이지일착빙즁즁ᄒᆞ야 삼지일납우릉음ᄒᆞ니 ᄉᆞ지
일기조헌고졔구ᄒᆞ고 구월숙상ᄒᆞ고 시월쳑댱ᄒᆞ니 붕
쥬사향ᄒᆞ야 왈살고양ᄒᆞ야 졔피공당ᄒᆞ야 칭피시굉ᄒᆞ니 만슈
무강이라
부야라
착은 ᄭᆡ다 말이오 빙은 어름이오 즁즁은 어름 ᄭᆡᄂᆞᆫ
소ᄅᆡ니 이양지월의 어름을 즁즁이 ᄭᆡ다 말이
오 납은 드리다 말이오 우ᄂᆞᆫ 어조 릉음은 빙고니 삼
양지월의 어름을 빙고의 드리다 말이라 기ᄂᆞᆫ 그
라 말이오 고ᄂᆞᆫ 염소오 졔ᄂᆞᆫ 졔ᄉᆞᄒᆞ다 말이오 구ᄂᆞᆫ 부ᄎᆞᆯ
ᄂᆞ물이니 ᄉᆞ양지월의 일ᄌᆞᆨ이 염소ᄅᆞᆯ 잡아 죵묘
의 드리고 구ᄅᆞᆯ 졔ᄒᆞ야 어름을 비로소 여러 ᄡᅳᄆᆞᆯ

곤범(壼範) 一 55a

기ᄅᆞ라말이오시ᄂᆞᆯ비로ᄉᆞ란말이오라날쎄란말ᄉᆞᆷ이
오ᄇᆡᆨ국은ᄇᆡᆨ가지국시식이니곱ᄒᆞ히그집을울
라니ᄅᆞ야비로소니년의ᄇᆡᆨ국을쎄ᄒᆞ리라ᄒᆞ미니
ᄯᅢ개총쎄로록근노ᄒᆞ야계옥죡축ᄒᆞᆫ쟈잔
한헐ᄒᆞᆫ매이쎄ᄅᆞᆯ라집을축리ᄒᆞᆫ니연녀ᄅᆞᆯ
지이ᄅᆞᆯᄒᆞ리라ᄒᆞ야쳐죡경계ᄒᆞ야감히쉬니ᄯᅮᆺ
ᄒᆞ니그근시ᄆᆞᆫᄒᆞᆫ며축ᄅᆞᄒᆞ야갈ᄅᆞᄒᆞ미국진ᄒᆞᆫ물
니ᄅᆞ시미니라

이지일착빙ᄅᆞ롱ᄅᆞ롱야호삼지일납용능운나호ᄉᆞ지
일기조에헌ᄅᆞ쳬구호ᄅᆞ나라구월축상도일어십월퇴랑ᄅᆞ호봉
축ᄉᆞ항야호월실ᄅᆞ앙야호쳬리중랑야호칭리시랑나호만축
부강라일

읈의라말이오홍은ᄒᆞᆯ가지라말이니ᄡᅵ국식을잀
의ᄒᆞᆯ가지ᄅᆞᆯ거두어ᄃᆞ려ᄉᆞ라말이오상은올타말ᄒᆞᆷ이오
입은ᄃᆞ라말이오집봉은잡다말이오궁은집이
오등은일이니ᄃᆞᆯ희셔능ᄉᆞᄅᆞᆯ낫차시매올타
ᄃᆞ려가집ᄎᆞᄌᆞᆨᄒᆞᆯ이ᄅᆞᆯ잡으리라말이오독
논낫이오이ᄂᆞᆫ네라말이오옥ᄂᆞᆫ가나말이오ᄆᆞᆯ칙
너나지ᄂᆞᆫ네쳑ᄏᆞᆯ엿거집ᄂᆞᆫ이ᄅᆞᆯᄒᆞ라말이오홀
방이오삭라ᄃᆞᄂᆞᆫᄉᆞᆺ치니방의ᄂᆞᆫ네ᄉᆞᆺᄎᆞᆯ잡와집엷
울일울ᄒᆞ라말이오기ᄂᆞᆫ그거시라말이오능은오
쿡라말이니욕은집이오죽은곱히ᄒᆞ라말이오

곤범(壼範) 一 54a

흙은 ᄎᆞ ᄒᆞᆯ ᄲᅵ허 굿게 ᄒᆞ미오 광은 ᄯᆞᆯ히오 ᄌᆞ ᄂᆞᆫ
노ᄅᆞᆯ 받ᄌᆡ니 구월의 ᄂᆞ물 받ᄌᆞᆯ ᄯᆞᆯ ᄒᆞᆯ 신 ᄌᆞ라 바
라 우ᄅᆞᆯ ᄲᅵ허 ᄌᆞᆫ 이 ᄒᆞ야 장 ᄎᆞᆺ ᄃᆞᆯ 흰 곡식을 거ᄃᆞ와
ᄃᆞ리려 ᄒᆞ미라 납은 ᄃᆞ리나 말이오 화와가 ᄂᆞᆫ 곡식
이 삭라 집히 넌 ᄒᆞᆯ 일을 ᄒᆞᆷ이니 십월의 화가 ᄀᆞᆯ
ᄯᆞᆯ로 ᄃᆞ리나 말이라 쳐 ᄂᆞᆫ 기장이오 직은 조오 ᄒᆞᆼ
다 녹은 곡식의 별양 일을 ᄒᆞᆷ이라 화 ᄂᆞᆫ 곡식일
ᄒᆞᆷ이오 마ᄂᆞᆯ 쎄오 ᄎᆞᆨ은 ᄎᆞᆺ치오 ᄇᆡᆨ은 보리니 다 주어
ᄒᆞᆯ 흰 ᄃᆞ리나 말이라 ᄂᆞᆯ로ᄒᆞ다 ᄂᆡ 농ᄉᆞ ᄒᆞᆯ 사ᄅᆞᆷ ᄃᆞᆯ
아 ᄒᆞᆫ 말이오 아ᄂᆡ오 가ᄅᆞᆯ 곡식 일을 ᄒᆞᆷ이오 긔 ᄂᆞᆫ
임의리 말이오 ᄒᆞᆼ은 ᄒᆞᆯ 가지리 말이니 ᄂᆡ 곡식을 업
의 ᄒᆞᆫ가지ᄅᆞᆯ 거ᄃᆞ어 ᄃᆞ엿ᄂᆞ나 말이오 상은 울ᄅᆞ다 말이오

삼ᄡᅵᄅᆞᆯ주어먹게ᄒᆞ라말이오져ᄅᆞᆯ킈라ᄒᆞ미오

ᄲᅧ로가ᄒᆞᆼ나ᄀᆞᆺ기ᄂᆞᆫ

ᄢᅵ로섭ᄒᆞ로ᄆᆞᆫ주라말이오농부ᄅᆞᆯ농ᄉᆞᄒᆞᆯ졔

이라말이니ᄂᆞᆯ이니킈여주엇다가농부ᄅᆞᆯ먹

이라말이니노ᄎᆡ의음식과당옷의녜졀이각별

케ᄒᆞ미니라○이당이하ᄂᆞᆯ쳐당말ᄉᆞᆷ단녀ᄒᆞ지

이말을쳐미라음식을ᄀᆞᆺ초ᄂᆞᆯ베니힘ᄡᅳ리아

니ᄒᆞᆯ곳이업ᄉᆞᆫ미라

구월ᄅᆞᆯ죽당ᄎᆞ오십월ᄅᆞᆯ납화가ᄂᆞᄒᆞ니쳐직ᄒᆞᆼ녹과화

마ᄎᆞᆨ빅ᄐᆞᆨ라읽이차아농부아아가거동ᄒᆞ니여상이집집궁ᄒᆞ니이

죽이우ᄯᅩ오ᄎᆡ이삭도야ᄒᆞ죽기승욱사일기시라빅죽라일

부야라

이오박을독ᄒᆞ리라말이오조ᄒᆞᆫ디ᄎᆞᆫ니달월의디초
ᄏᆞᆯ독ᄃᆞ려ᄒᆞᆺ다말이오화ᄀᆞᆨ은거ᄃᆞ다말이오ᄒᆞᆯ벼
니십ᄇᆡ월의벼ᄏᆞᆯ거ᄃᆞ다말이오봄ᄒᆞᆯ울면ᄒᆞ다
말이오이ᄂᆞᆯ 맛ᄉᆞᆷ뵈이 보개ᄂᆞᆫ돕다말이오미ᄎᆞᆫ눈서ᄇᆡ이
기ᄒᆞᆯ록광ᄎᆞᄒᆞ다말이니ᄎᆞ라와치ᄒᆞᆯ먼ᄒᆞ다
노인의게헌ᄎᆞᄒᆞ다말이라라ᄂᆞᆯ외니칠월의외
ᄏᆞᆯ먹다말이오ᄂᆞᆷ은ᄭᅩᆺ다말이오ᄒᆞᄂᆞᆯ박이니ᄒᆞᆺ다
말이라ᄎᆞᆨ을ᄌᆞᆸ다말이오려ᄂᆞᆫ삼ᄡᅵ 니구월의
삼ᄡᅵᄏᆞᆯᄌᆞ어먹게ᄒᆞ다말이오져ᄂᆞᆫ킈다ᄒᆞ미오
려ᄂᆞᆫ가ᄃᆞᆼ남기니ᄲᅮᆷ바리킈ᄂᆞᆫ가ᄃᆞᆼ남ᄀᆞᆯ버혀블
ᄲᅦ물ᄉᆞᆸᄒᆞᆫ굴린ᄃᆞ다말이오ᄂᆞᆼ부ᄂᆞᆫᄂᆞᆼᄉᆞᄒᆞᆯ놈
이라말이니ᄀᆞᄅᆞᆯ이나위여ᄃᆞ버서나가ᄃᆞᆼ부ᄏᆞᆯ먹

곤범(壼範) 一　52b

옷낭은 옷 사ᄅᆞᆷ의 치위ᄅᆞᆯ 무셔워ᄒᆞ미오 이낭은 빌ᄂᆞ
내 ᄆᆞᄋᆞᆷ의 치위ᄅᆞᆯ 니져ᄒᆞ미ᄅᆞᆯ 이 상하의 션ᄒᆞ와서
쳔의 동본을 ᄇᆞᆰ히미니라
뉵월 식욱울급욱ᄒᆞ며 칠월 ᄑᆡᆼ규급슉ᄒᆞ며 팔월 박
조ᄒᆞ며 십월 확도ᄒᆞ야 위ᄎᆞ츈쥬ᄒᆞ야 이개미슈ᄒᆞᄂᆞ니 칠월
식과ᄒᆞ며 팔월 단호ᄒᆞ며 구월 슉져ᄒᆞ며 ᄎᆡ도신져ᄒᆞ야 ᄉᆞ아
롱부ᄒᆞᄂᆞ니라
부야라
식욱 먹다 말이오 울은 실라오 급은 밋다 말이오
욱은 실라니 뉵월의 울라 밋 욱을 먹다 말이라
ᄑᆡᆼ은 ᄉᆞᆱ다 말이오 규ᄂᆞᆫ 풀이니 급은 밋다 말이
오 슉은 콩닙히니 칠월의 규와 밋 슉을 ᄉᆞᆱ다 말

막ᄀᆞ리게 예ᄒᆞ여 ᄇᆞᆯ라 치위ᄅᆞᆯ 막으미라 찬ᄉᆞᆯ ᄉᆞᆯ프
나 말이오 아 날내라 말이오 부ᄎᆞᆯ며 ᄉᆞ리와 ᄌᆞ식이
니 왈ᄅᆞᆯ은 (왈ᄒᆞᆯ벼 ᄂᆞᆯ오) 오위ᄉᆞ (벗ᄒᆞ위) 오리ᄉᆞ 긋치라 말이오 체ᄉᆞ히
오 입ᄇᆞᆼ은 드라 말이오 ᄎᆞᆷ이 서시 말이오 실은 집이
오 쳐 날거 쳐 ᄒᆞ다 말이니 ᄉᆞᆯ프다 내며 나리 ᄌᆞ식ᄅᆞᆯ
아히ᄀᆞ치 미되여ᄉᆞ거니 이 집거 쳐 ᄒᆞᆯ ᄃᆡᄅᆞᆯ 둘니어
나 ᄒᆞᆯ 말이니 홀하의 ᄅᆞᆼᄉᆞ ᄒᆞ노라 ᄃᆞᆯ히 이ᄉᆞ나 가겨
올이 되매 집을 ᄎᆞᆺ ᄎᆞᄌᆞ ᄒᆞᆯ 드ᄌᆞ 말이니라
옷당은 옷사ᄅᆞᆷ의 치위ᄅᆞᆯ 못쳐 ᄒᆞ미오 이당은 비ᄅᆞᆯ 소
내 ᄇᆞᆷ의 치위ᄅᆞᆯ 너ᄆᆞ여 ᄒᆞ미 ᄀᆞᆺ치 이상하의 천ᄒᆞ와 거

쳔의 ᄃᆞᆼ 부울 ᄇᆞᆯ히 ᄒᆞ미니라
녹월 시 옥을 ᄀᆞᆸ으 (메ᄒᆞ) 치ᄅᆞᆯ 월 ᄅᆞᆼ ᄀᆞᆸ ᄎᆞᆨ (며ᄒᆞ) 팔월 박

거졋ᄂᆞᆫ ᄎᆞᆯ매 사ᄅᆞᆷ의 집 뎌ᄂᆞᆫ 하 의와 이ᄉᆞ니 ᄒᆞᆫ 말ᄉᆞᆷ이
니 ᄒᆞᆫ 술니게ᄂᆞ구 월의 ᄉᆞᆫ문ᄃᆞᆯ의 ᄃᆞ려 이ᄉᆞ나 말이오
이ᄇᆞ은ᄃᆞ다 말이오 아ᄂᆞᆫ ᄇᆡ라 말이니 상아ᄅᆡ ᄃᆞ다 말이
쳡ᄃᆞᄀᆞ 깁히 ᄎᆡ오매 십 월의 ᄉᆞ실 ᄉᆞᆯ이 내 상아ᄅᆡ
ᄃᆞ려 이ᄉᆞ나 말이라 ᄃᆡ재오 ᄂᆞᆨ 월ᄂᆞᆫ브터 쳐ᄆᆞᆯ 시거변
ᄒᆞ야 ᄎᆞᆨ동이 ᄃᆞ라 오ᄂᆞ니 실ᄉᆞᆯ이 사ᄅᆞᆷ의 세 각가이
오ᄂᆞᆯ 보면 치위 장ᄎᆞᆺ 니 ᄀᆞᆯᄌᆞ 니ᄅᆞ미ᄂᆞ라 궁
은 뵌 ᄃᆞᆷ이오 질은 막란 말이오 ᄒᆞᆫ은 니 ᄇᆞᆯ이라
말이오 서ᄉᆞᆯ 치위 ᄃᆞ라 오ᄂᆞᆯ ᄂᆡᄂᆡ ᄒᆞ야 집안 희
ᄐᆞᆷ난 ᄃᆡ ᄀᆞᆯ막ᄀᆞ ᄌᆡ ᄀᆞᆷ거니 ᄇᆞᆯ여다 시 ᄯᅳᆨᄉᆡ리 못ᄒᆞ게
ᄒᆞ미오 실ᄋᆞᆫ 막다 말이오 향은 북향 ᄒᆞᆫ 문이오
근은 ᄇᆞᆰ히 ᄇᆞᆯᄂᆞ다 말이오 ᄒᆞᆫ 술니게ᄂᆞ 북향 ᄒᆞᆫ 문을

곤범(壼範) 一 51a

ᄉᆞ죵라 사계와 실솔ᄋᆞ라 버러지 일홈이니 라홀
버레ᄅᆞᆯ 셔시고ᄅᆞᆯ 쓰라 형태 변ᄒᆞ야 일홈이
다ᄅᆞ니라 동은 옴ᄌᆞᆨ이라 말이오 ᄃᆞᆯ 다ᄅᆞ니오
월의 ᄉᆞ죵이 다ᄅᆞᆫ ᄅᆞᆯ 옴ᄌᆞᆨ여 ᄒᆞ니 다ᄅᆞ고 ᄉᆞ희ᄒᆞ
다 말이라 진ᄋᆞᆫ 철다 말이오 ᄋᆞᆫ 지ᄉᆞ치니 ᄎᆞ월
의 사계 지ᄉᆞ ᄃᆞᆯ 철워 ᄂᆞᆯ며 ᄂᆞᆯ개로 ᄉᆞ회ᄒᆞᄂᆞ 말이라
진ᄋᆞᆯ 이ᄅᆞ다 말이오 ᄋᆞᆯᄋᆞᆯ ᄃᆞᆯ 히니 칠월의 시거러오매
버러지 ᄃᆞᆯ 히ᄋᆞ라 말이오 ᄋᆞᆯ 집이니 팔월의 시
거젹ᄒᆞ고 ᄌᆞᆺ매 사ᄅᆞᆷ의 집 쳠하의 와 잇ᄃᆞ 홈말이
니 호ᄅᆞᆯ 다게니 구월의 ᄋᆞᆯ은 ᄃᆞᆯ의 ᄃᆞ러 이ᄅᆞ다 말이오
이ᄇᆞᆫ ᄃᆞ라 말이오 아ᄂᆞᆫ ᄂᆡ라 말이니 상이ᄅᆞ ᄃᆞ라 말이

곤범(壼範) 一 50b

엇ᄭᅳᆺ맛 오ᄅᆞᆫ 님금이ᄂᆞ 산영ᄒᆞ야 즘싱을 잡아든
져ᄌᆞ거ᄉᆞ ᄉᆞᆯ고가 지ᄂᆞᆯ 큰거ᄉᆞᆫ 님금의게 드리나 마ᄅᆞᆯ이
니라 님금의게 ᄀᆞᆼ이 ᄒᆞ야 닙으며 먹ᄋᆞᆯ 거시라
내 ᄆᆞᆷ을 경히 ᄒᆞᆯ 궁ᄌᆞᆼ의게 념녀ᄒᆞ야 ᄌᆞᆼᄒᆞᄂᆞ
욋 사ᄅᆞᆷ이 덕을 베프미 아ᄂᆞ면 어디 능히 ᄒᆞ여
금이러 ᄃᆞᆺ시 ᄒᆞ리오 ○ 이상은 다 뎡 당의 ᄀᆞ의 ᄀᆞ
갈이 면하이 ᄌᆞᆯ체리오 ᄒᆞᆯ 뜻을 뎌미라
오월 ᄉᆞ ᄌᆞᆼᄌᆞᆼ 乙 보 뉵월 사계 진우오 칠월 제야오
팔월 져ᄋᆞ오 구월 져호오 십월 시ᄉᆞᆯ이 입아 상
하 내ᄒᆞᆫ 궁질ᄒᆞᆯ셔 ᄯᅢᄒᆞᆫ 셕향 근호 ᄒᆞᆫ 차아 부ᄌᆞ아 외ᄅᆞᆯ 뵈
기쇄 나어 입ᄃᆞ시ᄅᆞᆯ 쾨 라어
부아라

곤범(壼範) 一 50a

히어한을못ᄒᆞᆯ가두려 산영ᄒᆞ야 가족벗겨궁
ᄌᆞ의갓오ᄉᆞᆯ민ᄃᆞ다 말이라 이지일기중은 맛쥬 오종
은ᄒᆞᆯ가 지ᄅᆞᆯ ᄒᆞᄂᆞ다 말이오 지ᄅᆞᆯ비로소ᄒᆞᄂᆞ다 말이오
찬은닉이다 말이오 무중은ᄒᆞᆫ반의중이니 산영
ᄒᆞᄂᆞᆫ일이라 말이니 이양지월의ᄀᆞᆫᄒᆞ야지ᄅᆞᆯ 산
영ᄒᆞ야 비로소ᄒᆞᆫ반의일을닉이라 말이니 언은
조억 오ᄉᆞ나ᄉᆞᆯ 깃삼ᄂᆞ다 말이오 기ᄅᆞᆯ 맛쥬 오종은ᄒᆞᆷᄭᅴ
좃치오헌은드리다 말이오 견은사ᄅᆞᆷ좃치오ᄋᆞᆯ
맛억 오중은닉군이니 산영ᄒᆞ야 즘ᄉᆡᆼ을잡아ᄃᆞᆯ
져군거ᄉᆞᆯ ᄉᆞᄉᆞ로가지고 큰거ᄉᆞᆯ 닉군의게드리다 말이
니라 닉군의게 ᄒᆞᆼ의ᄒᆞ야 니ᄇᆞ으며 먹을거시라

곤범(壼範) 一 49b

곤범(壼範) 一 49a

나거든ᄉᆞᄅᆞᆯ가지기ᄅᆞᆯ아니ᄒᆞᆯ궁ᄌᆞ의치마ᄅᆞᆯ민
ᄃᆞᆯ게나라희ᄃᆞ리쟈ᄒᆞ미니홍ᄒᆞ의이러ᄒᆞ시ᄆᆞᆯ
라ᄋᆞᆷ은ᄋᆞᆺ사ᄅᆞᆷ의덕의화ᄒᆞ미라
ᄉᆞ월ᄎᆞᆺ오[돌어]오월ᄉᆞᆯ명ᄒᆞ며딜ᄃᆞᆯ월ᄀᆞᆯ기환[돈읽]십월은락
[라읽니]일지일오락[야ᄒᆞ]ᄎᆞ지ᄒᆞ리[야ᄒᆞ]위ᄌᆞᆼᄌᆞᄀᆞ[라ᄒᆞ]이지일
기동[야ᄒᆞ]저찬무ᄌᆞᆼ[야ᄒᆞ]언ᄉᆞ기동[오이]헌견오ᄌᆞᆼ[니ᄒᆞᆯ라]
복야라
ᄉᆞ월ᄎᆞᆺ오ᄂᆞᆫᄎᆞᆫ은ᄎᆞᆯ여ᄅᆞᆷ이오ᄎᆞᆺᄂᆞᆫᄎᆞᆯ일ᄒᆞᆷ이니
오월명ᄒᆞᆫ명은오나말이오ᄒᆞᆫ며양이니오월
의미양이오ᄂᆞᆫ거시라ᄒᆞᆯ거희ᄒᆞ라올쳔이오달
월ᄀᆞ기환은기ᄂᆞᆯ[빛]오환은ᄀᆞ시거ᄒᆞᆫ말이오십
월은락은라ᄒᆞᆫ목이이오러쳐러니라말이니

놀가지ᄅᆞᆯᄀᆞᆯ기ᄅᆞᆯ더약ᄒᆞᆯᄡᆞᆼ울ᄒᆞ고가지ᄅᆞᆯ
즉어의ᄂᆞᆫ히길게ᄒᆞ다말이라칠월명격은명
운옥다말이오격은새일ᄒᆞᆫ이니팔월저녁은
비로소ᄒᆞ다말이오녁은삼닛다말이니칠월의
격이울거든팔월의삼질삼ᄒᆞ다말이라현
운검고황은누ᄅᆞᆫ빗치니이에거믄물드리며
이에누른물도드리라말이오아눈내라말이오쪽
남붉은빗치오궁은진실ᄒᆞᆫ고라말이오양은벗치
니내붉은물드린거시니진실ᄒᆞᆫ고로벗기리빗나다
말이라위ᄅᆞᆯᄒᆞ다말이오공ᄌᆞᄂᆞᆫ귀ᄒᆞᆫ사ᄅᆞᆷ이오상
운치마니공ᄌᆞ의치마ᄅᆞᆯ진ᄒᆞ다말이니뎌새비단
라뫼ᄅᆞᆯ빠검으며누른물을드리며붉은물이빗

곤범(壼範) 一　48a

다가ᄒᆞᆺ희예말여거ᄂᆞ에ᄎᆞᆫ뒤ᄇᆞᄂᆞ니라즁월은
ᄂᆞ에ᄎᆞᆫ줄이오ᄌᆞᆫ가지오상은ᄉᆡᆼ이니즁월의
ᄉᆡᆼ가지ᄅᆞᆯ골겨ᄶᅡ먹이나말이라ᄎᆈᆫ가지다말
이오복와장은나로쉬ᄭᅬ라이ᄂᆞᆫᄢᅦ라말이오벌
은버히다말이오양은넘ᄂᆞ다말이니놉히넘ᄂᆞᆫ
놉가지라말이라의ᄂᆞᆫ긴거둉이오뢰ᄂᆞᆫ더라말이
오녀상은겨집ᄀᆞᆺ치약ᄒᆞᆫᄉᆡᆼ남기라대개즁월
의ᄉᆡᆼ가지ᄅᆞᆯ줄겨먹이쉬더로뢰ᄅᆞᆯᄲᅧ머리넘
ᄂᆞᆫ가지ᄅᆞᆯ골기ᄅᆞ더약ᄒᆞᆫᄉᆡᆼ을ᄒᆞᆫ로ᄀᆞ가지ᄅᆞᆯ
두어의히길게ᄒᆞ라말이라칠월명격은명
을우라말이오격은새일홈이니칠월의져격은
비로소ᄒᆞ라말이오격은삼ᄂᆞ니라말이니칠월의

미니라○ 이 ᄉᆞᆼ은 납기의 홍ᄉᆞᆯ일을 니ᄅᆞ시니고
가온대 ᄇᆡᆨ셩의 ᄯᅳᆺ을 톄험ᄒᆞ기를 지극히 ᄒᆞ셔
히ᄒᆞ샤 겨집의 ᄂᆞᆯ혀 ᄒᆞᆯ ᄇᆞ의 ᄉᆞ리 니ᄅᆞ시니
그ᄂᆞᆷ은 일은 진실로 극진이 아니시미 업ᄉᆞ시니
능히 텬하의 ᄯᅳᆺ을 통ᄒᆞ샤 텬하로ᄡᅧ ᄒᆞᆯ ᄇᆞᆼ을
삼으시미 이러ᄐᆞᆺᄒᆞ도다
칠월뉴화ᄒᆞ거든 팔월환위ᄒᆞᄂᆞ니라 즘월됴상이라 ᄎᆔ피부
장ᄒᆞ야 이벌원양이오 의피녀상이라 칠월명격ᄒᆞ거든 팔
월ᄌᆡ젹ᄒᆞᄂᆞ니 ᄌᆡ현ᄌᆡ황ᄒᆞ야 아쥬공양ᄒᆞ거든 위공ᄌᆞ상ᄒᆞ노라
부야라
팔월환위ᄂᆞᆫ 환라 위ᄂᆞᆫ 굴ᄒᆡ니 팔월의 ᄇᆡ혀 ᄒᆞ엿

곤범(壼範) 一 47a

라말이오증ᄌᆞᆯ증ᄌᆞ의집ᄌᆞ식이오동은ᄒᆞᆯ사
지오귀ᄅᆞᆯ도라가라말이니싀집가라말이라봄ᄂᆞᆯ
이러ᄒᆞ셔돈번킈기ᄅᆞᆯ과〻히ᄒᆞᄂᆞ니져집의ᄂᆞᆫ
옴이ᄂᆞᆯ프ᄅᆞᆯᄂᆞᆯ허ᄒᆞ미여거의증ᄌᆞᄅᆞᆯ미워ᄒᆞᆯ
가지ᄯᅩ도라가리ᄅᆞ다ᄒᆞᄆᆞᆯ니ᄅᆞ미니되재이ᄊᆡ예
귀가되족이증실의년인ᄒᆞᆯ집도ᄯᅩᄒᆞᆯᄂᆞ에치
기의힘ᄡᅮ리아니되업ᄂᆞᆯ니라허가ᄒᆞᆯ뢰비ᄲᅧᆼ글
ᄯᅡ라가절플의상감ᄒᆞ야미리장ᄎᆞ증ᄌᆞᄅᆞᆯ미
워ᄒᆞᆯ가지ᄅᆞᆯ싀집가복ᄯᅩᄅᆞᆯ면리ᄒᆞᆯ조ᄅᆞᆯᄂᆞᆯ허ᄒᆞ
미니라○이당은닙기의힘ᄡᅮᆯ일을니ᄅᆞ시니고
기운되ᄇᆞᆯ셩의ᄯᅳᆺ을태히ᄒᆞ기ᄅᆞᆯ지극히ᄒᆞ셔
히ᄒᆞᆫ샤져집의ᄂᆞᆯ허ᄒᆞᆯᄯᅳᆺ의ᄡᅥ니ᄅᆞ시니

녀ᄂᆞᆫ겨 집이오 집ᄋᆞᆫ 집ᄋᆞᆫ

온랑ᄌᆞ리오 ᄌᆞᆷ은 조차 가나 말이오리 ᄂᆞᆯ리며 말이오미

횡은 ᄀᆞᆯ 길히오 원은 이에라 말이오 ᄀᆞᆯ ᄀᆞᄒᆞ다

말이오 옥상은 보ᄃᆞ러온 ᄲᅧᆼ이니 봄날이 비ᄅᆞᄉᆞ

양화ᄒᆞ야 오ᄂᆞᆫ 치ᄉᆞ리 잇거든 이 쳬 예겨 집이 ᄋᆞᆶ

나 온랑ᄌᆞ리 ᄀᆞᆯ 잡아 며 ᄀᆞᆯ 길 ᄆᆞᆯ 조차 이에 블ᄅᆞ

러온 곳 나 ᄂᆞᆫ ᄲᅧᆼ을 ᄀᆞᄒᆞ다 말이라 ᄎᆞᆷ이 ᄋᆞᆯ ᄃᆞ 노며

되다 말이니 봄날이 기리 더리 ᄀᆞ 더리 다 말이라 취

놀키다 말이오 번은 빡이니 녹에 어려 ᄲᅧᆼ을 먹ᄃᆞ

뭇ᄒᆞᆯ 제 일굴 ᄆᆞᆫ져 먹이ᄂᆞᆫ 거시라 그 ᄂᆞᆺ 만ᄒᆞᆫ 거

ᄅᆞᆼ이니 번킈ᄂᆞᆫ 겨집이 만고만다 말이라 녀 십상

비ᄂᆞᆫ ᄎᆞᆯ허ᄒᆞ다 말이오 틔ᄂᆞᆫ 거의라 말이오 ᄀᆞᆸ을 밋

곤범(壼範) 一 46a

곤범(壼範) 一 45b

총ᄒᆞ야ᄡᅥ ᄀᆞᄅᆞ쳐 왕을 ᄒᆞ야곰 ᄎᆞ민의 의뢰
ᄒᆞᄂᆞᆫ바ᄅᆞᆯ 아라 감히 ᄇᆡᆨ셩의 일을 경홀이 너겨
내 ᄆᆞᄋᆞᆷ을 평안이 너기리 못ᄒᆞ게 ᄒᆞ시미니라
총셩ᄒᆞ시왈 이시ᄂᆞᆯ 의식의 근ᄇᆞᆫ히 ᄒᆞ뢰의 식나
ᄂᆞᆯ바ᄂᆞᆯ 예비ᄒᆞᄆᆞᆯ 거히 너기ᄂᆞ니라 칠월 ᄀᆞᆯᄡᅥ 머리
ᄀᆞᄅᆞᆯ 샹ᄋᆞᆫ 칠월의 ᄋᆞᆫ거 비ᄅᆞᄉᆞ 셩ᄒᆞ매 이에 어
한울 녀ᄂᆞᆫ녀 ᄒᆞᆯ이 월양긔 비ᄅᆞᄉᆞ 셩ᄒᆞ매 비ᄅᆞᄉᆞ
에 너ᄅᆞᆫ지이 ᄀᆞᄅᆞᆯ 시작ᄒᆞᄂᆞ니 많이 일치 온ᄒᆞ니 님ᄭᅴ
ᄀᆞᄅᆞᆯ 녀ᄂᆞᆫ녀 ᄒᆞᆯ ᄌᆞ린ᄒᆞ의 먹기ᄅᆞᆯ 녀ᄂᆞᆫ녀 ᄒᆞᆯ ᄌᆞ그ᄭᅦ
뢰 없ᄒᆞᆯ ᄂᆞᄌᆞ리로다
칠월 녹화 ᄃᆞᆫ어 ᄀᆞ월 ᄎᆞ의 ᄂᆞᆫ다ᄒᆞᆫ 일지 양 야ᄒᆞ 옥명창
경 ᄃᆞᆫ어 너 집의 ᄅᆞᆼ 야ᄒᆞ 졸뢰 미횡 야ᄒᆞ 원ᄀᆞ옥 상 며ᄒᆞ ᄒᆞᆯ일

곤범(壼範) 一 45a

지이젼ᄒᆞᆫ관원이오지아니ᄒᆞ라말이오희ᄅᆞᆯ깃거
ᄒᆞ다말이니져ᄯᅳᆫ재잇ᄂᆞᆫ의밧ᄀᆞᆯ거든ᄂᆞᆰ은재며ᄂᆞ
리와ᄌᆞ식을ᄃᆞ리고남ᄯᅳᆷ의가밧ᄀᆞᆯ사ᄅᆞᆷ을밥
먹이거든뎐ᄌᆞᆫ이니ᄅᆞ러블깃거ᄒᆞᄂᆞ니라말ᄉᆞᆷ이
니먹음을일을미ᄋᆞᆯ녀ᄒᆞ야일족이힘ᄡᅳᆯ말
이라○이편은ᄌᆞ궁이셩왕의나히어려가ᄉᆡᆨ의
가난ᄒᆞᆫ줄을아니ᄆᆞᆺᄒᆞᄂᆞᆫ줄ᄲᅥᄒᆞ여지ᄋᆞ다ᄌᆞᆼ녹의ᄇᆡᆨ셩
을ᄒᆞᆼ화ᄒᆞ시던연옥ᄀᆞᆯ베터ᄒᆞ야ᄂᆞᆫ호셕을
ᄒᆞᆼ홍ᄒᆞ야ᄡᅥᄀᆞᆯ쳐왕을ᄒᆞ야ᄂᆞᆫᄒᆞᆫ민의의뢰
ᄒᆞᆫ바ᄅᆞᆯ아라감히ᄇᆡᆨ셩의일을경ᄒᆞᆫ줄이너겨
세ᄆᆞᆷ을편안이너기디못ᄒᆞ게ᄒᆞ시미니라
ᄒᆞᆼ셩ᄌᆞ시와를이시ᄆᆡ의식의ᄀᆞᆷ토히ᄒᆞ리의식나

ᄯᅴ개구월의오ᄉᆞᆯ주리못ᄒᆞ면일지일의보람
이ᄎᆞᆯ이시지일의가온이ᄎᆞ나옷도어블갈도어ᄇᆞᆺ수면
엇더벽치위굴결리여희굴못ᄒᆞ리오ᄒᆞ미나넘
울이ᄌᆞ울미리념녀ᄒᆞ야젼긔ᄒᆞ야ᄒᆞᆯ비ᄒᆞᆯ지
이라삼지일오ᄉᆞᆯ상양의ᄒᆞᆯ날이나즉금평
월이나오ᄂᆞᆯ가다말이오ᄉᆞᆯ잡기나정월의잡
기굴라ᄉᆞ려장ᄒᆞᆺ밧갈려ᄒᆞ미라ᄉᆞ지일오ᄉᆞ
양의ᄃᆞᆯ날이나이월이오거ᄂᆞᆫ드라말이오지날
발구머리나이월의발울드러밧ᄂᆞᆯ구나말이
오ᄒᆞᆼ아부ᄌᆞᆯ니며낙리ᄌᆞ식다ᄒᆞᆯ가지ᄒᆞᆯᄒᆞ다말
이오엽리남ᄭᅩᆺ엽은밥먹이다말이오리날라며
말이오남은히부오ᄭᅩᆺ밧드ᄅᆡ이오면ᄒᆞᆯ은녀ᄅᆞᆷ

곤범(壼範) 一 44a

궁울이되야 장ᄎᆞᆺ치위ᄒᆞ라 울긔회나 구월츄의
난[나말 ᄎᆞ울ᄎᆞ] 이오의 날오시니 구월은 치위 졈〻 깁호
ᄆᆡ셰오ᄉᆞᆯ나 닙게ᄒᆞ나 말이라 이ᄅᆞᆯ지 일을 일양
이나 난ᄌᆞᆯ 날이니 쥭금 십일월이라 되ᄅᆞᆯ 발을덥
람이 ᄒᆞ나 말이오 이지일은 이양이나 날ᄌᆞᆯ 날이
니쥭금은 십이월이오 ᄒᆞᆯ녈은 긔운이 ᄒᆞ나 말이
오무의 무갈은 무ᄌᆞᆯ[가엄] 말이오 의ᄉᆞ 옷시오 갈은
털로ᄲᅡᆯ거시니 어러ᄒᆞ야 체ᄅᆞᆯ 못ᄒᆞ리온ᄒᆞ미니
띠개 구월의 오ᄉᆞᆯ ᄎᆞ리 못ᄒᆞ면 일지일의 보람
이ᄒᆞᆯ 이지일의 긔운이 ᄒᆞ니 옷도 업ᄉᆞ고 갈도 업ᄉᆞ면
[illegible]
울이로울 미리 념녀ᄒᆞ야 젼긔ᄒᆞ야 ᄌᆞ비ᄒᆞᆯ 뜻

곤범(壼範) 一 43b

의시변홍아래ᄭᅩᆺ이업ᄂᆞ니아ᄂᆞ니라ᄒᆞ시ᄂᆞ니라

쥭림ᄒᆞᆫ림은경홍이오그아래녀ᄉᆞ홍의시ᄉᆞ변홍이니변홍은난셰
굴이라비홍하쳔쥭광이부녀의게긴ᄒᆞᆫ말이어니와쥭금쥴쥭ᄒᆞᆯ
의리명ᄉᆞ이ᄒᆞᆨ의더ᄒᆞ굴쳬와ᄂᆞᆨ매비록부녀
나이의리굴ᄯᅢ졔ᄉᆞ엇ᄂᆞ업ᄭᅩᆺᄒᆞᆯ거시매울리ᄒᆞᄂᆞ

빈홍

칠월노화들어구월ᄎᆞ의나ᄒᆞᆯ이일지일리발그ᄒᆞᆫ이지일
ᄂᆞᆯ녑나ᄒᆞᆯᄭᅮᆨ의ᄭᅮᆨ갈면이하이ᄌᆞᆯ쳬오리상지일오ᄉᆞᄉᆞ오ᄉᆞᆼ지
일ᄅᆞᆯ거지들어홍아부ᄌᆞ야ᄒᆞᆫ엽리남보들커련ᄎᆞᆯ지회나라ᄒᆞᆯ

부야라

칠월노화난노ᄂᆞᆯᄒᆞᄂᆞᆯ노ᄆᆞᆺ보화ᄂᆞᆫ신셩이십칠ᄎᆞᆨ이니ᄯᅢ
화셩이라ᄒᆞᄂᆞ니라노월이면ᄒᆞᆫᄒᆞᆫ의남방의
뵈나가칠월이면져ᄉᆞᄉᆞ흘러셔방울ᄂᆞ리ᄂᆞ니

라ᄉᆞ국은ᄉᆞ방나라히니ᄎᆞ왕이ᄉᆞ방을다ᄉᆞ리시
니말이라ᄎᆞᆯ빅ᄂᆞ지ᄂᆞᆫ문왕의휘니외ᄅᆞᆯᄒᆞ더라
말이니방빅이되야졔후의ᄎᆞᆯ힝ᄒᆞ야ᄇᆞᆨ홀
ᄒᆞ더니라

하뎐ᄉᆞ랑

뎡지졀오사되ᄎᆞ역박여상ᄀᆞ회모든윤ᄌᆞ올ᄃᆡ
양홀회오히려이시니비컨ᄃᆡ나ᄀᆞᆫ홋희나ᄆᆞᆫ실
다먹니아니면장ᄎᆞᆺ라시ᄂᆞᆯ니이시니어ᄌᆞ럽기
국진ᄒᆞ면ᄌᆞ연이다ᄉᆞ리ᄂᆞᆯ니잇ᄂᆞ니비홍하현
의시변홍아래ᄯᆞᆺ이업ᄂᆞ니라ᄒᆞ시니라

ᄀᆞᆯ이라 비홍하현ᄎᆞ왕이부녀의계기ᄒᆞᆫ말이어ᄃᆞᆺ되 주금ᄎᆞᄌᆞᆨᄒᆞᆯ
의리명ᄌᆞ이후의더다ᄀᆞᆯ쳐와ᄀᆞᆨ매비록부녀

인ᄒᆞ야 개연이 ᄡᅥ 쥬나라 셔울을 ᄉᆡᆼ각ᄒᆞ미라

렬피하쳔이여 침피포랑이로다 개아오탄ᄒᆞ야 념피경쥬ᄅᆞ라

비이흥야라

쇼ᄂᆞᆫ ᄡᅮᆨ이니 경쥬ᄂᆞᆫ 쥬나라 셔울이라

렬피하쳔이여 침피포쇼로다 개아오탄ᄒᆞ야 념피경ᄉᆞ로다

비이흥야라

시ᄂᆞᆫ 졈ᄒᆞᄂᆞᆫ 풀이니 경ᄉᆞᄂᆞᆫ 셔울이라

봉봉셔묘ᄅᆞᆯ 음우고지로다 ᄉᆞ국유왕이어시ᄂᆞᆯ 슌ᄇᆡᆨ노지로다

비이흥야라

봉봉은 아ᄅᆞᆷ다온 거동이오 셔묘ᄂᆞᆫ 기장 삭이라 음우ᄂᆞᆫ 그ᄂᆞᆯ 디ᄂᆞᆫ 비오라 말이오 고ᄂᆞᆫ 기ᄅᆞᆷ지게 ᄒᆞ단 말이

녈녀하뎐여이 칭ᄒᆞᆫ 녀조광라일 개아오란야ᄒᆞᆫ 녀ᄌᆞ녀쥬경라ᄒᆞ
비이ᄒᆞᆼ야라
녈은ᄌᆞ라 말이오 하뎐은 실ᄒᆞᆫ이태 ᄇᆞᆯ이니 ᄒᆞᄂᆞᆯ
ᄒᆞᆯ ᄒᆞᆼ싱이오 낭은 기운 ᄒᆞᆯ이니 칭ᄒᆞᆫ은 ᄌᆞᆫ기다
말이오 개ᄂᆞᆫ 란식ᄒᆞᆯ ᄉᆞ쥐니 란은 란식ᄒᆞ 란ᄇᆞᆨ 니녑은
싱각ᄒᆞ 란녑ᄇᆞᆨ 오쥬경은 ᄌᆞ나라 쳐올 기ᄅᆞ히라
이시ᄂᆞᆫ 왕실이 능쇠ᄒᆞ매 져근 나라히 굴ᄒᆞ리
쾨ᄒᆞ매 ᄒᆞᆯ 션ᄇᆞᆯ의 조광이 샹ᄒᆞᆯ ᄇᆞᆯ ᄲᅥ비ᄒᆞᆯ
인ᄒᆞ야 개연이 ᄲᅥ ᄌᆞ나라 쳐울ᄋᆞᆯ 싱각ᄒᆞ미라
녈녀하뎐여이 칭ᄒᆞᆫ 녀조ᄒᆞᆫ라로 개아오란야ᄒᆞᆫ 녀ᄌᆞ녀경ᄌᆞ라ᄒᆞ
ᄒᆞᄂᆞᆫ ᄇᆞᆨ이니 경ᄌᆞ 날 ᄌᆞ나라 쳐울이라

곤범(壼範) 一　41b

라 호음은 조라 말이오 회ᄂᆞᆫ 위로ᄒᆞ나 말이니 ᄯᅴ게
ᄎᆞᆽ나라 ᄒᆞᆯ 줄 가ᄂᆞ니 이시면 쁴음의 단으로 ᄒᆞ야 됴흔 말
로ᄡᅥ 위로ᄒᆞᆯ 건면 ᄒᆞ리라 말이니라

비풍삼장

경원보시왈 ᄎᆞᆽ나라히 기강이 업서 왕실이 능
쇠ᄒᆞ매 졔ᄒᆔ 방ᄌᆞᄒᆞ야 다시 왕실을 존경ᄒᆞᆯ
의리 아ᄂᆞ니 업ᄉᆞ니라 이 시의 니ᄅᆞᆫ 말이 왕실의 외
젼〻ᄒᆞᆯ 풍의 ᄌᆞ별ᄒᆞ니 낙게 니러어 ᄌᆞ셔히 보면
그 군신의 덕〻ᄒᆞᆯ의 업ᄃᆞ리 아닐 줄을 가히 볼거
시로다

조풍

곤범(壼範) 一 41a

ᄀᆞᆯᄒᆡᆼ시ᇝ이 셔ᇝ다 말이라
비ᄒᆡᆼᄌᆈ혜며 비거ᄌᆈ혜라 ᄀᆞᆯᄋᆞᆷ ᄌᆞᆨ도오ᄒᆡᆼ시ᇝ도혜 다르
부야라
ᄌᆈᄂᆞᆫ 회 ᄒᆞᄂᆞ리 부담이오 비거ᄌᆈᄂᆞᆫ 편티 아니타 말이
니ᄒᆡᆼ시ᇝᄌᆞᆨᄂᆞᆫ 술허 ᄒᆞ다 말이니라
ᄎᆞᄂᆞᆼ 칭어오 개지부시ᇝ라ᄒᆞᆫ ᄎᆞᆨ장어귀오 회지ᄒᆞ운 라ᄒᆞᆫ
ᄎᆞᄂᆞᆫ ᄎᆞᆯ 니어나ᄃᆞ기오 칭은 ᄉᆞᆷ다 말이라 부와 시ᄋᆞᆫ
가마 ᄎᆞᆺ치니 계ᄂᆞᆫ 빗다 말이라 장운장 ᄎᆞᆺᄒᆞ다 말
이니 셔기ᄂᆞᆫ ᄌᆞᆨ라 가다 말이니 셔ᄂᆞᆫ ᄌᆞᆨ나라도 ᄋᆞᆸ이
라 ᄒᆞ운은 도라 말이오 회ᄂᆞᆫ 뫼로 ᄒᆞ다 말이니 디게

곤범(壼範) 一 40b

비ᄅᆞᆼ발혜여비거걸혜라그ᄅᆞᆺ죽도오ᄅᆞᆼ심ᄂᆞᆯ혜나르

무야라

비ᄅᆞᆼ은ᄲᅧᆨᄌᆞ나말이오거ᄂᆞᆯᄉᆞᆯ외니걸은ᄲᅧᆯ니ᄅᆞᆯ
다말이라ᄌᆞᆨᄃᆞᆯᄌᆞ나라ᄒᆞᆯ가ᄂᆞᆫ길희니그ᄅᆞᆺ은
ᄃᆞ라ᄇᆞ라말이오ᄅᆞᆼ심ᄂᆞᆯ은ᄭᅩᆺᄋᆞᆫ이ᄎᆞᆯ혀ᄒᆞ다말
이라

이시ᄂᆞᆫᄌᆞᆨ나라히쇠미ᄒᆞᆫ매군치군심ᄒᆞᆯ라석
ᄒᆞ야이시ᄅᆞᆯ지우니날온상혜보랍이미이불
ᄉᆞᆯ외ᄲᅧᆯ리블면ᄭᅩᆺᄋᆞᆫ이ᄂᆞᆯ연ᄒᆞ리이제보랍이
브리아니ᄒᆞᆫᄉᆞᆯ외ᄲᅧᆯ리아니가니라만ᄌᆞᆨ나타흐
ᄅᆞᆨ가ᄂᆞᆫ길을ᄇᆞ와왕실의능혜ᄒᆞᆫ믈셩각ᄒᆞᆯ

곤범(壼範) 一　40a

췩호삼낭
쳔위굴오리잉의부모와형을싱각ᄒᆞᆯᄯᅩ부
모와형의ᄊᆡ뭇ᄂᆞᆫ싱각ᄒᆞ야원ᄒᆞᆯ말을상ᄒᆞ
ᄒᆞ야니ᄅᆞ니이ᄀᆞᆫ반ᄃᆞ시어버이ᄆᆞᄋᆞᆷ을ᄲᅥᄆᆞᄋᆞᆷ을
삼으니진실로어진사ᄅᆞᆷ이라니ᄅᆞᆯ로다ᄯᅩᄀᆞᆯᄋᆞ되
이사ᄅᆞᆷ이제어버이싱각ᄒᆞᄂᆞᆫᄆᆞᄋᆞᆷ을ᄲᅥ어버
이날싱각ᄒᆞᄂᆞᆫ말을ᄒᆞᄂᆞᆫ밧재실로ᄂᆡ의어버이
싱각ᄒᆞᄂᆞᆫᄆᆞᄋᆞᆷ을부치니그회극진ᄒᆞ도다

회풍

비풍발혜여비거걸혜라고쳠ᄂᆞᆫ쥬도동심달혜나곤

부이라
비풍은벌ᄅᆞ나말이오거ᄂᆞᆫ술위니걸은벌ᄅᆞ니ᄀᆞᆯ

[illegible]

야 ᄭᅮᆨ디 (다ᄅᆞ) 상신젼치 (다어) 옥니ᄭᅮ기 (라ᄂᆡ)

복야라

거ᄂᆞᆯ 뫼히 오계ᄂᆞᆯ 말자 ᄌᆞ식이니 ᄭᅮᆷ 미ᄂᆞᆫ 즘이 업

나 말이니 나라일의 블황ᄒᆞ야 즘ᄉᆞ 뭇 잣나

말이라 기ᄂᆞᆫ 블리나 말이니 즉어시ᄒᆡ ᄀᆞᆯ블리나

말이라.

젹리강혜 (야ᄒᆞ) 텬ᄉᆞ망형혜 (다ᄅᆞ) 형왈 차여계횡역

(여이) 축야릴ᄌᆞᆯ 힌 (다ᄅᆞ) 상신젼치 (다어) 옥니ᄭᅮᄉᆞ (라ᄒᆞᆫ)

복야라

강은 ᄭᅴ 책리오 힌ᄂᆞᆯ 구리 ᄒᆞ다 말이니 통간다 횡

지ᄅᆞᆯ 구리 ᄒᆞ다 말이라 ᄉᆞᆯ족우미 어업ᄭᅴ ᄒᆞ다 말이라

곤범(壼範) 一 39a

말이 오죽야 ᄂᆞᆯ아 ᄎᆞᆷ다 반ᄃᆞ이 ᄂᆞ무이ᄅᆞᆫ 말이 업다
말이라 상은 거의 ᄒᆞ다 말이오 시ᄉᆞᆫ 삼가 ᄀᆞ라 말이
니 져ᄌᆞᆯ 저억 라 옷니무지ᄅᆞᆫ 오히려와 그치미 업
ᄉᆞ리라 말이니 그치다 말은 ᄎᆞᄌᆞ미 업게 ᄒᆞ라
ᄯᅳᆺ이라 ○ 이시ᄅᆞᆫ 호지 횡역ᄒᆞ야 그어버이ᄅᆞᆯ
니ᄉᆞ니 무ᄉᆞᆺᄒᆞᆯᄅᆞᆯ ᄭᅴ히 울라 ᄲᅡ 그아비이ᄅᆞᆫ 죄ᄅᆞᆯ
보라 인ᄒᆞ야 그아비 제 ᄂᆞᆷ녀ᄒᆞᆯᄅᆞᆯ 생ᄒᆞ야
니ᄅᆞᆯ 말이라
텩리 거혜 야ᄒᆞ 텸ᄂᆞ망 ᄆᆞ혜 라ᄅᆞᆯ ᄆᆞ왈 자 여계 횡역 여이 ᄒᆞᆨ
야 무미 라ᄅᆞᆯ 상신 쳔지 라어 옥니무기 라서
부이라
거ᄂᆞᆯ ᄭᅬ히 오게 ᄂᆞᆯ 말자 ᄌᆞ식이니 무미ᄅᆞᆫ ᄌᆞᆷ이 업

곤범(壼範) 一　38b

ᄃᆞ리ᄅᆞᆯ 모ᄅᆞ고 ᄉᆞᄂᆞ 회혼 앙ᄃᆞ ᄒᆞᆯ 우ᄃᆞᆫ ᄒᆞᄃᆞᆯ 조차
설혹 경계ᄒᆞᆯ ᄌᆞᆯ 몰나 나라ᄒᆞᆯ 망ᄒᆞᆯ 지경을
업혀 치ᄃᆞ스리 못ᄒᆞᆯ ᄭᆡ놀 어ᄃᆞ니 족히 닐너ᄯᆞᆨ
ᄒᆞ리오

위풍

텩의호혜(야호) 텬망부혜(라호) 부왈차여 ᄌᆞ힝역(여이)ᄒᆞ
야ᄒᆞ 복이(라클) 상신절지(라어) 옥너ᄲᅳ기(라니)
부야라

뫼날(뫼져) 니ᄒᆞᆯᄭᅴ히오 뢰ᄀᆞ온 울ᄋᆞ라 말이니 텬망
부혜날아비ᄅᆞᆯ 텬망ᄒᆞ라 말이니라 망ᄒᆞᆯ(망ᄇᆞᆨ 분랄)
니야비ᄀᆞᆯ 오ᄎᆡ ᄉᆞᆯ ᄒᆞ라 내 ᄌᆞ식이여 힝역ᄒᆞ미여

곤범(壼範) 一 38a

착ᄒᆞᆫ남ᄌᆞ이될ᄲᅮᆫ아니라오채허승이잡계ᄒᆞ
ᄂᆞᆫ후업을아니ᄒᆞᆯ호양ᄒᆞᆯᄌᆞᆯ싱각러아니
ᄒᆞ더니그안해녀영이ᄭᅮᆷ소가업을브즈런이ᄒᆞ
야싀어미ᄅᆞᆯ봉양ᄒᆞᆯ종승을전ᄒᆞ야후업
을낙그라젼ᄒᆞ며승이미양불의예이ᄅᆞᆯᄒᆞ
면믄득눈믈을흘려ᄀᆞᆺ쳐ᄅᆞ이ᄀᆞᆺ간ᄒᆞ니승
이감격ᄒᆞ야ᄒᆡᆼ실부셔ᄒᆞ야이에ᄒᆡᆼ실을ᄂᆞᆨ차
ᄒᆞ여업을힘ᄡᅥ나죵사이ᄅᆞᆯ둔현인이되니
부인의ᄯᅳᆺᄋᆞ미이러ᄒᆞᆯ것ᄒᆞᆯ러라쳬상겨집이이런
도리ᄅᆞᆯᄯᅩᄒᆞ니희훈ᄋᆞᆫᄒᆞᆫᄒᆞᆫ믈조차
쳐경계ᄒᆞᆯ죵ᄇᆞᆯ니라ᄒᆞᆯ밍ᄒᆞᆯ지ᄇᆞᆯ
업쳐ᄡᅵᄯᅩᆺ리못ᄒᆞᄂᆞᆫ녀ᄂᆞᆫ어디족히닐런ᄂᆞᆫ족

곤범(壼範) 一 37b

모ᄅᆞ고 뉘ᄂᆞᆫ 더 부러 ᄒᆞᆯ가 [illegible]

라. 마ᄂᆞᆫ 군신들이 효회ᄒᆞ셔 ᄒᆞᆯ ᄯᆞᄅᆞᆷ이니 ᄀᆞ 남ᄂᆞᆫ

이 효회ᄅᆞᆯ 아니 바ᄃᆞ면 쟝ᄎᆞᆺ ᄌᆞ뎌 ᄃᆞ라 가매아

니 날로 ᄒᆞ야 그ᄃᆡ ᄅᆞᆯ 아모ᄒᆞ야 ᄢᅴ워 ᄒᆞᆯ 거시되

ᄂᆞ냐. ᄒᆞᄂᆞᆫ ᄯᅳᆺ이니 어ᄂᆞ 거ᄅᆞ리 이시리오

계명삼낭

삼낭은 니시 왕ᄅᆞᆯ ᄌᆞ줄인 군이 블울 각ᄀᆞ 힝실을

삼가 황음ᄒᆞᄂᆞᆫ 해 어ᄇᆞᄉᆞ미 착ᄒᆞᆯ신 해 어블블

안니라 어딘 안해와 뎡녈ᄒᆞᆫ 겨집이 츄앙의 경

계ᄒᆞ야. 군덕을 이롤게 ᄒᆞ매 말니 안ᄂᆞ니 쥬션

왕의 강후와 졔 환공의 위희와 초쟝왕의 번

희 ᄀᆞᆺᄐᆞ니 이시니 ᄒᆞᆫ ᄀᆞᆺᄒᆞᆫ 비의 ᄃᆞᆸ ᄃᆞᆫ거슬 닙어

곤범(壼範) 一 37a

통비홍통(이어든) 감여ᄌᆞ퉁붕(이언마ᄂᆞᆯ) 회차ᄌᆞ의랄ᄡᅳ쳐여

ᄌᆞ증가

부야라

통빈날버쇠오홍ᄋᆞᆫ은굴ᄒᆞ쇠ᄂᆞ감여ᄌᆞ퉁붕
은구쇠ᄅᆞᆯ더부러ᄡᅳᆷ올ᄒᆞᆯ가지ᄅᆞᆫᄒᆞ미ᄌᆞᆯ편마
는말이오회차ᄌᆞ의는ᄌᆞ회장ᄎᆞᆺᄌᆞ라갈라말
이니ᄡᅳ쳐여ᄌᆞ증을아니거의날굴ᄒᆞ야구쇠ᄅᆞᆯ
ᄢᅴ이너기라말이라이날온날이새야버러지ᄂᆞ
ᄌᆞᆨ로구쇠ᄅᆞᆯ더부러ᄒᆞᆯ가지ᄅᆞᆯ자미ᄌᆞᆯ겁더아니
라마ᄅᆞᆯ근신ᄒᆞᆯ이ᄌᆞ회ᄒᆞ쇠ᄒᆞᆯᄯᅳᆺ더가넘ᄂᆞᆫ
이ᄌᆞ회ᄌᆞᆨ이ᄂᆞ비ᄅᆞ며지ᄂᆞᆫ기미ᄋᆞ
너날굴ᄒᆞ야그쇠ᄅᆞᆯ아오ᄒᆞ야ᄢᅴ워ᄒᆞᆯ거시되

동방명의라 ᄯᅩ리쟝의 [내라ᄒᆞᆫ] 비동방ᄌᆞ명[이라] 월ᄒᆞᄂᆞᆫ지
광 [각이ᄅᆞᆯ]
브야라
동방명의ᄂᆞᆫ 동방이 ᄇᆞᆰ앗다 말이오 ᄯᅩ리쟝
의ᄂᆞᆫ ᄯᅩ회 잇ᄂᆞᆫ의 쳥ᄒᆞ엿다 말이라 비동방ᄌᆞ
명은 동방이 ᄇᆞᆰ아시미 아니라 말이오 월ᄒᆞᄂᆞᆫ지
광은 ᄃᆞᆯ빗치 아니라 말이라 ○ 죠희 ᄉᆞ희ᄅᆞᆯ ᄃᆞᆯ
ᄃᆞᆰ의 우ᄅᆞᆷ만 너기며 ᄃᆞᆯ빗ᄎᆞᆯ 보고 동방이 ᄇᆞᆰ앗
ᄂᆞᆫ가 의심ᄒᆞ니 그 동동ᄒᆞ야 혹 남군의 정ᄉᆞ
보미 게어ᄅᆞᆯ가 두려ᄒᆞ니 엇디 현쳥의 ᄯᅳᆺ을
두리 아니미 진실로 ᄒᆞ쇠 부인의 경계ᄒᆞᆯ 배로다

이아니라ᄯᅳᆺ이니창승지쳥은ᄌᆞᄅᆞᆯ주리ᄉᆞ죄라
말이라
이시ᄂᆞᆫ날온데어진ᄒᆞ비님금의ᄒᆞ리셔자매
새벽ᄯᅢ의나ᄌᆞ러님금과경계ᄒᆞ야나ᄅᆞᆯ말이니
ᄒᆞᆨ연ᄂᆞᆯᄒᆞᆯᄉᆞ졍의람ᄒᆞ야군신의ᄌᆞ회바ᄅᆞ
미ᄂᆞᆫᄌᆞᆯ가ᄌᆞ뎌ᄒᆞ야ᄂᆞᆷ옴이ᄅᆞᆫ죡ᄒᆞᆯᄌᆞᆯ주리이음
아ᄂᆞᆺ주리ᄉᆞ죄ᄅᆞᆯᄌᆞᆯ주리의우ᄅᆞᆷ만너겨졍쳑
ᄒᆞᆯᄂᆞᆷ음이니지극ᄒᆞᆫ졍셩의엇디감동ᄒᆞ미
업ᄉᆞ리오
종방명의라ᄌᆞ괴창의[나라ᄒᆞ]비종방즈명[라이]월ᄌᆞᆯ지
광[재]
부야라

곤범(壼範) 一 35b

ᄉᆞ졍의담니아니ᄒᆞ야화락ᄒᆞᄂᆞᆫ졍도의텽ᄋᆞᆫ
이너기고ᄯᅩ능히남편을도아작ᄒᆞᆯ사ᄅᆞᆷ을
벗ᄒᆞ야그덕을일라쳐ᄒᆞ니심상ᄒᆞᆫ부인
외셔ᄒᆞᆯ동이어ᄒᆞᆯᄌᆞᆯ일거시로다

뢰죵

계거명의라됴거영의나락ᄒᆞᆯ비계즉명라이창승지셩
일라 부야라
계거명이라말은ᄃᆞᆰ이임의우럿다말이오됴
거영의ᄂᆞᆫ됴회임의ᄎᆞᆺ다ᄒᆞ니됴뎡의됴회ᄒᆞ
라온신해ᄎᆞᆺ다말이오비계즉명은ᄃᆞᆰ의우ᄅᆞᆷ

녀왈계명샹낭

이ᄂᆞᆫ부인이집안일로남편을셔로경계ᄒᆞᆯ
뿐아니라ᄯᅩ남편이어딘사ᄅᆞᆷ을친히ᄒᆞᆯ챡
ᄒᆞᆫ사ᄅᆞᆷ을벗ᄒᆞ야즐겨ᄒᆞᄂᆞᆫᄆᆞᄋᆞᆷ을미ᄅᆞ혀
ᄒᆞ미극진ᄒᆞ야ᄉᆞ랑ᄒᆞᄂᆞᆫ노리개의보ᄇᆡ로앗
기미업서ᄒᆞ미라
경원보시ᄀᆞᆯ오ᄃᆡ뎡나라풍쇽이음난ᄒᆞ되
이사ᄅᆞᆷ의부부ᄂᆞᆫ오히려네의로ᄆᆞᆯ아라셩업
을보즈런이ᄒᆞ야게어ᄅᆞ디아니ᄒᆞ믈닉외ᄒᆞᄂᆞᆫ
ᄉᆞ졍의ᄂᆞᆷ디아니ᄒᆞ야화락ᄒᆞᄂᆞᆫ졍도의평안
이ᄂᆞᆫ기ᄅᆞ쳔ᄂᆞᆫ힝ᄂᆞᆫ졍을로이쳔ᄒᆞᆫ사ᄅᆞᆷ을
벗ᄒᆞ야그덕을일ᄅᆞ혀ᄒᆞ니십상ᄒᆞᆫ부인

ᄂᆞᆫ ᄌᆞᆫ 술을 ᄂᆞᄒᆞ다 말이오 졍은 (양졍ᄒᆞᆯ 졍ᄌᆞ) 나 ᄒᆞᆫ화ᄒᆞ
ᄒᆞ다 (ᄌᆞᄒᆞ) 다 안령ᄒᆞᆯ 화ᄒᆞ리 아니미 업다 말이라
지ᄌᆞ지니지란 잡되이 즁지며 지ᄌᆞ지ᄎᆞᆯ지란 잡되
블지며 지ᄌᆞ지호지란 잡되이 보지 라(ᄒᆞ니)
부아라
지난 ᄌᆞ(갈지) 오ᄌᆞᆯ(ᄌᆞᄀᆡ) 니니 ᄌᆞᆯ 오다 말이오 잡되난ᄎᆞᆯ
되옥이니 착ᄒᆞᆯ 벗을 오게 ᄒᆞ면 ᄎᆞᆯ되옥을 ᄌᆞ
련ᄂᆞ다 말이라 ᄎᆞᆯ지란 미ᄒᆞᆼ을 친ᄒᆞᆯ라 말이오
ᄒᆞᆫ 즈히 너기다 말이니 보ᄂᆞᆯ 갑다 말이니 남련
이 착ᄒᆞᆯ 벗을 사리면 ᄎᆞᆯ되옥을 갑ᄒᆞ련ᄂᆞ다
말이라.

곤범(壼範) 一　34a

아니ᄒᆞᆫ술권ᄒᆞᆫ미라 이ᄋᆞᆫ ᄌᆞᆯ의 살피야 ᄲᆞᆯ거

시라

이ᄋᆞ언가지놀어 여ᄌᆞ의지야ᄒᆞ 의언윤죽야ᄒᆞ 여ᄌᆞ휘로라ᄒᆞᆯ리

ᄒᆞᆫ술지어이 막블졍ᄒᆞ거롬

부야라

언은주얼욱 여ᄌᆞ의지ᄂᆞᆫ 구휘로더부러 맛당이ᄒᆞ다 말

이니 음식을 맛게ᄒᆞ다 말이오 의언윤죽ᄂᆞᆫ

맛당케ᄒᆞ야 술먹다 말이니 여ᄌᆞ휘로ᄋᆞᆯ 구휘

로더부러 ᄒᆞᆯ가지ᄅᆞᆯ 느리자ᄒᆞᆫ 말이라 ᄒᆞᆫ술지어

는 ᄒᆞᆫ술을 독다 말이오 졍은앙졍ᄒᆞᆯ 졍ᄶᆞ 니ᄒᆞᆫ회ᄒᆞ

ᄒᆞ라 ᄶᆞ리인 디ᄋᆞᆯ 회ᄒᆞ리인 미어다 밀이라

지ᄌᆞ지ᄂᆡ지란잡ᄅᆡ이증지ᄯᅵ지ᄌᆞ지ᄎᆞᆯ지란잡ᄅᆡ

빈ᄃᆡᄅᆞᆯ보리 말이오 며 셩옥리 미을 쓰 벌이 밧
나미이시나 ᄯᅳᆺ이라 장ᄎᆞᆺ장ᄎᆞᆺᄒᆞᆫ나장ᄎᆞᆺ 나ᄅᆞ와 상운 회ᄅᆞᆯ 밧ᄂᆞᆫ
라 너러ᄂᆞᆫ 거동이오 익운ᄌᆞᆯ익ᄇᆞᆺ 부ᄂᆞᆯ 올히오 아ᇰ은
기력이 ᄀᆞᆯ니ᄅᆞᆯ 말이라
이날 시짓ᄂᆞᆫ 사ᄅᆞᆷ이 어단 부뷔 ᄒᆞ여 경계ᄒᆞᆯ 말
을 ᄀᆞᄅᆞ쳐 ᄒᆞ야 지어시니 날온 녀왈 계명이라
ᄒᆞ야 그 남편을 경계ᄒᆞ거ᄂᆞᆯ ᄉᆞ왈 미ᄃᆡ라 ᄒᆞ믄
임의 날이 ᄉᆡ게 되야 ᄌᆞ리 우리 ᄡᅳᆯ 안니라 ᄯᅳᆺ이니 저
ᄅᆞᆯ 경계ᄒᆞ미 부부의 연날 ᄒᆞᆯ ᄉᆞ졍을 ᄌᆞ리 아
니ᄉᆞᆫ ᄯᅳᆺ을 가히 알거시라 ᄒᆞ미니라 ○ 익부여
안은 부안을 ᄲᆞᆫ 거시 제ᄉᆞ 싱ᄒᆞᆯ 일이 매ᄉᆞ
ᄂᆞᆫ 일을 보조런이 ᄒᆞ야 부부의 ᄉᆞ졍의 게어ᄅᆞᆯ

곤범(壼範) 一 33a

로ᄃᆡ아ᄂᆞᆫ동ᄌᆞ연이알거시라

뎡풍

녀왈계명놀이어 수왈민됴라어 주흥시야라ᄒᆞ 명셩옥

란니잇어 장골장상야ᄒᆞ 익부여안거잇어

부야라

녀왈계명은겨집은골오ᄃᆡ ᄃᆞᆰ이우ᄂᆞ다말

이오수왈민됴ᄂᆞᆫᄉᆞ나희골오ᄃᆡ ᄃᆞᆰ이우리ᄲᅳᆫ아

니라새여가ᄂᆞ니란말이니주흥시야ᄂᆞᆫ골ᄋᆞᄃᆡ너

밤을보라말이오명셩옥란말은새별이빗

나미잇ᄂᆞ니라뜻이라장고장고ᄒᆞ나장ᄒᆞᆫ 너ᄀᆞ와상은활ᄡᆞᄂᆞᆫ

리너러ᄂᆞᆯ거둥이오인은벅[illegible]

기럭이골너골말이라

이시ᄅᆞᆯ읫글을쐐하ᄎᆞᆫ글건너니그쐬경샹이이
러러니라말이니거조ᄲᅵᆺ말을니ᄅᆞ며차관ᄒᆞ
믈마니아니ᄒᆞ미라

척인ᄉᆞ랑

경원보시ᄌᆞ조리ᄭᅩᆺ조오쥐장강을니ᄅᆞ매덕힝
라ᄇᆞᆫ장의거록ᄒᆞ믈니ᄅᆞᆯ거시어ᄂᆞᆯ이시의일
ᄏᆞ티아니ᄒᆞᆯ다만그ᄌᆞ강의키ᄒᆞᆷ다옹ᄯᅩ의아
ᄅᆞᆷ다옴다위의의의ᄀᆞᄌᆞᆷ다ᄉᆞ녀의블샹이너기ᄂᆞᆫ
ᄯᅳᆺ블니ᄅᆞ믄업ᄉᆞ니니이ᄅᆞ차ᄌᆞ지글오샤쥐이라만ᄀᆞ사
ᄅᆞᆷ의의보와아ᄅᆞᆷ기쥐옴일글닐러ᄲᅥ장ᄀᆞᆼ의혼얌
ᄒᆞ며져집의오ᄌᆞᆨᄒᆞ야장강의아ᄅᆞᆷ다옴ᄋᆞᆯ아
러ᄭᅳᆺᄒᆞ믈ᄌᆞ를거ᄅᆞᆼᄒᆞ미니그덕힝라ᄇᆞᆫ장을니

하ᄂᆞᆫ ᄯᆞᆯ이니 양〻은 ᄆᆞᆯ거동이오 복ᄂᆞᆨᄉᆞ븍
ᄋᆞᆯᄒᆞᄀᆞᆯ다 말이니 ᄀᆞᆯ〻은 ᄒᆞᄀᆞᆯᄂᆞᆫ 거동이라.
시ᄅᆞᆯ 베프다 말이오 ᄌᆞᆫ 그믈이오 회ᄅᆞᆯ〻은 곰믈
ᄎᆞᆯᄉᆞᆯ 쇠라 졀옷 ᄂᆞᆫ 그기 일홈이오 ᄇᆞᆯ〻은 쳥
ᄒᆞᆯ 거동이니 가닯은 굴ᄒᆞᆯ히니 걸〻은 ᄌᆞᆯ〻이 긴
거동이오 쳐강은 보ᄃᆞᆫ겨 집이니 얼〻은 쳡봉
이 쳥ᄒᆞᆯ 거동이라 쳐ᄉᆞᆯ 보ᄂᆞᆫ ᄉᆞ나회 오욱걸
은 쉐ᄎᆞᆯ 거동이ᄅᆞᆯ 양이라
이시ᄅᆞᆯ 위ᄅᆞᆯ 올ᄅᆞᆯ 쉐 하ᄎᆞ ᄀᆞᄅᆞᆯ 건너니 그쇄 경상이 이
러터니라 말이니 거조 녯말ᄋᆞᆯ니 ᄀᆞᆺ며 차탄ᄒᆞ

ᄲᅮᆯ 미라 이니 ᄒᆞᆯ
쳑인ᄉᆞ랑

곤범(壼範) 一 31a

젹불이 됴내ᄒᆞᄃᆡ 복ᄎᆞᆨ되야ᄒᆞ ᄭᅮᄉᆞ군 노라ᄒᆞ려니

부야라

옹ᄂᆞᆫ 킈 큰 거동이오 농ᄂᆞᆫ ᄎᆞᆯ 너룸지이 ᄒᆞᆫ ᄃᆞᆯ희

니 쳬ᄂᆞᆫ 햐 쳑ᄒᆞ다 말이오 ᄉᆞᆨᄇᆞᆯ ᄉᆞᆨᄇᆞᆯ이니 욕됴

ᄂᆞᆫ 쇠다 말이라 ᄎᆞᆨ본은 ᄇᆞᆰ은 구레 장석이오

ᄌᆞᆫᄌᆞᆫ ᄂᆞᆫ 쳥ᄒᆞᆫ 거동이니 거마의 셩장 고비ᄂᆞᆫ ᄲᅮᆯ

니ᄅᆞᆫ 미오 젹불은 쳥의 지ᄉᆞ ᄎᆞᆯᄉᆞᆯ 위ᄀᆞᆯ ᄎᆞᆨ미

ᄀᆞᄅᆞ되 올거시니 쳬 ᄒᆞᆨ의 부인이 ᄒᆞᆨᄒᆞ니라 ᄃᆡ부

ᄂᆞᆫ 태우니 ᄎᆞᆨ되ᄂᆞᆫ 일ᄌᆞᆨ이 ᄲᅮᆯ러나다 말이니 ᄲᅮᆨ

ᄉᆞ군ᄂᆞᆫ ᄂᆡᄀᆞᆫ을 ᄒᆞ여 ᄀᆞᆺᄎᆞ ᄒᆞ게 말라 ᄒᆞᆷ이

니 나ᄀᆞᆫ이 쟝ᄉᆞᄅᆞᆯ ᄀᆞᆺ리 장강ᄅᆡ ᄒᆞᆯ ᄉᆡ 이 ᄒᆡ ᄉᆡ

극친 세ᄒᆞ다 져ᄒᆞ미라

곤범(壼範) 一 30b

부아라

츅ᄉᆞᆫ손이니 여ᄂᆞᆫ 여복ᄀᆞᆮᄐᆞᆯ 라 옥졔ᄅᆞᆯ 쎄옥기니 ᄎᆔ쇽

이오 부여 응지ᄂᆞᆫ 슐 즁은 어린 기ᄅᆞᆫ 곳이라 말이라

녕은 ᄭᅮᆨ이니 츅 졔ᄂᆞᆫ 흰 ᄀᆞᄅᆞ 병이ᄅᆞ라 말이오 ᄎᆔ

ᄂᆞᆫ 니니 호셔ᄅᆞᆯ 빅 ᄲᅵ 곳이라 말이오 진츅ᄂᆞᆫ 즐 자리니

아미ᄂᆞᆫ 나비ᄂᆞᆫ 섭이라 말이오 조츌ᄂᆞᆫ 증 ᄉᆞᆫ 츌오

츙이라 말이니 쳔은 옥슐 졔 입북와 독ᄲᆞᆯ이 옹

쵹ᄒᆞ라 말이라 미 ᄭᅮᆨ 변은 ᄂᆞᆫ의 흑빅이 분명

타 말이라

옹ᄯᅳ의 아ᄅᆞᆷ다 오미 이러ᄐᆞ시 ᄒᆞ니 밋 강이 녁ᄀᆞ

의 통힝ᄒᆞᆫ 믈어 ᄃᆞᆷ ᄌᆞᆨ ᄒᆞᆫ 믈니 ᄅᆞ미라

쳑인오오나ᄒᆞ 체우ᄂᆞᆼ조야ᄒᆞ ᄉᆞᄯᅳ옥조며ᄒᆞ 츅 분 죠죠ᄂᆞᆯ며

곤범(壼範) 一 30a

이니이ᄂᆞᆫ쳐형쳐뎨라감즁옥ᄉᆞᆯ즁셩의
남편이라 ○ 이시ᄂᆞᆫ위사ᄅᆞᆷ이쟝강이남ᄌᆞ
의게언ᄌᆞ니못ᄒᆞᆷᄋᆞᆯ블샹이너겨쟝강이쳐엄
ᄒᆞᆫ인ᄒᆞ올제일ᄋᆞᆯ거ᄅᆞᆨᄒᆞ야ᄀᆞᆨ히기려지ᄋᆞ롸
그지위와즈ᄐᆡ귀ᄒᆞ야맛당이졍뎍이되엽ᄌᆞᆨ
ᄒᆞᆷᄋᆞᆯ니ᄅᆞ미라
ᄎᆞ여옥뎨오부여옹지오녕여ᄎᆞ제오치여호쳐오진
ᄎᆞ아미니ᄎᆞ로 ᄎᆞᄎᆞ쳘혜며미묵변혜다ᄅᆞᆫ
부야라
ᄎᆞᄂᆞᆫ손이니여ᄂᆞᆫ여ᄆᆞᆺ구ᄅᆞᆯ라옥뎨ᄂᆞᆫ쎄옥기니칙속

ᄒᆞᆫ부인이부모ᄅᆞᆯᄯᆞᆫᄎᆞᆷ내ᄌᆞ최기ᄇᆞ미업ᄉᆞᆯ이
ᄅᆞᆯ알게ᄒᆞ시미니라

위풍

셕인기거나ᄒᆞᆫ의금경의라ᄒᆞᆫ졔후지ᄌᆞ오위후지쳐오
동궁지ᄆᆡ오형후지이오담공유ᄉᆞ라ᄒᆞᆫ

부야라

셕인은큰사ᄅᆞᆷ이니거ᄂᆞᆫ큰옷덕ᄒᆞᆫ샹이니
의금은금의오경의ᄂᆞᆫ빗업ᄉᆞᆫ오시니금의의너
므빗나ᄆᆞᆯ혐의로이너겨ᄡᅥ셕ᄒᆞᆫ오ᄉᆞᆯ오히
ᄀᆞ리오미라졔후지ᄌᆞᄂᆞᆫ졔님군의ᄯᆞᆯ이오위후
지쳐ᄂᆞᆫ위님군의안해라말이오동궁지ᄆᆡ
ᄂᆞᆫ님군의아ᄃᆞᆯ의누의라말이니형후도님군

곤범(壼範) 一 29a

혜ᄅᆞᆸ니 아닐가 말이오 말재ᄌᆞᆼ은 ᄇᆞ롤시 갈러
ᄇᆞᆺᄒᆞᆯ ᄯᅢ ᄀᆞᆯ오ᄃᆡ ᄉᆞᆯ위ᄅᆞᆯ 위ᄒᆞ야 ᄒᆡ가 ᄂᆞᆯ면 ᄂᆡ
근심이 ᄒᆞᆺ되닐가 ᄒᆞᆯ 말이라

현ᄎᆞ ᄉᆞ당

양시 ᄀᆞᆯ오ᄃᆡ 위ᄒᆞ야 겨집이 ᄃᆞ라가 기ᄅᆞᆯ 싱각ᄒᆞ
ᄂᆞᆫ 인졍의 극진ᄒᆞ나 ᄇᆞ롤ᄂᆡ ᄃᆞ라가리 안ᄂᆞ니ᄒᆞ
ᄂᆞᆫ 의리의 극진ᄒᆞ미니 셩인의 경쳐의 ᄇᆞᆯ혀
처ᄲᅧᄒᆞ야 쳬의 뵈시ᄂᆞᆫ ᄒᆞ야 ᄀᆞᆷ라ᄅᆞᆯ ᄒᆞ야 ᄒᆡ오거
ᄒᆞᆯ 부인이 부모ᄅᆞᆯ ᄇᆞ롤ᄂᆡ ᄃᆞ라가 보미 업ᄉᆞᆷ의
ᄅᆞᆯ 알게 ᄒᆞ시미니라

위 ᄒᆞᆼ

셕인 기거 내흔 의 ᄀᆞᆷ경의 가ᄅᆞ ᄎᆡ ᄒᆞ 지ᄌᆞ 외ᄒᆞ 지젼

부야라
아ᄉᆞᆯ내ᄉᆡᆼ각다말이오비쳔은ᄆᆞᆯ이일홈이니
주지ᄅᆞᆯ이에다말이오영탄은기리탄식ᄒᆞ다말
이라ᄎᆞᆨ와또ᄅᆞᆯᄉᆡᆼ각다말이라옥ᄀᆞᆯ머라말이
니ᄯᅢ꿈ᄉᆞᆷ이머다말이라가ᄅᆞᆯ명에메오다말이오
언을ᄇᆞᆺ얼 너ᄉᆞᆯ외에명에메와나가외ᄎᆞ헌ᄂᆞᆫ다말
이니이샤아오ᄅᆞᆯᄯᅢ근심울샤ᄒᆞ야흐르다ᄒᆞᆯ말
이라○이시ᄅᆞᆯ너져본집의가기ᄅᆞᆯᄉᆡᆼ각ᄒᆞ야
ᄎᆡᆺ장다ᄅᆞᆯ재장은가ᄂᆞᆯ거시언더ᄒᆞᆯ잉쳡다
의논ᄒᆞᆯ뜻이오세ᄉ재장은간ᄎᆞ희자ᄅ언ᄎᆞ희
젼ᄒᆡᆼ먹ᄅᆞᆯᄉᆞᆯ외ᄅᆞᆯ가면외로가려니와의되의

곤범(壼範) 一 28a

부야라
가라언은위[명리]이라전슬[밧얼]보지슬술위박회도
논뒤기ᄅᆞᆷ브ᄅᆞ미오할은박회게ᄂᆞᆫ리ᄃᆞ섭
최마촐거시라거슬술위니매슬가라말이볼
하ᄒᆞ하난이니혜ᄅᆞᆯ오미이시라말이니대제가기
논어ᄃᆡ보니이니ᄒᆞ나의뒤의혜ᄅᆞᆯ올가겨ᄅᆞ란뒤
못ᄒᆞ야도ᄃᆡᄒᆞ미라
아ᄉᆞ비쳔[야ᄒᆞ]ᄌᆞ지영란[라ᄒᆞ]ᄉᆞᄒᆞ여ᄅᆞ[나ᄒᆞ]아심욕옥[가ᄒᆞ]가
언ᄅᆞᆯ옥[야ᄒᆞ]이샤아옥아
부야라
ᄌᆞ지ᄉᆞᆯ이에라말이오영란을기리라식ᄒᆞ라말

곤범(壼範) 一 27b

욘욕먹디 말이오 ᄉᆞᄅᆞᆷ 먹은 ᄎᆞᆺ ᄒᆞ ᄒᆞ미

녀ᄌᆞ욕ᄒᆡᆼ은원부모형뎨라 ᄒᆞ니 원은ᄌᆞ 멀원 니

ᄒᆡᆼ은 ᄒᆡᆼᄒᆞᆯ믈ᄅᆞ라 ᄒᆞ니 ᄭᅴ 집가라 말이니 부

모ᄅᆞᆯ 멀리 가다 ᄠᅳᆺ이라 내 ᄆᆞᄋᆞᆷ 아ᄌᆞ미게 ᄒᆞ다 말

이오 ᄎᆞᆺ 급은 ᄃᆞ쥐여 미ᄃᆞ다 말이니 빙은 ᄆᆞᆺ형이

오 ᄌᆞᆯ거 집형이니 ᄆᆞᄋᆞᆷ은 잉쳡을 니ᄅᆞᆷ이니 새

개 잇ᄂᆞᆫ 의돌 인ᄒᆞ야 부모 형뎨 멀리 ᄒᆞ미 녀ᄌᆞ의

응당ᄒᆞᆯ 일이라 비ᄅᆞᆨ ᄉᆞᄉᆞ 싱각ᄒᆞᄂᆞᆫ 쳥이 ᄀᆞ졀

ᄒᆞ나 외리의 ᄒᆞᆸ당ᄒᆞᆯ여 부모ᄅᆞᆯ ᄆᆞᆯ다 ᄆᆞᄋᆞᆷ은 잉쳡

ᄎᆞᆨ히 ᄆᆞᆺ ᄃᆞᆯ미니라

ᄒᆞᆯᄒᆞᆨ옥간ᄒᆞ 읍졀우언ᄒᆞ야 지지쳐 ᄒᆞᆯᄒᆞ야 쳘거인

매면ᄒᆞ 쳔진옥외 ᄂᆞ 엄마 불하옥하야

곤범(壼範) 一 27a

이오졔희ᄂᆞᆫ ᄯᆞ론잉쳡이니본여지ᄯᆞᆯ을더브러치
ᄒᆞᆫ다말이라○위나라겨집이라글나라희홀
인ᄒᆞ야부모ᄅᆞᆯ싱각ᄒᆞ야가볼쳐ᄒᆞ리어라
못ᄒᆞ야이시ᄅᆞᆯ지으니라
츌슉오ᄌᆞᄒᆞ고음쳔오례ᄒᆞ리녀ᄌᆞ유ᄒᆡᆼ이원부모
형뎨라문아졔고ᄒᆞ고슈급ᄇᆡᆨᄌᆞᄒᆞ라
부야라
ᄌᆞᆯ위명ᄃᆡ이니츌슉은나자다말이오례로위명이니
음은먹다말이오슐먹고젼송ᄒᆞ다ᄒᆞ미라
녀ᄌᆞ유ᄒᆡᆼ은원부모형뎨라ᄒᆞ니원은멀원ᄌᆞ니
부모ᄅᆞᆯ멀리ᄯᅥ나ᄯᅳᆺ이라내모든아ᄌᆞ미게ᄯᅳᆺ다말

곤범(壼範) 一　26b

ᄒᆞ미 [illegible]

ᄅᆞᆯ브터어즈러워ᄌᆞ믄의비로서ᄌᆞᆨ이일국의

믿ᄂᆞᆫ일ᄎᆡᆨ을브터최ᄒᆞᆫ체의미ᄒᆞ니어려온

사ᄅᆞᆷ의군신ᄉᆡᆼ별이리오진실로나라희부궁을

군신이니비록군신리말ᄅᆞᆯ저ᄒᆞᆯ들어ᄒᆞᆫ

비리쳔ᄒᆞᆫ도역ᄒᆞᆫ오괴나ᄅᆞᆷ옥회오외ᄋᆞᇰᄒᆞᆯ미일블ᄉᆞ

라호 년리죄회와보여지ᄆᆞ나ᄅᆞᆷ

ᄒᆞᆼ야라.

비ᄂᆞᆫᄒᆞ을ᄂᆞᆫ거ᄉᆞᆼ이오쳔ᄒᆞᆫ을ᄉᆡᆼ블이니역ᄒᆞᆫ

오괴ᄂᆞᆫ톰ᄒᆞᆯ거ᄅᆞᆯᄒᆞ을라ᄒᆞ니 거ᄉᆞᆯ외 ᄎᆡᆨ회라 회ᄂᆞᆫ ᄉᆡᆼ각라 말ᄉᆞᆷ이 라

외ᄅᆞᆯᄉᆡᆼ각ᄒᆞ라말이라미일블ᄉᆞᆯ나ᄅᆞᆯᄉᆡᆼ

각ᄒᆞ라아니미어ᄇᆞ라말이니년을ᄅᆞᆯᄒᆞᆫ거ᄉᆞᆼ

곤범(壼範) 一 26a

ᄉᆞ당ᄒᆞ야 셤기믈 보ᄃᆞᆺ ᄒᆞ되 ᄌᆞᆼ쳡을 ᄂᆞᆯ호
와 ᄒᆞᆫ ᄆᆞ음이 업서 ᄲᅧ ᄌᆞ반ᄒᆞᆫ ᄇᆡ 오직 내 ᄆᆞ음
을 젼일티 아니티 못ᄒᆞᆯ가 ᄒᆞ며 외의 ᄀᆞᄅᆞ가
히 ᄲᅧ 너기디 아니티 못ᄒᆞ리라 ᄒᆞ야 날ᄉᆞᆯ 히여
ᄒᆞᄂᆞ로 ᄒᆞ야 날ᄉᆞᆯ ᄂᆞ 너기게 아니ᄒᆞ며 날ᄂᆞᆯ호
와 ᄒᆞᆫ 날ᄂᆞᆯ ᄒᆞ야 ᄃᆞᆷ하ᄌᆞ ᄒᆞ디 아니ᄒᆞ게 ᄒᆞᄂᆞ니가
히 날은 ᄉᆞᄉᆞᆯ 뎌 싱을 잘ᄒᆞ라 ᄒᆞ리ᄅᆞ다
ᄯᅩ ᄀᆞᆯ오ᄃᆡ 장강의 근심은 내 남편의게 업디 못
ᄒᆞ미 근심ᄒᆞᆫ ᄃᆞ ᄒᆞ야 날ᄂᆞᆺ ᄒᆞ며 부부의 되일
ᄅᆞᆯ브터 어ᄌᆞ러워 주부의 비ᄅᆞᆺ 커 ᄎᆞ기 이ᄅᆞᆯ 국의
사ᄅᆞᆷ의 근심ᄲᅮᆫ이리오 진실로 나라히 ᄇᆞᆼ궁을

곤범(壼範) 一 25b

일라 웗ᄅᆞᆯ은 날라 ᄒᆞᆯ이니 ᄒᆞᆨ지ᄒᆞᆫ 언ᄃᆡ 서ᄒᆞᆫ ᄒᆞᆫ
라 말이오 미ᄅᆞ이 ᄌᆞ러리라 말이니 여비한 의ᄅᆞ
책ᄅᆡ 안ᄂᆞᆫ 옷ᄒᆞ라 말이오 불능은 능히 못ᄒᆞᆯ라
말이니 불비ᄅᆞ 불연이 ᄂᆞ리 못ᄒᆞᆯ라 말이라 ○ 휘
ᄂᆞᆯ 현ᄉᆞᆫ이 부ᄅᆡ 그ᄒᆞᆼ는 ᄒᆡᄅᆞᆯ이 ᄌᆞ러리 미비컨대 평
젹은 망당이 높불 ᄒᆞᆼ쳡은 망당이 ᄂᆞ즘 ᄀᆞ서
ᄂᆞᆯ ᄀᆞ조혀 ᄒᆞᆼ쳡이 정젹은 ᄋᆞᆯ이 되니 일웗ᄒᆞᆯ이
서ᄒᆞᆫ 밧ᄀᆞ여이 ᄌᆞ러ᄂᆞᆫ 곳ᄒᆞᆯ리라 일ᄒᆞᆯ 근심ᄒᆞ
라 말이라

빅ᄌᆞᆨ오랑

ᄒᆞᆼ셩ᄌᆞᆨ시 왈 장강이 난편의게 ᄒᆞᆼ을 언ᄃᆡ
못ᄒᆞ리 난편 원ᄒᆞᆫ ᄒᆞᆫ것이 업불 ᄆᆞᄅᆞᆫ 쳡의게

이니 괴ᄅᆞᆯ [잉ᄋᆡ리ᄯᅳᆺ] 오다 날 [만ᄒᆞᆯ다ᄯᅳᆺ] 라 ᄠᅳᆮ을 업슈이 너기다 말
이오 ᄎᆞ날 [마ᄅᆞᆯ ᄎᆞᄯᅳᆺ] 나불 ᄒᆞᆯ 적 ᄃᆡ 아니ᄒᆞ게 ᄒᆞ라 말
이라 경은 [공경ᄒᆞᆯ 경ᄯᅳᆺ] 나ᄉᆞ지는 싱각ᄒᆞ라 말이오 오는
[쳐ᄒᆞ다 말이오] 라 벽은 ᄆᆞᄋᆞᆷ을 ᄯᅩ지라 말이오 ᄌᆞ노 ᄆᆞᄋᆞᆷ을
ᄠᅳᆺ지ᄂᆞᆫ 거동이라
일ᄀᆞ 윌제에 ᄒᆞ질이 미오 심지오 의여 여비한 의 [다ᄅᆞᆫ]
정언ᄉᆞ지오 불능 분비 [다ᄅᆞᆫ]
비야라
일다 위ᄅᆞᆫ 날다 ᄒᆞᆯ이니 ᄒᆞ질ᄒᆞᆫ 언ᄃᆡ 서ᄒᆞᆫ ᄒᆞ
라 말이오 미ᄅᆞᆯ 이 ᄌᆞ리리라 말이니 여비한 의ᄅᆞᆯ
말이니 불비ᄅᆞᆯ 분연이 ᄂᆞ리ᄯᅳᆺ ᄒᆞ라 말이라 ○ 취

곤범(壼範) 一 24b

이심비셕이라불가젼이며이심비셕이라불가권이
며위의톄톄라불가션야ᄂᆞᆯ
부야라
아심비셕은내ᄆᆞᄋᆞᆷ이돌히아니라말이니불
가젼은구울리디못ᄒᆞᆯ다말이오셕은돗기오
톄〻ᄂᆞᆫ닉슉다말이오션은골희다말이니라
우심쵸쵸ᄒᆞ여온우군쇼ᄒᆞ라구민긔다ᄒᆞ여슈모불쇼ᄒᆞ라
졍언ᄉᆞ지오오벽유표ᄒᆞ라
부야라
우심은근심ᄒᆞᆯᄆᆞᄋᆞᆷ이오쵸〻ᄂᆞᆫ근심ᄒᆞᆯ거
동이니군쇼ᄂᆞᆫ모든쳡이오온우ᄂᆞᆫ노ᄒᆞ야ᄒᆞᆫ물
보라말이라구ᄂᆞᆫ보라말이오민은민망다말

곤범(壼範) 一 24a

감은거울이니불가이여놀가히혜아리디못ᄒᆞᆯ
다말이오거울은비최면너거ᄉᆞᆯ혜아리되내
몸은보리니못ᄒᆞ야너의몸을혜아리디못ᄒᆞᆯ
나말이라엿웃형뎨ᄂᆞᆫ샹형뎨이시나말이오
불가이거ᄂᆞᆫ의거ᄒᆞ야견홍리못ᄒᆞ다말이오
박은잠간하다말이오언은어ᄌᆞᆨ조니왕은가다
말이오ᄎᆞᆯ근ᄒᆞ다말이니봉리지놀너의쳥내
불말나라ᄒᆞ미라
아심비셕라이불가젼야며아심비셕라이불가권야
며위의톄톄라불가션야다른
부이라
아심비셕은내몸이돌히아니라말이니불

곤범(壼範) 一 23b

ᄂᆞ겨집살ᄆᆞᆷ이 남편의게 어ᄃᆡᄒᆞᆫ물빅쥬의비
기미라 경은 근심ᄒᆞᆯ거동이오 불미ᄂᆞᆫ 쟈니
못ᄒᆞᆯ거동이니 여유은우ᄂᆞᆫ 숨은근심이올
거동이라 미아무쥬이오이유ᄂᆞᆫ 내ᄉᆞᆯ이 업셔 ᄌᆞᆯ
기며 놀미업ᄉᆞᆫ 줄이 아니라 말이라 ○ 이시ᄂᆞᆫ
말ᄉᆞᆷ다 긔운이 ᄂᆞᆺ초ᄒᆞ며 브드럽고 약ᄒᆞ
니ᄯᅵᄌᆡ 부인의 지은 글이니 아니 ᄯᅩᄒᆞᆫ 쟝강의
신가ᄒᆞ노라
아심비감이라 불가이여며 역유형뎨나 불가이거니로
박언왕ᄉᆞ로 봉피지노라ᄒᆞ
부야라

곤범(壼範) 一 23a

곤범(壼範) 一 22b

ᄂᆞᆫ거동이오측은새배오야ᄂᆞᆯ밤이니칙중은중
ᄒᆞᄂᆞᆫ의이라말이니중ᄒᆞᆯ죵ᄎᆞ체ᄒᆞᆯ곳이라거ᄀᆞ
ᄂᆞᆫ완ᄒᆞᆫᄒᆞᆯ거동이니박은잠깐ᄒᆞ다말이오언
은어욱주온환리ᄂᆞᆫ돗다ᄒᆞ다말이니완ᄒᆞᆫᄒᆞᆫ중경ᄒᆞ
미마ᄅᆞ아니ᄒᆞᆯ니ᄅᆞ니라

취변상당

지저진시완ᄒᆞᆯ축역가인대녹이의일외ᄒᆞᄂᆞ
배업복종체의이라ᄒᆞ니복인이일외ᄒᆞᆯ일
이업보지ᄉᆞ묘식다체ᄉᆞᄒᆞᆯ궁묘ᄒᆞᆫ알ᄯᅳᆺ이니
이시의닐온번울ᄎᆞ와가의가리여체ᄉᆞ의ᄲᅳᆫ오미
축역다ᄒᆞᆯᄯᅳᆺ이오말재강은고평청다중경ᄒᆞ

곤범(壼範) 一 22a

아ᄒᆞᆫ다이너기미라

옥이취번이오간지ᄌᆞᆼ (라일) 오이옹지이ᄀᆞᆼᄒᆞ지궁

(라일)

부야라

간은시내오지ᄂᆞᆯ (죽어ᄂᆞ죽) ᄌᆞᆼ은가온대니궁은종묘

ᄅᆞᆯ니ᄅᆞᆯ말이니라

리지ᄌᆞᆼᄌᆞᆼ (여이) ᄒᆞᆨ야지ᄌᆞᆼ (라일) 리지리리여박언환귀 (가로)

부야라

회ᄂᆞᆯ머리취온거시니 (ᄒᆞᆨ이ᄒᆞᆫ머리 ᄀᆞᆯ온거시라) ᄌᆞᆼ은ᄀᆞᆼ경ᄒᆞᆫ

ᄂᆞᆯ거ᄌᆞᆼ이오ᄒᆞᆨ은새배오야ᄂᆞᆯ밤이니치ᄌᆞᆼ은ᄀᆞᆼ

ᄒᆞ의이리말이니 ...

ᄂᆞᆯ왈ᄒᆞᆯ거ᄌᆞᆼ이니박은ᄌᆞᆷ간ᄒᆞ다말이오언

곤범(壼範) 一 21b

논혼인ᄒᆞ매 녀계 (져집ᄒᆞᆷ셩이라) 와 형뎨의 ᄯᆞᆯ이 ᄯᆞᆯ
아가ᄒᆞᆯ 남편을 셤기니 이ᄅᆞᆯ 닐온 잉톄니
라 ᄒᆞᄂᆞ니라
작ᄉᆞ상댱
옥이 쳔번이오 ᄎᆞ옥지 (자료) 옥이 옹지이ᄒᆞᆫ 호지ᄉᆞ (자료)
부야라
옥은 (어죽) 주질이순 (ᄇᆡᆨ이) 주변은 흰빛이라 칭ᄒᆞ니라 말이오
ᄎᆞᆯ 묵시니지 근 ᄯᆞᆯ ᄀᆞ 이라 ᄒᆞᆫ ᄎᆞᆯ 졔ᄒᆞᆫ 뵈ᄉᆞᆯ 졔
ᄉᆞ니라 ○ 남녀 난라 히 분왕의 화ᄅᆞᆯ 닙어 졔
후의 부인이 능히 졍셩라 ᄒᆞ 경을 극진이ᄒᆞ
야 뻐 졔ᄉᆞᄅᆞᆯ 맛ᄃᆞ니 그집안 살ᄅᆞᆷ이 ᄀᆞ일을 닐러

이시ᄂᆞᆫ쥭ᄅᆞᆷ의단졍ᄒᆞᆫ곳ᄌᆞ니라

옥작옥之에옥ᄌᆞ방지다ᄅᆞᆫ지ᄌᆞ옥귀여벽ᄋᆞᆼ장지다ᄅᆞᆫ

ᄒᆞᆼ야라

방을ᄌᆞ다말이니장지ᄅᆞᆯ보ᄂᆡ다말이니라

옥작옥之에옥ᄌᆞ영지다ᄅᆞᆫ지ᄌᆞ옥귀여벽낭쳥지다ᄅᆞᆫ

ᄒᆞᆼ야라

영을ᄀᆞᆯ죡ᄒᆞ미오쳥지ᄂᆞᆫᄒᆞᆫ인을일오다말

이라

죡의ᄀᆞᆯ죡ᄒᆞ다말은잉쳡이만타말이니녜

ᄂᆞᆫᄒᆞᆫ인ᄒᆞ매녀졔 져집죵 셩이라 와형졔의ᄯᆞᆯ이ᄯᆞᆯ

곤범(壼範) 一 20b

흥야라
쟉은 가치니 소ᄂᆞᆫ 집이 잇다 말이오 구ᄂᆞᆫ 비ᄃᆞᆯ
기니 거ᄂᆞᆫ 잇다 말이니라 빅냥은 술위니 아ᄂᆞᆫ
마ᄌᆞ미라 이ᄂᆞᆫ 졔후의 ᄯᆞᆯ이 졔후의 혼인ᄒᆞ야
가매 보ᄂᆡ며 마ᄌᆞ미라 빅냥을 ᄒᆞ미라 졔후ᄃᆞᆯ
이 문왕의 덕화ᄅᆞᆯ 닙어 능히 ᄇᆞᆯ옷ᄃᆞ라 ᄆᆞᄋᆞᆷ을 닷
가 ᄲᅧ고 집을 ᄀᆞᄌᆞ론케 ᄒᆞ니 녀지 ᄯᅩ ᄒᆞᆫ 후비의 덕
화ᄅᆞᆯ 닙어라 ᄆᆞᆫ 슌젼ᄒᆞᆫ ᄀᆞᆷᄒᆞᆫ 슌뎡ᄒᆞᆫ
ᄒᆞᆫ ᄀᆞᄌᆞᆫ 덕이 잇ᄂᆞᆫ ᄀᆞᆯ 졔후의게 혼인ᄒᆞ야 가
매 그 집 살ᄅᆞᆷ이 아ᄅᆞᆷ다이 너겨 ᄀᆞᆯ오ᄃᆡ 가치 ᄉᆡ 잇
거ᄃᆞᆯ 비ᄃᆞᆯ기 와 거ᄒᆞ다 ᄒᆞ니 가치ᄂᆞᆫ 집을 잘 짓ᄂᆞᆫ 비ᄃᆞᆯ기ᄂᆞᆫ 집을 잘못 짓ᄂᆞᆫ매 려흥ᄒᆞ야 닐럿ᄂᆞ니라

곤범(壼範) 一　20a

니화ᄒᆞ면리젹니아니ᄒᆞᆯ손ᄎᆞᆫᄒᆞ면거ᄉᆞᆲᄌᆞ리
아니ᄒᆞᄂᆞ니반ᄃᆞ시ᄒᆞᆫ셩이ᄀᆞᄅᆞ의게국진ᄒᆞᆯᄌᆞᆼ
경ᄒᆞ미남편의게어ᄀᆞᆺ디아니ᄒᆞᆯ데의남편
의형뎨의게맛ᄌᆞᆯᄒᆞ의가히ᄲᅧ맛당타니ᄅᆞ
리니이다ᄇᆞᆫ왕의조회ᄒᆞ비오희횡ᄒᆞᆯᄉᆞᆯ국
니의부인이어ᄯᅴ로셔라감ᄒᆞ야법측ᄒᆞ미이
ᄀᆞᆺᄐᆞ니라.

ᄎᆞ람

옥작옥ᄉᆞ에옥ᄀᆞ리지라ᄅᆞᆯ지ᄌᆞ옥귀여빅낭아지라ᄅᆞᆯ
훙야라
지ᄋᆞᆫ가치니옥ᄎᆞᆯ지ᄇᆡ이어ᄭᅴ밋ᄋᆞ오ᄌᆞ셔비ᄅᆞᆯ
기니려ᄉᆞᆯ이라말이니라빅낭은ᄉᆞᆯ위니아ᄂᆞᆯ

식ᄒᆞ미니라

ᄃᆞ지보오여옷블기실 다일 지ᄌᆞ오귀여의기가실 다일

ᄒᆞᆼ야라

옷블기실은그쳥ᄒᆞᆯ엳비ᄀᆞᆺ다 말이오의기가

실은그집의ᄆᆞᆨ당ᄒᆞ다 말이니라 블ᄲᆞᆫ ᄲᆞ다쳥ᄒᆞᆯ블

ᄃᆞ지보오여기엽진 진 다일 지ᄌᆞ오귀여의기가인 다일

ᄒᆞᆼ야라

기엽은닙히오진ᄋᆞᆯ은쳥ᄒᆞᆯ거ᄉᆞᆼ이니가일은

집안살ᄅᆞᆷ울니ᄅᆞ미니라

ᄃᆞ오삼당

ᄅᆞᆼ쳥ᄌᆞᆨ시굴오귀 ᄆᆞᆨ당라 ᄒᆞᆯ문화ᄎᆞᆫᄒᆞᆯ ᄲᆞᄒᆞ이

곤범(壼範) 一 19a

거동이오기화ᄂᆞᆫ그열매라지ᄌᆞᆫ신부를니ᄅᆞ미
오우귀ᄂᆞᆫ도라가다ᄒᆞ미니의기실가ᄂᆞᆫ그집의
마당타ᄒᆞ미니라 ○ 녀지셔방마자감을도라가
나니ᄅᆞᄂᆞ니쥬쳬의나ᄅᆞ가긔ᄅᆞᆯᄒᆞ세ᄒᆞᄂᆞ니
라복쳥화ᄂᆞᆺ치그쳬픠ᄂᆞᆫ거시매시인(시지ᄅᆞᆯ ᄡᅳᆷ이라)이일
로리용ᄒᆞ야닐럿ᄂᆞ니라 ○ 문왕의화(화ᄂᆞᆫ 조화라 말이라)집
을브터나라히미쳐남녀쳬ᄅᆞᆯᄇᆞᆰ혀혼인을미ᄅᆞᆯ
발ᄅᆞ게ᄒᆞ니시인이보ᄂᆞᆫ바ᄅᆞᆯ인ᄒᆞ야그녀ᄌᆞ의어
딜ᄆᆞ미반ᄃᆞ시그집의마당ᄒᆞ미이실ᄌᆞᆯ기려탄
식ᄒᆞ미니라.

곤범(壼範) 一 18b

ᄒᆞ거시 잇ᄂᆞᆫ 대개 일을 강잉ᄒᆞ여 힘ᄡᅳ면 일

우러ᄂᆞ니와 ᄯᅳᆺ과 ᄆᆞᄋᆞᆷ의 나ᄂᆞᆫ 졍은 이리ᄒᆞ여 업시 ᄒᆞ거어

려오ᄂᆞ니라

남헌 댱시 ᄀᆞᆯ오ᄃᆡ ᄒᆞᆨ비의 ᄌᆞ손 만ᄒᆞ미 ᄀᆞᆯ리 ᄒᆞᆯ

ᄒᆞᆨ문을 ᄌᆞᄒᆞ면 진실로 ᄌᆞ거 아니ᄂᆞ니 ᄯᅳᆯ 말리아

ᄯᅳᆺ ᄀᆞᆯ이 당을 ᄌᆞᆨ 당ᄒᆞ야 니어 ᄎᆞ례ᄒᆞ여겨

시ᄂᆞ니라

졍ᄌᆞ ᄀᆞᆯ오ᄃᆡ 튱숙 황후의 ᄯᅳᆺ이니 ᄒᆞᆨ비의게 비ᄒᆞ

미 맛당티 아니ᄒᆞ나 이ᄂᆞᆫ 시지ᄂᆞᆫ 살ᄅᆞᆷ이 그덕의 합

ᄒᆞᆫ 물 ᄎᆔᄒᆞ미니 대개 ᄌᆞ손의 만ᄒᆞᆫ 뭇 니ᄅᆞ미니라

ᄂᆞᆨ지 못ᄒᆞ여 작작 기화(ᄌᆞᄅᆞᆯ) 지ᄌᆞ우 거여의 이실가(ᄌᆞᄅᆞᆯ)

ᄒᆞᆯ 복 쳥화 ᄆᆞᆺᄆᆞᆺ ᄂᆞᆯ 포ᄒᆞᆫ 거동이라 작작ᄒᆞᆫ 빋ᄂᆞᆫ

곤범(壼範) 一　17b

ᄌᆞ식을 낫ᄂᆞ니라 우ᄂᆞ[빗지옥] 놀게라 셜ᄒᆞ은 화ᄒᆞ
야 ᄭᅩᆺ물거동이라 의ᄂᆞᆫ 맛당타 말이오 이ᄂᆞᆫ[빗너어]
진ᄌᆞ은 셩ᄒᆞᆯ 거동이니 네 ᄌᆞ손이 맛당이 셩
ᄒᆞ리ᄅᆞᆺ다 말이라 ○ 이ᄯᅡᆼ은 후비의 덕이 셩
ᄒᆞ야 투기ᄒᆞᆯ 줄 아니ᄒᆞ야 ᄌᆞ손이 만ᄒᆞᆯ 줄 즁
쳡이 죵ᄉᆞ의 ᄯᅳᆺ이라 화ᄒᆞᆯ 거ᄉᆞᆯ ᄲᅧ ᄌᆞ손의 만ᄒᆞ
믈비ᄒᆞ야 닐오ᄃᆡ 그 이런 덕이 이시니 이런 복
이 이시미 맛당타 말이라

죵ᄉᆞ우 훙훙혜니 의이ᄌᆞ손이 승승혜[다른]
비야라
훙훙은 무리지어 ᄂᆞᄂᆞ다 말이오 승승은 니음ᄎᆞ라

곤범(壼範) 一 17a

ᄒᆞ려라 ᄒᆞᆯ 말이 업ᄉᆞ니 엇ᄒᆞᆯ 죵쳡의 쳥졍

이 발ᄒᆞᆯ ᄯᅳᆯ 보리로다 ○ 죵시 내시 골오ᄃᆡ 한나라

조황후와 ᄎᆞ나라 조ᄀᆞ황후와 당나라 ᄇᆞᆨ후의

ᄌᆞ거ᄒᆞᆯ 회 나라 망ᄒᆞ기의 니ᄅᆞ니 ᄌᆞ나라 후

비의 덕이 이ᄀᆞᄐᆞ니 시인 시지을 살ᄒᆞᆫ이라 이 엇디 시러곰 탄

식디 아니리오

죵ᄉᆞ 옥 천천혜 나의 이 ᄌᆞ손이 진진혜 ᄌᆞ론

비야라

죵ᄉᆞᆯ 황 동의 뫼니 ᄒᆞᆯ 번ᄉᆞ ᄒᆞᆷ애 아ᄒᆞᆫ 아홉

ᄌᆞ식을 낫ᄂᆞ니라 오ᄅᆞᆯ 빡ᄀᆞᆨ 지옥 ᄂᆞᆯ게라 천ᄀᆞ 온화ᄒᆞᆫ

진ᄀᆞ 온 쳥ᄒᆞᆯ 거동이니 네 ᄌᆞ손이 만당이 셩

곤범(壼範) 一 16b

남유규목ᄒᆞ니 갈류황지로다 낙지군ᄌᆞ여 복니장
지로다
흥야라
황은 덥다 말이오 장은 돕다 말이니라
남유규목ᄒᆞ니 갈류영지로다 낙지군ᄌᆞ여 복니셩
지로다
흥야라
영은 얽히다 말이오 셩은 일오다 말이니라
규목삼장
경원보시 골오ᄃᆡ 일홈은 광이니 호ᄌᆞ ᄌᆡᄌᆞ라 즁쳡이 후비를
덕되이 너기되 넘친 말이 업고 후비를 축원

곤범(壼範) 一 16a

ᄒᆞ야라
국목은 굽은 남기니 남녁희 국목이 이ᄉᆞ라
말이오 갈은 츩이오 류ᄂᆞᆫ 츩ᄀᆞᆺᄐᆞᆫ 거시오 녹
ᄂᆞᆫ 남긔 얼긔다 말이라 낙은 즐거오미오 지ᄂᆞᆫ 즉어
군ᄌᆞᄂᆞᆫ 후비ᄅᆞᆯ 니ᄅᆞ미오 옥ᄂᆞᆫ 평안타 ᄒᆞᆫ 말ᄉᆞᆷ이
니라 이 장은 후비 덕이 셩ᄒᆞ야 아래ᄅᆞᆯ 좃쳡
ᄀᆞ리미 ᄒᆡ지ᄅᆞᆯ 로ᄒᆞᆯ 봉ᄋᆞᆷ이 업ᄉᆞ매 좃쳡이 후
비덕을 즐겨 일ᄏᆞ라 후비 복녹을 평안ᄒᆞ여
ᄒᆞ다 셔원ᄒᆞ미라
남유국목 나ᄒᆞᆫ 갈류황지 다ᄅᆞᆯ 낙지군ᄌᆞ여 복니장
지니
ᄒᆞ야라

곤범(壼範) 一 15b

그ᄢᅢ 부모의게 긔별ᄒᆞ리라 ᄒᆞ미라

갈남삼낭

이시ᄂᆞᆫ 대서ᄒᆞᆯ 지은 글이니 기리 ᄂᆞᆫ 말이 업
ᄉᆞ나 그러나 이ᄅᆞᆯ 보면 가히 ᄲᅢ 그입의 귀ᄒᆞ되 능
히 부즈런ᄒᆞᆯ 입의 가음여되 능히 검박ᄒᆞᆯ
입의 어ᄅᆞᆫ이 되 공경ᄒᆞ미 네 ᄉᆞ의게 ᄂᆞ려지입
아니ᄒᆞᆯ 입의 ᄒᆞᆯ가 ᄒᆞ여 시되 ᄒᆞ경이 ᄉᆞ친의
게 뇌되 아니ᄒᆞ니 이다 덕의 ᄒᆞᆫ ᄒᆞᆸ을 가히 불거
시ᄅᆞ다

남옥국목 나ᄒᆞ 갈ᄅᆞᆨ눅지 ᄂᆞ름 낙지 근ᄌᆞ여 북녀 옥
지 ᄂᆞ름

의ᄂᆞᆯ니녜복올오히납ᄉᆞᆸ오시라 ᄒᆞᆯ은 (ᄒᆞ시단 말ᄉᆞᆷ이라)
복올 마다 말이니 어ᄂᆞ 옷ᄉᆞᆯ ᄎᆡᆨᄒᆞᆯ 어ᄂᆞ 옷ᄉᆞᆯ 어니 ᄎᆡᆯ
니ᄒᆞᆯ 말이라 녕은 부모의게 ᄃᆞᆫ안ᄒᆞ라 말이
라. ○옷ᄃᆡᄃᆞᆫ의 이ᄆᆡ의 치거ᄉᆞᆯ 이ᄌᆞᆺ어 납ᄋᆞᆸ니
롤 이ᄃᆡᄃᆞᆫ은 ᄉᆞ시의게 (ᄒᆞ시ᄂᆞᆫ 옷ᄉᆞᆺ어 옷으로 ᄒᆞᆯ거시라) 그ᄒᆞ야 ᄒᆞ여금
남편의게 그ᄒᆞ야 장ᄎᆞᆺ 리령ᄒᆞ려 ᄒᆞᆺ올 그ᄒᆞᆯ
ᄒᆞᆯ옷ᄉᆞᆯ 옷ᄉᆡ 어ᄉᆡ 니의 ᄉᆞᆯ 납ᄋᆞᆯ 옷ᄉᆡ 더러온 거ᄉᆞᆯ
ᄎᆡᆨ니 아니ᄒᆞ며 니의 옷ᄉᆞᆯ 옷ᄉᆞᆯ ᄎᆡᆨ니 아니ᄒᆞ리오 어
ᄂᆞ 옷ᄉᆞᆯ ᄎᆡᆨᄒᆞᆯ 어ᄂᆞ 옷ᄉᆞᆯ ᄎᆡᆨ니 아니ᄒᆞ리오 ᄂᆡ 장ᄎᆞᆺ 납
그ᄲᅥ 부모의게 리령ᄒᆞ리라 ᄒᆞ미라

이시ᄂᆞᆯ 되시 ᄒᆞᆯ을 지은 진 글이니 기리ᄂᆞᆫ 말이 업

확ᄒᆞ야외치외격ᄒᆞ니복지무역일라
부야라
막ᄀᆞᆫ무졍ᄒᆞ미오에와확은뷔다말이라
치ᄂᆞᆫᄀᆞᄂᆞᆫ뵈오격은ᄀᆞ리온뵈니복은닙다말
이오무역은슬ᄒᆞ미업다말이라
언ᄃᆞᆫᄉᆞ시ᄒᆞ야언ᄃᆞᆫ언거ᄒᆞ라박오아ᄉᆞ며박한아의니할
한할복오귀령부모ᄒᆞ라
부야라
언운어죽조오흘ᄃᆞᆫᄒᆞ다말이라ᄉᆞ시ᄂᆞᆫ거집ᄉᆞᆼ셩이라귀ᄂᆞᆫ내
집의ᄌᆞ라가블ᄃᆞᆫᄒᆞ미라박은잠간ᄒᆞ다말
이오몸ᄋᆞᆯ더러온거ᄉᆞᆯ업시ᄒᆞ다말이오아ᄉᆞᆯ
내ᄉᆞᆯᄅᆞᆨ이니블오시라한ᄋᆞᆫ오ᄉᆞᆯᄲᆞ다말이오아

말이오동국은굴가올때말이라여덟옹은닙희
오죄ᄀᆞᄂᆞᆫ쳥ᄒᆞ라말이니황홍ᄂᆞᆫ최ᄒᆞ리보비ᄂᆞᆫ
ᄂᆞ라말이라집은꼿ᄂᆞ라말이오ᄃᆞᆫ목은홍셩
ᄂᆞᆷ기니명은오ᄂᆞ라말이오리기ᄂᆞᆫᄉᆞ취화ᄒᆞ라
말이니라
이ᄂᆞᆯ태셔ᄒᆞᆰ을ᄏᆡ여질삼ᄒᆞ시ᄂᆞᆫ일을ᄂᆞᆯ미
니그쳬의ᄒᆞᆰ도쳥ᄒᆞᆯ최ᄒᆞ리도옹ᄒᆞᆰ을ᄂᆞᆯ미라
갈지ᄅᆞᆷ쳬이우동국야ᄒᆞ우엽막막ᄃᆞ잇어시에시
확야ᄒᆞ위치위격나ᄒᆞ복지무역다일
복야라

치ᄂᆞᆫᄀᆞᄂᆞᆯ뵈오격은구리은뵈니복은닙ᄂᆞ라말

곤범(壼範) 一　13b

홍ᄅᆞ의 쥴 깁ᄂᆞᆫ 거시라 말이라

단져삼낭

ᄒᆞᆼ지 ᄀᆞᆯ오샤ᄃᆡ 단져ᄂᆞᆫ 낙ᄒᆞᄃᆡ (낙은 즐거워ᄒᆞ다 말이라) 음티
아니ᄒᆞᆫ (음은 방ᄌᆞᄒᆞ다 말이라) 의ᄒᆞᄃᆡ (의ᄂᆞᆫ 서러ᄒᆞ다 말이라) 샹티 아니ᄒᆞ다
ᄒᆞ시니 (샹은 셜워ᄒᆞ다 말이라) 주지 ᄀᆞᆯ오샤ᄃᆡ 이 시ᄅᆞᆯ 지ᄋᆞᆫ 사ᄅᆞᆷ
이 그 셩졍의 바ᄅᆞᆫ 것과 ᄉᆞ긔의 화ᄒᆞᆷ을 어ᄃᆞ니
ᄀᆞᆯ리니 뎌ᄂᆞᆫ 반ᄒᆞᆨ은 의ᄒᆞ미 오ᄅᆞᆫ 줄 홍ᄅᆞᄂᆞᆫ 낙
ᄒᆞ미 ᄀᆞᆺ티라 그 법도의 나리 아니ᄒᆞᆷ을 볼 거시라

갈지담혜 이옥듕곡 (야ᄒᆞ) 욱엽쳐쳐 (ᄒᆞᆯ어) 황조우비
집오관목 (야ᄒᆞ) 기명ᄀᆡᄀᆡ (ᄒᆞ리라)
부야라 (부ᄂᆞᆫ 일을 펴바 ᄀᆞᆺ디ᄅᆞᆫ 뜻이라)
갈은 츩이오 담은 버ᄃᆞ다 말이니 이ᄂᆞᆫ 버러 가다

이니친의ᄒᆞ미금슐ᄀᆞᆮ거ᄉᆞᆯ화평ᄒᆞ미죵
ᄌᆞ의즐기ᄂᆞᆫ것ᄀᆞᆺ다말이니라
ᄯᅢ개이사ᄅᆞᆷ의이러이체샹의덕ᄋᆞᆯ이이ᄅᆞ니ᄯᅳᆺ
ᄒᆞᆯᄌᆞᆯ보리예ᄂᆞᆺ니업ᄉᆞ니ᄒᆞ야ᄀᆞᄒᆞ야어ᄅᆞ니ᄯᅳᆺ
ᄒᆞᆯᄌᆞᄀᆞᄌᆞ의비되ᄅᆞᆯ을삼아안ᄌᆞ울다ᄉᆞ리ᄂᆞᆫ
려ᄋᆞᆯ일ᄋᆞ다ᄯᅳᆺᄒᆞᆯᄌᆞᆯᄀᆞ심ᄒᆞ야셩각ᄒᆞᆷ
깁다가ᄌᆞ믯비되ᄅᆞᆯ이되야너리ᄅᆞᆯ이ᄅᆞᆯ워ᄂᆞᆫᄌᆞ친
위ᄒᆞ며즐거온ᄯᅳᆺ이ᄒᆞᆯ말나업ᄉᆞ니ᄒᆞ미금슐
죵ᄌᆞ의즐김ᄀᆞᆺ다말이라
라쳐삼당

아니ᄒᆞᆯ 음ᄉᆞᆷᄂᆞᆺ ᄒᆞ다말이라 위ᄒᆞ쉬 위ᄒᆞ서굴러 ᄒᆞ다말이라 생리아니ᄒᆞᆯ라

ᄯᅳᆺ이니라 웃ᄃᆡ문은태ᄉᆞ의덕을니ᄅᆞ미오
이ᄃᆡ문은문왕이태ᄉᆞᄅᆞᆯ얻으되못ᄒᆞ셔ᄎᆡ의궁
인이위ᄒᆞ야이런비필을어ᄃᆞ시라져ᄒᆞ야
셩각ᄒᆞᆯ근ᄒᆞ미니오ᄅᆡᄉᆞ복다뎐뎐반ᄎᆞᆨ이
다궁인이그리ᄒᆞ다말이라
ᄎᆞᆷ치힝치ᄅᆞᆯ좌우취지라로요됴숙녀ᄅᆞᆯ금슬우
지라로ᄎᆞᆷ치힝치ᄅᆞᆯ좌우모지라로요됴숙녀ᄅᆞᆯ죵고
낙지라로
ᄒᆞᆼ야라
취ᄂᆞᆫ킈다말이오모ᄂᆞᆫ닉이라말이니우ᄂᆞᆫ친ᄒᆞᆫ
ᄃᆞᆺᄉᆞ랑ᄒᆞ다ᄯᅳᆺ이오낙은화평ᄒᆞ기극진타말

곤범(壼範) 一　12a

지(자로)구지브둑(라이)오히ᄉᆞ복(야ᄒᆞ)옷저옷지라뎐뎐 반축(라ᄒᆞᆫ) ᄒᆞᆼ야라

ᄎᆞᆷ치ᄂᆞᆫ길ᄒᆞᆯ자ᄀᆞᆯ거시ᄀᆞᄌᆞ론리ᄇᆞᆺ홀거동이오 휭은블ᄂᆞᆫ블이라좌우ᄂᆞᆨ지ᄂᆞᆫ올ᄒᆞᆫ편다읜 편을블ᄋᆞᆯᄒᆞᆫ굴러가며ᄯᅳᆺᄂᆞ다말이라오ᄉᆡᄀᆞ 지ᄅᆞᆯ쳐야자매ᄀᆞᄒᆞᆫ다말이오복을ᄉᆡᆼ각ᄒᆞ라 말이오뎐ᄂᆞᆯ을ᄅᆞᆨ울혀ᄂᆞ다말이오반ᄅᆞᆨ을ᄅᆞᆨ 로혀다말이니라ᄂᆞ은매ᄎᆞᆺ기평안티아ᄂᆞ홀 ᄯᅳᆺ이니라 옷ᄃᆡ블은ᄐᆡᄉᆞ의덕을니ᄅᆞ미오 인이위ᄒᆞ야이런비질을어ᄃᆞ시다져ᄒᆞ야

시뎐
즁쥬람
관관져구ᄌᆡ하지쥬 라ᄂᆞᆯ 뇨됴슉녀ㅣ 군ᄌᆞ호구 다로
흥야라 흥은몬져다ᄅᆞᆫ거ᄉᆞᆯ닐러읇영 ᄒᆞᆯ말ᄉᆞᆯ니ᄅᆞ혀다 말이라
관관은 ᄌᆞ웅이 서로 응ᄒᆞ야 화ᄒᆞᆫ 소리오 져
구ᄂᆞᆫ 믈새 일홈이니 금ᄉᆞ경이라 나며 뎡
ᄒᆞᆫ ᄧᆞᆨ이 이셔 서로 ᄧᆞᆨ을 어즈러이디 아니ᄒᆞᆫ 샹
해 ᄋᆞᆼ기와 놀기ᄅᆞᆯ 구티ᄒᆞ되 서로 닐압디 아니
ᄒᆞ야 각별ᄒᆞᆫ거시 잇ᄂᆞ니라
ᄎᆞᆷ치 횡채ᄅᆞᆯ 좌우 뉴지 다로 뇨됴슉녀ᄅᆞᆯ 오미구

곤범(壼範) 一 11a

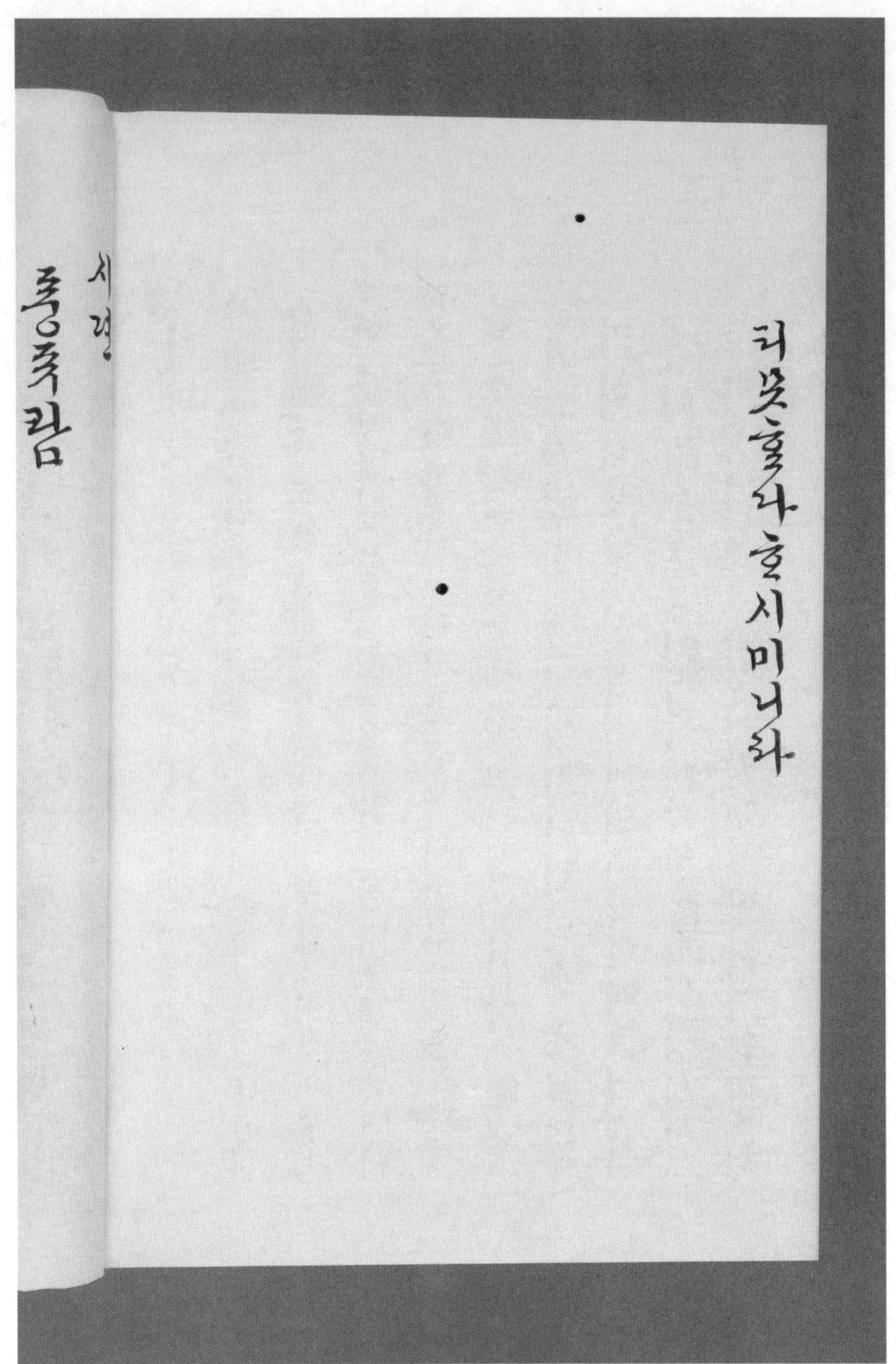

곤범(壼範) 一 10b

대부의위ᄒᆞᆯ
위업위ᄌᆞ라 능히 ᄆᆞᄎᆞᆷ내 길ᄒᆞ야 지집을 보젼ᄒᆞ
ᄂᆞ니라
상왈 위여지길은 반신지위야라
상에 ᄀᆞᆯ오ᄃᆡ 위ᄒᆞᆯ 길은 몸의 반ᄒᆞ믈 니ᄅᆞ미라
뎐에 ᄀᆞᆯ오ᄃᆡ 지집 다ᄉᆞ리ᄂᆞᆫ ᄃᆡ 몸을 발게ᄒᆞ믈
ᄡᅥ 근본을 삼ᄂᆞᆫ 고로 몸의 ᄎᆞ롬 혀다 ᄒᆞ미니
ᄒᆞᆫᄌᆞ의 집 다ᄉᆞ리기ᄅᆞᆯ 당ᄒᆞ야 이 위엄을 도타 ᄒᆞ
니 공ᄌᆞ ᄀᆞᄅᆞ시ᄃᆡ 경계ᄒᆞ야 니ᄅᆞ샤 당ᄒᆞ이 그 몸
을 몬져 엄히 ᄒᆞ라 ᄒᆞ시니 위엄이 몬져 ᄂᆡ 몸
의 ᄒᆡᆼ티 못ᄒᆞᆯ 사ᄅᆞᆷ의게 위엄을 베프면 사
ᄅᆞᆷ이 원망ᄒᆞᆯ 항복디 아니ᄒᆞᄂᆞ니 ᄆᆡᆼ진ᄅᆞ
신 바 몸의 도ᄅᆞᆯ ᄒᆡᆼ티 아니ᄒᆞ면 쳐ᄌᆞ의게 도 ᄒᆡᆼ

곤범(壼範) 一　10a

ᄒᆞ야 올ᄒᆞᆫ 듸 도라가ᄂᆞ니 지쳥을 말ᄆᆡ암ᄂᆞ니
아니ᄒᆞ면 내 몸의 ᄒᆞᆯ 일이 능히 덧ᄃᆞ이 각회
리 ᄆᆞᆺᄒᆞ거든 ᄒᆞᆷ을 며 여러 사ᄅᆞᆷ을 ᄒᆞ여곰
회ᄒᆞ올 되니ᄯᅩ라 집을 다ᄉᆞ리미 쳔하의 졍이
ᄒᆞᆫ 소이 와 이시니 ᄉᆞ랑ᄒᆞ미라 ᄒᆞ면 엇디ᄒᆞ미
어딘은 혜승ᄒᆞ면 의ᄅᆞᆯ 구리오ᄅᆞᆯ 집의 ᄀᆞ
심이 덧ᄃᆞ이 네 법이 브족ᄒᆞ야 ᄂᆞ니 어즈럽기
의 ᄂᆞ족매 이시니 그런 ᄀᆞᆯ 반ᄃᆞ시 위엄이 시면
대부의 위엄을 위엄위 ᄌᆞ라 능히 ᄲᆞ흠내 길ᄒᆞ야 지집을 보젼ᄒᆞ
ᄂᆞ니라

샹에 ᄀᆞᆯᄋᆞ되 위ᄒᆞᆯ 길은 몸의 반ᄒᆞᆷ을 ...

곤범(壼範) 一 9b

슌죵ᄒᆞᆯ ᄲᅮᆫ 아니라 반ᄃᆞ시 그 ᄆᆞᄋᆞᆷ이 화ᄒᆞᆫ 쳥
의합ᄒᆞᆫ 뒤니로ᄂᆞ니 남편은 그 안ᄒᆞᆯ 죵ᄉᆞᆯ
ᄉᆞ랑ᄒᆞᆯ 안해ᄂᆞᆫ 그 집을 법도ᄅᆞᆯ 다ᄉᆞ리ᄂᆞᆯ ᄉᆞ
랑ᄒᆞ야 서로 ᄉᆞ랑ᄒᆞᆯ디라 능히 이ᄀᆞᆺᄐᆞᆯ쟈ᄂᆞᆫ
문왕다 태ᄉᆞᄅᆞᆯ 니ᄅᆞ미시니라

샹ᄌᆞᄂᆞᆫ 웃보고 위여면 죵길ᄒᆞ리라 (여ᄉᆞ채ᄒᆞᆯ ᄂᆞᆨᄒᆞ라 아니ᄒᆞ야 샹ᄒᆞ라 ᄒᆞᆫ니라)
샹ᄌᆞᄂᆞᆫ 뷔이ᄋᆞᆯ 원ᄒᆞ면 ᄂᆞᆫ 좀내 길ᄒᆞ리라
뎐의 ᄀᆞᆯ 오려 웃ᄃᆡ의 마ᄌᆞ막ᄒᆞ라 가도ᄅᆞᆯ 일
옴이니 극히 집보다 ᄉᆞ리ᄂᆞᆫ 근본을 니ᄅᆞ러 시니 집
다ᄉᆞ리ᄂᆞᆫ 되지 극ᄒᆞᆯ 졍셩이 아니면 (대블의 부ᄒᆞᆯ 졍셩되다 ᄭᅩᆺ이라) 능
히 ᄆᆞᆺᄒᆞᆯ ᄭᆞᄅᆞᆯ 밧ᄌᆞᆸ시ᄌᆞᆨ의 졍쳥되ᄅᆞ 믿브미 이신
ᄌᆞᆨ 능히 더ᄉᆞ더 시랑ᄌᆞ ᄒᆞ야 ᄆᆞ든 사ᄅᆞᆷ이 ᄉᆞᄉᆞᆯ 화.

곤범(壼範) 一　9a

롤이ᄒᆞᆯ되발ᄆᆞᆯ면편해라ᄉᆞᄂᆞᆫ거ᄅᆡ근심앙ᄂᆞ길
ᄒᆞ나오위ᄇᆞᆺ을맛거쳐공경ᄒᆞᆯ이회가니
외정라이ᄒᆞ면ᄂᆡ외더이곳초야가히극진타
ᄂᆞ즉리라

상왈왕격옥가ᄂᆞᆫ상위야라
상에굴옥ᄒᆡ왕이옥가의격ᄒᆞ믄서로ᄉᆞ랑ᄒᆞ
미라

뎐에굴옥ᄒᆡ왕이가ᄃᆞᆼ의극진ᄒᆞ믄ᄒᆞᆫ갓ᄂᆞᆼ히
술죵ᄒᆞᆯ분아니라반ᄃᆞ시그ᄯᅳᆺ이화ᄒᆞᆯ쳥
의합ᄒᆞᆯ되니ᄅᆞ니난편은그안ᄒᆞᆫ동풀

야시니 능히 그 부ᄒᆞ믈 보젼ᄒᆞ미 크게 길ᄒᆞ니라
ᄀᆞ로ᄃᆡ 왕격유가니 믈휼ᄒᆞ야 길ᄒᆞ리라
ᄀᆞ로ᄃᆞᆫ 왕이 유가의 격ᄒᆞ미니 휼티 아니ᄒᆞ야
길ᄒᆞ리라
뎐에 ᄀᆞᆯ오ᄃᆡ 겨양ᄒᆞᆯ오양 위예 이시니 ᄉᆞ나
히 강ᄒᆞ믈 ᄇᆞᆺ기이셔 아래 ᄃᆡ를 니래오 웃ᄃᆡ를 의지ᄒᆞ니라 듕ᄒᆞ믈 ᄇᆞᆯ라
ᄯᅩ 비례 녹이 읫ᄂᆞᆫ ᄎᆞᄒᆞ믈 ᄇᆞᆯ므ᄅᆞᆯ 웅ᄒᆞ야시니
집ᄇᆞ라 ᄉᆞ리기의 지극히 졍ᄃᆡᄒᆞᆯ지 극히 ᄌᆞᆫ흔
니라 왕ᄌᆞᄅᆞᆯ 니ᄅᆞᆫ 므오ᄂᆞᆫ 군위오 죽역 벼래 ᄂᆞᆺ재호ᄅᆞᆯ 군위라 ᄒᆞ야 ᄂᆞᆫ 군
의게 ᄎᆞᆨᄒᆞᆯ 비ᄌᆡ ᄒᆞᆫ 신ᄒᆞ라 ᄒᆞ야 신하의게 ᄎᆞᆨᄒᆞ야 니ᄅᆞᆺ니
강녕이 집ᄇᆞᆫ ᄒᆞᆯ믈 웃듬 ᄒᆞᆯᄅᆞᆯ 왕ᄌᆞᄅᆞᆯ 비러 닐ᄅᆞᆺ도니라 격은
극진타 말이니 왕격유가ᄂᆞᆫ 왕이 집도의 극진
타 말이니 왕자의 되ᄆᆞᆷ을라 ᄉᆞ려 ᄲᅡ 집을 ᄀᆞᄌᆞ

곤범(壼範) 一 8a

회음위예거ᄒᆞ야그발ᄅᆞᆯ플어더평안이이쳐ᄉᆞ
츌ᄒᆞ미되여시니대개능히졍ᄃᆞᆯ말며암
아그본뒤복경ᄒᆞᆫ물보젼ᄒᆞ야시니거가ᄒᆞᆯ
ᄃᆞ의크게길ᄒᆞ미되ᄂᆞ니라

상왈부가대길은츌지위야 니ᄅᆞ샤대
샹에ᄀᆞᆯ오ᄃᆡ부가의크게길ᄒᆞᆫᄯᅳᆫ츌ᄒᆞᆯᄃᆞ리
ᄅᆞ위예이실시니라
뎐에ᄀᆞᆯ오ᄃᆡ츈츄ᄒᆞᆫᄃᆞ리로ᄡᅥ뎡위예거ᄒᆞ
야시니능히그복ᄒᆞᆫ물보젼ᄒᆞ미크게길ᄒᆞ니라
구오ᄂᆞᆫ왕격유가니물휼ᄒᆞ야길ᄒᆞ리라ᄒᆞ니

구오ᄂᆞᆫ왕이유가의지극ᄒᆞ미니휼ᄒᆞᆯ리아니ᄒᆞ야
길ᄒᆞ니라

곤범(壼範) 一 7b

일ᄌᆞ녀ᄂᆞ기의라 ᄒᆞ면 법되엽셔ᄂᆞᆯ니어ᄌᆞᆸ
기의니ᄌᆞ녹ᄂᆞ어ᄂᆞ라 그집을 보젼ᄒᆞ리오
상월가인 학학은 미실야오 부ᄌᆞ 희희ᄂᆞᆫ 실가
졀야라
상에 굴오ᄃᆡ 가인이 학학ᄒᆞ믄 실ᄒᆞ미 업ᄉᆞ되
부ᄌᆞ 희희ᄒᆞ믄 집의 졀을 일ᄂᆞᆫ ᄯᅳ미니라
뎐에 굴오ᄃᆡ 학학ᄒᆞ미 되리가 ᄒᆞᆫᄌᆞ의라 ᄒᆞ
나 ᄌᆞ려나 ᄌᆞᄌᆞ미 실ᄒᆞ리 아니ᄒᆞᆯ 부ᄌᆞ 희희ᄒᆞ믄
네 법이 업ᄉᆞ니 집이 발ᄉᆞ시 어ᄌᆞ럽ᄂᆞ니라
녹ᄉᆞ 부가니 대길 라ᄒᆞ니
녹ᄉᆞᆫ 부가니 크게 길ᄒᆞᄂᆞ니라
뎐에 굴오ᄃᆡ 녹이 ᄋᆞᆫᄉᆞᆫ호의 순슌ᄒᆞᆯ 폐로ᄡᅥ ᄉᆞ

곤범(壼範) 一 7a

러나가되업녀ᄒᆞᆯ족ᄀᆞ족ᄒᆞᆯ업족ᄒᆞ야가간
인심이증경ᄒᆞᆯ저허ᄒᆞᆯ거라오히려집의길
ᄒᆞᆯ거시되거니와만일안해며ᄌᆞ식이희희
ᄒᆞ면ᄉᆞ츙ᄂᆡ난ᄒᆞᆯ쉬니ᄅᆞᄂᆞ니닐온ᄒᆞ러니
기의더브러론ᄎᆞᆯ하리업ᄉᆞᄒᆞ기의라ᄒᆞᆷ만것
리못ᄒᆞ라ᄒᆞ미나대개업녀의라ᄒᆞ면비록인
졍의상ᄒᆞ미업리못ᄒᆞ나그러나진실로법
의셔ᄅᆞ놀ᄂᆞ니빌ᄅᆞ온의보젼ᄒᆞᆯ배되거니와만
일흐러리기의라ᄒᆞ면법되업셔놀니어렵
기의니흐ᄂᆞ니엇디그집을보젼ᄒᆞ리오

상외ᄒᆞᆯ가인ᄒᆞᆨᄒᆞᆫ은미실아오보ᄌᆞ회회ᄂᆞᆫ실가
졀야라

ᄌᆞ비손ᄒᆞᆯᄌᆞᆯ부인의빗ᄂᆞᆯ길ᄒᆞᆯ거시되난상

이니라.

구삼은가인이학학ᄒᆞ니회녀나길ᄒᆞ니부ᄌᆞㅣ희희ᄒᆞ면

종닌ᄒᆞ리라 가인은졔ᄀᆞᆯ니ᄅᆞᆫ말이니가장을니ᄅᆞ미오학학은라드히급ᄒᆞᆫ거동이오희희ᄂᆞᆫ라히ᄒᆞᆫ거동이라.

구삼은가인이학학ᄒᆞ니녀ᄒᆞ미뉘우ᄎᆞ나길

ᄒᆞ니안해와ᄌᆞ식이희희ᄒᆞ면ᄆᆞᄎᆞᆷ내난ᄒᆞ리라

난은븟그럽다ᄂᆞᆫ말이라 •

뎐에ᄀᆞᆯ오ᄃᆡ구삼이하ᄯᅢ우희이셔너치만든

거시니양ᄒᆞᆯ로ᄡᅧ양위예이셔동리못ᄒᆞᆯ니라

비록바ᄅᆞᆯ거ᄉᆞᆯ어ᄃᆞ나강ᄒᆞ기의라ᄒᆞ면엄ᄒᆞ

ᄀᆞ급ᄒᆞ기의상ᄒᆞᆯ고ᄅᆞᆯ가인이학학ᄒᆞ니ᄀᆞᆯ옥

회은의승ᄒᆞᆯ니라비록엄ᄒᆞ녀ᄒᆞᆯ쉬뉘우ᄎᆞ나그

곤범(壼範) 一 6a

이런부인의되된즉그비록옷ᄉᆞᆯᄒᆞᆫ을ᄲᅧ힝ᄒᆞ
나가동의이시미졍히져집의되나가동의거
ᄒᆞ야음식을ᄌᆞᆨ간ᄒᆞᆯ섇이면그졍ᄃᆞᆯ얻어
길ᄒᆞᄂᆞ니라.

상왈복이긔길은ᄎᆞᆷ이ᄎᆞ야 곧셔니라
상에ᄀᆞᆯ오ᄃᆡ복이의길ᄒᆞᆷ은ᄎᆞᆷᄒᆞ미ᄎᆞᆷ을ᄡᅦ라.
뎐에ᄀᆞᆯ오ᄃᆡ이회음옷ᄒᆞ믈ᄲᅧ동뎡ᄒᆞᆯ디이
쳐 이회야뇌ᄃᆡ셰회ᄀᆞ동의가온ᄃᆡ회매동이라ᄒᆞ 그이회음인ᄃᆡ복이게이시매경이라ᄒᆞᄂᆞ니라 능히ᄎᆞᆷ동ᄒᆞᆫ
그비ᄎᆞᆫ호ᄃᆞᆯ부인의발ᄃᆞᆯ그길ᄒᆞᆯ거시되ᄂᆞᆫ상
이니라.

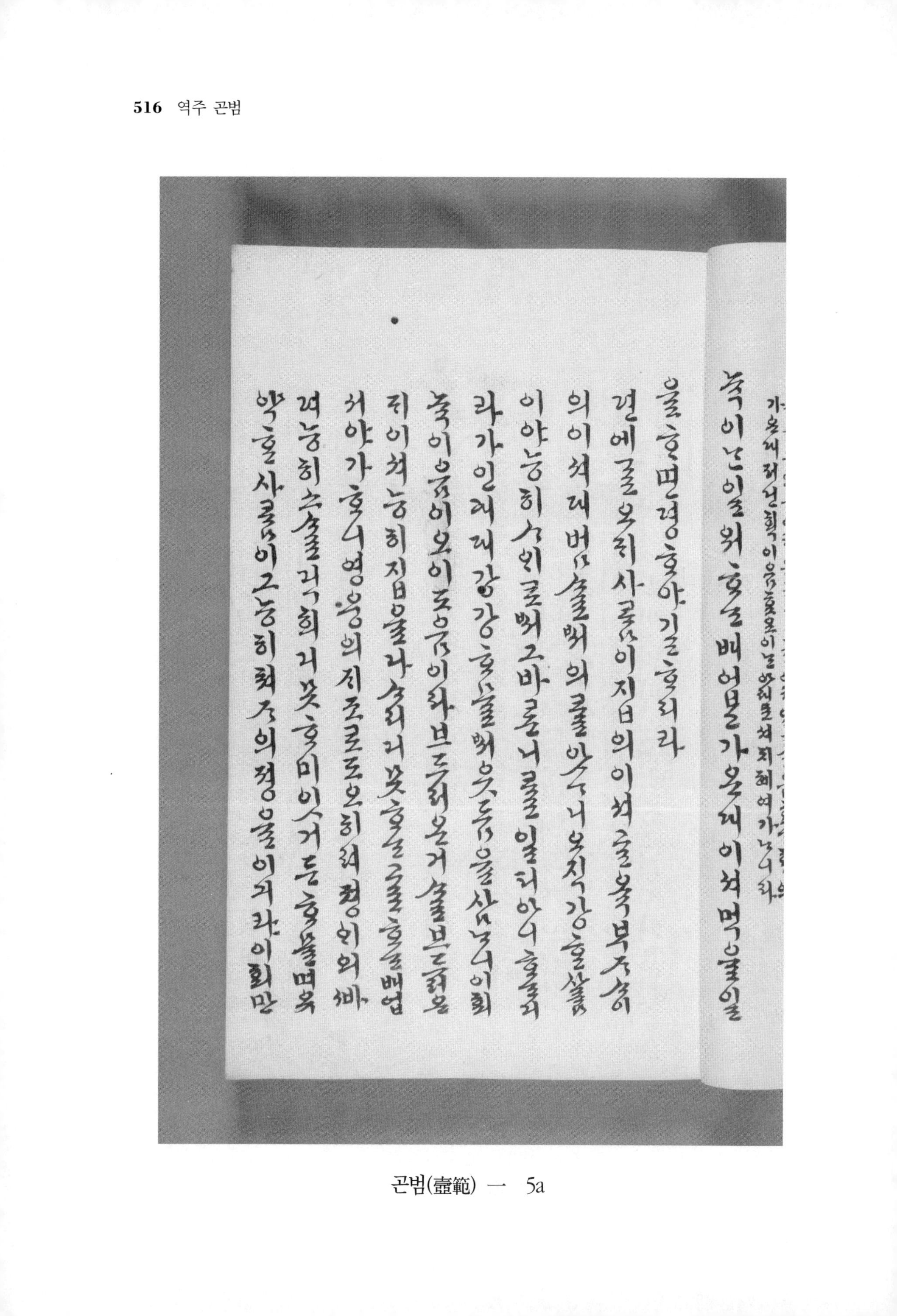

곤범(壼範) 一 5a

뎐에 ᄀᆞᆯ오ᄉᆡ 처엄의 법도ᄅᆞᆯ 막으믄 집사ᄅᆞᆷ의
ᄠᅳᆺ이 변동티 아닌 적의 몬져 막으미니 ᄠᅳᆺ이 ᄒᆞ
ᄀᆞᆯᄃᆞ터 뎌 변동티 아닌 ᄯᅢ의 막아 ᄇᆞᆯ게 ᄒᆞ면
은에 상티 아니ᄒᆞᆯ 의 예 일티 아니ᄒᆞ야 집을 다
ᄉᆞ리미 잘ᄒᆞ미니 이러므로 ᄡᅥ 뉘오ᄎᆞ미 업ᄂᆞᆫ ᄠᅳᆺ
이 변ᄒᆞᆫ 후의 다ᄉᆞ리면 상ᄒᆞᆫ 배 만ᄒᆞ니 이에 뉘
오ᄎᆞ미 잇ᄂᆞ니라

뉵이ᄂᆞᆫ 무옥ᄎᆞᆨ 보지 못ᄒᆞ게 면 경 기ᄅᆞᆯ 라ᄒᆞ리 (뉵은 변티 아니ᄒᆞᆫ 음효ᄅᆞᆯ 뉵이라 ᄒᆞ니 뉵 / 은 음수의 수이라 음효ᄅᆞᆯ 뉵이라 일ᄏᆞᆮ고 음효ᄅᆞᆯ 획의 가온대 ᄭᅳᆫᄒᆞᆫ 획이 음효오 이ᄂᆞᆫ 아래로브터 혜여 가ᄂᆞ니라)

뉵이ᄂᆞᆫ 일워 ᄒᆞᆯ 배 업ᄉᆞ니 가온대 이셔 먹을 일
을 ᄒᆞ면 뎡ᄒᆞ야 길ᄒᆞ리라

말이니 그 집을 다ᄉᆞ리매 비ᄅᆞ소 능히 법도ᄅᆞᆯ ᄲᅡ혀
막으면 뉘오ᄎᆞ매 니ᄅᆞᄃᆞᆯ 아니리니 (막다 말은 법도의 넘치ᄂᆞᆫ 일을 막다)
(미리 넘ᄎᆞᆯ) 진실로 법도ᄅᆞᆯ ᄲᅡ혀 막디 아니ᄒᆞ면 사ᄅᆞᆷ의 ᄯᅳᆺ
이ᄒᆞᆯ노 그ᄅᆞ려져 반ᄃᆞ시 뉘오ᄎᆞ미 잇ᄂᆞ니 어ᄅᆞ다.
아희 ᄎᆞ례 일코 ᄉᆞ나희와 겨집의 각별ᄒᆞ미
어ᄌᆞ러워 은의 샹ᄒᆞᆯ ᄲᅮᆫ니의 혜오미 니ᄅᆞ리
아닐 배 업ᄉᆞ니 능히 법도ᄅᆞᆯ ᄲᅡ혀 그ᄅᆞ음의 막으
면 이런 일이 업ᄉᆞᆫ ᄃᆞᆯ 뉘오ᄎᆞ미 업ᄂᆞ니라

샹왈 한유가ᄂᆞᆫ 디미변야라
샹애 ᄀᆞᆯ오ᄃᆡ 집을 한ᄒᆞ다 ᄒᆞ믄 ᄯᅳᆺ이 변티 아니
미라

곤범(壼範) 一 3b

히ᄡᅧ편하와밋ᄂᆞᆫᄌᆞᆯ집이령ᄒᆞ면편해령

ᄒᆞᄂᆞ니라.

상왈풍ᄌᆞ화츌이가인이니군ᄌᆞㅣ이ᄒᆞ야언유믈이

힝유ᄒᆞᆼ이니라 상은공ᄌᆡ쳐음에상을의논ᄒᆞ신말ᄉᆞᆷ이라

상에ᄀᆞᆯ오ᄃᆡ풍이화로브터나미가인이니군ᄌᆡ

ᄡᅥ말ᄉᆞᆷᄒᆞ매ᄉᆞ실이이ᄉᆞᆯ힝ᄒᆞ매덧덧ᄒᆞ미잇

ᄂᆞ니라.

뎐에ᄀᆞᆯ오ᄃᆡ집을뎡케ᄒᆞᆯ본이그몸을바

ᄅᆞ게ᄒᆞ매잇ᄂᆞ니몸을바ᄅᆞ게ᄒᆞ되ᄒᆞᆯ번말ᄉᆞᆷ

ᄒᆞ며ᄒᆞᆯ번움ᄌᆞᆨ이미가히쉽사리못ᄒᆞᆯ거시

니군ᄌᆡᄇᆞᄅᆞᆷ이블로브터나ᄂᆞᆫ형상을보아일

가되댱ᄒᆞᆯ디라 집은 나라히 법측이 되ᄂᆞ니라
부부ᄌᆞᄌᆞ형형뎨뎨부부부부이 가도ㅣ 뎡ᄒᆞᆯ내 가
이 텬하이 뎡의리라
아비ᄂᆞᆫ 아븨 도리ᄅᆞᆯ ᄒᆞᆯ ᄌᆞ식은 ᄌᆞ식의 도리ᄅᆞᆯ ᄒᆞ
ᄀᆞ 형은 형의 도리ᄅᆞᆯ ᄒᆞᆯ 아ᄋᆞᆫ 아ᄋᆞ의 도ᄅᆞᆯ ᄒᆞᆯ 남
편은 남편의 도ᄅᆞᆯ ᄒᆞᆯ 안해ᄂᆞᆫ 안해 도ᄅᆞᆯ ᄒᆞ매
가되댱ᄒᆞ리니 집이 졍ᄒᆞ매 텬해 뎡ᄒᆞ리라
뎐에 ᄀᆞᆯ오ᄃᆡ 부ᄌᆞ와 형뎨와 부뷔 각ᄀᆞᆨ 도ᄅᆞᆯ
어드면 가되 댱ᄒᆞ리다 ᄒᆞᆯ 집도ᄅᆞᆯ 밀외혀 가
히ᄡᅥ 텬하의 밋ᄂᆞᆫ ᄌᆞᆯ 집이 뎡ᄒᆞ면 텬해 뎡

곤범(壼範) 一　2b

뎡이텬디지대의야라 간은중치블왕말ᄉᆞᆷ

단에ᄀᆞᆯ오ᄃᆡ가인은녀위ᄅᆞᆯ안ᄒᆡ뎡ᄒᆞ고남이위
ᄅᆞᆯ외예뎡ᄒᆞ니남녜뎡ᄒᆞ미텬디의큰의니라
뎐에ᄀᆞᆯ오ᄃᆡ남녜각각그위ᄅᆞᆯ뎡ᄒᆞ야존비와
ᄂᆡ외의되뎡ᄒᆞ미텬디와음양의대의예합
ᄒᆞ미라

가인이유엄군언ᄒᆞ니부모지위야라
가인이엄ᄒᆞᆫ군이이시니부모ᄅᆞᆯ니ᄅᆞ미라
뎐에ᄀᆞᆯ오ᄃᆡ가인의되반ᄃᆞ시존엄ᄒᆞᆯ배이셔
님금ᄃᆡ룬옷ᄃᆞᆷ이되ᄂᆞᆫ쟈ᄂᆞᆫ부모ᄅᆞᆯ니ᄅᆞ미군
댱이업ᄉᆞ면법되폐ᄒᆞᄂᆞ니엄군이이신후에

곤범(壼範) 一 2a

희베러편하다 ᄉᆞ리기의니ᄅᆞᄂᆞ니라

가인은니녀뎡ᄒᆞ라 이ᄂᆞᆫ대ᄉᆞᄅᆞᆯ니ᄅᆞᆯ뜻이니 문왕이ᄒᆞ신글이니라

가인은녜뎡ᄒᆞ미니ᄒᆞ니라

뎐에ᄀᆞᆯ오ᄃᆡ가인의도ᄂᆞᆫ니ᄒᆞ미져집이졍ᄃᆡ
ᄒᆞ매이시니녜뎡ᄒᆞᆯᄉᆞ가되뎡ᄒᆞᆫ니라남
뎐은남뎐의도ᄅᆞᆯᄒᆞᆯ안해ᄂᆞᆫ안해도ᄅᆞᆯᄒᆞ
여야가되뎡ᄒᆞ리ᄒᆞᆯ로니녀뎡이라니ᄅᆞᆫ뜻녜
뎡ᄒᆞ면남의뎡ᄒᆞᆷ을가히알니니라

단왈가인은녀뎡위ᄒᆞ니ᄂᆞᆫ남이뎡ᄒᆞ외ᄂᆞᆫ남녀
뎡이뎐니지ᄃᆡ의야라 단은공치 문왕말솜

단에ᄀᆞᆯ오ᄃᆡ가인은녜위ᄅᆞᆯ안희뎡ᄒᆞᆯ남이위

곤범권지일

쥬역

가인다.

아래셰획은니라우흿셰획은손이니ᄂᆞᆫ

화오손은풍이니합ᄒᆞ야풍화가인이니라

뎐에골오ᄃᆡ 뎡은이쳔션ᄉᆡᆼ이쥬역ᄌᆞ롤ᄂᆡ실일홈을뎐이라ᄒᆞ시니라 가인은집

안의되니부ᄌᆞ의친ᄒᆞ미라부부의의와존비댱

유의ᄎᆞ례니뉸니ᄅᆞᆯ바ᄅᆞ게ᄒᆞ고은의ᄅᆞᆯ두터

이ᄒᆞ미가인의되라사ᄅᆞᆷ이몸의이도ᄅᆞᆯᄃᆞᆫ

족히집의베플집의ᄒᆡᆼᄒᆞᆯ족히나라

곤범(壼範) 一 1a

곤범(壼範) 一 (空隔紙 b)

곤범(壼範) 一 (空隔紙 a)

곤범(壼範) 一 (隔紙)

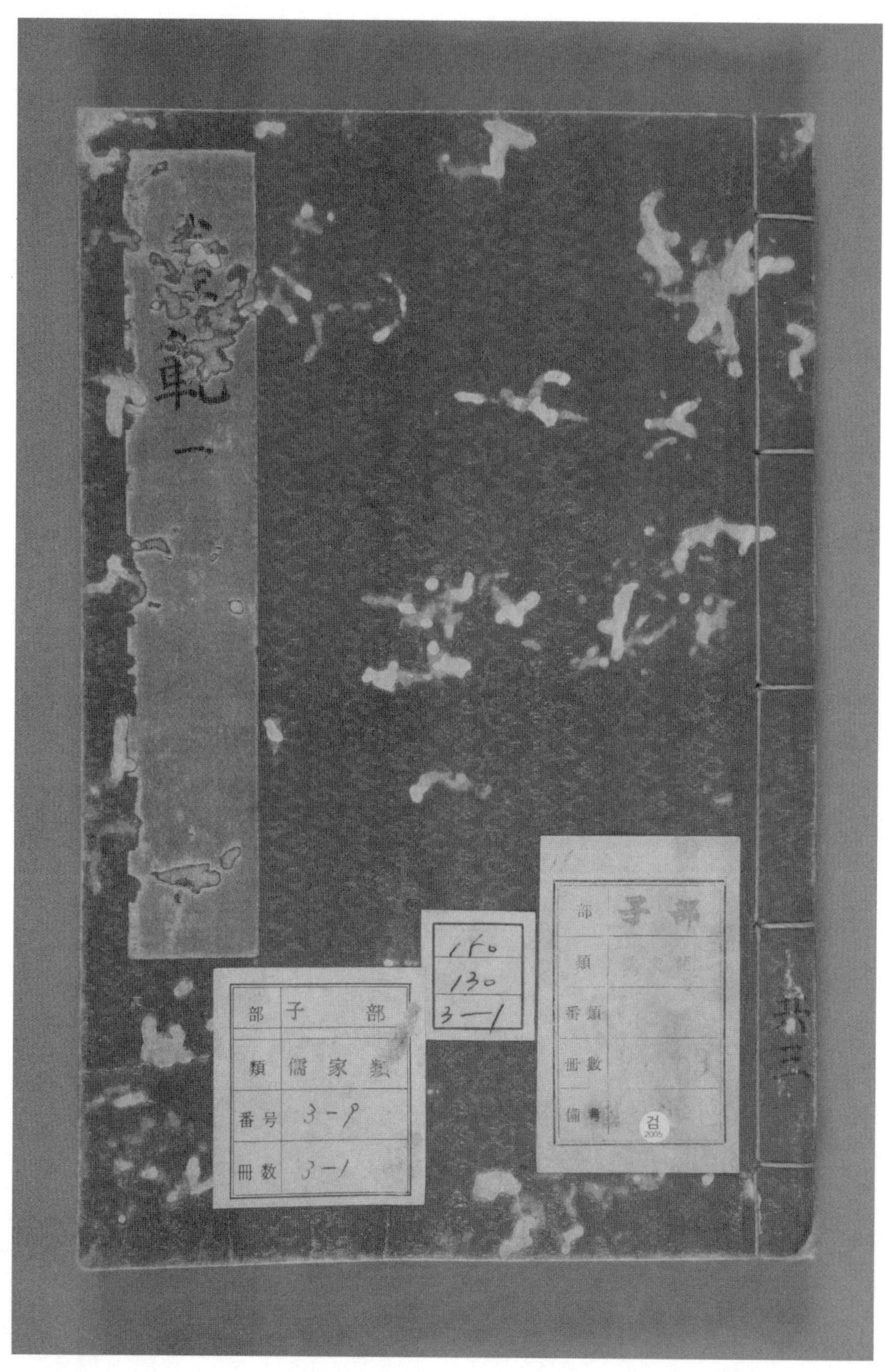

곤범(壼範) 一 외표지(앞)

곤범 (권 1)

자 료 편

여기서부터 영인본을 인쇄한 부분입니다. 이 부분부터 보시기 바랍니다.